21世纪经济管理新形态教材
统计学系列

Principle and Practice of Statistics

统计学原理与实务

李玉红◎主编
马云驰 王海东 田海霞◎副主编

清华大学出版社
北京

内 容 简 介

全书共分12章，第1章对统计总论进行介绍，第2章至第4章对统计设计、统计调查、统计整理等内容进行详细阐述，第5章至第10章对统计分析应用及方法进行介绍，第11章和第12章对统计预测与统计决策进行了详细阐述。全书在相关章节设计了实训项目和Excel应用，涵盖了统计工作设计、统计调查方案设计、数据整理中的图表展示、描述统计分析、时间数列分析、抽样推断、假设检验、统计指数分析、相关和回归分析、统计预测与决策等内容，帮助学生更好理解统计学在实践中的应用。书中插入了相关阅读材料，扫描二维码即可阅读。

本书封面贴有清华大学出版社防伪标签，无标签者不得销售。

版权所有，侵权必究。举报: 010-62782989, beiqinquan@tup.tsinghua.edu.cn。

图书在版编目(CIP)数据

统计学原理与实务/李玉红主编. —北京: 清华大学出版社，2022.8
21世纪经济管理新形态教材. 统计学系列
ISBN 978-7-302-61549-1

Ⅰ.①统… Ⅱ.①李… Ⅲ.①统计学－高等学校－教材 Ⅳ.①C8

中国版本图书馆CIP数据核字(2022)第141124号

责任编辑: 刘志彬
封面设计: 李召霞
责任校对: 宋玉莲
责任印制: 杨 艳

出版发行: 清华大学出版社
网　　址: http://www.tup.com.cn, http://www.wqbook.com
地　　址: 北京清华大学学研大厦A座　　邮　编: 100084
社 总 机: 010-83470000　　邮　购: 010-62786544
投稿与读者服务: 010-62776969, c-service@tup.tsinghua.edu.cn
质量反馈: 010-62772015, zhiliang@tup.tsinghua.edu.cn
课件下载: http://www.tup.com.cn, 010-83470332

印 装 者: 三河市天利华印刷装订有限公司
经　　销: 全国新华书店
开　　本: 185mm×260mm　　印　张: 25.75　　字　数: 572千字
版　　次: 2022年8月第1版　　印　次: 2022年8月第1次印刷
定　　价: 75.00元

产品编号: 091977-01

前　言

统计学是一门搜集、整理和分析统计数据，研究总体现象数量特征的方法论方面的应用科学，也是普通高等院校经济、管理类专业本科生的一门重要专业基础课。鉴于普通高等院校经济、管理类各专业本科生统计学教学实际需要，本教材系统阐述了统计学基本知识、基本原理及经济管理中常用的统计分析方法（时间数列、统计指数、统计推断、相关分析与回归分析、统计预测与决策等）。本教材在体例和内容设计上力求深入浅出、循序渐进，使读者更易于接受统计学的理论与方法。

为提高学生运用统计方法分析和解决问题能力，本教材在各相关章节添加了实训项目，并利用实例介绍如何应用 Excel 进行常用的统计分析。Excel 应用最为普及，易学易用，本教材基于 Excel 2019 进行数据分析。为方便学习和使用，本教材在体例设计上，每章开篇都设有本章学习目标和引导案例，章后附有本章小结、实训思考题和即测即练。书中还插入了扩展阅读材料，扫描二维码即可阅读，提高学生更好地理解和应用统计学。

本书是"黑龙江省新文科研究与改革实践重点项目：新文科建设背景下地方高校经管专业教材建设与实践创新研究（2021HLXWZ006）""黑龙江省教育教学改革项目：地方高校经管类课程混合式教学模式研究与实践（SJGY20170571）""佳木斯大学教育教学改革研究项目：基于智慧平台的经管类课程多重交互式教学模式改革与实践研究（2020JY1—20）"的阶段性成果。在编写过程中参考了大量文献，并借鉴了同行专家的研究成果。哈尔滨电器集团佳木斯电机股份有限公司总会计师刘进宝提供了大量实训基础材料。在此向他们表示诚挚的谢意！

本书由佳木斯大学李玉红担任主编，马云驰、王海东、田海霞担任副主编，陈佳、李潇伊、刘进宝参与教材编写工作。全书共分12章，具体分工如下：马云驰编写第1章和第8章，陈佳编写第2章，李玉红编写第3章、第4章、第5章和第11章第1—3节，刘进宝编写第11章第4节，王海东编写第6章和第9章，田海霞编写第7章和第10章，李潇伊编写第12章。本书由关劲秋、李凯旭担任主审，由李玉红负责统稿。

由于时间仓促及编者水平有限，本书难免有疏漏和不足，敬请广大读者不吝赐教，给予批评指正。

编　者

2022年5月

申明：本教材中所涉及的单位名称、人名等纯属虚构，仅供教学使用，如有雷同或出入，纯属巧合！

目　录

第1章　统计学总论 ··· 1

1.1　统计及其研究对象 ··· 2
- 1.1.1　统计的含义 ··· 2
- 1.1.2　统计的应用领域 ··· 3
- 1.1.3　统计学的研究对象 ··· 4
- 1.1.4　统计学的研究方法 ··· 6

1.2　统计学的产生和发展 ··· 8
- 1.2.1　统计的起源与发展 ··· 8
- 1.2.2　统计学的产生和发展 ··· 9

1.3　统计学常用的基本概念 ··· 13
- 1.3.1　统计总体和总体单位 ··· 13
- 1.3.2　标志与指标 ··· 14
- 1.3.3　变异、变量与变量值 ··· 17
- 1.3.4　统计指标体系 ··· 18

1.4　统计工作的基本方法与过程 ··· 20
- 1.4.1　统计的职能 ··· 20
- 1.4.2　统计的工作过程 ··· 21
- 1.4.3　统计的任务 ··· 22
- 1.4.4　我国统计的组织管理与法制 ··· 22

1.5　统计应用软件——Excel ··· 26

本章小结 ··· 26

实训思考题 ··· 27

即测即练 ··· 27

第2章　统计设计 ··· 28

2.1　统计设计的基本内容 ··· 28
- 2.1.1　统计设计的概念和意义 ··· 28
- 2.1.2　统计设计的种类 ··· 29
- 2.1.3　统计设计的主要内容 ··· 31

2.2 统计指标的设计 33
　　2.2.1 统计指标的概念 33
　　2.2.2 统计指标的种类 33
　　2.2.3 统计指标设计的内容 34
2.3 统计指标体系的设计 35
　　2.3.1 统计指标体系的概念 35
　　2.3.2 统计指标体系的分类 35
　　2.3.3 统计指标体系设计的原则 36
2.4 统计设计实训项目 37
　　实训项目：统计指标体系设计 37
本章小结 40
实训思考题 40
技能训练 41
即测即练 41

第3章　统计调查 42

3.1 统计调查的数据来源 42
　　3.1.1 统计调查的意义及要求 43
　　3.1.2 统计调查的数据来源 44
3.2 统计调查的种类与方法 45
　　3.2.1 统计调查的种类 45
　　3.2.2 统计调查方法 46
3.3 统计调查方案 49
　　3.3.1 明确统计调查目的 49
　　3.3.2 确定调查对象与调查单位 49
　　3.3.3 确定调查内容 50
　　3.3.4 确定调查时间 51
　　3.3.5 确定调查工作的组织实施计划 52
3.4 统计调查的组织方式 52
　　3.4.1 普查 52
　　3.4.2 抽样调查 53
　　3.4.3 重点调查 56
　　3.4.4 典型调查 57
　　3.4.5 统计报表 58
　　3.4.6 各种统计调查方法的综合运用 59
3.5 统计调查实训项目 59
　　3.5.1 实训项目：普查方案的设计 59
　　3.5.2 实训项目：抽样调查方案的设计 60

3.5.3　实训项目：第七次全国人口普查短表和长表 …………………………… 61
本章小结 ……………………………………………………………………………………… 62
实训思考题 …………………………………………………………………………………… 62
技能训练 ……………………………………………………………………………………… 63
即测即练 ……………………………………………………………………………………… 63

第 4 章　统计整理 …………………………………………………………………………… 64

4.1　统计整理的基本内容 ………………………………………………………………… 64
　　4.1.1　统计整理的概念 ………………………………………………………………… 65
　　4.1.2　统计整理的意义 ………………………………………………………………… 65
　　4.1.3　统计整理的步骤 ………………………………………………………………… 66
4.2　统计分组 ……………………………………………………………………………… 67
　　4.2.1　统计分组的概念及作用 ………………………………………………………… 67
　　4.2.2　统计分组的原则 ………………………………………………………………… 70
　　4.2.3　分组标志的选择 ………………………………………………………………… 70
　　4.2.4　统计分组的方法 ………………………………………………………………… 71
　　4.2.5　统计资料的汇总 ………………………………………………………………… 74
4.3　分配数列 ……………………………………………………………………………… 75
　　4.3.1　分配数列的概念和种类 ………………………………………………………… 75
　　4.3.2　变量数列的种类 ………………………………………………………………… 76
　　4.3.3　次数分布特征 …………………………………………………………………… 79
4.4　统计表和统计图 ……………………………………………………………………… 82
　　4.4.1　统计表 …………………………………………………………………………… 82
　　4.4.2　统计图 …………………………………………………………………………… 86
4.5　统计整理实训项目及 Excel 应用 …………………………………………………… 89
　　4.5.1　实训项目：G 公司笔记本电脑销售数据的分类与汇总 ……………………… 89
　　4.5.2　实训项目：编制服装品牌与客户文化程度的频率分布表 …………………… 95
　　4.5.3　实训项目：居民可支配收入抽样调查资料的统计整理 ……………………… 99
　　4.5.4　实训项目：2016—2020 年国内生产总值的统计图制作 …………………… 101
本章小结 …………………………………………………………………………………… 105
实训思考题 ………………………………………………………………………………… 106
技能训练 …………………………………………………………………………………… 106
即测即练 …………………………………………………………………………………… 107

第 5 章　统计指标 ………………………………………………………………………… 108

5.1　总量指标 ……………………………………………………………………………… 109
　　5.1.1　总量指标的概念及作用 ………………………………………………………… 109
　　5.1.2　总量指标的分类 ………………………………………………………………… 109

统计学原理与实务

  5.1.3 总量指标的计量单位 ································· 110
  5.1.4 总量指标的计算及应用 ································· 111
 5.2 相对指标 ·· 112
  5.2.1 相对指标的概念及作用 ································· 113
  5.2.2 相对指标的表现形式 ··································· 113
  5.2.3 相对指标的种类及计算方法 ····························· 114
 5.3 平均指标 ·· 120
  5.3.1 平均指标的概念及作用 ································· 120
  5.3.2 数值平均数 ··· 121
  5.3.3 位置平均数 ··· 126
 5.4 标志变异指标 ·· 130
  5.4.1 标志变异指标概念及作用 ······························· 130
  5.4.2 标志变异指标 ··· 130
  5.4.3 偏态与峰态的测度 ····································· 134
 5.5 统计指标实训项目与 Excel 应用 ···························· 136
  实训项目：百姓家园超市的顾客消费水平统计指标分析 ········· 136
本章小结 ·· 145
实训练习题 ·· 146
技能训练 ·· 146
即测即练 ·· 147

第6章 动态数列分析 ·· 148

 6.1 动态数列的基本内容 ······································ 150
  6.1.1 动态数列的概念和作用 ································· 150
  6.1.2 动态数列的种类 ······································· 151
  6.1.3 编制动态数列的原则 ··································· 152
  6.1.4 动态数列常用分析方法 ································· 153
 6.2 动态数列的水平指标 ······································ 153
  6.2.1 发展水平 ··· 154
  6.2.2 平均发展水平 ··· 154
  6.2.3 增长量 ··· 161
  6.2.4 平均增长量 ··· 162
 6.3 动态数列的速度指标 ······································ 163
  6.3.1 发展速度 ··· 163
  6.3.2 平均发展速度 ··· 164
  6.3.3 增长速度 ··· 166
  6.3.4 平均增长速度 ··· 166
  6.3.5 发展速度分析应注意的问题 ····························· 167

6.4 动态数列的解析 ·········· 168
6.4.1 动态数列的构成要素和分析模型 ·········· 168
6.4.2 长期趋势的测定 ·········· 170
6.4.3 季节变动的测定 ·········· 175
6.4.4 循环变动的测定 ·········· 179
6.5 动态数列分析实训项目 ·········· 180
6.5.1 实训项目：中国民航旅客运输量的动态数列分析 ·········· 180
6.5.2 实训项目：Excel实现一元回归分析 ·········· 187
本章小结 ·········· 191
实训思考题 ·········· 191
技能训练 ·········· 192
即测即练 ·········· 192

第7章 抽样推断 ·········· 193

7.1 抽样推断概述 ·········· 193
7.1.1 抽样推断的概念及特点 ·········· 193
7.1.2 抽样推断的理论依据 ·········· 194
7.1.3 概率抽样方法 ·········· 196
7.1.4 抽样推断中几个基本概念 ·········· 196
7.2 抽样分布 ·········· 199
7.2.1 总体、样本及统计量 ·········· 199
7.2.2 样本分布函数 ·········· 200
7.2.3 常用统计量的抽样分布 ·········· 201
7.2.4 正态总体的样本均值与样本方差的分布 ·········· 204
7.3 抽样误差 ·········· 205
7.3.1 抽样误差的概念 ·········· 205
7.3.2 影响抽样误差的因素 ·········· 205
7.3.3 抽样平均误差 ·········· 206
7.3.4 抽样极限误差 ·········· 208
7.3.5 抽样估计的概率度、精度和可靠程度 ·········· 208
7.4 参数估计 ·········· 210
7.4.1 点估计 ·········· 210
7.4.3 样本容量 ·········· 218
7.5 抽样推断实训项目及Excel应用 ·········· 220
7.5.1 实训项目：总体均值区间估计：大样本情况且 σ^2 未知 ·········· 221
7.5.2 实训项目：总体均值区间估计：小样本情况 ·········· 223
本章小结 ·········· 227
实训思考题 ·········· 228

技能训练 ·· 228
　　即测即练 ·· 229

第 8 章　假设检验 ·· 230

8.1　假设检验的基本问题 ·· 231
　　8.1.1　假设检验的基本思想 ·· 231
　　8.1.2　假设检验的基本概念 ·· 232
　　8.1.3　假设检验的流程 ·· 234

8.2　一个总体参数的检验 ·· 235
　　8.2.1　检验统计量的确定 ·· 235
　　8.2.2　总体均值的检验 ·· 237
　　8.2.3　总体比例的检验 ·· 239
　　8.2.4　总体方差的检验 ·· 240

8.3　两个总体参数的检验 ·· 241
　　8.3.1　检验统计量的确定 ·· 241
　　8.3.2　两个总体均值之差的检验 ·· 242
　　8.3.3　两个总体比例之差的检验 ·· 244
　　8.3.4　两个总体方差比的检验 ·· 246
　　8.3.5　检验中的匹配样本 ·· 247

8.4　检验问题的进一步说明 ·· 249
　　8.4.1　关于检验结果的解释 ·· 249
　　8.4.2　单侧检验中假设的建立 ·· 250

8.5　假设检验的实训项目及 Excel 应用 ··· 252
　　8.5.1　实训项目：假设检验基本步骤 ··· 252
　　8.5.2　Excel 在假设检验中的应用 ·· 253

　　本章小结 ·· 258
　　实训思考题 ·· 259
　　技能训练 ·· 259
　　即测即练 ··

第 9 章　统计指数 ·· 260

9.1　统计指数概述 ·· 263
　　9.1.1　统计指数的概念 ·· 263
　　9.1.2　统计指数的性质 ·· 263
　　9.1.3　统计指数的作用 ·· 264
　　9.1.4　统计指数的分类 ·· 265

9.2　综合指数 ·· 267
　　9.2.1　简单综合指数的编制 ·· 267

		9.2.2 加权综合指数的编制	268
		9.2.3 综合指数的其他类型	273
	9.3	平均数指数	274
		9.3.1 简单平均数指数的编制	275
		9.3.2 加权平均数指数的编制	276
		9.3.3 综合指数与平均数指数的关系	280
		9.3.4 统计指数编制时应注意的基本问题	281
	9.4	指数体系及因素分析	283
		9.4.1 指数体系的概念和作用	283
		9.4.2 指数体系因素分析	284
	9.5	几种常用的价格指数	290
		9.5.1 商品零售价格指数	290
		9.5.2 居民消费价格指数	292
		9.5.3 股票价格指数	294
	9.6	统计指数分析实训项目及 Excel 应用	296
		9.6.1 实训项目：指数体系因素分析——马钢股份	296
		9.6.2 Excel 实现统计指数因素分析	299
本章小结			302
实训思考题			302
技能训练			302
即测即练			303

第 10 章 相关与回归分析 ······ 304

10.1	变量之间的关系	304
	10.1.1 函数关系与相关关系	305
	10.1.2 相关关系的类型	306
	10.1.3 相关分析的主要内容	307
10.2	相关关系的测定	308
	10.2.1 相关表与相关图	308
	10.2.2 相关系数	311
10.3	一元线性回归分析	314
	10.3.1 回归分析的主要内容	314
	10.3.2 一元线性回归模型与回归方程	315
	10.3.3 回归估计标准误差	317
	10.3.4 回归方程式的显著性检验	318
10.4	曲线回归分析	321
	10.4.1 双曲线回归模型	321
	10.4.2 幂函数回归模型	321

		10.4.3 对数曲线回归模型 ··· 321

        10.4.3 对数曲线回归模型 ·· 321
        10.4.4 指数曲线回归模型 ·· 321
  10.5 相关分析和回归分析实训项目 ·· 322
        10.5.1 实训项目：相关分析 ·· 322
        10.5.2 实训项目：回归分析 ·· 324
  本章小结 ·· 326
  实训思考题 ·· 326
  技能训练 ·· 326
  即测即练 ·· 327

第 11 章 统计预测 ·· 328

  11.1 统计预测的基本内容 ·· 329
        11.1.1 统计预测的概念 ·· 329
        11.1.2 统计预测的种类 ·· 330
        11.1.3 统计预测的程序 ·· 331
        11.1.4 统计预测的原则 ·· 331
        11.1.5 统计预测精度的影响因素 ·· 332
  11.2 定性预测法 ·· 333
        11.2.1 综合意见预测法 ·· 333
        11.2.2 头脑风暴预测法 ·· 335
        11.2.3 德尔菲预测法 ·· 337
        11.2.4 类推预测法 ·· 339
  11.3 定量预测法 ·· 340
        11.3.1 移动平均预测法 ·· 340
        11.3.2 指数平滑预测法 ·· 345
        11.3.3 线性趋势预测法 ·· 349
  11.4 统计预测实训项目与 Excel 应用 ··· 358
        11.4.1 实训项目：T 公司 2021 年销售量的定性预测 ··························· 358
        11.4.2 实训项目：A 公司的主营业务收入预测 ································ 360
  本章小结 ·· 362
  实训练习题 ·· 363
  技能训练 ·· 363
  即测即练 ·· 364

第 12 章 统计决策 ·· 365

  12.1 统计决策基本内容 ·· 365
        12.1.1 统计决策概述 ·· 366
        12.1.2 统计决策的基本条件及过程 ·· 367

  12.1.3 统计决策的分类 ·· 367
 12.2 确定型决策 ··· 368
  12.2.1 确定型决策条件 ·· 368
  12.2.2 微分极值决策法 ·· 369
  12.2.3 盈亏平衡分析决策法 ·· 371
  12.2.4 线性规划决策法 ·· 371
 12.3 风险型决策 ··· 373
  12.3.1 风险型决策内涵 ·· 373
  12.3.2 风险型决策的条件 ··· 373
  12.3.3 最大可能法 ··· 373
  12.3.4 期望值损益分析法 ··· 374
  12.3.5 决策树法 ·· 376
 12.4 不确定型决策 ·· 379
  12.4.1 乐观决策法 ··· 379
  12.4.2 悲观决策法 ··· 379
  12.4.3 折中决策法 ··· 379
  12.4.4 等可能决策法 ··· 380
  12.4.5 后悔值法 ·· 380
 12.5 统计决策实训项目及 Excel 应用 ·································· 381
  12.5.1 统计决策实训项目：POP MART 泡泡玛特盲盒营销与
      统计决策 ·· 381
  12.5.2 Excel 在统计决策中的应用 ··································· 385
 本章小结 ··· 391
 实训思考题 ·· 392
 技能训练 ··· 392
 即测即练 ··· 393

附录 ··· 394

参考文献 ·· 395

第1章

统计学总论

本章学习目标

通过本章的学习,学员能够:
1. 掌握统计的三个基本含义;
2. 理解统计学的研究对象、性质和研究方法;
3. 了解统计学的产生和发展过程;
4. 重点掌握总体、总体单位、指标和标志等几个常用的统计学基本概念;
5. 理解统计职能,并对统计工作过程有全方位了解。

引导案例

吃、穿、住、行中的统计学

统计学在生活中的运用随处可见。我们对吃、穿、住、行的选择均离不开对统计数据的运用,尤其是移动互联网时代,一切均以数据为导向。数据因选择而积累,又为人们的选择提供参考。就饮食而言,去哪里吃,选择吃什么,大部分人会习惯性地打开大众点评,轻轻一搜,便会出现大量的店铺,展示其人均价位、历史用餐人数、评分、推荐等指标。这些是统计分析的结果,也是我们做出最终选择的重要参考。就服饰而言,在电子商务高度发展的时代,选择买什么衣服,我们最不缺的就是参考数据。打开 App,输入关键词,小小的屏幕会让我们眼花缭乱。搜索记录、浏览记录、购物车记录等已经被量化,并通过一定的统计模型进行了精密的计算,这便是商业智能。它是基于大量的统计数据分析、建模所得。就居住环境而言,我们买房会从各个方面进行考量:价格、户型、位置、交通、治安、得房率、绿化率、入住率、历史评分等。这其中包含了大量的统计数据,我们进行选择的过程,也是统计分析的过程,最终通过分析结果做出最终决定。就出行而言,我们会根据交通拥堵数据选择出行时间和路线,会根据天气预报制订出行计划。天气预报本身就是统计分析的结果,它是通过收集气温、湿度、风向、风速、气压等大量的数据,结合目前对大气过程的认识,运用统计学的方法来预测未来空气的变化。

资料来源:杨春艳.浅谈生活中的统计学[J].科技风,2019(15):46,48.

1.1 统计及其研究对象

当今是数据信息的时代。社会越发展、科学技术越进步，人们对获取大量、灵敏、可靠、有用的信息的需求就愈加迫切。统计信息是社会经济信息的主体，统计信息的调查、整理、分析是科学决策和科学管理的重要的基础性工作，也是制定政策、编制长短期规划的重要参考依据。无论是自然科学领域、社会科学领域的研究，还是国际宏观管理和企业生产经营管理，甚至人们的日常生活，信息需求量日益增多，信息处理技术愈加复杂。因此，经济管理工作者必须学会统计资料搜集、整理的方法，学会利用统计数据进行定量分析，掌握事物发展规律及趋势，适应市场经济发展规律，以促进国民经济又快又好的发展。

扩展阅读 1-1
"统计"一词的由来

1.1.1 统计的含义

1. 统计的概念

统计萌芽出现于原始社会末期，最原始的含义就是计数。随着社会的不断发展，统计的内涵也越来越丰富。现今，统计一词在各种实践活动和科学研究领域中都经常出现。然而，不同的人在不同的场合对统计理解是有差异的。例如，企业每年要"统计"产量和产值，这是将其作为一种工作来看待；了解股票的交易状况要看交易有关的成交额和股票指数"统计"，这时又是将其作为数据；而学生们所说的"我们正在学习统计"，则是指一门科学，即统计学。统计有三种含义，即统计工作、统计资料和统计学。

统计工作是从数量方面对社会经济现象做调查研究的一种统计实践活动，是人们为认识客观事物而进行的搜集、整理、分析和提供统计资料的工作过程。例如，国家和各级统计部门搜集反映其所属地区的工业、农业、商业及交通运输业等国民经济部门经济运行情况的各项数字资料，并将这些资料汇总、加工、整理。

统计资料是统计工作的成果，是指在统计实践活动中所取得的，能反映统计研究对象有关数量特征的各种综合性的数字资料和分析报告。它具体表现为各种反映社会经济现象数量特征的原始记录、统计台账、统计表、统计图、统计分析报告、政府统计公报、统计年鉴等各种数字和文字资料。例如，国家统计局每隔一定时期向社会公布我国国民经济发展情况统计资料，编印历年《统计年鉴》等。这些公报和统计年鉴都是统计资料。

统计学是阐述统计理论与方法的系统性科学，是统计工作实践的理论概括和科学总结，是研究、整理、分析统计资料的理论和方法的科学。它以现象总体数量特征为研究对象，阐明统计设计、统计调查、统计整理和统计分析的理论和方法。统计学是适应社会经济发展和统计实践需要而产生和发展的。17世纪中叶英国威廉·配第（William Petty）《政治算术》一书的问世，标志着古典政治经济学的诞生，同时也标志着统计学的诞生。

2. 三种含义的关系

统计工作、统计资料和统计学之间有着密切联系。如图 1-1 所示，统计工作和统计资料是统计活动过程与统计成果的关系。统计资料是统计工作的直接成果,统计工作的优劣直接影响着统计资料的数量和质量,同时统计资料的需求也支配着统计工作的布局;就统计工作和统计学的关系来说,是统计实践与统计理论的关系。统计学是统计工作实践的理论概括和科学总结,它来源于统计实践,高于统计实践,反过来又指导统计实践,统计工作的现代化与统计科学研究的支持是分不开的。由此可见,统计工作、统计资料、统计学三者之中,统计工作是基础,是认识事物的起点,没有统计工作,统计资料就无从获取,没有统计工作,缺少这个实践基础,统计科学也就不可能形成和发展。

图 1-1　统计工作、统计资料和统计学三者的关系

由于"统计"一词有三种不同的含义,因此在社会经济生活中,遇到"统计"一词时,要注意理解其准确含义。

1.1.2　统计的应用领域

统计方法是适用于所有学科领域的通用数据分析方法,只要有数据的地方就会用到统计方法。随着人们对定量研究的日益重视,统计方法已被应用到自然科学和社会科学的众多领域,统计学也发展为由若干分支学科组成的学科体系。可以说,几乎所有的研究领域都要用到统计方法,比如政府部门、科学研究领域、日常生活中、公司或企业的生产经营管理中都要用到统计。下面介绍统计在工商管理中的一些应用。

1. 企业发展战略

企业的发展战略是企业的长远发展方向。制定发展战略,一方面需要及时了解和把握整个宏观经济的状况和发展变化趋势,了解市场的变化,另一方面还要对企业进行合理的市场定位,把握企业自身的优势和劣势。这些都离不开统计,需要统计提供可靠的数据,利用统计方法对数据进行科学的分析和预测。

2. 市场研究

企业要在激烈的市场竞争中取得优势,首先必须了解市场。要了解市场,需要进行广泛的市场调查,取得所需的信息,并对这些信息进行科学的分析,以便作为生产和营销的依据,这些都需要统计的支持。

3. 经济预测

企业要对未来的市场状况进行预测,经济学家也常常对宏观经济或某一方面进行预测,在进行预测时要使用各种统计信息和统计方法。比如,企业要对产品的市场潜力作出预测,以便及时调整生产计划,这就需要利用市场调查取得数据,并对数据进行统计分析。

经济学家在预测通货膨胀时,要利用有关生产价格指数、失业率、生产能力利用等统计数据,然后通过统计模型进行预测。

4. 产品质量管理

质量是企业的生命,是企业持续发展的基础,质量管理中离不开统计的应用。在一些知名的跨国公司,6σ准则已成为一种重要的管理理念。质量控制已成为统计学在生产领域的一项重要应用,各种统计质量控制图被广泛应用于监测生产过程。

5. 财务分析

上市公司的财务数据是股民投资选择的重要参考依据。一些投资咨询公司主要是根据上市公司提供的财务和统计数据进行分析,为股民提供投资参考。企业自身的投资,也离不开对财务数据的分析,其中要用到大量的统计分析方法。

6. 人力资源管理

人力资源管理过程中可以利用统计方法对企业员工的年龄、性别、受教育程度、工资等进行分析,并作为企业制定工资计划、奖惩制度的依据。

当然,统计并不是仅仅在工商管理才有用,它是在自然科学、社会科学等多个学科领域中发展起来的,为多个学科发展研究提供了一种通用的数据分析方法。从某种意义上说,统计仅仅是一种数据分析的方法,与数学一样,统计是一种工具。

利用统计方法可以简化繁杂的数据。比如,用图表展示数据,建立数据模型。有人认为统计的目的就是让人看懂数据,其实这仅仅是统计的一个方面,统计更重要的功能是对数据进行分析,它提供了一套分析数据的方法和工具。不同的人对数据分析的理解也会大不一样,曲解数据分析是常见的现象。在有些人的心目中,数据分析就是寻找支持。他们的心目中可能有了某种"结论"性的东西,或者说他们希望看到一种符合他们需要的某种结论,之后去找些统计数据来支持他们的结论。这恰恰歪曲了数据分析的本质,数据分析的真正目的是从数据中找出规律,从数据中寻找结论,而不是寻找支持。统计不是万能的,它不能解决面临的所有问题。统计可以帮助分析数据,并从分析中得出某种结论,但对统计结论的进一步解释,则需要你的专业知识。比如,吸烟会使患肺癌的概率增大,这是一个统计结论,但要解释吸烟为什么能引起肺癌,这就不是统计学家所能做到的,需要有更多的医学知识才行。

1.1.3 统计学的研究对象

1. 统计学的研究对象

统计学的研究对象是社会经济现象总体的数量方面,即社会经济现象总体的数量特征和数量关系。具体来说,就是通过特有的统计指标和统计指标体系来表明社会经济现象的规模、水平、速度、比例和效益等,揭示现象发展的规律性。

辩证唯物主义告诉我们,不论是自然现象还是社会现象,都存在质和量两个方面,两者是辩证统一、密切联系的。事物的质是通过量表现出来的,没有数量也就没有质量,量的积累达到一定界限,将引起质的变化。因此,要研究事物的存在和发展,并掌握其发展规律性,必须研究事物量的方面,研究事物发展规律性在具体时间、地点、条件下的数量表现。所以,从数量上认识事物,是马克思列宁主义的一种科学的认识方法。通过以上阐述可以看出,统计研究对象是现象总体的数量方面,包括数量的表现、数量关系和数量界限。

具体来说,一方面,统计研究社会经济现象的数量关系,必须对社会经济现象的性质、特点有一定的认识,才能确定它的数量表现,作定量认识。例如,要统计工业总产值,首先必须明确工业总产值是工业企业在一定时期内生产的全部工业产品的货币表现,只有这样才能明确哪些产品的产值能够计入,哪些不能计入,也才能正确计算工业总产值。另一方面,任何一项统计数量,都必须反映一定的社会经济现象的内容、现象的质。统计还通过一系列数量做出全面的分析,来深刻地反映现象的性质和内在的联系。例如,利用工业企业的利润率、劳动生产率、主要产品单位成本、固定资产产值率等指标就能对企业的微观效益做出实质性的评价。

研究大量社会经济现象的综合数量,是统计研究对象的另一种重要特点。统计要集合大量的调查资料,加以综合汇总和科学概括,以得出反映现象总体的数量特征的各项指标,说明经济现象变化的规律性。统计研究大量社会经济现象的综合数量特征,并不是一概不研究个别事物。用以大量观察为依据的综合数量特征形式来研究社会经济现象的发展过程,数据趋于普遍化、一般化、抽象化。为此,有选择地抽取个别典型单位,深入研究现象的具体联系和详细情况,使人们对社会经济现象发展过程的认识更加深刻和丰富。

2. 统计学的特点

作为认识社会经济现象数量方面特征的统计学,与其他社会学科相比有自己的特点,具体表现在以下几个方面。

(1) 数量性。这是统计的首要特点,也是其基本特点,这一点可以从统计学的研究对象中得到。事物能用数量表现的方面和能用数量表现的事物都可以进行统计研究。社会经济统计的研究对象是社会经济现象的数量方面,包括数量的多少,现象之间的数量关系,质、量互变的数量界限。凡属统计,不论是统计工作、统计资料还是统计学都离不开数量这个中心。没有数量,就没有统计。当然,统计反映的是具体的、密切联系事物的质和量。统计对社会经济现象数量方面的认识是定量认识,但必须以定性认识为基础,要和定性认识结合起来,遵循科学的认识规律,才能准确反映社会经济现象的数量特征。

(2) 总体性。统计学研究社会现象的数量方面是指由许多个体现象构成的总体的数量方面,而不是个体的数量方面。统计工作是通过对大量现象的观察,获得足够的统计资料,说明总体现象的数量变化。例如,人口统计不是要研究某个人的年龄、性别、职业等个人情况,而是要运用普查或抽样调查的方法,了解一个国家或一个地区的总人口情况。但要指出的是,统计研究现象的总体,并非不考虑个体现象的数量特征。总体是由个体所构成的,要认识社会经济现象的总体,就必须从调查了解个体现象的情况开始,通过对足够多的、存在一定差别的个体进行登记、整理和综合,再过渡到总体的数量方面,从而能够把握社会经济现象的总规模、总水平及其变化发展的总趋势。例如,人口普查必须从了解每个人的情况开始,经过分组、汇总、计算,得出反映全国人口总体数量特征的总人口数、平均年龄、按性别分组的构成资料、按年龄分组的构成资料等,用以说明人口总体的数量特征。

(3) 具体性。统计研究的不是抽象的量,而是认识对象的具体事物的数量方面,这是统计和数学的重要区别。统计研究的量是具体事物在一定时间、地点条件下的数量表现，是与现象的质密切结合在一起的；而数学研究的仅仅是抽象的数量关系和空间形式。例如，2020年粮食种植面积11 677万公顷。其中，水稻种植面积3 008万公顷，小麦种植面积2 338万公顷，玉米种植面积4 126万公顷。这些数据是我国农业生产在一定时间、地点条件下所产生的各种农作物的具体数量。如果没有在一定时间、地点条件下进行研究，就不能说明任何问题，也就不能被称为统计数据。

（4）社会性。统计研究对象是大量社会经济现象的数量方面，而社会经济现象是人类社会活动的条件、过程和结果，包括经济、政治、军事、文化、教育、卫生、法律、道德等。它们都是人类有意识活动的产物，都与人类的利益有关。这些现象数量特征的统计数字可以表现人和物的关系，还可反映数字背后隐藏着的人与人的关系。统计人员在从事统计工作的过程中，可能会遇到各种社会矛盾或压力，影响它如实地反映客观实际情况，统计人员的社会观点和经济观点也会直接影响统计工作的过程和结果的科学性和准确性。

3. 统计学的性质

统计学是一门认识社会经济现象总体数量特征的方法论的科学。这里所讲的方法论包括对社会经济现象的认识方法、指导统计活动的原理和原则，统计过程所应用的核算和分析的方法及组织形式等构成的科学体系。它属于社会科学的方法论和应用性学科。因此，统计学是一门具有跨学科性质、有较高概括度和较大适应范围的方法论科学。对于统计学性质可从以下两个方面加以说明。

（1）统计学适用于统计工作实际发展的需要，对统计工作有指导作用。统计学是在统计工作长期实践的基础上不断总结，不断提高，逐渐形成并臻于完善。它根据统计工作实践的要求，从理论上阐述如何进行调查、整理和分析社会经济现象数量方面的原理、原则和方法。同时，它还对统计信息、统计咨询、统计监督职能的实现起着理论指导作用。由于社会经济现象数量方面的特征广泛而复杂，客观上需要具有方法及方法论的统计学提供科学的理论以适应统计工作实际发展需要。

（2）统计学是从数量方面认识社会的有力武器之一。世界上一切事物，都有它质的方面和量的方面，都是质和量的辩证统一体。任何事物，没有它的量的规定性，其质的形态就不存在；从事物发展变化来看，其都是由细小的、逐渐的量变到质变的转化；从事物相互联系、相互制约角度来看，其也表现为一定的数量关系，这种数量关系的发展变化和事物性质的演变是一致的。以上关于事物质和量的辩证关系和由量变到质变的原理，给人们指出了认识社会的一种途径，即从掌握事物的数量特征和数量关系入手，经过分析研究，去探索社会经济现象的本质和规律性。统计成为认识社会的有力武器，正是由于它是从数量方面入手认识社会的一种有力手段。

1.1.4 统计学的研究方法

作为为统计工作提供科学的理论和方法的统计学，其具有自己完善的方法体系。统计研究的具体方法有大量观察法、统计分组法、综合分析法、统计推断法和统计模型法。

1. 大量观察法

大量观察法是指对所研究现象总体中的足够多的个体进行观察和研究,从而揭示现象的本质和规律。大量观察法的理论基础是大数定律,大数定律是指虽然每个个体受偶然因素的影响作用不同而在数量上存在差异,但总体而言,可以相互抵消而呈现出稳定的规律性。因此,只有观察全部或足够的单位并加以综合,影响个别单位的偶然因素才会相互抵消,社会现象的规律性才会显现出来。大量观察法是统计活动过程中收集数据资料的基本方法。

大量观察法可以用以揭示统计规律。统计规律主要指以平均数形式表现的规律。它说明:现象的规律通过对总体数量特征的综合和平均可以表现出来;现象总体的平均数在次要和偶然的因素相互抵消中,以集中的趋势或平均值的形式加以反映,使总体的数量特征呈现出以平均数为中心的分布状态;当总体的单位数目越多时,平均数所反映的总体规律越准确。

2. 统计分组法

统计分组法是根据统计研究的需要和现象的内在特点,按一定标志把总体划分为若干个不同部分或组的一种统计方法。统计学中的统计分组法有传统分组法、聚类分析法、判别分析法等。分组法将资料分门别类,把性质不同的单位分开,把性质相同的单位放在一起,保持组内各单位的同质性,体现出组与组之间的差别性,以区别现象的不同情况和不同特点,从而揭示现象总体的内在本质特征和内在数量关系。例如,只知道一个国家的人口总数,而不知道各种性别、不同年龄、不同民族的人口有多少,那么,总人口数只是一个十分笼统的资料,其作用是十分有限的。只有经过分组的资料才能发挥它的效能。通过统计分组可以把研究现象划分为若干组,用以区分社会现象的各种类型和形式,正确反映具体社会经济现象的规模和数量的对比关系,以达到对事物本质的认识。

统计分组在统计研究各个阶段上的意义表现在:进行统计设计时,就要考虑到需要哪些分组资料;在统计调查阶段则要根据统计设计要求的分组确定调查标志,进而搜集相关资料,统计整理时,则根据占有的原始资料进行分组整理、汇总,计算总体和各组的有关指标,分析研究总体的某些特征。因此,统计分组是统计整理工作的重要内容,也是统计分析的前提。统计分组方法贯穿于统计工作的全过程,是统计研究的基本方法。

3. 综合分析法

综合分析法是指运用各种综合指标对现象总体的数量方面进行分析的方法。综合分析法在统计学,尤其是在社会经济统计学中占有十分重要的地位,是描述统计学的核心内容。

综合是指对大量观察所获得的资料运用各种综合指标以反映总体一般数量特征。对大量原始数据进行整理汇总,计算各种综合指标,可以显示出现象在具体时间、地点及各种条件综合作用下所表现的结果,概括地描述总体的综合数量特征和变动趋势。常用的综合指标有总量指标、相对指标、平均指标等。

扩展阅读 1-2
社会统计学与数理统计学的理论统一

分析是指对综合指标进行分解对比,以研究总体的差异程度和数量关系。首先,应用统计分组法,根据事物的内在特点和研究目的,将被研究的社会经济现象划分为性质不同的若干组成部分,以揭示现象的不同类型。其次,在分组的基础上运用各种数量分析方法,探讨总体内部的各种数量关系,揭露矛盾,发现问题,并进一步寻找解决问题的方法。常用的统计分析方法有时间数列分析法、因素分析法、相关分析与回归分析法等。

4. 统计推断法

统计推断法是根据局部样本资料,按一定的置信标准,用样本数据来判断总体数量特征的统计分析方法。统计认识活动是由个别到一般、由事实到概括的推理过程。例如,综合指标概括反映总体一般的数量特征,它不同于总体各单位的标志值,但又必须从总体各单位的标志值中归纳而来。可见,归纳是从具体的、大量的统计资料中了解一般情况及总体的水平情况,以掌握现象的总体规模、总水平,增加对现象发展变动的多方面情况的了解。归纳法可以使我们从具体事实中得出一般规律,是统计中常用的研究方法。

推断是以一定的置信标准,根据样本的数据来推断总体数量特征的归纳推理方法。在实际工作中,统计人员经常使用非全面调查,其调查的是总体中一部分单位或有限的调查单位,而需要推断的总体范围却是很大的,甚至是无限的。例如,在调查农作物预计产量时,统计人员通常在全部的耕地中抽出一部分地块作为样本,进行实割实测,然后利用样本的指标数值来推断全部耕地的平均单产量和总产量。常用的归纳推断法有重点调查、典型调查、抽样调查、统计预测和决策等。

5. 统计模型法

统计模型法是根据一定的经济理论和假设条件,用数学方程去模拟现实经济现象相互关系的一种研究方法,它是综合分析法的扩展。利用这种方法可以对客观现象和过程中存在的数量关系进行比较完整和近似的描述,凸显所研究的综合指标之间的关系,从而简化了客观存在的复杂的其他关系,为解决复杂问题提供了适合条件,以便利用模型揭示现象总体的内部结构,分析变量间的相互关系,对社会经济现象的变化进行数量上的评估和预测。

1.2 统计学的产生和发展

1.2.1 统计的起源与发展

统计作为一种社会实践活动起源很早,在人类历史上,自从有了国家,就有了统计活动。统计是随着人类社会发展和国家管理的需要而产生和发展的,至今已有四五千年的历史。

早在原始社会末期,由于磨制石器工具的制作和广泛使用,原始的生产力大大提高,出现了家畜饲养业和制陶手工业,建立起原始部落,过着定居生活。由于生产劳动的进步和社会生活发展的需要,原始的精神文化也有所发展,人们开始有了数字概念和计数活动,出现了结绳记事,并逐渐产生了原始的绘画、雕塑艺术和刻画符号,发展为简单的文字,出现了书契记数。

在奴隶社会,人类社会出现了阶级和国家,统治阶级为了对内统治、对外扩张,为了满足赋税、徭役和征兵的需要，就开始了对人口、土地和财产的登记和简单的统计计算工作。据历史记载，中国在夏禹时代就有了人口统计，就对全国人口和土地进行过统计调查。魏晋间皇甫谧著《帝王世纪》对此有下列记载："禹平水土，还为九州，今禹贡是也。是以其时九州之地，凡二千四百三十万八千二十四顷，定垦者九百三十万六千二十四顷，不定垦者千五百万二千顷。民口千三百五十五万三千九百二十三人"。其后，南朝宋范晔撰《后汉书》与宋元时期马端临撰《文献通考》等，都有同样记载。因此，有的统计学者认为这些统计数字是我国最早的统计数字资料。在国外，古希腊和古罗马时代也开始了人口和财产的统计。

在封建社会，由于封建社会生产力发展缓慢，统计实践活动的发展并不迅速，仅限于对实物调查、登记、简单计数加总。例如，我国秦汉时期有地方田亩和户口资料的记录，秦代时户籍统计和田亩统计已达到了相当高的水平；唐宋时期有计口授田、田亩鱼鳞册等土地调查和计算；明清时期常有人口登记和保甲制度。

西方国家的统计活动也有悠久的历史，如在公元前3050年，埃及在建造金字塔时期，为了征集建筑资金和征用劳动力，对全国人口和财产进行过调查；罗马帝国时代，人口出生、死亡都必须到寺院登记。18世纪以后，统计活动得到了迅速发展。随着经济文化的发展，人类分工不断细化，农业、工业、商业、交通、邮电、海关、银行、保险等方面逐渐形成独立的行业或部门。为了适应商业竞争和资本扩张的需要，除人口、土地统计外，相应出现了农业统计、工业统计、商业统计、交通运输统计、金融统计等部门的社会经济统计。1830—1849年，欧洲出现"统计狂热"时期，统计科学研究与统计学术活动十分活跃。各国相继成立了统计机关和统计研究机构，统计成为社会分工中一种专门的行业。

1.2.2 统计学的产生和发展

虽然人类统计实践活动可以追溯到遥远的古代，但是将统计实践上升到理论，并加以总结和概括成为一门科学——统计学，距今却只有300多年的历史。17世纪中叶，随着资产阶级革命和工厂手工业的迅速发展，统计也得到了快速发展，人们开始逐步对统计活动进行理论研究，逐渐产生了统计学。在整个统计学的发展历程中，主要的统计学派及统计理论有：

1. 古典统计学阶段

17世纪中叶，统计学诞生，许多学者从不同的角度，以不同的态度去认识研究有关统计理论，逐渐形成不同的统计学派，它们同时共存，互相影响，互相争论。在古典统计学阶段，比较主要的学派有政治算术学派和记述学派。

（1）政治算术学派。政治算数学派起源于17世纪的英国，其创始人和代表人物有威廉·配第（William Petty，1623—1687）和约翰·格朗特（John Graunt 1620—1674）。威廉·配第在其代表著作《政治算术》（1676年）一书中写道："本书不用比较级、最高级进行思辨或议论，而是用数字来表达自己想说的问题，借以考察在自然中有可见的根据的原因。"威廉·配第首创运用大量数字资料对当时英国的政治、经济、军事实力与法国、荷兰进行对比分析，他在分析时使用了过去从来没有人用过的方法，即用数字、重量和尺度来表达自己想说的问题。这种方法的应用为统计学的创立奠定了方法论基础。马克思对威廉·配第评价很高,说他是政治经济学之父,在某种程度上可以说是统计学的创始人。这一书名后来就成了这个学派的名称,威廉·配第也成了该学派的创始人。政治算术学派的另一个代表人物是约翰·格朗特,他的代表作是《对死亡率公报的自然观察和政治观察》(1662年)。约翰·格朗特通过大量观察的方法,研究发现了人口各年龄组的死亡率、性别比例等重要的数量规律,并运用各种方法对人口总数进行了较为科学的推算和估计。约翰·格朗特在这本书中所用的具体数量对比分析的方法,对统计学的创立,与《政治算术》起了同等重要的作用,被认为是政治算术学派的又一本名著。约翰·格朗特也被认为是人口统计学的创始人。但政治算术学派没有使用"统计学"这一名称,可以说是有统计学之实而无统计学之名。

(2)记述学派。记述学派也称国势学派,产生于17世纪的德国,这一学派用记述的方法研究一国家的地理、人口、财政、军事、政治和法律制度等国家大事。记述学派创始人和代表人物是海尔曼·康令(Hermann Coring,1606—1681)和高尔费里德·阿亨瓦尔(Gottfried Achenwall,1719—1772)。二人曾先后在德国大学讲授《国势学》,其内容是通过对国家重要事项的研究对比来说明各国的状态,分析各国实力的强弱,研究状态形成的原因。记述学派只是对国情的记述,用比较级和最高级的词汇对事物的状态进行描述,对各国的社会经济情况进行分析比较,未能进一步揭示社会经济现象的规律,也不研究事物的计量分析方法。阿亨瓦尔教授首先提出了"统计学"(statistics)学科名词,并定义其为国家显著事项的学问,言下之意是通过这门科学,可以了解国家治乱兴亡之迹。可以说记述学派有统计学之名,而无统计学之实。

政治算术学派和记述学派共存达二百年之久,两个学派均以社会经济作为研究对象,以社会经济的实际调查资料作为理论的基础,共同认为这门科学是具体阐明国情国力的社会科学。不同之处在于是否把数量方面的研究,作为这一门学科的基本特征。两派相互影响,相互争论,直到19世纪中叶,随着社会经济统计实践的要求,社会科学的发展和分工,统计学作为一门对社会经济现象进行经济数量对比分析的方法论学科,已为社会所公认。此时,两个学派的争论才告一段落。国势学被改称为国家论,而统计学则成为"政治算术"的科学命名。

在记述学派和政治算术学派争论还没有完全结束时,统计理论又向前发展,产生了新的学派。

2. 近代统计学阶段

18世纪末到19世纪中叶,统计学有了较快的发展,建立和完善了统计学的理论体系,逐渐形成了数理统计学和社会统计学两大学派。

(1)数理统计学派。数理统计学派是把概率论引入统计学而形成的统计学派,其产生于19世纪中叶,其开创者为比利时物理和统计学家阿道夫·凯特勒(A. Quetelet,1796—1874)。他是比利时国家统计工作的领导人,是国际统计学术会议的倡导人和组织者,其主要著作有《论人类》《概率论书简》《社会制度》和《社会物理学》等。他主张用研究自然科学的方法研究社会现象,正式把古典概率理论引进统计学,对法国、英国和比利时的犯罪统计资料进行了研究,从中发现了某些社会现象的规律性,使统计学进入了一个新的发展阶段。然而,由于历史的局限性,凯特勒在研究过程中混淆了自然现象和本质的区别,对犯罪、道德等社会问题用自然科学的观点和方法做出了一些机械的、庸俗化的解释。但是,他把概率理论引入统计学,使统计学在"政治算术"所建立的"算术"方法的基础上在准确化的道路上大大跨进了一步,使统计学的理论、内容和方法都发生了很大变化,产生了质的飞跃,为数理统计学的形成与发展奠定了基础。因此,他也被称为"现代统计学之父"。凯特勒的理论后经高尔登(F.Golton,1822—1911)、皮尔生(K.Pearson,1857—1936)、鲍莱(A.L.Bowley,1869—1957)等统计学家的不断丰富和发展,逐渐形成一门独立的应用数学。1867年有人把这一门既有数学又是统计学的新生科学命名为"数理统计学",他们认为统计学就是数理统计学,是现代应用数学的一个重要分支,这与社会统计学派产生了严重分歧。

(2) 社会统计学派

社会统计学派产生于19世纪后半叶,该学派的先驱者是德国的克尼斯(G.G.A.Knies,1821—1898)教授。他在《作为独立科学的统计学》(1850)一书中,提出了"国家论"与"统计学"科学分工的主张。他认为国家论是用文字记述的国势学的科学命名,统计学则是用数值研究社会经济规律的政治算术的科学命名。社会统计学的提出标志着国势学派与政治算术学派长期争论的结束,预示了德国统计学的未来发展方向,最终将政治算术更名为统计学。社会统计学派的主要代表人物为恩格尔(C.L.E.Enget,1821—1896)和梅尔(G.V.Mager,1841—1925)等。梅尔认为统计学的研究对象是社会经济现象的规律,统计学是一门实质性的社会科学。恩格尔认为统计学是一门独立的科学和方法,包括统计科学和统计方法,提出了统计调查、整理和分析三阶段的统计方法。他通过对英、法、德和比利时等国的工人家庭生活费用调查,撰写了《比利时工人家庭的生活费》(1895)一书,提出著名的恩格尔定律,即:一个家庭(或个人)的收入愈低,其食品支出在收入中所占比例就愈高;反之,其比例就愈低。恩格尔系数=(食品支出总额/收入)×100%。社会统计学派总体上看,融合了记述学派和政治算术学派的观点,又吸收了凯特勒著作中的若干思想,并把政府统计和社会调查相结合,既重视统计方法的研究,也强调以事物的质为前提和认识质的必要性。

3. 现代统计学阶段

这一阶段是指20世纪初至今的统计学发展时期。在这一阶段,科学技术迅猛发展,统计学的发展呈现出以下几个明显的趋势:第一,随着数学的发展,统计学依赖和吸收的数学方法越来越多;第二,向其他学科领域渗透,或者说以统计学为基础的边缘学科不断形成;第三,随着统计学的应用日益广泛和深入,以及受计算机和新兴科学的影响,统计学越来越依赖于计算机技术,成为数量分析的方法论科学。

目前,统计学的内容十分丰富,研究与应用的领域非常广泛,已经发展成为由若干分支学科组成的学科体系。一般来说,统计学有两种基本的分类:描述统计学和推断统计学,理论统计学和应用统计学。

(1) 描述统计学和推断统计学。按统计方法的特点,统计学可以分为描述统计学和推断统计学。描述统计学是研究如何取得反映客观现象的数据,并通过图表形式对所搜集的数据进行加工处理和显示,进而通过综合概括与分析得出反映客观现象的规律性数量特征的一门学科。简单而言,描述统计学研究如何简缩数据并描述这些数据的方法,一般包括统计分组、汇总、统计表、统计图、频数分配、时间数列、统计指数、相关分析等。

推断统计学是研究如何根据样本数据去推断总体数量特征的方法,它是在对样本数据进行描述的基础上,对统计总体的未知数量特征做出以概率形式表述的推断。推断统计学研究如何在随机抽样的基础上推断有关总体数量特征的方法,一般包括统计推断原理、实验设计、估计理论、抽样调查、复变数分析、序列分析、误差理论、假设检验等。

描述统计学和推断统计学是统计学不可或缺的两个组成部分。描述统计学是整个统计学的基础,推断统计学是现代统计学的主要内容。在研究问题时,如果是进行全面调查,收集到的是总体数据,经过描述统计后就可以认识总体数量的规律性。如果没有进行全面调查,而是进行抽样调查,获取的是总体的一部分数据。要想找到总体的数量规律性,就必须运用推断统计,通过计算样本的统计量,应用推断统计的方法对总体的参数进行估计和检验。描述统计的目的是通过对客观事物的统计数据进行调查采集、加工整理、显示和概括,达到分析和研究其总体的数量规律性。推断统计的目的则是通过科学的方法从总体中抽取样本,应用科学的计算方法得到样本统计量,利用样本统计量及相应的统计分析方法来对统计总体参数及数量特征、统计规律性等进行估计和检验等。

描述统计学和推断统计学是相辅相成的。只有描述统计,没有推断统计,就不能解决现实生活中的一些只能得到样本数据,而得不到全面数据的客观事物的分析研究数量规律性的问题,就不能使统计学得到完善和发展。同样,没有描述统计,推断统计就成了无本之木,没有了可靠的基础,没有了样本数据,推断统计就成了一种纸上谈兵的游戏。随着历史的发展,现代统计学的内容会越来越完善和发展,推断统计的作用会越来越大。

(2)理论统计学和应用统计学。按统计研究和应用的范围,统计学可以分为理论统计学和应用统计学。理论统计学是研究统计学的一般原理和统计方法的数学原理,它基于概率论的原理,还包括不属于传统概率论的一些内容,如随机化原则的理论、各种估计的原理、假设检验的原理和一般决策的原理。理论统计学的目的是为适应对现实的客观数据进行统计分析研究的需要,完善、发展和创新统计理论和方法。在统计实践中经常会遇到一些原有的统计方法不能适应的新问题,需要创造新的统计模型和统计分析方法,这就需要统计理论的研究与指导。理论统计学可以分为基础统计学(统计调查理论、统计描述理论、统计指数理论、数据库与网络等)、数理统计学(抽样调查、统计分析软件图形处理、统计模拟等)和模糊统计学等。

应用统计学将统计学的基本原理应用于各个领域,形成各种应用统计学的分支,比如农业统计学、社会统计学、生物统计学、经济统计学、天文统计学、人口统计学、气象统计学、医学统计学等。它针对现实客观事物,应用统计的方法,采集、整理、显示、综合、分析、研究统计数据,揭示事物客观的固有规律性。它包括适用于各个领域的一般性的统计方法,如参数估计、假设检验、方差分析、回归分析等,还包括在某一领域中特定的分析方法,如经济统计中的时间数列分析和指数分析等。由于应用统计学与被研究现象的客观数据及其内在规律性有关,因此,研究人员不仅仅需要具有统计学的一般原理及分析研究方法的知识,还需要同时具备所研究现象客观事物方面的专业知识和研究能力,这样才能应用统计方法解决实际问题。比如,要进行医药方面的分析研究,除了具有定量分析和定性分析两方面的统计知识外,还需要具备较好的医药专业知识。应用统计学侧重于阐明统计学的基本原理,并将理论统计学的成果作为工具应用于各个领域。

1.3 统计学常用的基本概念

1.3.1 统计总体和总体单位

1. 统计总体

统计总体是由客观存在的具有某种共同性质的许多个别事物构成的整体,简称总体。例如,研究某市中学学生的学习情况,该市中学学生就是一个总体,因为这是客观存在的,而且是由许多个中学学生所组成,每个学生都是某市的中学的,就这一点来说又都是同质的。又如,当研究我国工业企业生产情况时,全国工业企业就是一个总体。因为这些工业企业都是客观存在的,都具有从事工业生产活动、创造工业产品的性质,都是从事工业生产活动的基层单位。

统计总体具有三个基本特征:同质性、大量性、差异性。

(1) 同质性是指构成总体的所有个别事物至少在某一个或某几个方面具有共同的性质,即只有这样才能将这些个别事物集合在一起。因此,同质性是总体单位构成总体的一个前提条件。例如,研究全国工业企业生产情况,总体中就不能混入商业企业。这个共同具有的性质是构成总体的基础。

(2) 大量性是指统计总体一定是由大量事物组成的,仅仅个别或少数单位不能形成总体。因为只有将足够多的单位综合汇总才能计算出总体的一般数量特征,才能达到统计研究的目的。大量性是一个相对概念,调查的精度越高,则调查单位越多。

(3) 差异性是指组成总体的各个单位除了具有某些方面的共同性质外,在其他方面也存在着质和量上的差异。统计研究实质上是研究总体各单位之间的差异情况。例如,全国工业企业作为一个统计总体,构成总体的各个工业企业除了具有从事工业生产活动的基层单位这样的共同特点外,在其他方面有很多差异。例如,工业企业总产值不同、产品销售收入不同、职工人数不同等。差异性是对总体进行统计研究的必要条件。如某市中学学生总体除了是该市中学的学生这一共同性质外,在年龄、身高、外貌、体重等方面存在差异。

根据总体包含的单位是否可以计数,可以将总体分为有限总体和无限总体。有限总体是指总体中包含的总体单位数是有限的、可计数的。例如,全国工业企业数、全国总人口数、全国农村居民人口数等,不管它们的数量有多大,都是有限的、可以计数的。那么全国工业企业、全国总人口和全国农村居民都是有限总体。无限总体是指总体中包含的单位数是无限的、无法计数的。例如,工业企业中连续大量生产的某种小件产品,昼夜不停地生产,其产量是无限的、无法计数的,这样的产品构成的总体就是无限总体。再如,宇宙是由大量的星球及其他物质所组成的,但凭借人类现有的科学技术水平,无法准确知道宇宙中星球的具体数量,因此宇宙中的星球也是无限总体。实际上,在社会经济现象中,大多数是有限总体,无限总体只是少数。在对无限总体进行统计研究时,只能调查部分单位,用以推算总体情况。

2. 总体单位

总体单位是指组成总体的个别事物,又称个体。例如,某市的中学学生是一个总体,则该市的每个中学学生就是一个总体单位。统计调查过程中的原始资料最初就是从各个总体单位获得的,所以总体单位是各项统计数字的承担者。

3. 统计总体与总体单位的关系

(1) 整体与部分的关系。总体与总体单位是整体与部分的关系,它们互为存在条件。总体是界定总体单位的前提条件,总体单位是构成总体的基本元素。没有总体性质的准确界定就很难确定总体单位的范围,便没有部分;整体是由部分组成的,没有总体单位,总体也就不存在。例如,在研究某高校所有学生的身体健康情况时,该校的所有学生为总体,每一名学生为总体单位,该校的所有学生与每一名学生之间存在着包含与被包含的关系。

(2) 随着研究目的的不同,两者可以相互变换。总体与总体单位的划分也不是绝对的,其具有相对性,随着研究目的的不同(总体范围的不同),它们是可以互相变换的。同一事物,在一种条件下可以是总体,在另一种条件下也可以是总体单位。例如,在全国工业企业的统计总体中,每个工业企业是总体单位,但要研究一个典型工业企业内部问题时,被选作典型的某一企业又可作为一个总体。又如,研究某省粮食生产情况时,该省所有的县构成一个统计总体,其中每个县都是总体单位。如果要研究其中某一个县的粮食生产情况,则该县所有的乡镇构成的县就变为总体,其中每个乡镇都是总体单位。

1.3.2 标志与指标

1. 标志

标志是说明总体单位属性或特征的名称。每个总体单位都有不同的属性或特征。例如,某市的每一个中学学生可以有身高、体重、外貌、性别、血型、年龄等属性和特征,这些就是某市中学学生的标志。又如,企业作为总体单位,具有所有制类型、职工人数、所属行业、工资总额、固定资产净值、产量、产值、成本、利润等属性和特征。工人作为总体单位,具有性别、工种、文化程度、技术等级、年龄、工龄、工资等属性特征。通过这些例子可以看出,总体单位和标志是有关系的,总体单位是标志的直接承担者,标志是依附总体单位的。

标志按其表现形式不同可分为数量标志和品质标志。品质标志是表明事物属性特征,只能用文字说明,不能用数值来表示的标志。例如,企业的经济类型、所属行业、性别、工种、文化程度等均属于品质标志。数量标志是表明总体单位数量方面的特征,用数值来表示的标志。例如,企业的职工人数、职工工资总额、固定资产净值、产量、产值、总成本、利润总额等。

标志表现是标志在各个总体单位中的具体表现。根据标志的性质可以分为品质标志表现和数量标志表现两种。品质标志表现只能用文字表述,如企业的经济类型这一标志的具体表现可以是国有、集体、私营、个体、联营等;企业所属的行业可以是机械加工业、纺织业、印刷业等；人口的性别可以是男或女；文化程度的表现可以是初中、高中、本科等。数量标志的具体表现为数值，称为标志值。如某企业的职工人数为 2 100 人，企业总产值为 5.2 亿元；工人的年龄为 28 岁，月工资为 3 500 元等。

标志按其表现是否可变分为可变标志和不变标志两种。如上所述，统计总体具有同质性和差异性的特点。因此，标志在总体单位之间各有一定的具体表现，有的相同，有的则不尽相同。标志如果在总体各单位之间的具体表现完全相同（即各总体单位在某个标志上具有同质性），该标志就称为不变标志。例如，全国私营企业总体，所有制是不变标志。因为任何总体的各个总体单位至少要有一个共同的不变标志，才能使它们结合在一起，这个不变标志就是构成总体同质性的基础。某些标志在总体各单位的具体表现不完全相同（即各总体单位在某个或某些标志上具有差异性），这些标志称为变异标志或可变标志。例如，同样是全国私营企业总体，产值是可变标志。因为标志的具体表现在总体各单位不完全相同，有的数值大，有的数值小。在全国私营企业总体中，职工人数、工资总额、注册资本、投资总额、利润等均是可变标志。

2. 统计指标

统计指标是说明总体数量特征的，简称为指标。对于指标的含义目前存在两种不同的理解：一种认为指标是反映总体数量特征的概念或范畴。例如，国内生产总值是指标，国民收入、工业总产值、工业增加值、劳动生产率等也是指标。这种理解包含三个要素：指标的含义、指标计算范围、指标计算方法和计量单位。另一种认为指标是反映总体数量特征的概念及其数量表现。例如，2020 年我国 GDP 为 1 015 986 亿元是指标。其中，每个指标都包括六个构成要素：指标名称、计量单位、计算方法、时间限制、空间限制、指标数值。

(1) 统计指标的特点。统计指标一般来说，具有数量性、综合性和具体性这三个特点，具体内容如下。

① 数量性。统计指标反映的是客观社会经济现象的数量方面，是用数字表达的，这是统计最基本的特点，即任何指标都可以用数值表示。只有那些在性质上属于同类，而数量上又是可计量的大量现象，才能成为统计指标反映的对象。

② 综合性。统计指标既是同质总体大量个别单位的总计，又是个别单位标志值差异的综合。例如，以北京的工业企业组成统计总体，经过调查汇总，可以得到北京工业企业数、北京工业总产值、北京工业企业职工人数、北京工业企业劳动生产率、北京工业企业职工平均工资等指标。在这些指标中，各个企业之间规模大小的差异不见了，产量大小的差异不见了，每个工人的劳动生产率及工资水平的差异也不见了，显示的是全部工业企业的总规模、生产效率和工资的一般水平。可见，统计指标的形成必须都要经过从个别到一般的过程，通过个别事物数量差异的抽象化来体现总体各单位的综合数量特征。因此，统计指标都是综合指标。

③ 具体性。统计指标不是抽象的概念和数字，任何统计指标都是反映所研究现象在具体时间、地点、条件下的规模和水平。

(2) 统计指标的分类。反映社会经济现象的各种指标在内容、性质、时间、特点上不尽相同，为了保证指标的核算和分析符合科学性原则，保证统计结果准确无误，对统计指标加以分类是非常必要的。

① 统计指标按反映总体现象的内容特征不同，可以分为数量指标和质量指标两种。数量指标是反映现象总规模、总水平或总数量的统计指标，又称总量指标，用绝对数表示。例如，人口总数、国民生产总值、工业总产值、工资总额、职工总数等均是数量指标。质量指标是反映现象本身质量或反映现象强度、密度、工作质量和经济效果的统计指标，表明现象的对比关系，用相对数或平均数表示。例如，平均工资、人均收入、人口密度、出勤率、设备利用系数、利润率等均是质量指标。

② 统计指标按其作用和表现形式不同，可以分为总量指标、相对指标和平均指标。总量指标是反映总体现象的总规模、总水平和绝对数量的统计指标，是说明总体现象的广度，表明总体现象发展的结果，特别是用来说明生产或工作的总成果。相对指标是由两个有区别但又有联系的总量指标相互对比形成的。平均指标是按某个数量标志来说明总体单位一般水平的统计指标。

③ 统计指标按其计量单位的特点不同，可以分为实物指标、价值指标和劳动指标三种。实物指标是以实物单位计量的指标。实物单位是根据事物的实物形态和性能特点来计量的单位，有自然单位、度量衡单位、标准实物单位、复合单位、双重单位等。价值指标是以货币计量的单位，反映事物的价值量。劳动指标是以劳动时间单位计量的统计指标。常用的劳动时间单位有工时、工日等。

④ 统计指标按其时间特征不同，可以分为时期指标和时点指标。时期指标反映现象在某一时期发展变化的累计结果，如一定时期的产品产量、产值、商品的销售量、工资总额等。时点指标反映现象在某一时刻的状况总量，如人口数、企业数、商品库存数等。时期指标和时点指标各有不同的特点。第一，时期指标的数值是连续计数的，它的每一个数值是表示现象在一段时间内发生的总量，如一月份的总产值是一月份中每天产量的总和；而时点指标的数值是间断计数的，它的每一个数值是表示现象发展到一定时点上所处的水平，如年末的职工人数，是指年初的职工经过一年的变动后至年末实有的职工人数。第二，时期指标具有累加性，即各期数值相加可以说明现象在较长时期内发生的总量，如一年的总产值是各月产值之和；时点指标不具有累加性，即各时点数值相加是没有意义的。第三，时期指标数值的大小受时期长短的限制；如一年的产值必然大于一个月的产值（存在负值除外）；而时点指标数值的大小与时间点的间隔长短无直接关系，如年末的职工人数不一定大于年初的职工人数。因此，在应用时期总量指标时，应明确统计数据所属的时期范围。

3. 标志和指标的区别与联系

（1）标志与指标的区别。标志与指标的区别主要体现在以下两点。第一，二者说明对象不同，标志说明总体单位的特征，指标说明总体的特征。第二，二者在表现形式上不同，有的标志可用数值来表示，如数量标志，有的标志不能用数值表示，如品质标志，而所有的指标都可用数值表示。

（2）标志与指标的联系。标志和指标之间的联系主要体现在以下两个方面。第一，指标数值都是由数量标志值汇总而来的。统计指标是建立在标志表现基础上的，它是各类总体单位数或各种数量标志值的汇总，没有总体单位的标志值，就不会有总体的指标数值。例如,对某企业全部职工这一总体,每个职工是总体单位,工资是数量标志,工资总额是数量指标,工资总额是对每个职工的工资进行汇总而得到的。第二,指标与数量标志之间存在着相互变换的关系。随着研究范围扩大,原来的总体可能变为总体单位,原来的指标相应地变为数量标志;反之,随着研究范围缩小,原来的总体单位可能变为总体,原来的数量标志相应地变为指标。

1.3.3　变异、变量与变量值

1. 变异

统计中的标志和指标都是可变的,即标志和指标的具体表现各不相同,它们之间的这种差别与变化称作变异。它包括属性变异和数值变异。属性变异是指品质标志的变化,例如,某高校教师总体按职称分为教授、副教授、讲师和助教,职称这个可变标志所具体表现的差异叫作属性变异。数值变异是指数量标志的变化,如某市中学学生总体中身高表现为 165cm、176cm、183cm 等,身高这个可变标志所具体表现的差异叫作数值变异。

变异是普遍存在的,它是统计的前提,如果没有变异,统计也没有存在的必要。

2. 变量和变量值

变量即可变的数量标志和所有的统计指标。例如,当全国工业企业作为一个总体时,各企业职工人数、工业总产值、工人的平均工资等都是不同的,因此都是变量。

可变的数量标志表现和所有的统计指标的取值都称为变量值。例如,在国家举重队运动员总体中,体重是变量,体重的具体取值 70kg、75kg、80kg、85kg 等是变量值。这里要求注意区分变量和变量值两个概念。例如,某班五名同学的学习成绩分别为 66 分、72 分、74 分、75 分、80 分,这里学生学习成绩是变量,而 66 分、72 分、74 分、75 分、80 分等都是变量值。

变量有很多不同的分类方法。根据变量的取值是否连续可分为连续变量和离散变量。连续变量是指变量值在一定的范围内可以取任意值,变量值在相邻两值之间可以作无限分割,是连续不断的。如人的身高、体重,物体的长度、重量,工业产值、生产成本、利润等。它们既可以表现为整数,也可以表现为小数。连续变量数值的取得,要利用计量工具测量或计算的方法。离散变量是指变量值都是按整数位断开的,不可能表现为小数,如工人数量、企业数量、设备数量等。离散变量由于只有整数,通常可以用计数的方法取得。

根据性质的不同,变量可分为确定变量和随机变量。确定性变量是指变量值的变化受某一种或几种确定性因素的影响,其变量值沿一定的方向呈上升或下降趋势变动。例如,我国粮食平均单产随着生产力水平的不断提高呈逐年上升的趋势,就是确定性的变量。随机变量是指变量值的变化受某种或几种不确定性因素的影响,其变化不是沿着一定的方向发展,具有随机性。例如,抽取一部分零部件产品,进行抽样调查,检查产品质量,其误差的大小带有一定的偶然性,零部件尺寸抽样误差的大小就是一个随机变量,它没有一个确定的方向。

1.3.4 统计指标体系

1. 统计指标体系的概念

统计指标体系是根据统计任务的需要,能够全面反映统计对象数量特征和数量关系,互相联系的一系列指标。如反映工业生产成果的统计指标体系,包括工业产品产量统计指标、工业产品品种统计指标和工业产品质量统计指标。从这个概念可以看出,统计指标体系有以下特点。

(1) 统计指标体系是指相互联系的一系列指标。现象的存在和发展是相互联系的,都是受很多因素影响和制约的。同时,每种现象也是由很多不同类型的部分组成的,这些组成部分之间也是有联系的。由于现象的本质与规律存在于诸方面的联系之中,统计要从数量方面来认识和研究现象,就必须从客观现象之间的这些联系出发。因此,现象之间客观联系的普遍性是产生和运用统计指标体系的客观基础,这就产生了使用统计指标体系的要求。同时,从对社会经济总体的认识来讲,一个统计指标的作用是有限的,只有用相互联系的一套指标才能更全面地认识社会经济总体及其运行过程。例如,对工业生产经济效益的认识,不能只有产出方面的指标,如产量、产值等,也不能只看人、财、物等投入指标,要看投入与产出的对比关系,从而设置能够反映经济效益的一系列指标,包括劳动生产率、工业产品销售率、工业资金利税率、工业资金增加值率、流动资金周转率、工业成本利税率等,这些指标就构成了一个反映工业经济效益的指标体系。

(2) 统计指标体系要切合统计任务的需要。任何事物都有多方面的特征,对事物的认识,不必要把所有特征的数量表现和数量关系全部掌握。统计任务不同,需要考察的数量特征和数量关系以及由此形成的指标体系也不同。例如,考察工业经济效益的指标体系和研究工业劳动力配置情况、工业财务情况需要建立的指标体系肯定不相同。因此,统计指标体系不是许多指标的随意结合,而是根据统计任务的需要建立的。

2. 统计指标体系的分类

(1) 按指标体系的应用范围分类,可以分为国家统计指标体系、地区统计指标体系、部门统计指标体系和基层单位统计指标体系。国家统计指标体系是由国家统计机关和有关部门设计的,用于反映整个国家社会经济发展情况的统计指标总体系。国家指标体系应为国家各级领导部门在制订各项方针政策,实行宏观调控和管理方面,提供综合的统计资料。地区统计指标体系是由各地区统计机关会同各地区主管部门设计的反映本地区社会经济发展情况的统计指标体系,它是国家统计指标体系的体现和延伸,也是各基层单位制订统计指标体系的依据。因此,它应当包括国家统计指标体系的主要内容,同时结合各地区的具体情况,补充一些必要的指标。部门统计指标体系是由各业务主管部门统计机关根据部门特点及管理和指导工作的需要而建立的,在本部门系统内部实行的指标体系。它与国家统计指标体系和地区统计指标体系的内容应当保持衔接,以满足国家、地区对部门统计的要求,也能适应本部门管理的需要。基层单位统计指标体系是每个企业、事业单位的统计指标体系,这些企事业单位是社会的基础单位,也是整个社会经济统计工作的基础,它的指标体系有双重任务,既为本单位的管理进行服务和监督,也要符合部门的、地区的以至整个国民经济统计指标体系的要求。

（2）按指标体系内容分类，可以分为国民经济指标体系、社会指标体系和科学技术指标体系。国民经济指标体系是反映整个社会生产、流通、分配、消费等社会再生产过程和条件的指标体系。例如，我国按照建立社会主义市场经济的要求建立的国民经济新核算体系基本框架及补充表所列的指标体系。社会指标体系是以人们物质文化生活为中心，反映社会状况的指标体系，如人口统计的指标体系，居民收入和消费的指标体系等。科学技术指标体系是反映科学技术发展水平及变化等情况的指标体系，如开展科学技术活动的人、财、物条件，科研成果数量及质量等指标体系。

（3）按指标体系作用的不同分类，可以分为基本指标体系及专题指标体系。基本指标体系是反映社会经济基本情况的主要指标构成的指标体系，如我国国民经济核算基本框架形成的指标体系。专题指标体系是指反映某方面社会经济问题的指标体系，如能源指标体系、运输指标体系、教育指标体系等。

3. 建立统计指标体系的基本原则

建立符合研究目的和要求的统计指标体系是统计活动十分重要的一环。总结我国统计工作的经验，建立统计指标体系的基本原则，可以概括为以下四点。

（1）目的必须明确。统计主要是为管理和科学研究服务的工具，统计指标体系要符合特定管理任务或科研课题的需要。例如，为宏观管理和为微观管理提供依据的指标体系就不相同；为研究总需要和总供给平衡情况的指标体系和研究国内生产总值的生产、使用的指标体系也不完全相同。为了切实搞清设置指标体系的统计目的，必须明确所涉及的基本概念。例如，建立国民经济宏观管理服务的指标体系，必须把国民经济的一些基本概念搞清楚。再如，研究我国工业经济效益问题，首先要明确什么是工业，什么是经济效益。只有把有关概念搞清楚，才能设计出针对性强、符合需要的指标体系。

（2）内容必须全面和系统。这里所说的全面是针对一定统计任务来说的。例如为考察国民经济活动基本条件提供统计资料，其指标体系应包括反映自然资源、劳动力资源、国民财产、金融资产、科技资源等方面的指标。但这一指标体系，如果用来反映国民经济全部运行情况就很不全面，因为它缺少有关国民经济运行过程和国民经济效益等方面的指标。所谓系统是指统计指标体系中所设置的指标都围绕一个中心，且各指标是互相联系的。例如，研究人民物质生活情况，其指标体系要围绕这一研究中心设置反映衣、食、住、行等方面的指标，这些指标是互相联系和制约的。说明人民精神生活的指标，如关于文化艺术、教育、体育等方面的指标，就不能纳入这一指标体系，否则就破坏了说明物质生活情况这个中心，使指标体系缺乏系统性。

（3）层次清楚，联系密切。为了适应认识由粗到细、由浅入深、由具体到一般的过程，往往围绕一个中心问题，要建立几个层次的指标体系。例如，我国新国民经济核算体系是由五大基本框架形成的指标体系，是最高层次的指标体系，同时又设置了九个补充表，这些表包括的指标，形成了第二层次的指标体系。需要强调的是，各层次指标体系必须层次清楚，联系紧密，避免庞杂无序，中心不明。

（4）切合实际，具有可操作性。统计指标体系的设计要符合我国建立社会主义市场经济的需要；每个指标都要有可靠的资料来源；指标的计算方法要符合科学的原则；建立指标体系,要考虑利用计算机操作的要求,使之具有可操作性。

1.4 统计工作的基本方法与过程

1.4.1 统计的职能

社会经济统计是认识社会的一种有力武器,也是实现政治、经济目的,进行国家管理的重要工具。统计要达到认识社会的目的,需要科学的方法,需要强有力的组织领导。国家统计系统是社会经济统计的主体,是国家管理系统的重要组成部分,它是自上而下建立的全国性的统计信息网络,担负着对国民经济和社会经济发展情况进行统计调查、统计分析,提供统计资料和统计咨询意见,实行统计监督的任务。随着社会经济的发展,国家管理系统的分工和完善,尤其是社会经济信息在国家决策、生产管理、社会生活各方面占有重要地位,国家统计的职能正在逐步扩大。按照现代管理科学的理论,国家管理系统应由科学的决策系统、高效的执行系统、灵敏的信息系统、完备的咨询系统和严密的监督系统组成。国家统计系统作为国家管理系统的重要组成部分,同时兼有信息、咨询、监督三种职能。

1. 反馈信息职能

统计部门根据科学的统计指标体系和统计调查方法,准确、丰富、灵敏、系统地采集、处理、传输、储存和提供大量的以数量描述为基本特征的社会经济信息,这些信息是国家决策和宏观管理所必需的基本依据。经过整理、传递,可以为政府及国民经济各部门、各单位提供大量综合反映客观事物总体数量特征的社会经济信息。

2. 提供咨询职能

统计部门利用已经掌握的丰富的统计信息资源,运用科学的分析方法和先进的科学技术,深入开展综合分析与专题研究,并向各级党政领导与各部门提供咨询建议和对策方案。

在社会、科技、经济发展的过程中,会碰到许多的复杂问题,这些问题的解决需要大量统计信息资料,如果没有这些资料,问题就得不到解决或解决得不好,延误了时机。而统计信息部门正好掌握着大量的社会经济信息资料,并能实事求是地、比较客观地超脱于各行政部门的利害关系,反映全面的综合情况,指出分析与解决问题的途径,提出比较符合客观规律的咨询建议和有用的数据资料,供各个部门作为决策和制定政策的依据,减少经济和科技活动的失误或失败。

扩展阅读 1-3
中国统计四大工程

3. 实施监督职能

统计监督是统计部门运用统计手段,根据统计调查与分析,及时、准确地从总体上反映经济、社会和科技现象的数量运行状态,实行全面、系统的定量检查、监测和预警,以促进国民经济按照客观规律的要求,持续、稳定、协调发展。监督职能是指国家统计局建立宏观经济监测与预警制度,用整套统计指标反映国民经济的运行情况,发现异常情况,及时向国务院提出预警报告,并提供具有量化特征的宏观调控建议。因此,统计监督在国家宏观调控和监督体系中,具有十分重要的地位和作用。各级统计部门和广大统计人员可以通过提高原始统计资料的准确性,保证数据质量,如实地反映经济和社会发展中的情况及问题,研究、揭示其规律,监督检查国家政策、法规和计划的贯彻执行情况。

统计的三大职能是相互联系、相互作用、相辅相成的。统计信息职能是保证统计咨询和监督职能有效发挥的基础,是统计工作的基本职能;统计咨询职能是统计信息职能的延续和深化;统计监督职能是在信息职能、咨询职能基础上的进一步扩展,并促进信息职能和咨询职能的优化。统计的信息、咨询、监督三大职能,彼此依存,相互联系,彼此制约,相互促进,组成一个有机整体,并将三种职能凝聚起来,发挥统计的整体功能,以促进统计工作的更快发展。

1.4.2 统计的工作过程

统计学的研究过程就是统计工作过程。统计工作是通过对社会经济现象做调查,反映社会经济现象的数量方面特征。作为认识社会的一种武器,统计工作是对社会进行调查研究,以认识其本质和规律性的一种工作。一个完整的统计工作过程可以分为统计设计、统计调查、统计整理和统计分析四个阶段。

1. 统计设计

统计设计是统计活动的准备阶段,其任务是根据统计研究的需要和现象的性质,对统计工作的各个方面和各个环节进行全盘计划和安排,拟订各种统计设计方案。统计设计方案的主要内容有:明确规定工作的目的与任务;设计统计指标与指标体系、统计调查表、搜集统计资料的方法,以及资料汇总程序、资料整理方案;设计各阶段工作进度与力量安排,落实经费来源与物质保证等。统计设计决定整个统计工作的全面布置,贯穿于统计工作全过程,是一项重要且复杂的工作。不过需要注意的是,统计设计往往没有独立的工作阶段,常常与后面几个工作阶段结合在一起。例如,统计调查正式开始之前要进行统计调查方案的设计,统计整理开始之前也要进行统计整理方案的设计。

2. 统计调查

统计调查是根据统计设计方案的要求,采用科学的方法,对所要调查的对象进行有计划的、系统的资料搜集的过程。这一阶段的工作是认识事物的起点,同时也是进一步进行资料整理和分析的基础环节。统计调查担负着搜集基础资料的任务,所搜集的资料是否准确关系到统计工作的质量。这一阶段的工作如果做不好,搜集不到准确、及时、全面、系统的统计原始资料,以后的统计资料整理工作和统计分析工作将会受到极大的影响,甚至失败。

3. 统计整理

统计整理就是对统计调查所得到的资料采用科学的方法加以汇总,使之系统化、条理化的工作过程。这一阶段的任务就是根据研究目的,按一定的标志将调查所得的资料进行科学的分组与汇总,并对已汇总的资料进行再加工整理,计算各种分组及再分组的统计指标,为统计分析准备系统的、条理化的综合资料。统计整理在统计工作中起着承前启后的作用,它是统计调查工作的继续,又是统计分析活动的前提和基础,还是人们对客观事物的认识由感性认识上升到理性认识的过程。

4. 统计分析

统计分析是对经过加工汇总的统计资料进行分析研究,计算各项综合指标,并利用各种分析方法,揭示现象的数量特征和内在联系,阐明现象的发展趋势和规律,并根据分析研究作出科学结论的过程。这一阶段是理性认识阶段,是统计研究的决定性阶段。整个统计过程是统计认识提高的过程,是经过统计设计(质)到统计调查和统计整理(量),再到统计分析(质与量结合),从而达到对现象的本质和规律性的认识过程。

社会经济统计是研究数量的,但却不是从定量研究开始的,而是从定性研究开始,即在统计调查之前的统计设计阶段,就要确定调查的范围,规定分析的指标、指标体系和分组的方法,这个定性工作是下一步定量工作的准备。社会经济统计工作过程就是经过统计设计、统计调查和统计整理,最后通过统计分析而达到对事物本质和规律性的认识的。

从统计工作过程的四个阶段可以发现,统计对社会经济现象的认识和分析是从定性分析到定量分析再到定性分析的过程,如图1-2所示。

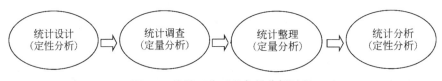

图1-2 统计工作对现象的分析过程

1.4.3 统计的任务

2009年6月27日,第十一届全国人大常委会第九次会议审议通过《关于修改〈中华人民共和国统计法〉的决定》,对统计的基本任务和职能以法律的形式做了明文规定,修订后的《统计法》第二条指出:"统计的基本任务是对国民经济和社会发展情况进行统计调查、统计分析,提供统计资料和统计咨询意见,实行统计监督。"

具体地说,统计的工作任务如下所述:第一,以国民经济和社会发展为调查研究对象,在对其数量方面进行科学统计分析的基础上,为党和国家制定政策和计划、指导经济和社会发展提供依据;第二,对国民经济和社会的运行状态、国家政策、计划执行情况等进行统计监督;第三,为加强经济和企业管理,搞好各项经济事业和社会事业提供资料;第四,为进行宣传教育和从事科学研究提供资料。

1.4.4 我国统计的组织管理与法制

1. 我国统计组织发展历程

1949年,中央人民政府政务院财政经济委员会成立统计处。1952年8月7日,中央人民政府决定成立国家统计局,着手创建全国统一的统计工作。在国民经济恢复的三年里,组织开展了第一次全国工业普查,摸清了解放初期全国工矿企业的基本情况;根据毛泽东主席的指示,进行了工农业总产值和劳动就业两项调查;在国民经济的主要领域开始建立统计报表制度。统计工作为国民经济恢复和编制"一五"计划作出了重要贡献。

从1953年起,我国进入社会主义建设和社会主义改造时期。为适应国家大规模经济建设的需要,1953年1月,政务院决定加强各级政府及各业务部门的统计机构和统计工作,并统一制定全国性的统计制度和统计方法。从中央到地方各级政府,迅速建立了统计机构,逐步建立健全主要专业统计制度。开展了第一次全国人口普查和其他多项普查;1953年首次发布统计公报。统计工作与计划工作密切配合,按照党的过渡时期总路线的要求,收集统计资料,开展统计分析,为国家编制和检查计划提供了重要依据。

"大跃进"开始后,高指标、浮夸风盛行。在"左"倾错误思想和"全民办统计""统计大跃进"的口号指导下,统计工作的集中统一原则遭到破坏,中央及地方统计机构和人员被精简,一些重要统计数字严重不实,统计工作受到重大挫折。在此期间,一些统计人员坚持实事求是,对浮夸风进行了力所能及的抵制。

1961年初,党中央提出"调整、巩固、充实、提高"的方针。1962年4月4日,中共中央、国务院作出《关于加强统计工作的决定》(简称"四四决定");1963年3月,国务院颁发《统计工作试行条例》。"四四决定"和《条例》的贯彻实施,使统计工作获得很大发展。在此期间,各地区、各部门认真核实了"大跃进"期间主要统计数字,为中央进行经济调整提供了决策依据;深入开展调查研究,及时反映经济调整进程;加强综合平衡分析研究,为调整国民经济比例关系提供参考;大力精简统计报表,加强统计调查管理;加强统计工作的集中领导,全国县以上统计机构全部单设。

1967—1969年,政府统计机构被撤销,大批统计人员下放劳动,国家统计几乎陷入停顿。直到1970年4月,在周恩来总理的指导下,统计工作逐步恢复。统计人员在极端困难的情况下,很快补齐了中断的全国重要统计数字,初步恢复基本统计报表制度,为国家制定"四五"计划提供了基础数据。1978年3月,国务院批准恢复国家统计局,各地统计机构相继重建,全国统计工作重新步入正常轨道。

党的十一届三中全会以后,统计工作在邓小平同志建设有中国特色社会主义理论的指引下,进入蓬勃发展的新阶段。改革开放初期,全面开展统计调查,高质量地完成第三次全国人口普查,恢复发表统计公报,首次公开出版《中国统计年鉴》,统计国际交往逐步扩大,统计机构全面恢复,统计力量发展壮大。党的十二大后,大力推进统计改革开放和现代化建设,开创了统计工作新局面。1983年12月颁布的《中华人民共和国统计法》和1984年1月国务院发布的《关于加强统计工作的决定》,为新时期统计工作指明了方向,统计工作开始走上法制轨道。1984年国家统计局提出大办"开放式"统计,实行"五个转变",焕发了统计工作的生机和活力。进入20世纪90年代,国务院批准实施新国民经济核算体系和改革统计调查体系,全国人大常委会修改《中华人民共和国统计法》,中央要求坚决反对和制止统计上的弄虚作假,明确了在社会主义市场经济条件下统计改革发展的方向和统计活动准则。统计部门以提高数据质量为中心,科学、高效地组织统计调查,大力推进统计改革,加强信息工程建设、法制建设、基层基础建设和队伍建设。

跨入新的世纪,统计部门不断推进观念创新、方法创新、手段创新、体制创新,努力建设高素质统计队伍,积极应对新的挑战。全面实施《中国国民经济核算体系(2002)》,建立新的周期性普查制度,成功组织实施了多次全国人口普查、全国经济普查和全国农业普查。加强统计法制建设，全国人大常委会于2009年再次修改《中华人民共和国统计法》，国务院先后颁布《全国经济普查条例》《全国农业普查条例》《全国人口普查条例》。改革国家调查队管理体制，在全国各省(区、市)、市(地、州、盟)和部分县(市、区、旗)设立了国家统计局直属调查队。积极变革统计生产方式，建设基本单位名录库、企业一套表制度、数据采集处理软件平台和联网直报系统等统计四大工程，极大地提高了统计现代化水平。积极推进统计制度方法改革，完善经济结构、质量、效益统计，改进收入、消费、价格等民生统计，健全服务业和文化产业统计，建立并强化节能减排统计监测制度，建立环比统计制度和保障性安居工程统计制度，实施城乡一体化住户调查改革，极大地健全并改进了调查统计体系。完善统计标准，统一统计业务流程，规范基层统计工作，加强数据质量全面控制，统计工作更加规范统一。创设"中国统计开放日"，公开统计数据生产过程，加大统计数据诠释力度，丰富数据发布内容和方式，统计服务经济社会发展的能力显著提升。统计系统紧紧围绕提高统计能力、统计数据质量和政府统计公信力，以改革创新、规范统一、公开透明为主线，攻坚克难，奋发作为，统计工作再上新台阶。

党的十九大报告明确提出"完善统计体制"，这是党的全国代表大会首次对统计工作作出具体部署，充分表明了以习近平同志为核心的党中央对统计工作的高度重视、坚强领导和殷切期望，标志着我国统计事业步入以改革促发展、以创新提质量的新阶段。全面深入学习贯彻党的十九大精神，以习近平新时代中国特色社会主义思想为指导，奋力谱写新时代统计改革发展新篇章，是统计部门当前和今后一个时期首要政治任务。

70多年来，在党中央、国务院的正确领导下，在中央各部门和地方各级党委、政府的大力支持下，在社会各界的积极配合下，我国政府统计基本建立起了与社会主义现代化建设相适应、充分借鉴国际统计准则、能够满足经济社会发展需要的现代统计体系，包括较为完整配套的统计法律制度、完善高效的统计组织体系、科学适用的统计调查体系、以现代信息技术为支撑的统计生产方式、高质优效的统计服务体系、国际统计交流与合作的良好机制。统计数据已成为国家的重要战略资源，政府统计在促进经济社会发展中的作用日益增强。

2. 统计的组织管理

《中华人民共和国统计法》规定：国家建立统一的统计体系，实行统一领导、分级负责的统计管理体制。国务院设国家统计局，负责组织领导和协调全国统计工作。各级人民政府、各部门和企事业组织，根据统计任务的需要设置统计机构、统计人员。

统计的组织必须贯彻集中统一的原则，在全国范围内建立集中统一的统计系统，执行统一的方针政策和统计调查计划，贯彻统一的统计制度和统计标准，使用统一的统计报表和数字管理制度，以及协调统计、会计、业务核算制度和核算标准及分工等。

统计是一种具有严密组织，同时由广大专职统计人员和群众参加的工作，每项统计资料都是经过大量的调查、整理并逐级汇总计算出来的，统计工作必须有统一的计划和步骤，统一的制度和方法，统一的组织和领导，才能保证统计工作的顺利发展。

我国集中统一的统计系统是由各级政府部门的综合统计系统、各级业务部门的专业统计系统和基层单位的统计组织组成的。

(1) 综合统计系统。各级政府部门的综合统计系统是由国家统计局和地方各级统计机构所组成,是我国国家统计组织的主要系统。国家统计局是国务院的工作部门,负责组织领导各级和各部门统计机构开展统计工作,并承担全国性基本统计任务。各级地方统计机构,包括省统计局,地区、自治州、省辖市统计局,县统计局。各级统计局是各地方政府的组成部分,受各级地方政府和上级统计机构双重领导,在统计业务上,以上级统计机构的领导为主,各级统计机构负责组织在本地区内的统计工作。

(2) 专业统计系统。我国专业统计系统由中央及地方各级业务部门的统计机构组成,是我国统计组织的子系统。国务院各业务部门设统计局或统计处,各省、自治区、直辖市和各县业务部门根据工作需要设统计机构,这些统计机构在统计业务上受国家统计局和同级地方人民政府统计机构的领导,组织执行本部门综合统计任务。

(3) 基层单位统计组织。基层单位统计组织包括乡镇统计组织或统计专业人员、企业事业单位的统计组织或统计负责人。各省、自治区、直辖市或者市、县人民政府根据《中华人民共和国统计法》中的规定以及统计工作的需要设乡、镇统计员,建立健全乡镇统计网络。乡镇以下行政村的统计工作由村民委员会指定专人负责,在统计业务上受乡、镇统计员指导。企事业单位根据统计任务的需要设立统计机构或统计人员,在统计业务上受所在地人民政府统计机构的指导,负责执行本单位的综合统计任务。

2. 统计的法制

统计法是指调整国家统计机关行使统计职能而产生的统计关系的法律规范的总称。统计关系是指国家机关、社会团体和公民在有关搜集、整理、分析、提供、颁布和管理统计资料的统计活动中所产生的社会经济关系。统计法具体规定了统计部门与其他国家机关、社会团体、企业事业组织、个体工商户及公民在统计活动、统计管理中所形成的社会关系,包括统计行政机关的职权、职责;统计调查者和统计调查对象的权利、义务;违反统计法的规定所应承担的法律责任等。统计法是经济法的重要组成部分,是由国家立法机关按照立法程序对全国统计活动专门制定颁布的法规。它对全国各级机关、各种工作人员和公民都具有法规上的约束性,是中国统计活动的规范和准绳。

统计法以统计基本法——《中华人民共和国统计法》为主体,由若干个不同等级、不同效力的统计法律规范组成。它包括统计法律、统计行政法规、地方性统计法规和统计行政规章。

(1) 统计法律是由全国人大常委会制定的关于统计方面的规范性法律文件。1983年12月8日第六届全国人民代表大会常务委员会第三次会议通过了根据1996年5月15日第八届全国人民代表大会常务委员会第十九次会议《关于修改〈中华人民共和国统计法〉的决定》修正,2009年6月27日第十一届全国人民代表大会常务委员会第九次会议修订通过的《中华人民共和国统计法(2009年修订)》是我国目前唯一的统计法律。《中华人民共和国统计法(2009年修订)》自2010年1月1日起开始施行。

(2) 统计行政法规是由国务院制定或批准的有关统计行政管理及统计活动的行为规范。如2019年11月,经李克强总理签批,国务院印发《关于开展第七次全国人口普查的通知》和《第七次全国人口普查办法》等。

(3) 地方性统计法规是由有地方立法权的地方人民代表大会及其常委会制定和发布的,并在本地方实施的统计行为规范。如各省市制定的统计管理条例。

(4) 统计行政规章是指由国务院各部门和各省、自治区、直辖市人民政府及省、自治区人民政府所在地的市、国务院批准的较大的市人民政府所制定的有关统计的规范性文件，它分为部门统计行政规章和地方统计行政规章。例如，国家统计局制定的《统计执法检查规定》。

统计法的颁布和实施，使我国统计工作走上法制化的轨道，对有效地、科学地组织统计工作，推进统计工作的现代化进程。它规范了国家机关、社会团体、各种经济组织以及公民在统计活动中的行为，保障统计资料的准确性、及时性和全面性具有重要作用。搞好统计工作必须严格遵守《中华人民共和国统计法》，做到有法必依、执法必严、违法必究。

1.5 统计应用软件——Excel

提到数据分析，大家可能想得比较多的是 SPSS、SAS、Matlab 等，其实 Excel 里面自带的数据分析功能也可以完成这些专业统计软件有的数据分析工作。Excel 是办公自动化中非常重要的一款软件，可以方便地对数据进行排序、筛选等预处理，并对各种数据进行统计计算和分析，以丰富的图表方式显示数据及分析结果。Excel 被广泛地应用于日常统计工作中，本书中采用的是 Excel 2019 版进行统计分析。

Excel 函数共有 11 类，分别是数据库函数、日期与时间函数、工程函数、财务函数、信息函数、逻辑函数、查询和引用函数、数学和三角函数、统计函数、文本函数、自定义函数。Excel 中的函数其实就是一些定义的公式，使用一些称为参数的特定数值按特定的顺序或结构进行计算，我们可以直接用它们对某个区域内的数值进行一系列运算。统计函数就是一系列的统计模型或计算公式，我们选择或输入相关的参数，就可以进行统计计算，如计算均值、方差等。

Excel 不是单独开发的统计软件，但由于其具有一定的统计功能，操作界面简单且为大家所熟知，因此深受使用者欢迎。统计是一个收集、整理和分析数据的过程，涉及十分繁杂的计算和图表绘制。在很多情况下，靠手工方法进行统计计算是不现实的，必须借助于统计分析软件。在准确理解和掌握了各种统计方法的原理之后，掌握一两种统计分析软件的实际操作方法是十分必要的。

本 章 小 结

1. 统计是统计工作、统计资料、统计学的统一体。统计是一门方法论科学，其研究对象是社会经济现象总体的数量方面，即研究社会经济现象总体的数量特征和数量关系。统计学的基本研究方法主要有大量观察法、统计分组法、综合分析法、统计模型法和归纳推断法五种。

2. 统计学的发展过程中，出现了政治算术学派、记述学派、数理统计学派和社会统计学派。

3. 统计学中最基本的概念有：统计总体和总体单位、标志、指标及指标体系、变异和变量。统计总体具有同质性、大量性和差异性的特点。其中同质性是总体单位构成总体的前提,差异性是统计研究的必要条件。统计总体与总体单位的关系有包含与被包含的关系,二者随着研究目的的不同,可以相互变换。标志与指标两者既有区别又有联系。统计中的标志和指标都是可变的,即标志和指标的具体表现各不相同,它们之间的这种差别与变化称作变异。

4. 统计具有信息反馈、提供咨询和实施监督三种职能。统计的工作步骤包括四个阶段:统计设计、统计调查、统计整理和统计分析。

实训思考题

1. 简述统计的三种含义及其之间的关系。
2. 简述统计工作的阶段其之间的关系。
3. 举例说明总体、总体单位。
4. 举例说明标志、指标、变异、变量和变量值。
5. 简述指标和标志之间的联系与区别。
6. 怎样理解变异是统计的前提?

即 测 即 练

第1章 即测即练

第 2 章

统 计 设 计

本章学习目标

通过本章学习,学生应该能够:
1. 了解统计设计的概念和意义;
2. 明确统计设计的内容;
3. 掌握统计指标设计的内容;
4. 掌握统计指标体系设计的原则。

导入语

统计工作是一项复杂的工作,统计工作任何一个环节中的小失误都有可能影响统计结果的准确性。因此,在统计工作开始之初,需要根据统计目标,对整个工作的流程、各个环节中涉及的具体细节、人员和物资的配备等具体问题进行周密的部署,以此降低出现问题的可能性,提升应对突发状况的能力。可以说,统计工作的成功与否与最初阶段的统计设计息息相关。

扩展阅读 2-1
可口可乐最大的危机

2.1 统计设计的基本内容

在研究社会经济问题时,需依据统计工作的目的和任务来确定研究对象的总体范围和对总体发展过程、现状的表达及描述方法。因此,将统计工作全过程分成几个阶段,明确各阶段的主要任务和采用的工作方法,这些都要通过统计设计进行规划。

2.1.1 统计设计的概念和意义

1. 统计设计的概念

统计设计是整个统计工作的第一个阶段,是根据统计研究的目的和研究对象的特点,对统计工作的各个方面和各个环节的全盘考虑和部署。统计的工作过程如图 2-1 所示。

图 2-1 统计的工作过程

其中,统计工作的各个方面可从"横向"角度进行理解,即统计研究对象的各个组成部分。例如,就统计工作而言,包括统计工作所需的人力、财力、物资等方面。就社会经济发展而言,包括人口、资源、环境、生产、流通、消费等方面,涉及政治、经济、文化等多个领域。统计工作的各个环节,则是出于"纵向"方面的考虑,既统计工作的各个阶段,包括资料的搜集与整理,统计资料的分析研究、提供、保存和公布等环节。统计工作的范围无论大小,都涉及多个方面、多个环节,因此,需要在横向方面和纵向方面进行有序安排,才能保证统计工作的顺利进行。

从认识顺序来讲,统计设计是统计工作的开端,正是因为有了全盘的考虑、周密的部署,才使得统计工作得以有序、顺利实施。统计设计也可以看作是统计工作连续活动的一个环节,即对前人统计设计结果的改进。统计设计的结果以设计方案、统计调查方案、统计指标体系、统计分类目录、统计分析方案等形式呈现,而统计设计也可以表现为更加完善、更加科学地统计调查方案、统计指标体系等。因此,需要全面理解统计设计的概念,它既包括从头开始设计,又包括对已有设计方案的改进。

2. 统计设计的意义

(1) 统计设计能够促进统计工作顺利进行。统计设计是对统计工作的各个方面和各个环节所作出的全盘考虑和部署,因此,对横向各个方面主次关系的判定,对统计方法的选择和应用具有指导意义,它既保证了统计工作有序进行,又规避了重复和遗漏。

(2) 统计设计是定性认识向定量认识过渡的纽带。只有对客观事物有所了解,才能明确统计工作应该怎样开展,即应该调查什么、研究什么以及采用何种方法。因此,统计设计是在定性认识的基础上进行的,根据事物的性质和特点设计统计方案,以此为依据指导后续的统计调查、统计整理和资料分析等工作,把定性和定量认识密切联系起来。

2.1.2 统计设计的种类

统计设计从不同角度有不同的分类方法,如图 2-2 所示。

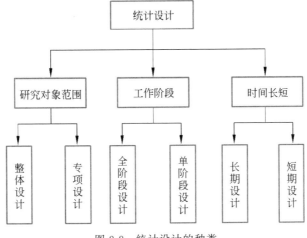

图 2-2 统计设计的种类

1. 根据研究对象范围不同,统计设计可分为整体设计和专项设计

(1) 整体设计是把整个研究对象视为一个整体,对其进行统计设计。整体的范围可大可小,大到一个国家,小到一家企业,都可以被视为一个整体。但是,无论总体范围大或小,整体设计都应该将它的各个方面纳入统计范围。

(2) 专项设计是指对研究对象某一部分进行的统计设计。例如,对于反映企业经营状况的整体设计而言,企业现有的资源状况、生产以及销售等方面的统计设计则是专项设计。再如,对于反映国民经济状况的总体设计而言,对于农业、工业、服务业的统计设计就是专项设计。

需要注意的是,整体设计和专项设计的划分是相对的,并非一成不变。以服务业为例,从全国经济范围来看,对服务业的统计设计属于专项设计,它与农业统计设计、工业统计设计处在并列位置。但如果把服务业单独视为认识的对象,则对服务业的统计设计是整体设计,而对其包括的金融、旅游、房地产、交通运输等的统计设计则是专项设计。

就主次关系而言,整体设计是主要的,它为专项设计提供基础,专项设计需要围绕整体设计开展,服从整体设计安排。因此,专项设计的口径范围、指标体系、计算方法等各个方面都应参照整体设计,并以之为标准。

2. 根据所包含的阶段不同,统计设计可分为全阶段设计和单阶段设计

(1) 全阶段设计是对统计工作所经历的各个阶段的全面设计。从确定统计内容、设立指标体系到统计调查、统计资料的整理,再到统计分析,是对统计工作中所有环节的全盘考虑和安排。

(2) 单阶段设计是指对统计工作中某一具体阶段的设计。例如,在统计工作过程的四个阶段中,统计调查设计就属于单阶段设计。

无论是整体设计还是专项设计都可以进行全阶段设计或单阶段设计。例如,对我国第三产业统计工作的整体设计,是将其视作一个整体,经过全面的研究,确定统计内容、设立指标体系,对统计调查、统计整理、统计分析作出全盘安排。而对第三产业下属的旅游业进行单一环节的统计设计则属于单阶段设计。

整体设计的全阶段设计或单阶段设计比较粗糙,相比之下,专项设计的全阶段设计或单阶段设计更加细致。就主次关系而言,全阶段设计是主要的,单阶段设计应服从全阶段设计的协调,也可以说它是在全阶段设计的指导下进行的。然而,两者各有分工,侧重点不同,全阶段设计侧重于各阶段的协调,单阶段设计则侧重于详尽的安排,例如工作步骤、工作进度和方法等细节。

3. 根据时间长短不同,统计设计可分为长期设计和短期设计

(1) 长期设计是指时期较长的统计设计,时间在五年及五年以上的统计设计。例如,我国"十四五"规划就属于长期设计。

(2) 短期设计指统计时间在一年或一年以内的统计工作设计。例如,某企业一年内的统计工作安排。

时间的长短是依据具体组织工作安排而进行的,有时相当于统计工作的计划。就主次关系而言,长期设计是方向,短期设计是对长期设计任务的分解,它服从于长期设计。

2.1.3 统计设计的主要内容

统计设计的工作重点在于根据统计研究的目的和任务来确定设计内容。统计设计有以下主要内容。

1. 明确统计研究的目的和统计对象范围

在统计设计过程中,首先要明确统计研究的目的和任务。统计设计的出发点是确定统计工作具体要解决什么问题,只有明确统计研究的目的,才使统计工作具有指向性,即明确研究什么,怎样研究,由此得到的统计结果才能更具有科学性和说服力。其次,统计设计要确定研究对象的范围,即明确规定统计总体和总体单位。在明确统计研究目的之后,统计研究的对象范围也就被确定。例如,在统计研究某一高校学生月平均消费水平时,其统计总体是该高校全体学生,总体单位是该校的每名学生。

2. 确定统计指标和统计指标体系

统计指标和统计指标体系是认识客观事物的工具,它是统计设计的中心内容。整体设计和专题设计,全阶段设计和单阶段设计,都要解决统计指标和统计指标体系的设计问题。统计指标和统计指标体系的选取和设置对统计工作的开展具有重要意义,它使得统计工作的思路更加清晰,为统计工作的组织安排提供依据。

3. 明确统计分类和统计分组

确定统计分类和统计分组也是统计设计的重要内容。这里说的分类和分组是指社会经济现象本身的分类和分组。例如,企业按经营规模分类、国民经济按部门分类、高校学生按专业分类、人口按性别分类、家庭按收入水平分类等。有些分类比较简单,例如,人口按性别分类;有些分类比较复杂,例如,零售业态分类。为保证统计分类工作的顺利进行,需要事先编制统一的分类目录来应对复杂情况,做到有据可依。

4. 设计统计表

将调查所得数据进行整理,通过一定的形式将其表现出来,统计表是较为常用的方式。借助统计表能够使统计数据地表达更加系统化和条理化。同时,统计表有利于简单明了地表达统计指标和统计资料。

5. 确定统计分析的内容和方法

统计分析是以统计资料为依据,用科学的理论和方法对其整理,用定性与定量方法进行客观分析,通过发现各个指标之间的联系来揭示事物发展的规律。从程序上来看,统计分析处于统计调查和统计资料整理之后,但在统计设计时,通常在统计指标和指标体系设计之后,就要考虑统计分析问题。首先,统计分析的内容和统计研究的目的联系密切,在统计研究的目的确定之后,就要对分析的内容进行设计。其次,统计分析的内容能够对统计指标和指标体系的设立是否合理起到查对校验作用,同时也对统计调查和统计资料的整理提出了相应的要求。

统计分析的设计主要包括分析题目的设计和分析方法的选择,其中统计分析的题目是统计分析内容的关键性问题。统计分析的方法有很多,常用的方法包括统计指标分析法、动态数列分析法、统计指数分析法、相关与回归分析法、预测分析法等。在统计分析过程中,每种分析方法可单独使用,也可将几种方法结合起来使用。

6. 制订调查方案,选择调查方法

统计调查是获取统计资料的过程,调查方法是取得统计资料和数据的手段。统计调查方案是指导统计调查工作实施的纲领性文件,因此,在调查方案制定过程中,需要综合考虑统计调查涉及的各方面内容。科学制订合理的调查方案对统计调查工作有序开展至关重要,调查目的是调查方案要解决的首要问题,调查表是调查方案的核心和主体部分,调查方法合适与否直接关系到调查结果的质量。

7. 制订统计整理方案

统计整理是根据统计研究的目的,将统计调查所得到的原始资料进行科学的分类和汇总,为统计分析准备系统化和条理化的综合资料的工作过程。制订整理方案也就是制订统计汇总方案,它的基本内容在调查之前就要确定下来,根据统计分析的需要设计统计汇总的具体内容,对整个汇总过程作出统一的安排。

8. 规定各阶段的工作进度

统计工作是一项复杂的工作,需要严谨的工作态度。统计的工作过程包括统计设计、统计调查、统计整理和统计分析四个阶段,每个工作阶段都包含很多环节,任何一个环节出了问题都有可能导致统计结果的偏差。为了保证统计工作中各个环节能有效衔接,需要对各个环节的工作进度进行统筹安排。例如,在统计调查阶段,有资料登记、复查、质量抽查等工作;在统计整理阶段,有资料审核、汇总、编码等工作;在统计分析阶段,有选择分析方法、总结分析结果、发布统计资料等工作。这些都要规定完成的期限,以此来保证整个统计工作的顺利进行。

9. 统计工作各部门的协调与配合

统计工作纷繁复杂,需要各部门的协调与配合。在统计工作中,仅制订了统一的指标体系和统计分类、分组是不够的,还需要考虑各个部门、各级对统计指标的口径、分类要求不同。例如,在统计资料的获取方面,各部门本能地会出于自身的角度考虑问题,此时多部门协调的重要性得以凸显。第一,能够保证资料的完整性和真实性;第二,保证资料具有可比性。通过协调,各部门按照既定的统计标准来执行,尤其是在指标口径、分组、分类方法上达成一致,保证了统计结果的科学性和严谨性。

10. 统计力量的组织和安排

统计力量的组织与安排是保证统计工作顺利进行的一项关键要素。从广义上讲,它包括专业统计机构和非专业统计机构整个统计力量的安排。从狭义上讲,它是指专业统计机构的组织和统计力量的安排,具体包括统计工作如何分工,每项工作安排多少人,如何安排经费,如何调配物资,确定人员培训方式等。

2.2 统计指标的设计

2.2.1 统计指标的概念

扩展阅读 2-2 您身边的统计指标——GDP

统计指标简称为指标,它是指反映统计总体数量特征的概念和数值。因此,统计指标的两个基本构成要素是指标名称和指标数值。指标名称是对研究对象的抽象概括,是对总体数量特征本质的反映。指标的确定既要与经济和科学范畴相一致,又必须将理论范畴和计算口径具体化。指标的数值反映研究对象在一定时间、地点和条件下的规模水平。在观察指标数值时,要注意它所处于的时间区段、空间范围、计量单位、计量方法等,同时要注意,上述条件变化有引起数值变化的可能。仍以 2020 年度我国国内生产总值为例,其中,2020 年度为时间范围,中国是空间范围,计量单位是元,计算方法并未指出,一般默认为统计局核算方法。例如,2020 年度我国国内生产总值为 101.6 万亿元,其中国内生产总值是统计指标的概念,101.6 万亿是该指标的数值。

扩展阅读 2-3 您身边的统计指标——人口

统计指标具有以下特点:

(1)数量性。数值作为统计指标的基本组成部分是必不可少的,因此,可以说每个统计指标都能用数量表示。

(2)综合性。统计指标反映的是总体中各单位的一般数量特征,是对各单位数量标志的综合与概括。

(3)具体性。统计指标是对具有明确的时间、地点及其他条件限定下总量特征的数值表示,限定条件越丰富,统计指标表现得越具体。

(4)客观性。统计指标是对实际发生的客观现象数量特征的如实描述。

2.2.2 统计指标的种类

统计指标有多种分类方式,最常用的有两种,如图 2-3 所示。

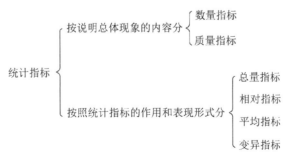

图 2-3 统计指标的种类

1. 按统计指标说明总体现象的内容不同,可分为数量指标和质量指标

数量指标用于反映总体绝对数量的多少,通常用来说明总体的规模或者水平。例如人口总数、商品销售总额、服务业从业人数、农产品产量、第三产业增加值等。

质量指标是说明总体内部数量关系、总体单位一般水平和差异程度的指标,也可以理解为反映总体强度、密度、效果、工作质量比例关系等的指标,一般用相对数或平均数表示。如人口密度、劳动生产率、利率、第三产业增加值所占比重、平均工资、标准差等都属于此类指标。

2. 按统计指标的作用和表现形式不同,可分为总量指标、相对指标、平均指标和变异指标

总量指标是反映现象总体在一定时间空间条件下达成的总规模或总水平的指标。如2020年第三季度我国国内生产总值为264 976.3亿元。相对指标是两个有联系的总量指标对比所形成的指标。例如,劳动生产率是工业企业的工业增加值与同一时期全部从业人员的平均人数的比率。平均指标是说明总体在某一数量标志下达到的一般水平的指标,如人均工资、人均土地面积等。标志变异指标是说明总体各单位标志值差异程度的指标,如标准差、方差等。在统计指标分析中,总量指标属于数量指标,而相对指标、平均指标和变异指标属于质量指标。

2.2.3 统计指标设计的内容

统计指标的设计要严谨,要严格按照标准化的要求执行,设计过程中充分考虑到统计指标的内涵与外延。

1. 确定统计指标的名称、含义

统计指标的名称是区别于其他指标的直观表现,统计指标的含义说明了统计指标与其他指标本质的区别。因此,统计指标的名称、含义是对事物本质、内涵的反映。设计统计指标的名称和含义时要充分考虑实

扩展阅读 2-4
统计口径

质性科学中相应的概念和管理上的要求,并以此为参考进行指标名称设计。例如,参考西方经济学中的人均收入、劳动生产率,参考市场营销学中的市场占有率等概念去设计统计指标的名称和含义。

2. 确定统计指标的时间和空间范围

统计指标的时间范围可分为时期范围和时点标准。时期范围是指统计起止时间跨度为一段时间,如10天、1个月、1个季度等;时点标准指统计指标所处的标准时刻。对统计指标时间的限定不能忽视实际情况,也要考虑到合理性。例如,对于季节性较强的产品企业,仅以某一季度的销售业绩来考核员工,会造成员工其他时间的消极怠工,从而对企业自身产生消极影响。

统计指标的空间范围是指统计的计算范围,如地理范围、系统范围等,这种计算范围习惯上被称作指标口径。指标口径规定哪些应该被纳入统计的范畴,指标口径与总体范围有时是重合的,有时是不一致的。例如,用于统计人口数量的指标常住人口、户口人口

等既是指标口径问题,又是总体范围问题,而工资总额这个指标具体规定职工的什么收入算在工资总额之内,什么收入不应该计算在内,仅表现为指标口径问题。

3. 确定统计指标的计量单位

确定统计指标计量单位就是确定统计指标计量单位的表现形式。以劳动量指标为例,它的计量单位可以呈现多种形式,如工作天数、工时数、产量件数等。再如,对于价值指标采用怎样的货币单位等。虽然统计指标计量单位的确定看似简单,但是在实际生产生活之中处理不当,会产生负面的影响。例如,收购牲畜时,以头为单位容易发生头数增长而总重量下降的情况,不仅造成浪费,而且品质难以保证。

4. 明确统计指标的计算方法

统计指标的计算是一项严谨的研究工作,计算方法有简单和复杂之分。对于简单的计算方法,只需在确定统计范围和指标口径之后,加以记录、测量或简单的汇总计算即可实现,例如职工总数、生产产量等。对于复杂的计算方法,要事先规定使用怎样的方法或数学模型,以保证计算结果的合理性。例如,播种面积指标面临着许多种植方法,如间种、套种,因而需要进行适当的处理。

2.3 统计指标体系的设计

2.3.1 统计指标体系的概念

统计指标只是反映总体现象某一方面数量特征,如需综合反映总体的各个方面,就要设立与之相应的指标体系。一般情况下,统计指标体系是由若干个相互依存、相互联系、相互补充的指标构成的有机整体。例如,要研究一个企业的生产情况,就要设计反映企业生产条件的指标,如职工人数、设备、原材料供应等。

统计指标体系能全面地反映现象之间的内在联系,不仅充分地发挥了统计指标的作用,而且有利于人们全面地认识经济现象及其发展过程。除此之外,统计指标体系还能帮助人们认识不同因素的影响程度和影响方向,为其做出决策提供依据。例如,在对企业生产费用变化的分析中,可以测定出厂价格和生产数量对它的影响程度和影响方向。

2.3.2 统计指标体系的分类

为了进一步了解统计指标体系,可以将统计指标体系从范围、内容和作用等方面进行分类。

1. 按统计指标体系反映内容的范围不同,可分为宏观指标体系和微观指标体系

宏观指标体系是用来反映全国范围内经济现象数量特征的指标体系,它是由国务院直接领导的各业务部门与国家统计局共同制定的,如统计国民经济运行情况的指标体系、统计人口与就业的指标体系、服务业统计指标体系、进出口统计指标体系、物价统计指标体系等。

微观指标体系是反映基层单位运营和管理情况的指标体系。微观指标体系是在宏观指标体系的指导下结合基层单位的实际情况而制定的,如反映某个金融企业基本情况的指标体系。

2. 按统计指标体系反映的内容不同,可分为社会指标体系、经济指标体系和科技指标体系

社会指标体系是以人们的物质文化生活为出发点,反映社会现象和发展趋势的指标体系,指标体系通常包括人口数量、社会发展、社会结构、社会问题等统计指标。

经济指标体系是为反映国民经济运行全过程而设置的指标体系,它是由反映社会生产、流通、分配、交换、消费的整个过程及基本条件的比例、规模、水平、结构等的统计指标构成。

科技指标体系是反映科技发展水平、变化情况及发展条件的统计指标体系,如科技成果质量指标体系。在科技指标体系中,科技投入、投入产出等是重要的统计指标。

3. 按统计指标体系作用的不同,可分为基本指标体系和专题指标体系

基本指标体系是反映社会经济发展情况的指标体系,可将该指标体系分为三个层次:第一层次的指标体系用于反映的整个国民经济的发展状况;第二层次的指标体系是反映各地区、各部门基本情况;第三层次的指标体系是反映基层企、事业单位情况的统计指标体系,它是社会经济工作的基础。

专题统计指标体系是针对专门的研究问题而设立的统计指标体系,如绿色食品经济效益指标体系,幼儿发育状况指标体系等。

2.3.3　统计指标体系设计的原则

1. 科学性原则

科学性是指统计指标体系的设计符合研究对象自身的特点,即指标体系要能科学的反映研究对象内部及彼此的数量关系。在科学性原则的指导下,通过对统计对象进行深入的定性分析,确定统计指标的名称、指标口径、计量单位和计算方法,使指标体系建立在科学的基础上。

2. 目的性原则

统计指标体系的设计要依据统计研究的目的,即明确要解决的问题和达到的目的。只有明确的目的,才能有针对性地对指标进行观察和考核,以及确定核心指标。

3. 整体性原则

整体性原则是指从全局角度考虑各个统计指标之间的联系。坚持整体性原则能确保指标体系中的各个统计指标的指标口径、计算方法、计算时间和空间保持一致,充分发挥指标体系的整体功能。

4. 统一性原则

统一性原则是指标体系的设计需要考虑计划、会计、业务核算的统计需要,因此,在统计过程中,确保指标口径、分类分组标准、计算方法等方面的统一。

5. 可比性原则

统计指标体系在设计时,要注意各省、市、区、各部门的一致性,以便相互比较。同时,要注意统计时间上的可比性,注意指标在不同时期的稳定性,为后续的分析、研究工作提供便利。

2.4 统计设计实训项目

实训项目：统计指标体系设计

【实训目的】 通过对《中国教育监测与评价统计指标体系(2020年版)》的学习,帮助学生掌握指标体系设计的方法、原则及注意事项,培养学生统计指标体系设计的能力。

【实训要求】 通过项目学习,能够科学、严谨地构建指标体系。

【项目背景介绍】 为深入学习贯彻党的十九大和十九届二中、三中、四中、五中全会精神,全面贯彻落实全国教育大会精神以及《深化新时代教育评价改革总体方案》要求,充分发挥教育统计工作对教育管理、科学决策和服务社会的重要作用,教育部组织专家对2015年发布的《中国教育监测与评价统计指标体系》进行了修订和完善,更好地监测与评价各级教育事业发展状况。

表 2-1 中国教育监测与评价统计指标体系(2020年版)简表

指标体系	指标内容
一、综合教育程度	1. 国家财政性教育经费占国内生产总值比例(%) 2. 人口平均受教育年限(年) 3. 人口受教育程度分布比例(%) 4. 中小学教育完成率(%) 5. 每十万人口各级教育平均在校生数(人) 6. 各级各类学校(机构)举办的培训规模(人次) 7. 从业人员继续教育参与率(%) 8. 经常性参与教育活动的老年人占比(%)
二、国民接受学校教育状况	1. 学前教育毛入园率(%) 2. 普惠性幼儿园覆盖率(%) 3. 小学招生中接受过学前教育的比例(%) 4. 净入学率(%) 5. 毛入学率(%) 6. 义务教育巩固率(%) 7. 幼儿园、中(小)学平均班额(人/班) 8. 中(小)学小班额班比例(%) 9. 中(小)学大班额班比例(%) 10. 义务教育阶段农村学校在校生中寄宿生所占比例(%) 11. 义务教育阶段农村学校在校生中留守儿童所占比例(%) 12. 义务教育阶段在校生中随迁子女所占比例(%) 13. 义务教育阶段随迁子女在公办学校就读的比例(%) 14. 残疾儿童少年义务教育阶段入学率(%) 15. 义务教育阶段随班就读和在普通学校附设特教班学习的残疾人比例(%)

续表

指标体系		指标内容
二、国民接受学校教育状况		16. 除少数民族语文外其他学科均采用国家通用语言文字授课的少数民族学生比例(%) 17. 普通高中与中等职业教育招生比 18. 普通高中与中等职业教育在校生比 19. 成立家长委员会的学校比例(%) 20. 义务教育阶段学生学业水平达到Ⅱ级及以上的比例(%) 21. 学生信息素养达标率(%) 22. 学生体质健康达标率(%) 31. 学生肥胖率(%) 23. 学生视力不良率(%) 24. 年生均校外实训基地实习时间(天/生) 25. 毕业生职业资格或职业技能等级证书获取率(%) 26. 毕业生就业率(%) 27. 民办教育在校生所占比例(%) 28. 民办普通本专科招生所占比例(%) 29. 中(小)学与外方缔结"友好学校"的学校比例(%) 30. 普通高校开展短期出国校际交流的在校生所占比例(%) 31. 普通高校学历教育留学生与在校生总数比 32. 普通高校外国留学生中接受学历教育的比例(%)
三、学校办学条件	(一)教职工	1. 生师比 2. 中(小)学班师比 3. 学历合格专任教师比例(%) 4. 高于规定学历专任教师比例(%) 5. 高级专业技术职务专任教师比例(%) 6. 专任教师接受培训的比例(%) 7. 专任教师普通话水平达到二级乙等及以上的比例(%) 8. 幼儿园学前教育专业毕业专任教师比例(%) 9. 公办幼儿园在编专任教师比例(%) 10. 义务教育阶段教师交流轮岗比例(%) 11. 中(小)学县级及以上骨干教师比例(%) 12. 中(小)学学生与专职心理健康教育教师比 13. 每百名学生拥有思想政治理论课专任教师数(人) 14. 每百名学生拥有体育专任教师数(人) 15. 每百名学生拥有美育专任教师数(人) 16. 每百名学生拥有劳动与综合实践活动课程专任教师数(人) 17. 特殊教育学校受过特教专业培训的专任教师比例(%) 18. "双师型"教师比例(%) 19. 普通高校具有硕士及以上学位的专任教师比例(%) 20. 普通高校为本科生上课的教授比例(%) 21. 普通高校学生与专职辅导员总数比 22. 普通高校学生与心理健康教育专职教师比 23. 普通高校聘请教师与校本部专任教师比 24. 普通高校聘请外籍教师与专任教师比 25. 专任教师退出率(%) 26. 教师平均工资收入水平与当地公务员平均工资收入水平比

续表

指标体系		指标内容
三、学校办学条件	(二)学校校舍、占地	1. 义务教育阶段标准化学校覆盖率(%) 2. 生均校舍建筑面积(平方米/生) 3. 生均教学及辅助用房面积(平方米/生) 4. 生均实验室面积(平方米/生) 5. 寄(住)宿生生均宿舍面积(平方米/生) 6. 普通高校生均宿舍面积(平方米/生) 7. 生均学校占地面积(平方米/生) 8. 学校绿化用地面积所占比例(%) 9. 生均体育馆面积(平方米/生) 10. 生均运动场地面积(平方米/生) 11. 中(小)学体育运动场(馆)面积达标率(%)
	(三)学校图书、教学仪器配备	1. 生均图书(册/生) 2. 幼儿园玩教具配备达标率(%) 3. 生均教学仪器设备值(元/生) 4. 中(小)学体育器械配备达标率(%) 5. 中(小)学音乐器材配备达标率(%) 6. 中(小)学美术器材配备达标率(%) 7. 小学数学科学实验仪器达标率(%) 8. 中学理科实验仪器达标率(%)
	(四)学校信息化建设	1. 每百名学生拥有教学用终端数(台/百人) 2. 建立校园网的学校比例(%) 3. 接入互联网的学校比例(%) 4. 出口带宽达到100Mbps以上的学校比例(%) 5. 网络多媒体教室占教室总数比例(%) 6. 开通网络学习空间的学生比例(%) 7. 开通网络学习空间的教师比例(%) 8. 每百名专任教师接受信息技术相关培训数(人次/百人) 9. 校均网络课程数(门/校)
	(五)学校医疗、卫生、安全情况	1. 中(小)学有校医院(卫生室)的学校比例(%) 2. 中(小)学有专职校医的学校比例(%) 3. 有专职保健人员的学校比例(%) 4. 有安全保卫人员的学校比例(%) 5. 有网管供水的学校比例(%) 6. 有基本洗手设施的学校比例(%) 7. 有卫生厕所的学校比例(%) 8. 在校生死亡人数所占比例(%) 9. 在校生死亡人数中校内所占比例(%)
四、教育经费		1. 一般公共预算教育经费占一般公共预算支出比例(%) 2. 一般公共预算教育经费增长与财政常性收入增长比较情况(百分点) 3. 生均一般公共预算教育事业费(元/生) 4. 生均一般公共预算公用经费(元/生) 5. 生均教育经费指数(%) 6. 捐赠收入及民办学校中举办者投入占教育总经费的比例(%) 7. 普通高校获得的社会捐赠金额(万元)

续表

指标体系	指标内容
五、科学研究	1. 普通高校出版著作数(部) 2. 普通高校发表论文数(篇) 3. 普通高校知识产权授权数(件) 4. 普通高校获省部级以上奖励的成果数(项) 5. 普通高校技术转让收入(万元) 6. 普通高校R&D折合全时人员数(人年) 7. 普通高校参与项目(课题)的研究生人数(人) 8. 普通高校科技或人文社科经费拨入总额(万元) 9. 普通高校人文与社会科学研究与咨询报告被采纳数(篇)

说明:

1. 指标体系中,依据教育事业统计中的城乡划分类型,农村指镇区(含镇中心区、镇乡结合区、特殊区域)与乡村(含乡中心区、村庄)之和,分城乡中的城市指城区(含主城区、城乡接合部)。

扩展阅读 2-5
《中国教育监测与评价统计指标体系(2020年版)》

2. 指标体系中,若无特殊说明,幼儿园指独立设置幼儿园;小学指普通小学;初中包括普通初中和职业初中;高中阶段包括普通高中、成人高中和中等职业教育(含中等职业学校和技工学校);中等职业学校指按国家规定设置标准和审批程序批准成立,并在教育行政部门备案的实施中等职业教育的学校(机构),未含技工学校。

3. 表 2-1 中指标释义及适用范围等具体信息详见《中国教育监测与评价统计指标体系(2020 年版)》。

本 章 小 结

统计设计是整个统计工作的第一个阶段,它既包括从头开始设计,又包括对已有设计方案的改进。从内容上看,统计设计贯穿了整个统计工作的始末,是对全盘工作的考虑,而非仅局限于某一步骤或阶段。对于统计设计而言,重点和核心内容是统计指标和指标体系的设计。统计指标具有数量性、综合性、具体性、客观性的特点,设计时要包含名称和含义、时空标准、计量单位以及计算方法。统计指标体系的设计应遵循科学性、目的性、整体性、统一性、可比性原则。

实训思考题

1. 什么是统计设计?它是如何分类的?
2. 什么是统计指标?统计指标的特点有哪些?
3. 统计设计包含哪些内容?
4. 统计指标设计的内容有哪些?

5. 什么是统计指标体系？统计指标体系的设计应遵循哪些原则？

技 能 训 练

为了对同学们的学习效果进行有效评价，请尝试构建学习效果评价指标体系。

即 测 即 练

第 2 章　即测即练

第3章 统计调查

本章学习目标

通过本章学习,学员应该能够:
1. 理解统计调查含义、作用和意义,对统计调查有全面、清晰的认知;
2. 掌握统计调查数据的来源;
3. 了解统计调查的种类;
4. 掌握统计调查的方法;
5. 掌握统计调查方案内容;
6. 掌握统计调查的组织方式及其适用范围。

引导案例

大国点名,没你不行!

根据《中华人民共和国统计法》和《全国人口普查条例》规定,国务院决定于2020年开展第七次全国人口普查。2020年11月1日零时,中国正式启动了第七次全国人口普查。

此次普查对象是在中华人民共和国境内的自然人以及在中华人民共和国境外但未定居的中国公民,不包括在中华人民共和国境内短期停留的境外人员。普查内容包括:姓名、公民身份证号码、性别、年龄、民族、受教育程度、行业、职业、迁移流动、婚姻生育、死亡、住房情况等。自2020年11月1日到12月10日进行入户登记,2021年4月开始陆续公布普查的主要数据。

视频3-1 第七次人口普查知多少

人口普查的结果对于我国制定国民经济和社会发展规划、统筹安排人民的物质和文化生活,推动我国经济高质量发展都具有重要意义。人口普查需要每个中国公民的配合,这既是作为中国公民应尽的义务,也是每个中国公民应当承担的责任。大国点名,没你不行!

3.1 统计调查的数据来源

统计调查是指根据统计工作的目的、任务和统计设计的要求,运用科学的调查方法,有计划、有组织地向调查对象搜集调查资料的工作过程。

3.1.1 统计调查的意义及要求

1. 统计调查的意义

统计调查是统计工作的第二个阶段,它担负着提供基础资料的任务,是统计设计的逻辑延续,统计整理和统计分析的前提。统计调查有以下三个重要意义。

(1) 统计调查是人们认识客观现象的基本方式。统计是人们认识客观现象的有力武器,根据统计目的和任务进行统计调查,搜集反映统计调查对象特征的数据是人们正确认识客观现象的基本方式。没有调查就没有发言权,离开对客观实际情况的统计调查,无法做出科学有效的统计决策。例如,在社会主义市场经济环境下,企业的所有运营活动都是在特定的市场环境下进行的。企业在决策时,需要调查市场环境、行业发展趋势、目标市场需求特色,分析竞争对手的市场策略、运营效果及发展态势,统计调查能够帮助企业决策者科学的认识市场环境和企业自身,优化企业决策,提升企业决策的合理性和可行性。

(2) 统计调查是整个统计工作中的基础。统计整理和统计分析工作都是在统计调查工作基础之上进行的,因此,统计调查工作如果做得不好,收集的统计数据准确性无法保障,根据这样的统计数据做出的统计分析必定无法真实反映客观现象的真实水平,严重的话甚至有可能得出相反的结论。因此,统计调查是统计工作的基础,在统计研究中具有重要的地位。

(3) 统计调查的理论与方法在统计学中占有重要地位。统计调查的理论和方法主要包括设计统计调查方案、统计调查的数据来源、统计调查的种类、统计调查方法、统计调查的组织方式等。由于统计调查在整个统计工作中的重要性,统计设计、统计调查、统计整理和统计分析四项工作环节的衔接性,因此,统计调查的理论和方法在统计学中也占有重要的地位。

2. 统计调查的要求

在统计调查工作过程中为保证调查数据资料的质量,使其准确、客观地反映统计现象实际情况,要求统计调查中数据的搜集必须具有准确性、及时性、系统性和完整性的特点。

(1) 准确性。统计调查的准确性是指在统计调查过程中,数据采集、核算、传递的真实性,能够客观反映统计调查对象的真实情况。它是统计数据质量的根本,如果统计资料不真实,必将给统计各个阶段工作带来不良影响。《中华人民共和国统计法》的颁布实施,为调查资料的准确性提供了法律保障。在统计调查工作中,统计机构和统计工作人员必须依法办事,决不虚报、瞒报,坚决同违法现象做斗争,杜绝违法行为的发生。与此同时,统计调查人员也应不断提升自己的政治素养、业务技能水平、职业道德水平和责任担当,实事求是,全面提高统计调查结果的质量。

(2) 及时性。统计调查的及时性是指调查资料完成的时间符合统计调查工作所规定的要求,它是统计数据质量的活力之源,直接关系到统计调查数据自身的价值和效力。统计调查的及时性包括两方面要求,一是如期完成统计调查工作,二是及时上报各项统计调查资料。因为时效性差的统计资料无法准确反映统计调查对象的实际情况,起不到应有的作用。一项统计任务的完成,往往需要很多基层单位共同努力,任何调查资料上报不及时,都会影响到统计综合汇总工作,所以统计资料的及时性也是一个关系到全局性的问题。因此,为提高统计调查工作的及时性,各调查单位应树立全局观念,严格遵守统计制度,及时获取并提供统计调查资料。

(3) 系统性。统计调查的系统性是指在统计调查工作过程中,要充分考虑统计调查各项工作的任务和时间安排、各项工作的有序衔接,以免出现顾此失彼、因小失大或者因工作衔接问题造成的错误操作。同时,统计调查工作中收集的资料要具有条理性,合乎逻辑关系,以便后续的统计整理和分析。缺乏系统性的统计调查会导致调查工作杂乱无章,不利于后续统计数据的汇总和分析。

(4) 完整性。统计调查的完整性是指根据统计调查方案的要求,使需要调查的单位和项目资料不重复、不遗漏,将所要调查的项目资料收集齐全。若统计资料不完整,就无法准确反映统计调查事物的真实情况,给后续统计整理和统计分析工作带来困难,最终难以对社会经济现象的规律性做出科学判断,甚至得出错误的结论,影响统计工作的进度和质量。

在统计调查的各项要求中,统计数据的准确性是统计调查的第一要求,也是统计实践中最棘手的问题。统计资料的准确性是一个相对概念,"实事求是"就是要通过大量反映客观实际的相对准确的数字,探求隐藏在其背后的规律性。

3.1.2 统计调查的数据来源

统计调查的数据来源渠道有很多。在做统计调查项目时,为获取相关数据,调查人员可以查阅统计年鉴、期刊,也可以通过互联网查找与项目相关的各类数据库,也可以委托专业的调查公司进行统计调查,或者自己组织进行实地调查。因此,统计调查的数据可以分为两种:一是来源于直接的统计调查和科学实验数据,称之为直接数据或一手资料;二是来源于其他组织或个人公开发行的调查结果和科学试验结果,被称为间接数据或二手资料。

扩展阅读 3-1 如何获取统计数据

1. 统计调查数据的直接来源

统计数据的直接来源就是统计调查单位自行组织进行实地调查,主要的调查方法有三种:询问法、观察法、实验法。询问法是将统计调查的内容以网络、口头或书面的方式,向统计调查对象提出询问,以获得所需信息的一种调查方式,它是统计调查中最常见的一种方法。观察法指在统计调查中,调查者到调查现场,凭自己的视觉、听觉或借助录像器材,通过观察、记录正在发生的行为或状况,以获取原始数据的一种实地调查法。实验法是调查人员通过实验设计和观测实验结果而获取有关统计资料的一种方法。它是从影响调查问题的诸多可变因素中,选出一个或几个因素,将它们置于同一条件下进行实验,然后对实验观察的数据进行统计的一种调查方法。这些统计调查方法获取的数据资料被称为一手资料。它是根据统计调查任务专门设计的调查项目,具有较强的相关性和针对性、准确度高,但数据在收集过程中难度大、耗时长、成本高,因此调查组织单位的投入较大。

2. 统计调查数据的间接来源

在统计调查过程中,要善于利用各种现有的数据。这种数据既可以从图书、杂志、统计年鉴、网络等渠道获得,也可以从调查公司或数据库公司购买。随着现代信息技术的快速发展,互联网已经成为数据来源的重要渠道,几乎所有的政府机构和公司都有自己的网站并提供公共访问端口,访问者可以从中获得需要的数据,这些数据属于间接来源,因此也被称为二手资料。二手资料的来源主要分为内部来源和外部来源。

(1) 二手资料内部来源。二手资料的内部来源指的是出自统计调查组织单位内部的信息数据。以销售企业为例,内部来源可以为三部分:即组织内部的会计账目、销售记录和其他各类报告(如以前的市场营销调研报告、企业自己做的专门审计报告和为以前的管理问题所购买的调研报告等二手信息资料)。组织单位的营销信息系统和计算机数据库,也为二手资料提供了可查询的信息渠道。

(2) 二手资料的外部来源。二手资料的外部来源主要指的是来自统计调查组织单位以外的数据资料,主要有政府机构、国际组织、行业协会、专门的调查机构、大众传播媒介、商会、银行等。例如,国家统计局发布的关于国情国力、地质勘查、旅游、交通运输、邮政、教育、卫生、社会保障、公用事业、资源、房屋、对外贸易等全国性宏观统计数据。国际组织机构定期或不定期出版的相关统计数据资料。行业协会定期搜集、整理、出版的一些有关本行业的统计信息。专门从事调查和咨询的统计调查机构提供的价值较大但成本较高的信息资料。大众传播媒介主要包括互联网、电视、广播、报纸、期刊、书籍、论文和专利文献等类似的传播媒介,不仅含有技术信息,也含有丰富的经济信息,对统计决策具有重要的参考价值。商会通常能为调查人员提供商会成员的名单、当地商业状况和贸易条例的信息、有关成员的资信和贸易习惯等信息资料。银行能够提供关于国家经济趋势、政策及前景,重要产业及外贸发展等方面的信息资料。

二手资料与一手资料相比,具有收集速度快、容易获取、成本较低等优势,但其在应用过程中有一定的局限性。例如,二手资料的相关性、准确性和时效性较差,在使用前必须对二手资料进行审核与评价。使用二手数据时应注意标注统计数据的来源,一方面体现使用者的严谨性,另一方面也体现出对他人劳动成果的尊重。同时,在使用二手资料时,一定要注意数据的口径和计算方法,以避免误用或滥用。

3.2 统计调查的种类与方法

统计学研究的是社会经济总体现象数量特征及其数量关系。随着社会经济的发展,社会经济现象体现出来的数量特征和数量关系错综复杂。因此,统计调查需要根据调查对象和调查目的采用不同的统计调查方式和方法。

3.2.1 统计调查的种类

1. 按调查对象包含的范围不同,可分为全面调查和非全面调查

(1) 全面调查。全面调查指的是对研究对象总体单位逐一进行调查登记的一种调查方式。例如,要了解全国煤炭的总产量,需要对全国所有煤矿的煤炭产量都进行统计调查,这种调查方式就属于全面调查。普查和全面统计报表都属于全面调查。

(2) 非全面调查。与全面调查相比而言,非全面调查是对统计调查对象总体的一部分单位进行调查登记的一种调查方式。例如,要想了解某校大学生的月消费水平,并不需要对该校学生进行全面调查,只需选出其中一部分在校学生进行统计调查,用调查的结果来推断整体消费水平即可,这类的调查被称为非全面调查。在统计调查中,重点调查、典型调查、抽样调查和非全面统计报表都属于非全面调查。

2. 按调查登记的时间是否连续,可分为经常性调查和一次性调查

(1) 经常性调查。经常性调查指的是在统计调查过程中,调查对象的情况随时都可能发生变化,需要进行连续不断的登记的一种调查方式。例如,钢材产量、燃油的消耗等,这些统计指标的数值短时间内就会发生很大的变动,必须进行经常登记才能满足统计的需要。经常性调查需要定期做,且间隔时间不宜过长。

(2) 一次性调查。一次性调查指的是针对某些特定任务或目的所做的专门的统计调查,也可以是时间间隔非常长的定期统计调查。有些统计指标的数值在一定时期内变动不大,不需要频繁进行统计调查,可以采用一次性调查的方式搜集资料。例如我国的农业普查是为了查清农业、农村和农民的发展变化情况,掌握我国农业生产、农田水利和农村基础设施建设、农村劳动力转移等方面的基本信息,这类统计指标短时间内变动不大,可以每隔十年做一次。经常性调查都是定期进行的,一次性调查可以是定期的,也可以是不定期的。

3. 按组织方式不同,可分为统计报表和专门调查

(1) 统计报表。统计报表是指统计调查单位根据统计目的和统计任务的要求,按规定的表格形式、内容、时间要求和报送程序,自上而下统一布置,提供统计资料的一种调查方式。它是我国取得国民经济和社会发展情况基本统计资料的一种重要手段。

(2) 专门调查。专门调查是指统计调查单位为研究某些专项问题,专门组织进行的一种统计调查方式。它是我国统计工作中重要的统计调查的组织形式。专门调查属于一次性调查,主要包括普查、重点调查、抽样调查和典型调查四种调查方式。

3.2.2 统计调查方法

统计调查方法主要有询问法、观察法和实验法三种,各有利弊,调查人员应根据调查对象的性质、特点和各种调查方法的适用条件选择合适的方法,以保障统计调查的质量。

1. 询问法

询问法指的是调查人员根据统计调查项目的要求,以书面、访谈或电话的方式向被调查者提出问题,根据被调查者的回答获得调查资料的一种统计调查方法。这种调查方法需要事先设计好调查程序、调查表或调查问卷,保障统计调查工作顺利进行。询问法主要包括人员面访、书面调查、电话调查、网络调查、集体访谈等。

(1) 人员面访。人员面访又称为面访调查或派员调查,它是指调查人员与被调查者通过面对面交谈获取所需资料的调查方法,主要分为结构式访问和非结构式访问两种方式。结构式访问是按照调查人员事先设计好的、有固定格式的标准化问卷或表格,按顺序依次提问,由被调查者做出回答的调查方法。非结构式访问一般事先不制作统一的问卷或表格,调查人员只有一个题目或提纲,由调查人员和被调查者自由交谈,从中获得所需资料。这种方式的优势在于回答率高、能深入了解情况、可以直接观察被调查者的反应。与其他调查方法相比,这种方法也存在调查成本高、调查资料受调查人员的主观影响较大等缺点。

(2) 书面调查。书面调查是指调查人员将事先设计好的调查问卷或调查表,通过现场分发或邮寄等方式发送至被调查者手中,由被调查者填写,并将其填写完的问卷或表格放到收集点或邮寄给调查组织者的一种方法。这是一种标准化调查方式,给被调查人员留有充足的时间思考问题,由于调查人员和被调查者之间沟通主要通过调查问卷或调查表,节省了人力成本。但书面调查的资料回收时间长、回收率低,也存在被调查者对某些调查内容不熟悉而填写错误等问题。这种调查方法在统计部门进行的统计报表及市场调查机构进行的问卷调查中经常使用。

(3) 电话调查。电话调查是指调查人员通过查找电话号码簿用电话向被调查者进行提问来搜集资料的一种方法,主要有传统电话调查和计算机辅助电话调查两种形式。传统电话调查是按照事先设计好的问卷进行,也可以针对某一专门问题进行电话采访,所提问题要明确,且数量不宜过多。这种调查方法具有时效快、费用低等特点,主要应用于民意测验和一些较为简单的统计调查项目。计算机辅助电话调查是利用现代化电脑程控通信设备进行的一种电话访问方式。在进行电话访问时,调查人员必须先输入受访人的电话号码,由电脑按程序自动拨号,电话访问员在接通电话后,按规定访问内容进行访问对话。调查过程和内容可以实时录音,以确保调查内容的真实可靠。这种调查方法具有可信度高、保密性强、效率高等特点,主要应用于产品或服务质量跟踪调查、广告投放效果调查及顾客满意度调查等领域。

(4) 网络调查。网络调查是通过网站或 E-mail 等途径发布调查问题,网络访问者根据要求填写答案,完成后将答题内容在线提交的一种调查方法。网络调查主要有网络问卷调查法、网上讨论法、在线测试法等。网络调查辐射范围广、组织简单,执行便利,是目前的主流调查方式之一。网络调查不受时间和空间的局限,具有自愿性、定向性、及时性、互动性、经济性与匿名性等特点,适用于效果调查或满意度调查等领域。网络调查在二手资料调查方面应用广泛。政府部门的官网、各类数据库和统计年鉴等网络站点信息不断更新,为二手数据调查提供大量有价值的信息资料,为统计调查提供真实、可靠的数据支持。

(5) 集体访谈。集体访谈法是将一组被调查者集中在调查现场,请他们对调查的主题发表意见,从而获取资料的方法。调查组织者应对被调查人员进行严格的筛选,参与座谈的应是调查问题相关领域的专家或资深人士,人数不宜太多,通常为 6~10 人。在访谈过程中,调查组织者应创建一个轻松讨论氛围,鼓励与会人员积极发言,补充和修正自己的观点,使调查人员从中获得较为深入的想法和意见。这种调查方法工作效率高、经费投入少,简便易行,但对调查员组织会议能力的要求很高,也不适用于某些涉及保密、隐私、敏感性问题的调查。

2. 观察法

观察法是指调查者亲自到调查现场,根据自己的视觉、听觉或借助摄录像器材,对调查项目进行清点、测定、计量,并加以登记,以获取统计调查资料的方法。例如,为了解工业企业年末的产品结存量,调查人员深入车间进行观察、计数、测量等工作。观察法主要包括直接观察法和间接观察法两种。

(1) 直接观察法。直接观察法是调查人员直接深入到调查现场,对正在发生的行为和状况进行观察和记录的一种调查方法。在观察过程中,调查人员可以直接参与到调查环境中去,通过与被调查者一起从事某些社会经济活动来收集获取有关的信息,也可以用局外人的身份深入调查现场,从侧面观察、记录所发生的行为或状况,获取所需的信息,还可以对被调查者进行连续性的跟踪观察。在直接观察法应用过程中,主要依靠人员观察来获取信息,需要投入较高的人力和时间成本,而有些社会经济现象采用直接人员观察法难以获取有效信息。因此,需要借助仪器设备来辅助观察。

(2) 间接观察法。间接观察法是指调查人员不直接观察被调查者的行为,而是借助各种仪器、设备或留存的痕迹进行观察以获取信息的一种调查方法,主要包括痕迹观察、仪器观察和遥感观察等。痕迹观察法是通过观察被调查者留下的痕迹,从中提炼有用的信息。例如,我国的一家汽车经销企业同时经营汽车销售和修理业务,为了解在哪个广播电台的广告效果好,他们在修汽车前首先要做的就是查看汽车里收音机的调频定在哪个电台,了解各电台的听众数量,从而选择听众最多的电台来投放汽车销售广告。仪器观察是指在观察现场安装录音、录像或计数仪器等器材,通过自动录音、录像、计数等方式获取信息资料的方法。例如,调查人员可以利用仪器对商场顾客流量交通路口车流量、电视收视率等进行测量。遥感观察是指调查人员利用遥感技术、航测技术等先进的信息技术搜集调查资料的方法。例如,对我国地矿资源、水土资源、森林资源、农产品播种面积与产量估计均可采用遥感技术来调查相关信息资料。

3. 实验法

实验法是指通过实验设计和观测实验结果获取统计调查资料的一种调查方法。实验法是从影响统计调查问题的诸多可变因素中选出一个或几个因素,将它们置于同一条件下进行小规模实验,然后对实验观察的数据进行对比、记录。实验调查法具有实践性、动态性和综合性等特点,用实验数据阐述统计调查现象更具有可信度。实验法主要包括实验室实验和市场实验两种。

(1) 实验室实验。实验室实验是指调查人员在实验室内利用一定的设施,控制一定的条件,并借助专门的实验仪器对实验对象的行为变化进行观察和研究的一种方法,在实验过程中严格控制各种因素,并通过专门仪器进行测试和记录实验数据,具有较高的可信度。在市场经济研究中,实验室实验可分为实验前后无控制对比实验、实验前后有控制对比实验。实验前后无控制对比实验是事先选择一个实验单位,设计一个实验因素,通过记录观察调查对象在实验前后的结果,了解实验过程中变化的情况。实验前后有控制对比实验是选择一个控制组和一个实验组,且控制组和实验组面临的环境大体相同。控制组在实验前后均经销原产品,实验组在实验前经销原产品,实验后经销新产品,然后对实验前后的观察数据进行分析,排除自然增量,最终得出实验结果。

(2)市场实验法。市场实验法是指调查人员有目的、有意识地通过改变或控制一个或几个市场影响因素的实践活动,来观察在正常市场运营环境下,市场现象在这些因素影响下的变动情况,认识社会经济现象的本质和发展变化规律。市场实验法中最具代表性的是市场试销,即调查人员选定一个小规模的试验市场,其条件、特征要与整体市场有较强的相似性;将新产品或变更了规格、款式、包装等的产品投放到小规模市场上,进行试用或者试验销售;对试用或者试销效果做出分析判断,并进行决策。市场实验法最大优势在于能够通过产品初购率和重购率的统计,测算出产品的实际市场购买力,帮助企业分析产品的市场表现及存在的问题。

3.3 统计调查方案

统计调查方案是统计设计在调查阶段的具体化,它是根据统计调查的目的和任务,按照统计调查对象的特点,对统计调查工作各方面和各环节所做的全面部署和安排。统计调查涉及面广,工作量大,调查项目往往又比较多,统计调查方案的设计是统计调查顺利进行的前提,也是准确、及时、系统地取得调查资料的重要组织保障。一份完整的统计调查方案应包括如下基本内容:明确统计调查目的和内容,确定统计调查对象和调查单位,确定调查项目,确定调查实施方式和方法,确定统计调查资料整理和分析方案,确定统计调查日程安排,确定调查的经费预算,确定提交报告的方式,制订统计调查的组织计划。

扩展阅读 3-2
第四次全国经济普查方案(摘要)

3.3.1 明确统计调查目的

统计调查的目的是统计调查要达到的目标或需要解决的问题,设计统计调查方案的首要问题是明确调查目的。调查目的决定调查的对象和内容,如果调查目的不明,就无法确定向谁调查、具体调查内容及采用什么方式进行调查。统计研究目的不同,调查项目也有所差异。因此,调查目的必须明确,且表述要简明扼要,这样才能有针对性地制订调查计划,提高调查工作的质量。

3.3.2 确定调查对象与调查单位

调查目的确定之后,就要确定调查对象和调查单位。调查目的越明确、越具体,调查对象和调查单位也就越容易确定。

1. 确定调查对象

统计调查对象指的是所要进行统计研究的社会现象的总体,它是由许多性质相同的调查单位所组成的。确定调查对象首先要明确总体的界限,划清调查的范围,以免调查工作中出现重复或遗漏现象。调查单位指的是在被调查总体中被记录其标志的单位。例如,调查目的是了解某地区国有工业企业生产情况,则其调查对象就是该地区所有国有工业企业,调查单位就是每一个国有工业企业,即标志的承担者。确定调查对象是一个比较复杂的问题,社会经济现象彼此之间相互关联,又有交错,只有准确地、科学地确定调查对象,才能把被调查对象的范围与表面上相似而实质上不同的其他现象严格地划分开来。因此,在设计调查方案时,必须正确地确定调查对象,划清统计研究的总体界限,这对于保证调查资料的准确性具有重要意义。

2. 确定调查单位

调查单位是调查项目的承担者,填报单位是指调查中提供资料的单位。这两者有时是一致的,有时则不一致。例如,在进行居民消费需求情况的抽样调查中,每户居民既是调查单位,又是填报单位;而在进行工业企业设备普查时,调查单位是每台设备,而填报单位则是每个工业企业。调查单位可以是人、社会组织,也可以是物体、时间、空间或行为,但填报单位只能是人或社会组织,物体、时间、空间或行为不能成为填报单位,在实际工作中要注意不要把调查单位和填报单位相混淆。

3.3.3 确定调查内容

确定完调查目的、调查对象和调查单位后,需要确定调查内容。统计调查内容包括调查项目、调查表和调查问卷。

1. 调查项目

调查项目是所要调查的具体内容,它是由调查对象的性质和任务决定的,说明调查单位某种属性或特征的名称或概念。确定调查项目,就是明确向调查单位调查什么。例如,2020年第七次全国人口普查根据调查目的拟定了姓名、公民身份号码、性别、年龄、民族、受教育程度、行业、职业、迁移流动、婚姻生育、死亡、住房情况等调查项目。拟定调查项目应本着"少而精"的原则,只列入为实现调查目的必须的项目;本着需要和可能的原则,只列入能够得到确定答案的项目。凡列入的项目要含义明确、具体,使人看后能有一致的理解,有些项目根据需要可加以注释,规定统一标准。调查项目间尽量做到相互联系,以便通过资料本身相互核对就能起到校验作用。

2. 调查表

调查表是由统计调查的组织实施者根据统计调查的需要设计的,用以对统计调查对象进行登记,要求调查对象按照统一规定填报的表格。调查表是调查方案的核心部分,也是统计调查中搜集原始资料的基本工具。利用调查表进行调查工作非常便利,它不仅能够条理清晰地登记所需资料,也便于以后的整理和汇总。调查项目中的统计指标以及它们的口径范围、计算方法等,一般都要通过各种调查表及其编制说明书表现出来,调查表的制定和执行在我国统计工作中具有很重要的作用。

(1)调查表的内容构成。调查表的内容一般由表头、表体和表脚三部分构成。

① 表头。表头是调查表的开头部分,用来说明调查表的名称、填报单位的名称、性质及隶属关系等。

② 表体。表体是调查表的主要部分,包括调查项目及其具体标志表现、项目的栏号、计量单位等。标明栏号目的是为了便于在整理调查资料或编写填表说明时方便。

③ 表脚。表脚包括调查者(填报人)的签名和调查日期等,以便明确责任,如果发现问题也便于查问。

(2) 调查表的形式。调查表一般可分为单一表和一览表两种形式。

① 单一表。单一表是在一份调查表中只登记一个调查单位,它可以容纳较多的调查项目,可以得到更丰富,更详细的资料。例如,人员信息登记表就是单一表的形式。单一表的缺点是每张调查表上只能记录一个调查单位,对于资料的汇总要耗费较长时间。

② 一览表。一览表是在一份调查表上登记许多调查单位,属于调查单位的共同事项只需登记一次,可以节省纸张和调查时间,并且便于汇总。因为在一张表上登记许多个调查单位,所以对每个调查单位登记的项目数量不宜过多。例如,我国人口普查所用的调查表就是用一览表的形式,一张调查表上要填写全家所有成员的情况,全部由户主填报。

3. 调查问卷

除了用调查表来显示调查项目外,还可以用调查问卷的形式来获取调查所需的信息资料。调查问卷是根据统计调查的目的和要求,由一系列"问题"和备选"答案"及其他辅助内容所组成的一种收集信息资料的工具。调查问卷的质量直接影响统计调查的结果。因此,在统计调查前应先将调查问卷设计好。

调查问卷一般由标题、开头部分、甄别部分、主体部分和背景部分组成。

(1) 标题。标题是调查主题的概括说明,要简明扼要,点明主题。例如"全国高校本科生2021届毕业生就业情况调查问卷"。

(2) 开头部分。开头部分由问候语、填表说明和过程性记录构成。问候语设计的目的是为了向受访者介绍调查的目的及意义,争取受访者的配合。一般包括称呼、问好、自我介绍、调查主题、责任交代、保密承诺、配合请求、致谢等内容。填表说明用于告知被调查对象如何填写问卷、应注意事项等。

(3) 甄别部分。甄别部分也称过滤部分,它是先对被调查者进行过滤,筛选掉非调查对象,然后有针对性地对调查总体范围内的被调查者进行调查。

(4) 主体部分。主体部分是调查问卷的核心部分,包括调查所要了解的问题及对应的备选答案。问题设计的质量是调查者能否实现调查目标的关键。因此,问题的设计要全面、系统,能够满足调查任务的要求。在问题设计中,尽量避免提出笼统性问题、含义不清的问题、诱导性问题、假设性问题和困窘性问题等,提高问题的质量。答案的设计要遵循穷尽性和互斥性原则,即备选项目中应包含尽可能多的备选,但备选项之间不能相互重叠、包含和交叉。

(5) 背景部分。背景部分包括有关被调查者的一些背景资料,通常放在问卷的最后。如在企业调查中的企业名称、企业类型、所有制性质、商品销售额、利润总额、职工人数等情况。通过这些项目的调查,可以对调查资料进行分组、分类,方便后期的统计分析。

3.3.4 确定调查时间

为了完成调查任务,在调查方案中还要确定调查时间。在统计调查中,调查时间包括两方面的含义。

1. 调查资料所属的时间

如果是为了说明一定时点上客观事物的状况，属于时点现象，就要确定标准时点。例如，人口普查方案中规定普查标准时点为 11 月 1 日零时。如果是为了说明客观事物在一段时间内的成果，属于时期现象，就要规定登记事物的起止时间。例如，我国第四次全国经济普查的标准时点规定为 2018 年 12 月 31 日，普查时期资料为 2018 年的年度资料。

2. 调查工作所需时间

调查工作所需时间是要确定进行整个调查工作的起始至结束的时间，包括调查工作的准备阶段、资料收集及资料报送等整个工作过程所需要的时间。为了保证调查资料及时性，对调查工作所需时间要尽可能地缩短。

3.3.5 确定调查工作的组织实施计划

严密细致的组织工作是统计调查顺利进行的保证。调查工作的组织计划包括调查工作的组织领导机构、调查人员的组织与培训、调查的方式和方法、调查准备工作、调查资料的报送办法、调查经费的预算和开支办法、提供或公布调查成果的时间及完成工作后的总结等内容。需要注意的是，调查人员的素质对调查结果有直接影响作用。因此，在统计调查工作正式开始之前，有必要对调查人员进行调查技能的培训。确定统计调查方案后，还需要进行试点调查。通过试点调查来检验调查方案的可行性，进一步完善调查方案，更好地完成调查工作。

3.4 统计调查的组织方式

3.4.1 普查

1. 普查的意义

普查是为某一特定目的而专门组织的一次性全面调查方式，例如，人口普查、工业普查、农业普查等，主要用来搜集一些比较全面而又不能从经常调查中得出的处于某一时点状态上的社会经济现象的数据。普查所获资料可以深入地反映社会、经济、文化等现象的发展状况，并为各级领导机关制定方针、政策提供必要的统计资料，为国家进行宏观决策、制定长远规划提供可靠的依据。

扩展阅读 3-3
人口普查的前世今生

2. 普查的方式

普查的具体方式有两种：一种是自上而下组织专门的普查机构，配备一定数量的调查人员，对调查单位直接进行登记；另一种是利用基层单位原有的原始记录和核算资料，或结合清仓盘点，颁发统一的调查表格，由这些基层单位进行填报。因为普查是一种一次性全面调查，调查单位多、涉及面广，需要大量的人力、物力，对资料的时效性要求高，所以为了保证资料的准确性，在组织调查时必须特别注意集中领导和统一行动。普查工作又是一项广泛的群众工作，必须把政策、调查任务、调查方法等向群众交代清楚，争取他们的理解和支持，才能顺利地完成普查任务。

为了满足党和国家研究某些问题或开展某种工作的紧急需要，也可以组织进行快速普查。快速普查是一种特殊形式的普查。它一般由组织领导普查工作的最高机关，越过一切中间环节，直接把普查任务下达到基层调查单位，各基层单位把调查结果直接上报给领导普查工作的最高机关。快速普查的内容一般都比较简单，布置任务和报送资料一般采用电信传达，资料汇总工作较为集中，以便缩短整理资料的时间。

随着现代信息技术的快速发展，2020年全国第七次人口普查采用了电子化方式开展，人们可以使用移动终端自主填报信息。多地区采用灵活多样的应急普查登记方式，以保证普查工作顺利完成。

3. 普查的组织要求

在普查工作过程中，对普查的组织要求主要有如下几点。第一，是要依靠各级党委和政府的统一领导，保证普查工作顺利进行。第二，要有广泛的群众基础，群众的配合有利于收集资料工作的完成。第三，普查工作必须进行试点调查，如若发现问题，及时改进。第四，要组织和培训普查队伍，为普查工作提供人员和能力保障。第五，要运用系统工程的原理和运筹学的方法，制定周密的工作规则，使普查中的各环节能互相衔接，按顺序进行。第六，对各个工作环节进行严格的质量控制，逐级负责，层层把关，以保证普查资料的质量，并在事后进行检验。

4. 普查应遵循的基本原则

（1）规定标准时点。普查必须统一规定调查资料所属的标准时点，使所有普查资料反映的是在这一时点上的情况，避免重复和遗漏。例如，如果人口普查没有规定统一的标准时点，就会因人口的出生和死亡、迁入和迁出得不到准确的数字。当然，在实际登记时，不可能全国各地都在标准时间的一瞬间把普查的各项数字都同时登记好。2020年人口普查的标准时间是11月1日0时，一些地区会提前几天进行摸底登记。如果这几天关于调查项目统计指标有变动，需要对这变动情况加以调查，以取得标准时间上的准确数字。

（2）正确选择普查时期。普查的时期就是普查登记在什么时期进行。普查的标准时间是在普查时期选择的基础上确定的。普查时期应根据统计调查组织的需要选择在被调查现象变动最小的时期或是普查工作最方便的时期。例如，我国第五次、第六次、第七次人口普查规定在11月份进行，就是基于上述原则。

（3）同时登记，尽早完成。在普查范围内，各调查单位要同时进行登记，并在方法和步调上取得一致，保证普查资料的准确性和时效性，避免资料的重复和遗漏。如果登记工作时间持续过长，会影响统计调查资料的准确性和时效性。

（4）调查项目一经确定，不能随意更改。统计调查项目确定以后，如果没有重大问题，不能任意改变或增减，以免影响汇总综合，降低资料质量。同类普查的内容在各次普查中要尽可能保持一致，以便将历次普查资料进行对比。

3.4.2 抽样调查

抽样调查是按照随机原则从被研究总体中抽取出一定数量的单位（样本）进行调查，

根据样本指标数值来推算总体指标数值的一种调查方式,它是一种非全面调查。例如,在农产品质量检测中,可在全部农产品中随机抽取若干个产品进行农药残留检验,计算产品合格率,再据以推断全部农产品的合格率情况。

1. 抽样调查的特点

与其他非全面调查方法相比,抽样调查具有如下特点:

(1) 遵循"随机原则"。抽样单位按随机原则抽取调查单位,使每个总体单位都有同等机会被抽取,不受调查人员任何主观意愿的影响,而重点调查、典型调查中被调查的单位都是经过人们有意识的选择确定的。

(2) 用样本指标推断总体数量特征。根据数理统计的原理,抽样调查中样本指标和相对应的总体指标之间存在着内在联系,且两者的误差分布也有规律可循。因此,抽样调查提供一种用实际调查所得的样本指标来推断总体数量特征的科学方法。

(3) 抽样误差可以被事先计算并加以控制。用部分样本指标推算总体数量特征,必然会产生误差,称为抽样误差。但抽样误差与其他统计估算所产生的误差不同,它可以根据相关资料事先加以计算,并且可以采用一定的方式控制误差的范围,保证抽样推断结果达到预期的可靠程度。

2. 抽样调查的适用范围

抽样调查的应用范围主要有以下几个方面。

(1) 对一些不可能进行全面调查的社会现象,只能进行抽样调查。例如,有些质量检验具有破坏性,不可能毁去所有的产品来鉴定其质量,只有采用抽样调查检测质量。例如,电视显像管的耐用时数、轮胎的里程试验等。

(2) 对一些不必要或难以进行全面调查的社会现象,可以采用抽样调查。例如,中国公民的平均身高,不需要进行全面调查,可以采用抽样调查来推断总体的平均身高。再如,对居民家中存放现金情况的调查,难以对所有居民逐一观察并进行经常性登记,只能采用抽样调查来推断总体情况。

(3) 对普查结果进行必要的修正。由于普查涉及面广,工作量大,很容易产生登记误差,通常可以在普查开始之后,进行一次小规模的抽样调查,将抽样调查的结果同原来的普查资料进行核对,计算出差错(重复或遗漏)比率,然后以此作为修订系数,对普查资料进行必要的修正。例如,2020 年第七次全国人口普查在普查登记结束后,开展了第七次全国人口普查事后质量抽查。事后质量抽查工作制定了科学严谨的方案,组建了 31 个抽查组,抽调了 1 000 多名抽查人员,对覆盖 31 个省(区、市)的 141 个县、406 个普查小区,约 3.2 万户、10 万人进行现场调查。通过科学严谨的事后质量抽查,可以准确了解普查登记内容的真实性,并通过差错率和误差率等指标予以量化,为评判人口普查数据质量提供依据,为科学使用人口普查数据提供保障。

3. 抽样调查的组织形式

抽样调查的组织形式主要有简单随机抽样、系统抽样、分层抽样、整群抽样和多阶段抽样。

(1) 简单随机抽样。简单随机抽样又称为纯随机抽样,它不对调查总体中的单位不进行分类排序，从总体的全部单位中直接按随机原则抽选样本单位的一种抽样方式。简单随机抽样一般可采用掷硬币、掷骰子、抽签、随机数表等方法抽取样本。在统计调查中，由于总体单位较多，前两种方法较少采用，主要运用抽签和随机数表。

简单随机抽样的优点是在理论上最符合随机原则，方法简单直观，当总体名单完整时，可直接从中随机抽取样本。由于抽取概率相同，计算抽样误差及对总体指标加以推断比较方便。但采用简单随机抽样，在实际应用中也有明显的局限。首先，采用简单随机抽样要对总体各单位加以编号，如果所需调查单位数量十分庞大，逐一编号几乎不可能。其次，当总体的标志变异程度较大时，简单随机抽样的代表性不如经过分组后再抽样的代表性高。因此，这种方法适用于总体单位数相对较少且调查总体分布比较均匀的情况。

（2）系统抽样。系统抽样又称为等距抽样，它是对调查总体按一定的顺序排列，在规定的范围内随机抽取起始单位，然后按一定的间隔来抽取样本单位。

系统抽样的优势主要有两点。第一，抽取样本单位方便易行。在进行系统抽样方案设计和抽取单位时，通过调查总体的基本资料构造总体抽样框。抽样框是指抽样调查所用的总体名单或目录，系统抽样是在抽样框上按照一定的间隔抽取样本单位，直到把所有样本都抽完为止。第二，在已知总体相关信息条件下，采用系统抽样能保证样本单位在总体中均匀分布，从而提高样本对总体的代表性，有利于降低抽样误差。系统抽样在应用过程中还存在一定的局限，如运用抽样的前提是要有总体单位的相关历史资料，特别是按有关标志排队时，需要较为细致、具体的相关资料。当抽选间隔和被调查对象本身的节奏性（或循环周期）重合时，就会影响调查的精度。例如，对某超市每周的客流量情况进行抽样调查，若抽取的第一个样本是周一，抽样间隔为 7 天，那么抽取的样本单位都是周一，而周一与周末相比，客流量相对较少，这样就会产生系统性偏差，对系统抽样的代表性造成一定的影响。

（3）分层抽样。分层抽样又称为类型抽样，它是先将总体所有单位按某一标志进行分层（类），然后在各层（类）中采用简单随机抽样或等距抽样方式抽取样本单位的一种抽样方式。例如，对职工收入状况进行统计调查，就可将职工按职业不同，分为生产人员、商业人员、服务性工作人员等不同类别，再从各类中抽取职工进行调查。分层抽样分为等比例抽样与非等比例抽样两种方式。等比例抽样要求各类样本单位数的分配比例与各层总体单位数占总体比例一致，即：$n_i/n = N_i/N$（n_i 为从各层中抽出的子样本数，n 为样本容量，N_i 为各层的总体单位数，N 为总体单位总量）。等比例抽样简单易行，分配比较合理，在实际工作中应用较广。非等比例抽样不受上述条件限制，即有的层级可多抽些样本单位，有的层级也可少抽些样本单位，这些分配方法大多适用于各层的单位数相差悬殊或各层的方差相差较大的情形。在这种情况下，如按等比例抽样，可能在总体单位数少的层中抽取样本单位数过少，代表性不足。

分层抽样比简单随机抽样和系统抽样更为精确，能够通过对较少的抽样单位的调查，得到比较准确的推断结果，特别是当总体规模较大、内部结构复杂时，分层抽样能取得令人满意的效果。同时，分层抽样在对总体数量关系进行推断的同时还能获得对每层数量关系的推断。

（4）整群抽样。整群抽样是将统计调查总体划分为若干个子群，以群作为抽样单位，从总体中抽取若干个群体作为样本,对抽中群内的所有单位进行全面调查的抽样方式。例如,若要调查第六小学的学生视力情况,组成总体的基本单位是每位小学生,但抽样单位可以是由学生组成的班级,将抽中的班级全部学生作为样本进行观察。整群抽样具有组织实施容易、调查时间短、费用低等特点。

当各子群之间差异较小、群内各单位间的差异较大时,样本的代表性越好,整群抽样的调查结果就越准确。因此,在大规模的市场调查中,若所观察到的群体符合上述特征,就可以考虑采取整群抽样的调查方式。2015年全国1%人口抽样调查工作就采用了整群抽样调查方式。但是,若群间差异较大,群内差异较小的情况下,采用整群抽样则会明显地影响样本分布的均匀性。因此,整群抽样和其他抽样方式相比,在抽样单位数目相同的条件下抽样误差有可能较大,代表性较低。抽样调查采用整群抽样时,一般要比其他抽样方式抽选出更多的单位,以降低抽样误差,提高抽样结果的准确度。

(5)多阶段抽样。多阶段抽样是指在抽样调查抽选样本时并不是一次直接从总体中抽取,而是分两个或两个以上的阶段来进行。多阶段抽样的优点主要有三方面。第一,当抽样调查的范围很广,缺乏总体单位的名单或目录的抽样框,或者总体范围太大无法直接抽取样本时,可以采用多阶段抽样。第二,多阶段抽样成本较低。从一个比较大的总体抽取一个随机样本,势必使抽到的样本单位比较分散,若要派人调查,人力和物力的支出比较大。第三,可以利用现成的行政区划、组织系统作为划分各阶段的依据,为组织抽样调查提供方便。多阶段抽样也存在一定的局限,如抽样的步骤多,在设计抽样调查方案、计算抽样误差和推断总体上均比较复杂。

3.4.3 重点调查

重点调查是在调查对象范围内选择部分重点单位收集统计资料的一种非全面调查。重点单位是指在总体中举足轻重的那些单位。尽管单位数目不多,但就调查的标志值来说,它们在总体中却占有很大的比重,能够反映出总体的基本情况。例如,为了了解我国钢铁工业生产的基本情况,我们只要调查宝钢、首钢、鞍钢、包钢、武钢等十余个重点企业就可以掌握全国钢铁生产的基本情况。尽管钢铁企业遍布全国,厂家何止千百,但这几家钢铁企业产量占全国产量中的绝大部分,可以满足调查任务的需要。

1. 组织重点调查

组织重点调查的关键在于确定重点单位。重点单位选多少,要根据调查任务确定。通常被选调查单位的数量标志值应在调查总体指标中所占比重较大,能够反映研究总体的基本情况。同时,也要注意重点单位可以变动的情况。受历史发展的影响,有些调查单位在这个时期是重点单位,但在另一个时期不一定是重点单位。因此,要根据情况的变化调整重点单位。在调查中被选中的重点单位应是管理健全、统计基础工作较好的单位。

2. 重点调查的适用范围

重点调查主要采取专门调查的组织形式,也可以颁发定期统计报表,由被调查的重点单位填报,定期观察这些重点单位的主要技术和经济指标的完成情况及其变动。重点调查的优势在于只要花费较少的人力、物力和时间,即可把握客观事物的基本情况。一般来说,当调查只要求掌握基本情况,而总体中确实存在重点单位时,采用重点调查是比较适宜的。重点调查在具体做法上可以灵活运用,既可以用于一次性调查,又可以用于经常性调查。但必须指出的是,重点单位与一般单位的差别较大,通常不能由重点调查的结果来推算调查总体的指标。

3.4.4 典型调查

典型调查是从研究总体中有意识地选取若干具有代表性单位进行调查,用来了解调查总体详细情况的一种非全面调查方法。它具有两个特点:第一,它是一种深入、细致的调查,由于调查单位数量少,能深入研究某些复杂的专门问题。第二,调查单位是根据调查的目的和任务,在对调查总体全面分析的基础上有意识地选择出来的,调查的质量主要取决于调查者的主观判断和决策。

1. 典型调查的作用

典型调查是一种行之有效、非常重要的非全面调查方法。它可以弥补全面调查的缺口,搜集不需要或不可能通过其他调查方式取得的统计资料。同时,它可以更具体地分析问题,全面调查资料中可能会存在描述不清晰的问题,应用典型调查可以进一步取得有关详细情况的数据资料,对其进行深入分析。在一定条件下,典型调查可以验证全面调查数字的真实性。对于研究新生事物、了解新情况、新问题的数量表现,典型调查也具有重要作用。总之,其他调查方式着眼于普遍,而典型调查着眼于深入,必须两者结合,才能使搜集到的资料既普遍、又深入。

2. 组织典型调查

组织典型调查首要问题是如何确定典型单位。根据统计调查的目的和任务,在对调查对象分析的基础上,掌握研究对象的全面情况,选择代表性单位,切忌主观片面性和随意性。如果为了估算总体的数值,可以采用划类选点的办法;如果为了了解总体的一般数量表现,可以选择中等典型作为调查单位;如果为了总结经验和教训,可以选择先进的或落后的典型进行调查。其次,要设计典型调查方案。方案中必须有搜集资料的调查表及了解情况的提纲。再次,要准确地取得调查表中的数字。有的可以通过原始记录、会计凭证取得,有的需要通过采访、讨论研究确定。

3. 典型调查的方法

典型调查主要有三种方法。

(1) "划类选点"法。它是指当调查总体内部差异明显时,将总体划分为若干个类型组,再从各类型组中分别选取具有代表性的单位进行调查的一种方法。这种方法既可用于分析总体内部各类型特征以及它们的差异和联系,也可综合各类型以估算总体数量表现。

(2) "抓两头"法。从组织管理和指导工作的需要出发,统计调查可以分别从先进单位和落后单位中选择典型,总结经验和教训,从而带动中间状态的单位,促进统计总体的整体的发展。

（3）"麻雀解剖"法。这种方法适用于总体内部差别不大的情况，通过对个别单位的详细调查，来了解总体的情况。

当统计所研究的对象中存在具有代表性的样本单位，调查组织者希望对调查总体有深入细致的了解，通过对代表性单位的调查达到以点带面的效果，可以采用典型调查方法。

3.4.5 统计报表

统计报表是按照国家有关法规的规定，自下而上地逐级提供基本统计资料的一种统计调查方法。它是以一定的原始记录为基础，按照统一的表式、指标、报送时间和报送程序进行填报。统计报表作为国民经济管理的重要工具，是我国定期取得统计资料的主要调查方法。通过统计报表制度取得的统计资料是制定经济与社会发展方针政策的依据，这些资料不仅可以反映我国社会主义现代化的建设成就，还可作为分析研究、总结经验、认识规律的依据。这些资料也是指导工作、改善经营、加强管理的重要工具。

1. 统计报表的分类

（1）统计报表按内容和实施范围不同，可分为国民经济基本统计报表、专业统计报表和地方统计报表。国民经济基本统计报表是根据国家统计调查项目和统计调查计划相应制定的统计报表。它是国家统计系统为搜集国民经济和社会发展情况的基本统计资料，从整个国民经济的角度出发，设计报表内容和要求，由国家统计局制发，在全国范围内实施的统计报表，也称国家统计报表。专业统计报表也叫部门统计报表，是根据有关部门统计调查项目和调查计划相应制定的报表，用来搜集本部门所需的专业统计资料，由该主管部门制发，为本部门的经营管理服务。地方统计报表是根据有关地方统计调查项目相应制定的统计报表，主要是为本地区的计划管理服务。地方统计报表由各地方政府相关部门编制，在各地区范围内使用。专业统计报表和地方统计报表都是国民经济基本统计报表的补充。

（2）统计报表按报送周期的长短不同，可分为日报、旬报、月报、季报、半年报和年报。统计报表报送时间的长短主要取决于报送时间要求和报送内容的详简。通常统计报表报送的时间越短，报表的项目就应该越少越简；统计报表报送的时间越长，报表的项目就越多越细。统计报表中除了年报，一般都是定期报表，反映阶段性生产经营情况。年报是全年度的总结性报表，其内容包括各单位、各部门年度计划的执行情况及全年经济活动的完整资料，通过年度报表对各单位各部门全年生产经营活动情况进行综合分析。

（3）统计报表按报送方式不同可分为电信报表和邮寄报表两种。电信报表又可分为电报、电话、传真、电子邮件等形式的报表。邮寄的报表可以是纸张，也可以是数据软盘和光盘。日报和旬报的时效性强，要求迅速上报，通常采用电信报送。月报、季报、半年报和年报，这些报表除了采用电信方式外，有时也会采用邮寄报送。

（4）统计报表还有其他相应的分类，如按调查范围不同分为全面报表和非全面报表，按照填报单位的不同分为基层报表和综合报表等。

3. 统计报表的内容

我国的统计报表制度,包括以下内容。

(1) 报表表式。报表表式是统计报表制度的主体,表式的主要内容包括主体栏项目、宾词栏指标及补充资料项目等。此外,每张报表还列有表名、表号、填报单位、报出日期,报送单位的负责人和填报人的签署等。

(2) 填表说明。填表说明是指导填报者应该如何填写该表的文字说明,具体包括填报范围、指标解释、分类目录和对其他有关事项的规定。填报范围明确规定每种统计报表的填报单位,汇总时应包括哪些单位。指标解释是关于列入表式的统计指标的概念、计算范围及其他有关问题的解释说明。有了明确的统一的指标解释,有利于填报单位准确填报。填表说明是基层单位能否正确填报,统计部门能否取得正确统计数字的关键之一。如果对有关问题交代不清,就会使填报单位理解不一,难以统一,影响统计数字质量。

(3) 分类目录。分类目录是指统计报表主栏中需要填报的项目一览表,它是填报单位进行填报的重要依据,也包含对其他有关事项的规定,如报表日期、受表机关和报送份数等。

4. 统计报表的资料来源

统计报表的资料主要来源于基层的原始记录和统计台账。原始记录是基层单位用数字或文字对生产经营活动的最初记载,如工人出勤情况、施工单、领料单、产品检验单等。统计台账是根据工作的需要,用一定的表格形式,将分散的原始记录按规定的指标和时间先后顺序进行系统登记、积累和汇总统计的账册。做好原始记录、统计台账这一基础工作,对提高统计数字的真实性和统计工作的质量有重要的作用。

3.4.6 各种统计调查方法的综合运用

上面介绍了各种不同的统计调查方法,在实际统计工作中,需要将多种统计调查方法结合运用。社会经济现象错综复杂,用单一的统计调查方法很难收集到丰富的统计资料,满足统计调查的需要。同时,每种调查方法都有各自的特点,既有优点,也有局限性和不同的实施条件,用单一的调查方法不能够达到很好地反映社会经济现象的目的。在实际统计工作中,统计调查工作常采用的是抽样调查和普查相结合方式,用抽样调查的结果验证、修改、补充普查的数字资料,也常采用典型调查和全面统计报表相结合方式,深入分析全面报表中存在的问题。

3.5 统计调查实训项目

3.5.1 实训项目:普查方案的设计

【实训目的】 通过普查实训项目的学习,帮助学生掌握普查方案的设计内容及注意事项,培养学生普查方案设计的能力。

【实训要求】 通过项目学习,能够根据普查要求制定科学的普查方案。

【项目背景介绍】 定期开展人口普查,是《中华人民共和国统计法》和《全国人口普查条例》的明确规定。我国第一次全国人口普查是在1953年,普查标准时点是1953年7月1日0零时。第二次全国人口普查标准时点是1964年7月1日零时,第三次全国人口普查标准时点是1982年7月1日零时。第四次全国人口普查标准时点是1990年7月1日0零时。第五次全国人口普查标准时点是2000年11月1日0零时。从第五次人口普查开始,我国每10年进行一次全国人口普查,普查标准时点是11月1日零时。2020年11月1日零时,我国正式启动了第七次全国人口普查。第七次全国人口普查是在中国特色社会主义进入新时代开展的一次重大国情国力调查,具有重要而深远的意义。

开展第七次全国人口普查,是摸清我国人口家底的重要手段。我国已进行过六次人口普查,世界各国也都定期开展人口普查。当前,中国特色社会主义进入新时代,及时开展人口普查,全面查清我国人口数量、结构、分布等方面的最新情况,既是制定和完善未来收入、消费、教育、就业、养老、医疗、社会保障等政策措施的基础,也为教育和医疗机构布局、儿童和老年人服务设施建设、工商业服务网点分布、城乡道路建设等提供决策依据。

开展第七次全国人口普查,是推动经济高质量发展的内在要求。当前,我国经济正处于转变发展方式、优化经济结构、转换增长动力的攻关期。及时查清人口总量、结构和分布这一基本国情,摸清人力资源结构信息,才能够更加准确地把握需求结构、城乡结构、区域结构、产业结构等状况,为推动经济高质量发展,建设现代化经济体系提供强有力的支持。

开展第七次全国人口普查,是完善人口发展战略和政策体系,促进人口长期均衡发展的迫切需要。自2010年第六次全国人口普查以来,我国人口发展的内在动力和外部条件发生了显著改变,出现重要转折性变化,人口总规模增长惯性减弱,劳动年龄人口波动下降,老龄化程度不断加深。开展人口普查,了解人口增长、劳动力供给、流动人口变化情况,摸清老年人口规模,有助于准确分析判断未来我国人口形势,准确把握人口发展变化的新情况、新特征和新趋势,深刻认识这些变化对人口安全和经济社会发展带来的挑战和机遇,对于调整完善人口政策,推动人口结构优化,促进人口素质提升具有重要意义。

扩展阅读 3-4
第七次全国人口普查方案

3.5.2 实训项目:抽样调查方案的设计

【实训目的】 通过全国1%人口抽样调查方案的学习,帮助学生掌握抽样调查方案的设计内容及注意事项,培养学生抽样调查设计能力。

【实训要求】 通过项目学习,要求学生能够根据抽样调查要求设计一份完整的抽样调查方案。

【项目背景介绍】 人口是一个国家的最基本国情国力信息。世界各国都把掌握准确的人口数量、人口素质、人口结构和人口分布等情况,作为科学治国和宏观决策的基础。

国务院2010年颁布的《全国人口普查条例》明确规定,人口普查每10年进行一次,尾数逢0的年份为普查年度,在两次人口普查之间进行全国1%人口抽样调查。2014年6月,国务院办公厅印发通知,决定于2015年开展全国1%人口抽样调查。

自2010年第六次人口普查以来,我国人口在数量、素质、结构、分布以及居住等方面都发生了变化,呈现出流动人口规模依然庞大、城镇人口持续增加、劳动年龄人口减少、人口老龄化程度提高等新特点。2015年是"十二五"规划完成、"十三五"规划开启的承上启下之年,未来几年也是我国实现全面建成小康社会的关键时期。2015年全国人口调查获取的人口基础信息,将有助于我国劳动力供给变化情况,为完善就业政策提供依据;有助于摸清老年人口规模,推动健康养老服务业的发展;有助于掌握流动人口变化情况,推进城乡统筹发展;有助于反映城镇化发展情况,更好地推动新型城镇化发展;有助于摸清人口生育情况,为制定和完善人口政策提供科学准确的统计信息支持。可以说,全国1%人口抽样调查,对于我们掌握国情、制定"十三五"经济社会发展政策、推动全面建成小康社会具有十分重要的意义,可以发挥重要的决策参考作用。

扩展阅读3-5
全国1%人口
抽样调查方案

3.5.3 实训项目:第七次全国人口普查短表和长表

【实训目的】 通过第七次人口普查长表的学习,帮助学生掌握统计调查表的设计要点及注意事项,科学编制填表说明。

【实训要求】 要求学生能够根据统计调查的目的设计科学合理的统计调查表。

【普查表填表说明】

(1) 普查表以户为单位进行登记。普查短表采用普查员入户询问、当场填报,或由普查对象通过互联网自主填报等方式进行。普查长表采用普查指导员和普查员入户询问、当场填报的登记方式。

(2) 普查小区中的每一户有且只有一个户编号,为"001"开始的3位顺序码,在《户主姓名底册》编制完成后自动生成,普查表上的户编号与其一致,不可修改。

(3) 普查表的填写顺序:先填写住户项目,再逐人填写个人项目。

普查员填写普查短表时,填写按人登记的项目时,表内第一人应填户主,然后依次填户主的配偶和其他关系的人。普查员填写普查长表时,与普查短表相同的项目直接代入短表信息,经向普查对象核实确认后,再填报其他项目。

(4) 普查表每户最多可以填写20人。对超过20人的大集体户,可酌情分成若干集体户填写。

(5) 有标准选项的项目,根据实际情况选填,并且每个问题只能选择一个标准选项。民族、普查时点(2020年11月1日零时)居住地、户口登记地、出生地、五年前常住地等项目可根据列表栏进行选择。没有标准选项的项目,用文字或阿拉伯数字据情填报。

(6) 如果填写错误或发生逻辑关系异常,数据采集程序会给出审核提示。审核类型分为强制性审核和确认性审核,若为强制性审核错误,必须根据提示信息对错误项目进行修改;若为确认性审核提示,应根据提示信息对异常项目进行核实,确认无误后,继续进行填报。

（7）普查员每填完一户,应即刻进行审核,将通过审核的信息向申报人当面宣读,核对无误后,由申报人签字确认。

扩展阅读3-6　第七次全国人口普查短表

扩展阅读3-7　第七次全国人口普查长表

本 章 小 结

本章主要介绍了统计调查的数据来源、统计调查的种类与方法、统计调查方案设计、统计调查的组织形式和统计调查实训项目。

统计调查是统计工作过程的第二阶段,它是根据统计工作任务和统计设计的要求,采用科学的方法,有计划有组织地向客观实际搜集调查资料的过程。统计调查的数据来源主要分为两类：一是直接数据来源,主要通过询问法、观察法和实验法获取数据,二是间接数据来源,主要从内部办公系统、纸制图书、杂志、统计年鉴、网络等渠道获得,也可以从调查公司或数据库公司购买。

统计调查根据调查对象包含的范围不同,可分为全面调查和非全面调查；按调查登记的时间是否连续,可分为经常性调查和一次性调查；按组织方式不同,可分为统计报表和专门调查。统计调查的方法主要有询问法、观察法和实验法三种。

统计调查方案设计内容包括：明确统计调查目的和内容,确定统计调查对象和调查单位,确定调查项目,确定调查实施方式和方法,制定统计调查资料整理和分析方案,确定统计调查日程安排,确定调查的经费预算,确定提交报告的方式,制定统计调查的组织计划。

统计调查的组织方式主要有普查、抽样调查、重点调查、典型调查和统计报表,在实际统计工作中,需要将多种统计调查方法结合运用。因为社会经济现象的错综复杂,用单一的统计调查方法很难收集到丰富的统计资料,满足统计调查的需要。同时,每种调查方法都有各自的特点,既有优点,也有局限性和不同的实施条件。用单一的调查方法不能够达到很好地反映社会经济现象的目的。

实训思考题

1. 简述统计调查的含义及作用。
2. 简述统计调查的数据来源。
3. 简述统计调查方案设计包含的内容。
4. 简述抽样调查的组织形式。
5. 简述统计调查表的种类及内容。

技 能 训 练

某高校为了改善食堂服务质量,给学生提供更好的服务,要在全校范围内进行一次食堂满意度调查,请你根据要求设计统计调查方案,并设计统计调查表。

即 测 即 练

第 3 章　即测即练

第4章

统 计 整 理

本章学习目标

通过本章学习,学员应该能够:
1. 理解统计整理概念及意义;
2. 掌握统计汇总的步骤及方法;
3. 理解统计分组的方法,并能够熟练对统计资料进行分组;
4. 掌握变量数列的编制方法;
5. 能够熟练运用统计表和统计图来呈现统计资料;
6. 能够熟练应用 Excel 进行统计项目资料的整理。

引导案例

统计整理很重要

第二次世界大战前期德军势头很猛,英军从敦刻尔克撤回到本土。德军开始不定期地对英国本土进行狂轰滥炸。后来,英国空军发展壮大起来,两国之间空战不断。

为了提高飞机的防护能力,英国飞机设计师们决定给飞机增加护甲,但是设计师们并不清楚应该在什么地方增加护甲,于是请来了统计学家。

统计学家将每架中弹之后仍能安全返航的飞机的中弹部位描绘在一张图纸上,然后将所有中弹飞机的图纸都叠放在一起,这样就形成了浓密不同的弹孔分布。工作完成之后,统计学家说没有弹孔的地方就是应该增加护甲的地方,因为这些地方中弹的飞机都坠毁。这个案例说明了统计整理的重要性,学会统计整理可能救人性命。

4.1 统计整理的基本内容

统计调查工作结束以后,统计工作人员需要对收集回来的资料进行整理分析,将杂乱无章的数据变得系统性和条理性,使资料的使用者能够根据呈现出来的信息对统计调查内容有清晰的了解。因此,统计整理使统计调查的逻辑延续,它是统计工作的第三个阶段,在统计过程中具有重要作用。

扩展阅读 4-1
中国姓氏的整理

4.1.1 统计整理的概念

统计整理是指调查人员根据统计研究的目的,将统计调查取得的原始资料进行科学的分类和汇总,或者对已初步加工的次级资料进行再加工,为统计分析准备系统化、条理化的综合资料的工作过程。对于统计整理的内涵,可以从以下四个方面来理解。

1. 统计整理的对象是统计调查得到的一手资料和二手资料

作为统计调查的第三个阶段,统计整理工作的主要对象是统计调查收集到的一手资料和二手资料。一手资料也称原始资料,它能够反映统计总体中各单位的标志特征。通过统计整理可以把收集到的原始资料集中化、系统化,将统计总体特征呈现出来。二手资料也称为次级资料,它是在统计调查工作开始之前就已经被收集、整理过的历史资料。由于统计目的、统计时间、客观环境以及统计条件等因素不同,统计数据的计算口径、范围也会有所改变。因此,为保证收集到的统计资料具有可比性,必须按照新的统计方法和要求对收集的二手资料进行重新整理。

2. 统计整理的主要方法是统计分组

对统计资料整理的主要方法是进行统计分组。将统计调查得到的资料按照总体单位的数量标志或品质标志进行分组,帮助统计人员了解统计总体的构成、各部分占总体比重等问题,提高统计认识的全面性和准确性。

3. 统计整理的主要内容是汇总

在统计整理的过程中,统计人员通过对统计资料进行分组后,将各组的资料进行汇总,或在汇总的基础上对相关统计指标进行处理,计算统计指标具体数值,再根据统计指标数值来识别统计总体的数量特征。

4. 统计整理的目的是保证统计资料的集中化、条理化、系统化

为了使统计资料的使用者能够快速、准确地获取有效信息,需要将统计调查资料进行整理,以保证统计资料的集中化、条理化和系统化。在整理阶段,通过资料汇总将原本分散的原始资料集中到一起,根据总体单位标志进行分组,使统计资料具有条理性,并保证统计整理结果系统、规范、全面且具有可比性。

4.1.2 统计整理的意义

统计整理是对统计调查得到的各类资料进行加工整理,使杂乱无章的调查资料具有集中性、条理性、系统性,使原来只能说明个别事物属性特征和数量特征的资料变成说明总体事物特征的资料。因此,统计整理是实现由对个别现象的认识过渡到对总体现象的认识,由对事物表象的认识过渡到对其本质与内在联系的全面深刻认识,由感性认识上升到理性认识的过程,是实现统计研究目的的重要环节。

统计整理在整个统计工作过程中起着承前启后的作用,它既是统计调查的继续和深化,又是统计分析的基础和前提。统计整理的科学与否、质量好坏,将直接影响统计对社会经济现象数量描述的准确性和数量分析的真实性。此外,统计整理还是积累历史资料的必要手段。统计研究中经常要进行动态分析,需要大量历史相关资料。积累资料要对已有的统计资料进行甄选,按科学方法进行调整、分类和汇总,都必须通过统计整理工作来完成。

4.1.3 统计整理的步骤

统计整理是根据统计研究目的进行的为统计研究提供统计资料的一项细致的工作,需要有计划、有组织进行。从完整的工作程序来看,统计整理的基本步骤如下。

扩展阅读 4-2
2019 年中国城镇居民家庭资产负债情况整理资料

1. 设计和编制统计整理方案

统计整理方案是指导统计整理工作的基本文件,在方案中应明确规定分组方法、汇总内容、统计指标、工作程序安排、整理结果的表达方式等。统计整理方案与调查方案应该紧密衔接,整理方案中的指标体系与调查项目要基本保持一致。设计和编制统计整理方案是保证统计整理有计划、有组织地进行的首要步骤。统计整理方案设计和编制科学与否,直接关系到统计整理及统计分析工作的质量。

2. 对调查资料进行初审

在汇总资料之前,必须对搜集的数据进行审查,以保证数据的质量,为进一步的整理和分析工作打下良好基础。不同渠道获取的统计资料,在审核的内容和方法上都有所不同。一般情况下,资料的审核可以分为两类,即对原始资料的审核和对二手资料的审核。

(1) 对原始资料的审核。对直接调查取得的原始资料主要审核的是资料的完整性和准确性。完整性主要是检查调查总体中的应调查单位或个体是否存在遗漏现象,所有的调查项目或指标是否按要求填写齐全等。准确性主要是审查收集的资料是否真实、客观地反映了实际情况,数据是否准确,是否存在计算错误等情况。准确性审查具体做法主要有两种:逻辑审查和计算检查。逻辑审查是利用逻辑理论来检查数据之间或指标之间有无矛盾。它主要适用于定性资料的审核,检查资料是否符合逻辑,内容是否合理,各项目或资料间有无相互矛盾的现象。例如,2020 年人口普查时,中国大陆 22 周岁以下男性公民和 20 周岁以下女性公民,不应有已婚状况。如果出现已婚,显然在逻辑上是不可能的,要进一步查实、更正。计算检查主要适用于定量数据的审核,检查统计调查工作中的各项数据在计算方法和计算结果上有没有错误的地方。

(2) 二手资料的审核。二手资料就是通过间接渠道获得的数据资料。对二手资料审核主要有两种方法——甄别与评价。甄别现有资料是对现有的资料进行分类,将可用资料和不可用资料分类,将需要加工的资料和不需要加工的资料分类。在此基础上,对二手资料进行科学评价。确定资料如何处理才能满足分析要求,不能盲目使用。同时,还要对数据的时效性进行审核,对于时效性较强的统计项目,调查资料时间过于滞后,就失去了统计的意义。

3. 对调查资料进行分组、汇总与计算

在资料初审结束后,根据统计整理方案的要求和工作条件选择调查资料的汇总方式与指标。根据汇总要求对资料进行科学分组、汇总及计算;根据指标设置的要求,计算各项指标数值。

4. 对汇总后的资料进行二次审核

对整理好的资料要进行二次审核,查找并改正资料汇总过程中出现的错误。二次审核包括复计审核、表表审核、对照审核和表实审核。复计审核是对每个指标数值进行复核计算,确保指标计算准确无误。表表审核是审核不同统计表上重复出现的同一指标数值是否一致,审核表中互有联系的各个指标数值之间是否衔接、是否符合逻辑。对照审核是对某些统计、会计、业务三种核算都进行计算的指标数值进行对照检查,以便及时更正。表实审核是将汇总得到的指标数值与调查的实际情况相联系,查看是否与实际相符。二次审核是在初次审核基础上做的复查,旨在发现审查汇总过程中存在的错误,查明原因,及时更正,以保证统计资料的真实性和可靠程度。

5. 编制统计表、绘制统计图

在资料审核完成后,需要编制统计表和统计图。统计表的编制要简明扼要、系统有序地显示统计资料。绘制统计图要根据数据特点选择适合的统计图类型,清晰地表达统计总体的数据特征。

4.2 统 计 分 组

为了确保统计资料分类、汇总科学合理,在对统计资料进行审核之后,需要进一步对统计资料进行分组整理。

4.2.1 统计分组的概念及作用

1. 统计分组的概念

统计分组是指根据统计现象的特点和统计研究目的,按照一定的标志将统计总体划分为若干性质不同的组或类别。

从统计分组的性质来看,统计分组兼有"分"和"合"两种含义。对于统计总体而言,统计分组是"分",它将统计总体划分为性质不同的若干组成部分。例如,将全班同学按性别分为男同学和女同学两组。对统计总体单位而言,统计分组又是"合",它将性质相同的总体单位合为一个组别。例如,在按专业分组的过程中,将专业相同的学生集合在一起。在统计分组过程中,如果分组标志缺乏科学依据,就无法体现统计总体单位的根本特征,可能会使性质不同的统计单位混淆在一起,无法体现统计现象的实际情况。因此,在统计整理中最关键的问题是做好统计分组。

统计分组的划分要依据总体单位标志,既可以是品质标志,也可以是数量标志。由于社会经济现象复杂多样,统计总体中的单位不仅具有相同的性质,还存在着其他性质上的差异。在研究社会经济现象时,既要从总体上进行研究,也要对总体中各个性质不同的总体单位进行研究,观察总体中各单位之间性质上的差别。统计分组要事先对所研究现象的本质做出全面深刻的分析,确定研究现象类型的属性及其内部差别,再选择反映事物本质特征的分组标志。

2. 统计分组的作用

统计分组在统计研究中占有重要地位,其基本作用有以下三个方面。

(1) 区分社会经济现象的性质、划分现象类型。统计分组的过程就是区分事务性质的过程。例如,根据我国社会生产活动历史发展的顺序,将国民经济产业结构划分为三个类别——第一产业、第二产业和第三产业。第一产业是农业,主要包含种植业、林业、牧业、副业、渔业。第二产业是工业和建筑业,工业主要包含采掘业、制造业、自来水、电力、蒸气、热水、煤气。第三产业是服务业,它是指为生产和消费提供各种服务的部门,即除第一、二产业以外的其他行业,具体可以分为流通部门和服务部门。在区分事物性质的过程中,划分社会经济类型是极其重要的。这种分类可以直接反映社会经济结构的特点。例如,我国经济分为公有经济和非公有经济两大类型,公有经济包括国有及国有控股经济和集体经济,非公有经济包括个体经济、股份制经济、外商及港澳台商投资经济。

(2) 揭示社会经济现象的内部结构及结构特征。统计总体中包括的大量总体单位,它们不仅在性质上不尽相同,在总体中所占比重也有所差别。各组在总体中的比重能够说明它们在总体中所处地位,也表明它们对总体分布特征的影响程度。在统计总体中所占比重相对较大的组,往往决定着总体的性质或结构类型。例如,一个国家或地区的GDP总量中工业总产值所占比重高于50%,说明这个国家或地区的经济性质是以工业经济为主。由此可见,研究统计总体的结构是非常重要的。当统计研究的目的是为了讨论总体在某一标志上的构成而将统计总体划分为若干组别以显示所研究现象的结构时,这种分组就是结构分组。同时,通过计算总体各个组成部分占总体的比重来说明总体内部的结构、性质和各组成部分在总体中的地位,并通过结构在时间上的变化还可以说明总体内部结构的发展变化趋势。

通过表4-1可以看出,在我国国内生产总值结构中,第三产业所占比重超过50%,超过第二产业,成为第一大产业,且数据连年增长,说明服务业超越工业和建筑业成为我国经济增长的主动力成为常态,它意味着中国经济已由原来的工业主导型经济向服务主导型经济转变。

表4-1 2016—2019年我国国内生产总值构成情况

产业类型	2016年		2017年		2018年		2019年	
	绝对数/亿元	比重/%	绝对数/亿元	比重/%	绝对数/亿元	比重/%	绝对数/亿元	比重/%
第一产业	60 139.2	8.06	62 099.5	7.46	64 745.2	7.04	70 473.6	7.14
第二产业	295 427.8	39.58	331 580.5	39.85	364 835.2	39.69	380 670.6	38.59
第三产业	390 828.1	52.36	438 355.9	52.68	489 700.8	53.27	535 371.0	54.27
合计	746 395.1	100.00	832 035.9	100.00	919 281.1	100.00	986 515.2	100.00

资料来源:国家统计局.中国统计年鉴2020[M].北京:中国统计出版社,2020.
注:2018年的统计数据有所出入是由于四舍五入所致。

(3) 发现社会经济现象特点,寻找经济现象发展规律。通过统计调查取得的资料,往往是零星的、分散的、杂乱无章的资料,如何把它们整理得既有条理又能反映事物的特点是统计分组的任务。将总体的结构分组资料按时间的先后顺序排列进行分析,可以看出由于各组比重变化速度不同而引起各组地位改变的状况,从而认识现象发展变化的规律性。

例如,某车间生产工人分8个小组共有80人,生产定额为每人每天生产零件520件,2021年1月25日每个工人的实际生产完成情况表4-2所示。

表4-2 2021年1月25日某车间生产工人生产零件数量   单位:件

组别	各组工人每人实际生产完成数量									
一组	440	440	460	460	470	470	480	490	490	500
二组	520	520	540	540	540	540	560	560	560	580
三组	540	540	560	560	580	580	580	600	620	620
四组	520	520	540	540	560	560	560	560	580	640
五组	520	520	520	540	580	580	640	640	660	680
六组	530	550	560	560	580	580	640	640	680	720
七组	650	660	660	680	680	680	740	740	760	780
八组	560	580	600	600	620	620	660	660	660	810

通过上组数据只能大体看出:第一组工人完成生产情况不好,所有工人都没有达到生产定额;第七组工人生产完成情况最好,每个工人生产零件数量都达到650件及以上;其他各组生产完成水平很不平衡,有高有低。但看不出总的生产情况及其特点。需要将上述资料重新分组处理,统计工人的生产定额完成情况。

表4-3根据工人生产定额重新确定了分组标准,可以对该车间的生产情况做出综合评价。根据分组统计可以看出,没有完成生产定额的工人人数是10人,占总体比重的12.5%;在完成生产定额的工人中,完成生产定额在520~600件这组的工人人数是40人,占总体比重的50.0%,完成生产定额在600~700件这组的工人人数是24人,占总体比重的30.0%,完成生产定额在700件以上的工人人数是6人,占总体比重的7.5%。从这组数据可以看出,该车间工人整体生产定额完成较好,绝大部分工人都能完成或超额完成生产定额。如果不经过重新分组,就难以观察出这些特点。

表4-3 某车间工人工作定额完成情况

按完成件数分组/件	工人人数/人	比重
520以下	10	12.5%
520~600	40	50.0%
600~700	24	30.0%
700以上	6	7.5%
合计	80	100.0%

(4) 揭示社会经济现象之间的依存关系。任何社会经济现象之间都不是彼此孤立的,而是相互联系、相互制约的。当研究目的在于探讨同一总体范围内两个可变标志的依存关系时,可以将其中一个可变标志(自变量)作分组标志,以观察另一标志(因变量)相应

的变动情况。这种分组称为分析分组。它可以揭示社会经济现象之间的依存关系。例如，某地区农作物的耕作深度与亩产量之间的关系如表 4-4 所示。

表 4-4　某地区农作物的耕种深度与亩产量之间的关系表

耕地按耕作深度分组/厘米	地块数	平均亩产量/千克
10～12	8	220
12～14	12	250
14～16	20	290
16～18	15	330
18～20	6	320

由表 4-4 中的分组资料可以看出，随着耕种深度的增加，农作物亩产量也在增加，但当耕种深度超过 18 厘米时，农作物亩产量则减少到 320 千克。因此，耕种深度过深或过浅都会使农作物产量降低，它反映了耕种深度与农作物亩产量之间的依存关系。

4.2.2　统计分组的原则

科学的统计分组应遵循三项原则：科学性原则、完备性原则和互斥性原则。

1. 科学性原则

在统计分组时必须科学选择分组标志，凸显组内统计资料的同质性和组间资料的差别性，这是统计分组的一个基本原则。

2. 完备性原则

统计分组时必须符合完备性原则，即所谓"穷举"性。即在特定的分组标志下，统计总体中的每个总体单位都应有组可归，或者说各组有足够的空间容纳所有总体单位。

3. 互斥性原则

互斥性原则是指在特定的分组标志下，统计总体中的每一个总体单位都只能归属于某一组，不能同时属于两个或更多的组。

4.2.3　分组标志的选择

统计分组的关键问题有两个，即分组标志的选择和各组界限的划分，其中选择分组标志是统计分组最关键的问题。科学选择分组标志，能使分组的作用发挥到最大，也是统计研究获得正确结论的前提。因此，为确保分组后的各组能够正确反映事物内部的规律性，选择分组标志时，须遵循如下三项基本原则：

1. 根据统计研究的目的与任务选择分组标志

在进行统计分组时，如果分组标志选择不当，那必然会使分组结果不能准确反映统计总体的性质及特征。因此，在对社会经济现象进行统计研究时，必须根据研究目的与任务来选择分组标志。例如，在对销售型网站进行统计研究时，如果目的是为了了解销售型网站的计划完成情况，就可以选择计划完成程度作为分组标志；如果目的是为了了解销售型网站的内部结构,就可以选择部门作为分组标志;如果为了了销售型网站的盈亏情况,就可以选择利润作为分组标志。只有根据统计研究目的和任务来决定分组标志,才能真正实现统计研究目的。

2. 选择最能反映统计研究现象本质特征的标志作为分组标志

由于社会经济现象复杂多样,其本质特征也不尽相同。因此,在进行统计分组时,可以选择不同的分组标志对社会经济现象总体进行不同的划分。在统计总体单位的若干标志中,有的标志能够反映统计研究问题的本质特征,有的标志对反映事物本质作用不大,因此,应该选择最能反映问题本质特征的标志作为分组标志。例如,要研究城市居民的生活水平,可以选择居民收入水平作为分组标志,也可以选择居民消费水平作为分组标志。根据统计研究的目的,在进行统计分组时,选择居民消费支出额作为分组标志,能够对所研究的城市居民生活水平有一个正确的认识。

3. 根据社会经济现象所处的历史背景或经济条件来选择分组标志

社会经济现象总是会随时间、地点等条件的变化而变化,同一个分组标志在过去某个时期适用,但现在不一定适用;同一个分组标志在一个地区适用,在另一地区不一定适用。因此,在进行统计分组标志选择时,应充分考虑研究对象所处的历史背景或经济条件,具体问题具体分析,根据实际情况来选择分组标志。例如,在研究企业规模时,分组标志可以选择从业人数、营业收入等。在生产力水平较低的情况下,从业人数会直接影响企业的生产规模,且从业人数的资料也容易收集。因此,大多数统计研究都把从业人数作为分组标志。随着信息化、自动化和网络化水平的大幅度提升,有的企业由于采用了智能化生产模式,虽然从业人数不多,但生产能力却很大。因此,从业人数作为分组标志来说明企业规模已不具有准确性。此时,也可以选择企业生产能力、固定资产原值或净值等作为反映企业规模的分组标志。

4.2.4 统计分组的方法

1. 品质标志分组和数量标志分组

根据统计总体单位标志的不同特征,统计分组的方法可分为品质标志分组和数量标志分组。

(1) 品质标志分组。品质标志分组是指在统计分组时选择反映统计研究对象属性差异的品质标志作为分组标志,并在品质标志的变异范围内划定各组界限,将统计总体划分为若干个性质不同的组成部分,它是按研究对象的性质和空间特征进行分组。例如,在进行人口统计时,可以将人口按性别、民族、职业、文化程度、婚姻状况等品质标志进行分组。在对企业进行统计时,可以将企业按其所属的经济类型进行分组,可以分为国有经济、集体经济、个体经济、联营经济、股份制经济、外商投资经济、港澳台投资经济、其他经济等。有些品质标志在分组时由于其相邻组别之间的界限不容易划清,使分组工作变得比较复杂。有些品质标志在理论上容易区分,但在实际统计中却难于辨别。例如,人口按城乡分组,可以分为城市和乡村两组,但我国还存在一些既具备城市形态又具备乡村形态的地区,这些地区的人口在分组时就要慎重考虑。部门分类、职业分类中也都存在同样的问题。因此,在统计实践中,为了保证各种分类的统一性和完整性,联合国及许多国家都有适合一般情况的标准分类目录。例如,我国对某些重要的统计现象制定了统一的分类目录,如《国民经济行业分类目录》《工业部门分类目录》《产品分类目录》等。

(2) 数量标志分组。按数量标志分组是指选择反映统计研究事物数量差异的数量标志作为分组标志,并在数量标志的变异范围内划定各组界限,将总体划分为性质不同的若干个组成部分。例如,在人口调查时按人的年龄进行分组;在调查居民消费水平时按消费支出水平进行分组;在进行企业规模调查时,按职工人数、营业收入水平进行分组。数量标志与品质标志不同,表现为许多不等的变量值,这些变量值能准确地反映现象数量上的差异,却不能明确反映现象性质上的区别。因此,在按数量标志进行统计分组时,应当根据研究的目的,首先确定总体在已选定的数量标志的特征下有多少种性质不同的组成部分,然后再研究确定各组成部分的数量界限,使分组的数量界限能够区分现象性质上的差别。

2. 单项式分组和组距式分组

根据变量值的取值范围不同,统计分组可分为单项式分组和组距式分组。

(1) 单项式分组。单项式分组是用一个变量值作为一组,即每一组只包含一个变量值。例如,统计高校教师一学期的工作量情况,可按教师承担课程门数进行分组;统计家庭人口规模时,可按家庭人口数量进行分组。一般情况下,单项式分组这种分组形式只适用于离散变量,且变量变动范围不大的场合。单项式分组的特点是分组组数等于变量的取值个数,各组之间的界限很明确,不需要人为划分。

(2) 组距式分组。组距式分组是将变量依次划分为几段区间,把一段区间内的所有变量值归为一组。例如,考查课学生考试成绩可以分为五组:60分以下、60~70分、70~80分、80~90分、90分以上。组距式分组中每一组中包含若干个变量值,因此,它适用于所有的连续变量和取值范围较大的离散型变量。在统计实践中,企业按职工人数分组、商店按销售额分组等都是采用组距式分组。

组距式分组中各组的区间范围长度称为组距。按各组组距是否相等可将其分为等距分组和不等距分组(或称为异距分组)。等距分组是指每组组距都相等,即各组的标志值变动都限于相同的范围。等距分组操作简单、便于计算、方便绘制统计图,主要适用于统计总体数量标志变动比较均匀的场合。异距分组是指每组组距不完全相等,各组的组距要根据统计研究对象的实际情况来设计。异距分组主要适用于变量值分布很不均匀的场合,或变量值变动相等的量具有不同意义的场合,以及变量值变动范围很大或按一定比例发展变化的场合。

3. 简单分组和复合分组

按照统计研究对象选择分组标志多少的不同,统计分组可分为简单分组和复合分组。

(1) 简单分组。简单分组是指对所研究的统计总体按一个标志进行分组。例如,按生产规模将工业企业分为大型企业、中型企业、小型企业和微型企业四个组,按性别将人口分为男性、女性两组。

(2) 复合分组。复合分组是指对所研究对象的统计总体按两个或两个以上的标志进行的重叠式分组。例如,工业企业按经济类型分组后,每一组中再按规模进行分组;人口按性别分组后每一组再按年龄分组。与简单分组相比,采用复合分组能更深入地反映统计总体的内部结构,更细致地分析问题。随着分组标志的增加,组数将成倍地增加,因此也不宜采用过多的标志进行复合分组。在统计整理中,究竟采用几个标志进行复合分组,要根据统计研究目的和任务来决定。

4. 统计分组体系

在进行统计研究时,需要从不同角度来反映统计总体的性质与特征,只凭简单分组或复合分组,无法满足统计研究的需要,因此,需要运用多个分组标志从不同角度进行统计分组,形成一个统计分组体系。统计分组体系分为平行分组体系和复合分组体系两种。

(1) 平行分组体系。平行分组体系就是对同一总体同时选择两个或两个以上的标志分别进行简单分组,然后并列在一起就形成了平行分组体系。例如,对 2019 年年末全国总人口构成情况就采用了平行分组体系,按户籍所在地、性别、年龄三个分组标志分别进行简单分组,得到如下平行分组体系。

表 4-5 2020 年第七次人口普查构成的平行分组体系

指标	年末数/万人
城镇	90 199
乡村	50 979
男性	72 334
女性	68 844
0~14 岁	25 338
15~59 岁	89 438
60 周岁及以上	26 402
全国总人口	141 178

资料来源:国家统计局官网。

平行分组体系的特点:每次分组固定一个分组标志,即只考虑一个因素的差异对总体内部分布情况的影响,而且各个简单分组之间彼此独立,没有主次之分,不互相影响。

(2) 复合分组体系。复合分组是对同一总体选择两个或两个以上分组标志进行层叠式分组,由复合分组所形成的分组体系叫作复合分组体系。例如,对某高校在校学生先根据学科进行第一次分组后,根据学历进行第二次分组,再根据性别进行第三次分组所形成的分组体系就属于复合分组体系。

复合分组体系应根据统计分析的要求建立,在选择分组标志的同时要确定分组标志的主次顺序,再逐层进行分组,直到把所有标志分至最后一层为止。复合分组体系的特点是每次分组除了要固定本次分组标志对分组结果的影响外,还要固定前一次或前几次分组标志对分组结果的影响。因此,在复合分组体系中分组标志不宜过多,因为分组标志的增加会使总体分组组数成倍增加,无法清晰反映统计现象的本质特征。

4.2.5 统计资料的汇总

统计资料的汇总是一项十分繁重的工作,应依据统计整理方案中设计统计汇总的具体内容,对整个汇总过程做统一的部署安排。

1. 统计汇总的组织形式

统计汇总有三种基本组织形式:逐级汇总、集中汇总和综合汇总。

(1) 逐级汇总。逐级汇总是按照一定的统计管理体制,自下而上逐级整理本系统或本地区范围内的统计调查资料,它是统计汇总中最常使用的一种汇总组织形式。我国现行的统计报表制度一般都采用逐级汇总方式进行统计资料的整理。逐级汇总的优点在于它有利于就地审查核对资料,便于及时更正;能及时满足各级管理部门对统计资料的需要,有利于发挥各级统计部门的作用,充分利用其优势。逐级汇总的缺点在于它经过的中间环节多、耗费时间长;由于资料被反复转录,发生登记性误差的可能性较大;它不适用于对保密性资料的汇总。

(2) 集中汇总。集中汇总是将全部原始资料集中到统计组织调查的最高机关或它指定的机构进行一次汇总,它分为越级汇总和超级汇总两种方式。越级汇总是指在自下而上的汇总过程中,越过一定中间层次而进行的汇总,它介于逐级汇总和超级汇总之间。超级汇总是在自下而上的汇总过程中,越过一切中间层次,将统计调查资料由基层直接上报到组织统计调查的最高机构统一汇总。

集中汇总的优点在于它不经过中间环节,能够缩短汇总时间;便于贯彻统一的汇总纲要,减少汇总过程产生的误差;可以借助现代化信息技术来提高统计汇总工作的效率和质量;便于特殊资料的保密。因此,对时效性强的快速普查和对汇总要求很高的一些重要调查,通常采用集中汇总形式进行统计资料整理。集中汇总的缺点在于它不能及时满足各级管理部门的需要,对原始资料审核和订正也较困难,不便于充分利用各级统计资源。

(3) 综合汇总。综合汇总是指对各级都需要的基本资料实行逐级汇总,对调查所得的其他资料则实行超级汇总。因此,这种汇总形式被称为是逐级汇总和超级汇总的综合产物。它的优点在于既满足了各级管理部门对统计资料的需要,又节约了时间,提高了汇总工作的效率,缺点在于成本较高。

2. 统计资料的汇总技术

统计汇总技术也称横向汇总法,它是指将同级单位的统计调查资料进行汇总的方法。它分手工汇总技术与计算机汇总技术。

(1) 手工汇总。手工汇总是指以算盘或小型计算器为手段,通过手工操作对统计资料进行汇总,在统计实践中常用的手工汇总方法有划记法、过录法、折叠法和卡片法四种。手工汇总由于汇总速度慢、易出错,已被逐步淘汰。

(2) 电子计算机汇总。电子计算机汇总是在手工汇总的基础上发展起来的,其处理过程与手工汇总大致相同,但与手工汇总相比,具有不可比拟的优点。它的优点在于计算容量大、速度快、准确程度高,还可以进行逻辑运算和数据储存。

4.3 分配数列

分配数列在统计研究中具有重要意义。它是统计分组结果的主要表现形式,也是统计分析的一种重要方法。它可以表明总体单位在各组的分布特征、结构状况,并在这个基础上来进一步研究标志的构成,为研究总体中某种标志的平均水平及其变动规律提供依据。

4.3.1 分配数列的概念和种类

1. 分配数列的概念

分配数列又称为次数分配、分布数列、次数分布,它是指统计总体单位或样本单位按一定的标志分组后,将各组的单位数(称"次数"或"频数")按组排列所构成的数列。分布在各组中的单位数被称为次数,又称频数;各组单位数(即次数或频数)占总体单位数(即总体次数)的比重称为频率或比率。次数和频率从不同角度反映了各组标志值出现的频繁程度,说明总体单位在各组的分布情况。

分配数列由组的名称和各组的次数、频率三个要素构成,表 4-6 中 2019 年年末全国各年龄段结构的具体表现是各组的名称,年末总人数是频数,占总人数的比重是频率,其中各组频数之和等于总频数,各组频率之和等于 1 或 100%。

表 4-6 2019 年年末全国人口各年龄阶段结构及其比重

全国人口各年龄阶段结构	年末总人数/万人	比重/%
0~15 岁(含不满 16 周岁)	24 977	17.84
16~59 岁(含不满 60 周岁)	89 640	64.03
60 周岁及以上	25 388	18.13
合计	140 005	100.00

资料来源:《中华人民共和国 2019 年国民经济和社会发展统计公报》。

分配数列能够说明总体的构成情况,是反映总体数量特征、揭示事物规律的重要方法。分配数列中各组的次数反映各组标志表现在总体中所起作用的大小,出现次数越多,作用越大,出现次数越少,则作用越小。

2. 分配数列的种类

在统计整理过程中,按分组标志的性质不同可将分配数列分为品质分配数列和变量分配数列。

(1)品质分配数列。品质分配数列又称为属性分配数列,它是根据按品质标志分组所编制的分配数列,简称品质数列,主要用来说明总体单位中不同属性的单位分布情况。品质数列的构成要素有各组名称、次数、频率。它的编制比较简单,根据统计研究的目的和任务,选择分组标志,清楚地划分统计总体中各组的性质和界限。需要注意的是,在统计分组时应包括分组标志所有的标志表现,不能遗漏,且各标志表现要互相独立,不得相容。表 4-7 是一个品质分配数列,由该表可以看出 2019 年年末我国男性总人口比女性总人口多 3 049 万,比重相差 2.18%。

表 4-7　2019 年年末全国人口性别结构及其比重

全国人口性别结构	年末总人数/万人	比重/%
男性	71 527	51.09
女性	68 478	48.91
合计	140 005	100.00

资料来源:国家统计局. 中华人民共和国 2019 年国民经济和社会发展统计公报[J]. 中国统计,2019(3).

(2)变量分配数列。按数量标志分组所编制的分配数列叫作变量分配数列,简称变量数列。变量数列是由各组变量值和各组的次数或频率两个要素构成。

在品质分配数列和变量分配数列中,重点研究的是变量数列。变量分为离散型变量和连续型变量,因此,变量数列存在多种形式。

4.3.2　变量数列的种类

变量数列按其分组方式的不同可分为单项式数列和组距式数列。

1. 单项式数列

单项式数列是指根据每一个具体的变量值对现象总体进行分组所编制的变量数列。这种数列中组数与数量标志所包含的变量值数目相等,每个变量值作为一组,不存在组距的问题,如表 4-8 所示。

表 4-8　某企业工人日产量完成情况

按日产量分组/件	工人人数/人	比重/%
20	1	3.23
23	3	9.68
25	10	32.26
28	13	45.16
30	3	9.68
合计	30	100.00

单项式数列一般适用于离散型变量,且在变量值不多、变异幅度不大的情况。表 4-8 中最大变量值为 30 件,最小变量值为 20 件,变量值的变异范围为 20～30 件,变量值的数目为 5。由此可见,如果变量值的数目较少,并可以一一列举,就可编制单项式数列。但如果离散型变量变动范围较大且变量值数目多,就不适合编制单项式数列。由于分组数目太多,编制单项式数列也无法反映出统计总体内各部分的性质和差异,从而失去了编制分配数列的意义。

2. 组距式数列

组距式数列是指按变量值的一定范围对现象总体进行分组所编制的变量数列。组距式数列中的每个组不是用一个具体的变量值表示,而是用变量值的一定变化范围即各组标志值变动的区间来表示。例如,根据某校 2020 级工商管理专业学生统计学考试成绩编制一个组距式数列,如表 4-9 所示。

表 4-9　学生统计学成绩结构分布

分数	人数/人	比重/%
60 以下	2	3.45
60~70	14	24.14
70~80	22	37.93
80~90	16	27.59
90~100	4	6.90
合计	58	100.00

组距式数列一般适用于连续型变量及变量值变动范围较大的离散型变量。与单项式数列不同的是,组距式数列涉及组数、组距、组限、组中值等相关要素。

(1) 组数。编制组距式数列一般要先确定统计总体要划分成多少组,即组数。统计总体应该划分成多少组,并没有固定的规则,要根据统计研究的目的和任务来确定,但应以科学合理为原则。美国学者斯特杰斯创设了一个确定组数的经验公式,即

$$n = 1 + 3.322 \lg N \tag{4-1}$$

该公式被称为是斯特杰斯经验公式,式中 n 为组数,N 为总体单位数。

(2) 组距。组距是指一组变量值的区间长度,即每一组的组上限与组下限之间的差值。它与组数关系密切。组距式分布数列中的最大变量值与最小变量值之间的差称为全距。当全距确定的情况下,组数越多,组距越小,组数越少,组距越大。在统计分组时,为了遵循穷尽性原则,往往将第一组用"×××以下"表示,最后一组用"×××以上"表示。这些有上限无下限或有下限无上限的组,称为开口组。开口组的组距一般以邻组组距为参考依据。

根据各组组距是否相等,可将组距式数列分为等距式数列和异距式数列。各组组距都相等的组距式数列称为等距数列;各组组距不完全相等的组距式数列称为异距数列或不等距数列。具体采用哪一种形式编制组距式数列,要根据研究目的和统计现象的特点来决定。

对于等距数列,组距和组数的关系可以用公式(4-2)来表示:

$$d = \frac{R}{n} = \frac{x_{\max} - x_{\min}}{n} \tag{4-2}$$

式中 d 代表组距,R 代表总数,n 代表组数,$x_{\max}$ 代表数列中的最大值,$x_{\min}$ 代表数列中的最小值。等距数列通常适用于社会经济现象数量变动比较均衡的情况。编制等距数列的优点主要有两点:第一,可以对总体的分布状态做直接观察。由于组距相等,各组次数分布不受组距大小的影响,对分布在各组内的总体单位数目(次数)的密集状态可直接进行组间的比较,尤其是在研究分组标志同其他标志之间的依存关系时,应采用等距分组。第二,在进一步计算统计分析指标时比较方便。异距数列通常适用于社会经济现象

数量变动不均衡且很难用等组距的办法实现区分事物不同性质的情况。由于异距数列各组组距不相等,各组次数的多少受组距大小的影响,为了便于组间的次数比较,需要借助于次数密度指标。

（3）组限。要形成组距式数列,关键在于确定各组组限。组限是用来表示各组之间界限的变量值,是将各组与其他组别区别开来的数量界限。组限有组上限和组下限之分,其中组下限指的是每一组中最小的变量值,简称为下限；组上限指的是每一组中最大的变量值,简称为上限。确定组限时需要注意以下几点：

① 如果分组标志是连续型变量,则相邻两组的组限必须重叠。连续型变量中的任意两个变量值之间都有其他可能的取值,为了避免遗漏,相邻两组必须采用组限重叠式的方式。在连续型变量分组数列中,上一组的组上限同时也是另一组的组下限。例如,按身高、体重、产值等变量进行的分组时,只能采用组限重叠式的分组。

② 如果分组标志是离散型变量,相邻两组的组限可以是重叠式的,也可以是间断式的。以某高等院校学生期末考试成绩为例,可以将学生的成绩分组为60分以下、60～70分、70～80分、80～90分、90～100分五组。如果成绩全部是整数的话,也可以将学生的成绩分组为59分及以下、60～69分、70～79分、80～89分、90～100分五组,这样就避免了对组限属于哪一组认识模糊不清的现象。

③ 为了避免重复,对于组限重叠的组距分组,要采用"上限不在内"的原则。在一个连续型变量中,每一组都包含组下限,不包含组上限。以学生身高为例,160厘米以下、160～165厘米、165～170厘米、170～175厘米、175～180厘米、180厘米以上这六组中,165厘米属于165～170厘米的第三组,而非160～165厘米的第二组。

④ 在确定组限时,第一组的组下限应等于或小于变量值中的最小值,最后一组的组上限应大于或等于变量值中的最大值。第一组的组下限和最后一组的组上限确定后,其他各组组限就可根据组数与组距的关系进行推算。

（4）组中值。组中值指的是组距式数列中每组上限与下限之间的中间数值,它代表各组变量值的平均水平。组距数列掩盖了各组单位的实际变量值,为了反映分布在各组中个体单位变量值的一般水平,往往需要计算组中值。

① 闭口组组中值的计算公式：

$$x_{组中值} = \frac{x_{组下限} + x_{组上限}}{2} \tag{4-3}$$

② 开口组组中值的计算公式：

在组距数列中存在开口组的情况下,为了进行统计分析,需要计算组中值。开口组的组中值的确定,一般可将邻组组距假定为开口组组距,然后计算组中值。

$$x_{组中值(缺下限)} = x_{组上限} - \frac{x_{邻组的组上限} - x_{邻组的组下限}}{2} = x_{组上限} - \frac{x_{邻组组距}}{2} \tag{4-4}$$

$$x_{组中值(缺上限)} = x_{组下限} + \frac{x_{邻组的组上限} - x_{邻组的组下限}}{2} = x_{组下限} + \frac{x_{邻组组距}}{2} \tag{4-5}$$

4.3.3 次数分布特征

由于社会经济现象的性质不同,各种统计总体次数分布有所不同,形成各种类型的分布特征。研究各种类型的次数分布特征,对于认识不同性质的变量在总体表现中的作用有着重要的意义。

1. 次数分布的表示方法

在统计分组基础上编制的分配数列可以用次数分布表和次数分布图两种形式表现,其中次数分布又分为简单次数分布和累计次数分布两种类型。

(1) 简单次数分布表与分布图。简单次数分布表的编制是编制分配数列的主要内容。其编制方法在前面已经论述,表 4-7、表 4-8、表 4-9 均属于简单次数分布表。下面主要介绍简单次数分布图的绘制。

① 编制单项式数列次数分布图时,应先建立坐标系,以横轴代表变量值,纵轴代表次数,标出各组变量值与次数所对应的坐标点,即得到单项式数列次数分布的散点图。表 4-8 是一个单项式分配数列,据此编制单项式次数分布的散点图,如图 4-1 所示。

图 4-1　某企业工人日产量情况分布

② 组距式数列次数分布图有直方图和曲线图两种,一般情况下以直方图为主,曲线图是在直方图的基础上绘制的。组距式数列次数分布图的绘制方法是先建立坐标系,以横轴代表变量值,并在上面标出各组组限值所在位置,各位置间的距离代表组距;以纵轴代表次数,并标出各组次数所在的位置。以各组组距为宽,以各组次数为高,即可绘出组距式数列的直方图。将各直方图上端的中点(即各组组中值与各组次数的交点)连成一条折线,就形成组距式数列的折线图。如果用曲线连接各点就形成了曲线图。由表 4-9 中数据绘制的直方图和折线图分别如图 4-2 和图 4-3 所示。

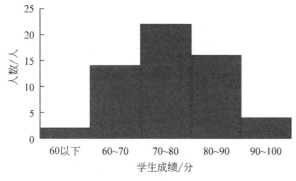

图 4-2　学生成绩分布直方图

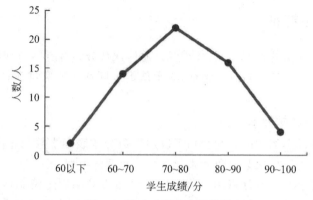

图 4-3　学生成绩分布折线图

(2) 累计次数分布表与分布图。为了研究整个变量数列的次数分配状况和进行统计计算，统计工作中还需要计算累计次数及其频率分布。累计次数分布表是将变量数列中各组的次数和频率逐组累计相加而成的累计资料的分布表，它表明某一变量值以下或以上的统计现象对应分布次数的多少，有助于统计人员进一步了解统计总体的发展进程情况。累计次数分布需要计算两个指标，即累计次数和累计频率。累计方法有两种，即向上累计和向下累计。

① 向上累计。向上累计是指将各组次数和频率从变量值低的组向变量值高的组累计，此时各组的累计次数或累计频率表示该组上限以下的次数和或频率和。

② 向下累计。向下累计是指将各组次数和频率从变量值高的组向变量值低的组累计，此时各组的累计次数或累计频率表示该组下限以上的次数和或频率和。

某班学生考试成绩的两种累计次数结果如表 4-10 所示。

表 4-10　某班学生的考试成绩累计次数分布

考试成绩/分	学生数/人	频率/%	向上累计		向下累计	
			次数	频率/%	次数	频率/%
60 以下	2	3.5	2	3.5	58	100.0
60～70	14	24.1	16	27.6	54	93.1
70～80	22	37.9	38	65.5	38	65.5
80～90	16	27.6	54	93.1	16	27.6
90～100	4	6.9	58	100.0	2	3.5
合计	58	100	—	—	—	—

根据累计次数分布的资料，还可以绘制累计次数分布图。图 4-4 中由左下角至右上角的曲线为向上累计曲线，图 4-5 中由右下角至左上角的曲线为向下累计曲线。

2. 次数分布的特征

社会经济现象由于其反映的内容不同，次数分布的特征也不相同，反映次数分布的主要有下列四种类型：钟形分布、U 形分布、J 形分布和水平分布。

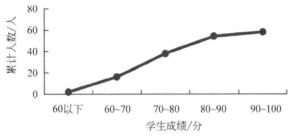

图 4-4　向上累计次数分布

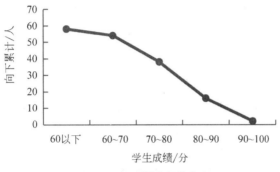

图 4-5　向下累计次数分布

(1) 钟形分布。钟形分布的特征是"中间大,两头小",它是指靠近中间的变量值分布的次数较多,靠近两端变量值分布的次数较少,绘制成的曲线图形状像一口古钟。这种现象的次数分布为钟形分布,又称为正态分布,如图 4-6 所示。钟形分布在社会经济统计现象中比较多,较为符合人们认识问题的习惯。例如,对人身高的统计,极端值总是少数,身高居中间的人数最多。又如,农业平均产量的分布、商品市场价格的分布、大学生毕业后的薪酬收入的分布等,一般都表现为钟形分布或接近钟形分布的分布特征。

(2) U 形分布。与钟形分布正好相反,U 形分布的特征是靠近中间的变量值分布的次数较少,靠近两端的变量值分布次数较多,形成"两头大,中间小"的分布特征。U 形分布绘制成的曲线形状类似英文字母"U",如图 4-7 所示。例如,在进行人口死亡率的调查中,相比较而言,婴幼儿死亡率和老年人死亡率较高,中年人死亡率较低。按年龄分组的话,人口死亡率通常表现为 U 形分布。

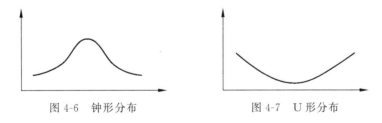

图 4-6　钟形分布　　　　　图 4-7　U 形分布

(3) J 形分布。J 形分布有正 J 形分布和反 J 形分布两种情况。正 J 形分布是指统计现象的次数随变量值增大而增多,绘成的曲线图如英文字母"J",如图 4-8 所示;反 J 形分布指的是统计现象的次数随变量值增大而减少,绘成的曲线很像左右翻转的英文字母"J",称为反 J 形分布,如图 4-9 所示。

(4)水平分布。水平分布的特征是统计总体内各个变量值分布的次数大体相等,绘制成图形,表现为一条平行于横轴的水平线。例如,某些生活必需品的价格需求弹性较小,需求量受价格变动影响不大,如食盐需求量按价格分组便呈现水平分布。在统计实践中,严格的水平分布是非常罕见的,但其在统计理论上有着特殊的意义。

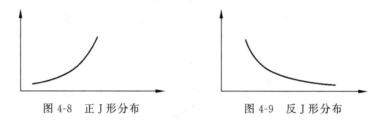

图 4-8　正 J 形分布　　　　图 4-9　反 J 形分布

次数分布的类型主要取决于统计现象本身的性质和特征,由于统计对象所处的客观条件不同,次数分布数列的数量表现也不尽相同,但其形态应符合该社会经济现象分布的规律。

4.4　统计表和统计图

经过统计整理后得到的反映总体特征的综合资料是统计工作的初步成果,这些资料需要运用一定形式把它表示出来,以便于人们分析和利用。表现统计数据资料的两种常用形式是统计表和统计图,统计部门在整理统计资料时主要是通过统计表和统计图的形式向各级领导和管理部门以及社会各方面提供统计资料。因此,掌握统计表和统计图的编制,是统计人员和管理工作者必须具备的基本技能。

扩展阅读 4-3
《中华人民共和国 2020 年国民经济和社会发展统计公报》

4.4.1　统计表

将统计调查所获得的原始资料进行整理,得到说明客观现象及其发展过程的数据,把这些数据按一定的顺序排列在表格上,就形成了统计表。

1. 统计表的定义

统计表是以纵横交叉的线条所绘制的表格来表现统计资料的一种形式,它有广义和狭义之分。广义的统计表包括统计工作各个阶段中使用的一切表格,狭义的统计表专指统计分析表和容纳各种统计资料的表格。平常说的统计表通常是指狭义的统计表,它能够清楚地、有条理地显示统计整理资料,直观地反映统计分布特征,是统计整理与分析的一种重要工具。

2. 统计表的作用

统计表的作用主要有四个方面:第一,统计表能使大量的统计资料系统化、条理化,能更清晰地表述统计资料的内容;第二,采用统计表的方式表达统计资料比用叙述的方式表达统计资料显得紧凑简明、醒目,使人一目了然;第三,统计表便于比较各项目(指标)之间的关系,而且便于计算;第四,利用统计表易于检查数字的完整性和正确性,提高统计工作质量和效率。

3. 统计表的结构

统计表的结构如图 4-10 所示。

统计表有四个主要部分:总标题、横行标题、纵栏标题和指标数值。

(1) 总标题。总标题是统计表的名称,它用来概括说明统计表中所反映的统计资料的内容,一般位于表的上端正中央。

(2) 横行标题。横行标题是横行内容的名称,在统计表中用来说明总体及其各组的名称,是统计表所要说明的对象,一般列在表的左方。

(3) 纵栏标题。纵栏标题指的是纵栏内容的名称,在统计表中通常用来表示总体及其各组成部分数量特征的统计指标的名称,一般位于表的上方。

(4) 指标数值。指标数值列在各横行标题与各纵栏标题交叉处。统计表中任何一个数字的内容都由横行标题和纵栏标题所限定,横行是其反映的对象,纵栏是其反映的内容。

另外,为了补充统计表中未说明的问题,统计表往往还附有一些说明,包括资料来源、指标计算方法、填报单位、填表人、填表日期等要素。

统计表从内容上看,可分为主词栏和宾词栏两部分。

(1) 主词栏是统计表的主体,也就是统计表所要说明的对象,它是各个总体单位名称或总体各个分组的排列,通常用横行标题来表示,位于统计表的左方。

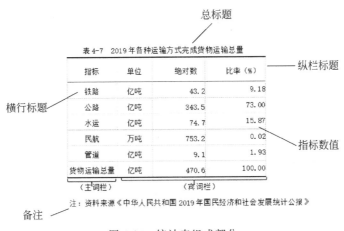

图 4-10 统计表组成部分

(2) 宾词栏也称宾栏,它是说明主词的各项指标,由纵栏标题和指标数值所组成,一般列在表的右方。

4. 统计表的种类

为了更好地发挥统计表在显示统计数据方面的作用,可以从不同的角度出发来对统计表进行分类。

(1) 根据分组目标的复杂程度,可将统计表分为简单表、分组表和复合表三种。

① 简单表。简单表也叫一览表,它是指主词未经过任何分组的统计表,主词罗列各单位的名称。表 4-11 就是以总体各单位名称为排列顺序的简单表。

表 4-11　某公司 5 家分店净利润表

公　　　司	净利润/万元
第一家分店	345
第二家分店	350
第三家分店	240
第四家分店	400
第五家分店	352
合计	1 687

② 分组表。分组表又称简单分组表,它是指对统计总体只按一个特征或标志进行分组所形成的统计表,如前文表 4-8、表 4-9 所示。利用分组表可以深入分析现象的内部结构和现象之间的相互依存关系。

③ 复核表。复合表又称复合分组表,是指对统计总体按两个或两个以上标志进行交叉重叠分组而形成的统计表,如表 4-12 所示。

表 4-12　2020 年某集团下属两家公司项目营业收入情况

集　　　团	项目类型	营业收入/万元
甲公司	大型设备	345
	小型设备	350
乙公司	大型设备	400
	小型设备	352

复合表中多进行一次分组,组数将成倍增加,所以分组太细反而不利于研究现象的特征。复合表能更深刻详细地反映客观现象,但使用复合表应恰如其分,并不是分组越细越好。

(2) 根据统计表的用途不同,可将统计表分为调查表、整理表和分析表。

① 调查表。调查表是在统计调查中用于登记、收集原始资料的表格。例如,人口普查时用的长表和短表就属于调查表。

② 整理表。整理表是在统计整理或汇总时使用的表格,又称为汇总表。它主要用于调查资料的整理,使资料看起来清晰、系统,具有条理性。

③ 分析表。分析表是在统计分析中用于对整理所得的统计资料进行统计定量分析的表格。分析表中的指标主要有总量指标、相对指标和平均指标。

(3) 根据反映的统计数列性质不同,可将统计表分为空间数列表、时间数列表和时空数列结合表。

① 空间数列表。空间数列表又称为静态表，它是反映在同一时间条件下不同空间范围内的统计数列的表格，它可以说明社会经济现象在不同空间内的数量分布状态。

② 时间数列表。时间数列表又称动态表，它是反映在同一空间条件下不同时间上的统计数列的表格，可以说明在既定的空间范围内，社会经济现象在不同时间上的变动过程。

③ 时空数列结合表。时空数列结合表是指同时反映上述两方面内容的统计表，它既说明某些社会经济现象在不同空间内的数量分布，又说明在不同时间上的数量变动。

5. 统计表的设计

(1) 统计表形式的设计。统计表在编制过程中力求做到简练、明确、实用、美观，便于比较。编制时应具体注意以下几点：

① 表格的形式。统计表形式应长宽比例适中，一般为长方形，既不要太长，也不能太粗。

② 线条的绘制。统计表上、下两端应以粗线或双线绘制，表内纵横线以细线绘制。统计表的左右两端一般不划线，采用"开口式"。

③ 合计栏设计。统计表合计栏设计的原则是各横行如需合计时，一般应将之列在最后一行，各纵栏如需合计时，一般列于最右一栏。

④ 复合分组的层次设计。将复合分组列在横行标题时，应在第一层分组的各组组别下缩进一个字符填写第二次分组的组别，表示层次关系。若复合分组列在纵栏标题时，应将第一层次分组的组别列为各大栏，再根据第二层次分组的组别将各大栏再细化为各小栏。

⑤ 编码设计。统计表纵栏较多时，为便于阅读和计算，可将各栏进行编码。通常在主词和计量单位各栏用(甲)(乙)(丙)(丁)等文字标明，宾词各栏用(1)(2)(3)(4)等数字编号。如果各栏统计数字之间存在一定的关系，也可采用数学符号表示。

(2) 统计表内容的设计。统计表的内容设计主要包括标题设计、主词和宾词栏的排列顺序、统计指标的设计、统计指标的数量单位等。

① 标题设计。统计表的总标题、横栏标题、纵栏标题应简明扼要，以简练准确的文字表述统计资料的内容，还应在标题下写明资料所属的时间和空间范围。

② 主词各行和宾词各栏的排列顺序的设计。统计表中主词各行及宾词各栏的排列，一般是按照先局部后整体的原则进行排列，即先列各分组，后列总计。统计表的主词与宾词之间必须遵守相互对应的原则。

③ 统计指标的设计。在不需要统计分组时，统计表中宾词指标的设计可以按照指标的主次先后排列；在需要统计分组时，宾词指标的设计分为简单设计和复合设计。宾词指标的简单设计是将宾词中的各个指标并列起来平行设置，如表 4-13 所示。宾词指标的复合设计是将宾词中的各个指标做层叠的设置，如表 4-14 所示。宾词指标的复合设计能够更全面、更深入地描述所研究总体的特征，但宾词指标分得过多、过细，容易造成统计表混乱不清。因此，对宾词指标的复合设计应慎重考虑。

④ 统计指标数量单位的设计。统计表中的每个指标数值有相应的数量单位。为使统计表阅读方便，数量单位的设计应遵循如下规则：当统计表中的所有指标数值计量单位

表 4-13　宾词指标平行配置表

公　　司	员工数量	性　别		年　　龄(周岁)		
		男	女	30以下	30~40	40以上
	(1)	(2)	(3)	(4)	(5)	(6)
甲	100	45	55	30	30	40
乙	150	80	70	50	50	50
合计	250	125	125	80	80	90

表 4-14　宾词指标复合配置表

公　　司	员工数量			年龄(周岁)								
				30以下			30~40			40以上		
	计	男	女	计	男	女	计	男	女	计	男	女
名称	(1)	(2)	(3)	(4)	(5)	(6)	(7)	(8)	(9)	(10)	(11)	(12)
甲	100	45	55	30	12	18	30	16	14	40	17	23
乙	150	80	70	50	20	30	50	22	28	50	38	12
合计	250	125	125	80	32	48	80	38	42	90	55	35

都一致时,可将计量单位写在统计表的右上角;当同栏的指标数值计量单位统一,但各栏的计量单位一致时,统计指标的数量单位应写在各纵栏标题的下方或右方;当同行统计资料以同一单位计量,而各行的计量单位不同时,则可在横行标题后添列一计量单位栏,表明各行的计量单位。

6. 统计表绘制的技术要点

(1) 统计表里的文字应书写工整、字迹清晰;数字应填写整齐,数位对准;计量单位应按统计制度的规定填写,不得另设不同的计量单位。

(2) 在填写统计表中数字时要注意,当数字为"0"时应写出来,如不应有数字,要用符号"—"表示;当某项数字缺失或者可以忽略不计时,可用"……"号来表示;当某项资料免填时,可用"×"号来表示。统计表中的数字部分不应存在空白,如果某一数值与相邻数值相同时,仍应如实填写,不可用"同上""同左""同右"等相关字样或符号代替。

(3) 对于某些需要特殊说明的统计资料,应该在统计表的下方加注说明,以便查证。

(4) 制表完毕经审核后,制表人及主管负责人应签名,并加盖本单位公章,以示对这份统计表负责。

4.4.2　统计图

统计图是根据统计资料,利用点、线、面等来表示相关联系的量之间的数量关系的图形。它具有直观、形象、生动、具体等特点,可以使复杂的统计数据简单化、通俗化、形象化,使人一目了然,便于理解和比较。因此,统计图在统计资料整理与分析中非常重要。

统计图的类型很多,除了可以绘制二维平面图外,还可以绘制三维立体图,图形的制作均可由计算机完成。不同类型的数据,所适用的统计图方法也不尽相同。

这里主要介绍统计整理和统计分析中比较常用的统计图,主要有条形图、直方图、饼形图、环形图和折线图。

1. 条形图

条形图是用宽度相同的条形以它的高度或长短来表示数据多少的一种统计图形,也称为条形统计图。条形图是统计图资料分析中最常用的图形,它可以清楚地表明各种数量的多少。它的特点是能够使人们一眼看出各个数据的大小;易于比较数据之间的差别,能清楚地表示出数量的多少。根据表4-7绘制条形图,如图4-11所示。

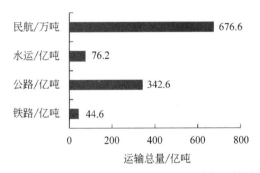

图4-11 2020年全国各种运输方式完成货物运输总量

2. 饼形图

饼形图也称饼图,它是用圆形及圆内扇形的面积来表示数值大小的一种统计图形,主要用于表示统计总体中各组成部分所占的比例,对于研究结构性问题十分有用。在绘制饼形图时,总体中各部分所占的百分比用圆内的各个扇形面积表示,这些扇形的中心角度,是按各部分百分比占360度的相应比例确定的。根据表4-6的统计资料绘制2019年年末全国人口年龄构成情况,结果如图4-12所示。

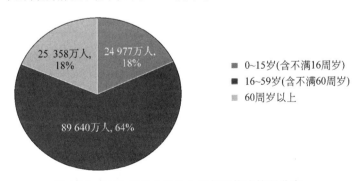

图4-12 2019年末全国总人口年龄构成情况分布

3. 环形图

环形图是由两个或两个以上大小不一的饼形图叠放在一起,挖去中间的部分所构成的图形。它可以同时绘制多个总体或样本的数据系列,有利于进行比较研究。根据

表 4-15 数据绘制的环形图如图 4-13 所示。

表 4-15　甲、乙两个城市居民对收入状况的评价

回答类型	甲 市		乙 市	
	人数/人	频率/%	人数/人	频率/%
非常不满意	25	8	20	7
不满意	109	36	100	33
一般	92	31	77	26
满意	44	15	65	22
非常满意	30	10	38	13
合计	300	100.00	300	100.00

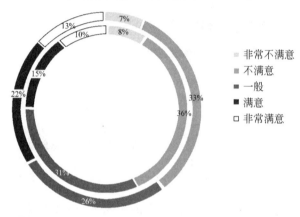

图 4-13　甲、乙两个城市居民对收入状况评价的比率

4. 直方图

直方图又称质量分布图，是由一系列高度不等的纵向条纹或线段表示数据分布的情况。一般用横轴表示数据类型，纵轴表示分布情况。根据表 4-4 绘制的耕种深度和地块的关系如图 4-14 所示。

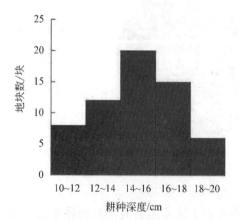

图 4-14　某地区耕种深度与地块数关系直方图

5. 折线图

折线图是根据各点数值连线组成的线段的起伏来说明现象数量变化特征的。一般用来描述同一指标在不同时间点的数据分布情况。

根据表 4-16 绘制折线图，如图 4-15 所示。

表 4-16　某公司 2016—2020 年营业额情况

年　份	营业额/万元
2016	170
2017	220
2018	250
2019	300
2020	215

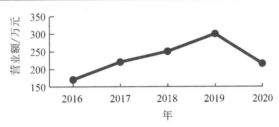

图 4-15　某公司 2016—2020 年营业额的折线图

4.5　统计整理实训项目及 Excel 应用

4.5.1　实训项目：G 公司笔记本电脑销售数据的分类与汇总

【实训目的】　通过统计整理实训项目，帮助学生掌握资料筛选方法、数据的排序、分类与汇总的方法和技巧，掌握统计整理在 Excel 中的应用。

【实训要求】　通过统计整理实训项目学习，能够编制统计分配数列，并利用 Excel 完成统计数据的整理工作。

【项目背景介绍】　G 公司是一家笔记本电脑经销公司，本月销售数据按销售单号排列如表 4-17 所示，公司现需要统计笔记本电脑销售过程中"单位"客户的购买情况，以便进一步开发法人团体部的市场。因此，需要对销售资料按客户类型进行筛选，查看"单位"客户笔记本销售情况。公司还要进行销售业绩评比，比较分析本月五位销售员的业绩水平，评选本月的"销售明星"。

表 4-17　G 公司本月销售数据资料

销售单号	客户类型	生产商	数量/台	单价/元	总价/元	销售员
2005001	单位	华为	6	6 000	36 000	张强
2005002	个人	惠普	2	5 000	10 000	马楠

续表

销售单号	客户类型	生产商	数量/台	单价/元	总价/元	销售员
2005003	个人	华为	2	4 500	9 000	田佳
2005004	单位	戴尔	8	4 000	32 000	张强
2005005	单位	戴尔	12	4 000	48 000	田佳
2005006	个人	华为	3	6 000	18 000	齐岩
2005007	单位	戴尔	7	3 500	24 500	张强
2005008	单位	华为	6	5 000	30 000	孙艺
2005009	个人	华为	2	5 000	10 000	马楠
2005010	个人	戴尔	2	4 500	9 000	张强
2005011	个人	惠普	2	5 000	10 000	张强
2005012	个人	戴尔	8	6 000	48 000	马楠
2005013	单位	华为	2	8 000	16 000	田佳
2005014	个人	华为	6	8 000	48 000	齐岩
2005015	单位	戴尔	5	5 000	25 000	马楠
2005016	单位	戴尔	2	3 500	7 000	田佳
2005017	个人	惠普	2	5 000	10 000	齐岩
2005018	个人	惠普	3	4 000	12 000	张强
2005019	个人	华为	5	6 000	30 000	张强

1. 分析笔记本电脑的"单位"客户销售情况

首先,将要统计数据导入到 Excel 2019 工作表中(见图 4-16)。

然后,选中数据所在区域,单击"数据"菜单栏下的"排序和筛选",选中"筛选"(见图 4-17)。

最后,在"筛选"选项中"客户类型"列里选择"单位",可以从原数据中筛选出"单位"客户购买笔记本的情况(见图 4-18)。

如果需要进一步查看不同品牌的购买情况,可以在"生产商"下进行筛选。例如,"生产商"选项中选择"华为",系统会自动进行分类(见图 4-19)。

从以上筛选结果可以看出,当资料统计按时间先后顺序排列时,Excel 这种自动筛选功能往往会起到事半功倍的效果,统计的数据既便捷又直观。

图 4-16　G 公司本月销售数据资料

图 4-17　G 公司本月销售数据的筛选

图 4-18　按客户类型"单位"筛选销售资料

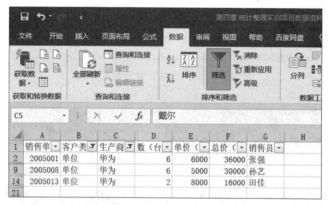

图 4-19　按客户类型"单位"生产商"华为"筛选销售资料

2. 评选本月最佳销售员

首先,选中该组数据,单击"数据"菜单栏下的"排序与筛选",选择"排序"按钮,在"主要关键字"选择"销售员",次序选择"降序"进行排序,如图 4-20 所示。五位销售人员的销售业绩一目了然,如图 4-21 所示。

然后,在排序的基础上,选中数据区域单元格,选择"数据"栏目下的"分类汇总"选项命令,会出现分类汇总对话框。在"分类字段"选择"销售员",在"汇总方式"中选择"求和"。在选定汇总项中选择"数量"和"总价"。在"分类汇总"下面的选项中选择"替换当前分类汇总"和"汇总结果显示在数据下方",具体情况图 4-22 所示。

最后,单击"确定"按钮,即可得到按销售员进行分类汇总的结果,详情如图 4-23 所示。通过分类汇总表可以看到张强的销售量和销售额均排第一名,是当之无愧的销售明星。

图 4-20　按销售员进行降序排序

图 4-21　按"销售员"和"降序"的排序结果

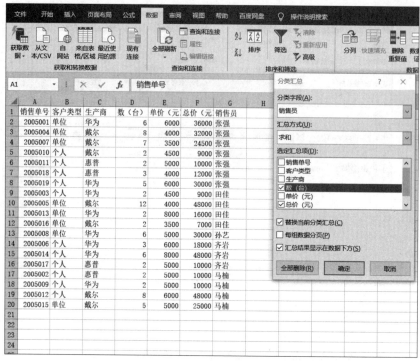

图 4-22 分类汇总操作栏目

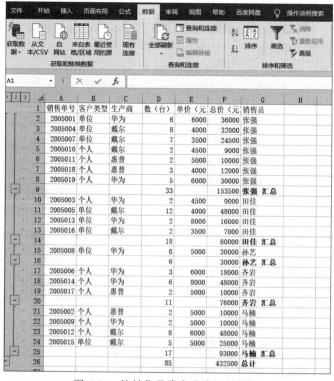

图 4-23 按销售员降序分类汇总详情

如果觉得表格不够简洁,也可以选择左侧二级目录按钮,简化表格的操作,详情如图 4-24 所示。

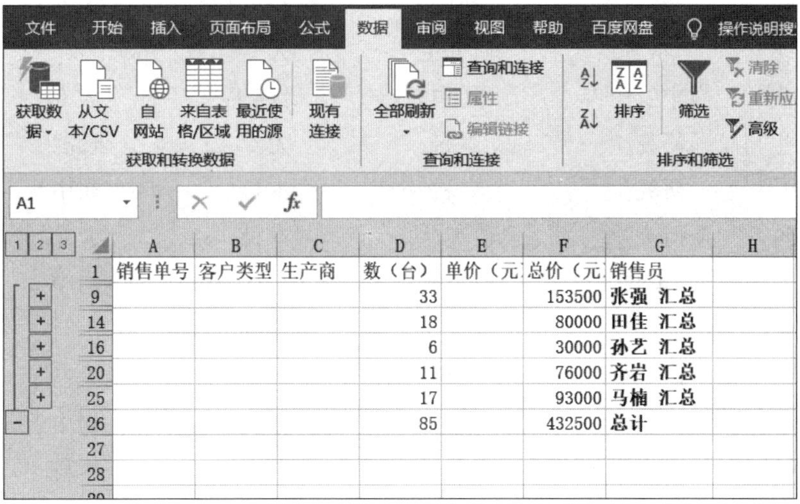

图 4-24　按销售员降序分类汇总的二级目录

通过该操作,可以更清楚地看到张强销售量为 33 台,销售额为 153 500 元,在五名销售员中居首位。排名第二的是马楠,销售量为 17 台,销售额为 93 000 元。第三名为田佳,销售量为 18 台,销售额为 80 000 元。第四名为齐岩,销售量为 11 台,销售额为 76 000 元,第五名是孙艺,销售量为 6 台,销售额为 30 000 元。因此,本月的销售明星是张强。

通过该实训项目可以看出,Excel 的排序和汇总功能使复杂的统计数据按照不同的标准得到不同的汇总结果,统计者可以根据不同的统计分析目的,对统计数据作不同的分类汇总,方便进行数据的比较分析。

4.5.2　实训项目:编制服装品牌与客户文化程度的频率分布表

【实训目的】　通过统计整理实训项目,帮助学生掌握分配数列的编制方法和技巧,掌握分配数列在 Excel 中的应用。

【实训要求】　通过项目学习,能够编制统计分配数列,并利用 Excel 完成统计数据的分布数列的编制及图形的绘制。

【项目背景介绍】　T 公司在进行一项关于服饰与购买者文化程度的研究,调查员抽取了 100 名购买过该公司服饰的顾客,调查其文化程度,具体内容如下。

研究生	本科	高中及中专	本科	研究生
本科	研究生	研究生	本科	大专
本科	专科	本科	初中	高中及中专
专科	研究生	本科	研究生	大专

专科	研究生	高中及中专	初中	研究生
研究生	研究生	本科	大专	研究生
专科	本科	初中	高中及中专	大专
研究生	本科	研究生	大专	高中及中专
研究生	高中及中专	初中	研究生	大专
研究生	研究生	本科	大专	研究生
初中	研究生	专科	本科	初中
大专	研究生	研究生	本科	大专
初中	本科	研究生	高中及中专	初中
本科	研究生	研究生	本科	本科
大专	研究生	本科	初中	大专
初中	本科	本科	研究生	初中
本科	研究生	高中及中专	初中	本科
大专	研究生	本科	研究生	大专
初中	本科	大专	研究生	初中
本科	研究生	初中	本科	本科

试编制该公司服装与顾客文化程度的频率分布表。

【实训操作程序】

首先，设计品质标志代码：1-研究生，2-本科，3-大专，4-高中及中专，5-初中。将该公司服饰购买者的文化程度及其对应的代码录入到 Excel 表格中，如图 4-25 所示。

其次，为建立频数分布表和条形图，Excel 表格要求将每一文化程度的代码单独作为一列，以作为"接收区域"，因此，要将代码输入到工作表中，如图 4-26 所示。Excel 2019 对代码数据值小于或等于每一文化程度的数据进行计算。这样 Excel 提供的合计数就是各文化程度的频数分布表。

正常情况下，Excel 2019 的"数据"菜单里没有"数据分析"选项，需要单独添加。在"文件"菜单下查找"选项"。单击"选项"出现"Excel 选项"，选择"加载项"里面的"分析工具库"。单击"转到"，选择分析工具库和"分析工具库-VBA"，点击"确定"。"数据分析"就出现在 Excel "数据"菜单选项里。如图 4-27 和图 4-28 所示。

接下来可以进行频数分布的统计。点击"数据分析"选项下的"直方图"命令，点击"确定"按钮。会出现"直方图"对话框，在"输入区域"输入"＄B＄1:＄B＄101"，在"接收区域"输入"＄C＄1:＄C＄6"，选中"标志"，在"输出区域"输入"＄D＄1"，选中"累积百分比"和"图表输出"，点击"确定"按钮。统计的频数分布表和向上累计百分比结果就自动生成，并配以直方图进行结果展示。详情如图 4-29、图 4-30、图 4-31 所示。

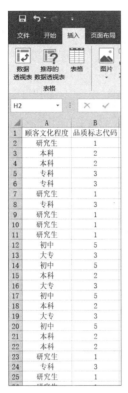 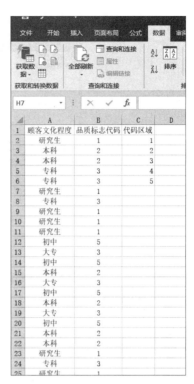

图 4-25　文化程度对应的代码　　　　图 4-26　接收代码的上限

图 4-27　Excel 选项栏目

图 4-28　加载项中的可用加载宏选项

图 4-29　数据分析选项下的直方图

图 4-30　直方图的输入内容

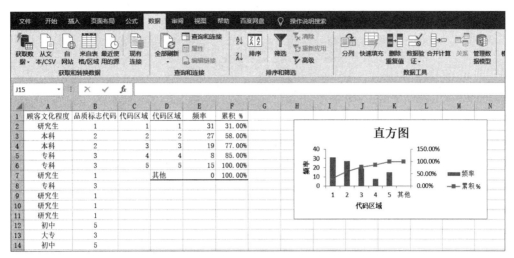

图 4-31　顾客文化程度的频数分布表和直方图

4.5.3　实训项目：居民可支配收入抽样调查资料的统计整理

【实训目的】　通过统计整理实训项目，帮助学生掌握统计资料整理的方法和技巧，在 Excel 中进行统计整理。

【实训要求】　通过项目学习，能够使用 Excel 完成统计数据的整理工作。

【项目背景介绍】

某公司为想要了解该市居民人均可支配收入情况，组织调查人员对该区居民进行抽样调查，抽取 50 位居民，具体数据如下（单位：元）。

1 630	2 380	1 850	2 430	1 980	1 970	1 810	1 990	1 880	2 120
1 680	2 010	1 900	2 050	1 830	2 030	1 660	2 060	1 810	2 180
2 030	2 260	1 870	2 160	1 860	2 060	1 600	2 120	1 840	2 100
1 900	2 160	2 080	1 950	2 180	1 930	1 750	2 040	2 060	1 580
1 960	1 880	2 010	2 240	2 250	2 350	1 950	2 210	1 970	1 860

【实训操作程序】

第一步，将抽样调查的数据输入到 Excel 工作表中，对统计数据进行升序排序。通过排序可以看出，在统计数据中，最小值为 1 580，最大值为 2 430，全距为 850，可以分为 1 500～1 700、1 700～1 900、1 900～2 100、2 100～2 300、2 300～2 500 这 5 组。将这份统计数据资料分为根据"不重不漏"的原则，输入分组上限，如图 4-32 所示。

第二步，选择"数据"功能栏下的在"数据分析"，在"数据分析"对话框中选择"直方图"命令，并按"确定"按钮（见图 4-33）。

图 4-32 月可支配收入及分组上限图

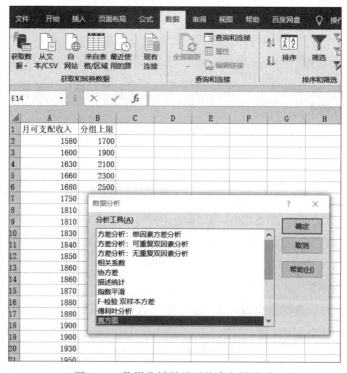

图 4-33 数据分析栏目下的直方图选项

第三步,在弹出的"直方图"对话框的"输入区域""接收区域"和"输出区域"输入完成后,点击"确定"按钮,得到频数分布表合直方图。自动生成的直方图是条形图,将其转化为标准的直方图。单击条形图的任意一条直线,单击右键,在"设置坐标轴格式"选项下的"系列重叠"和"间隙宽度"改为"0",单击"确定"按钮(见图4-34)。

图 4-34 "系列重叠"和"间隙宽度"修改

最后形成的分布表与直方图如图 4-35 所示。

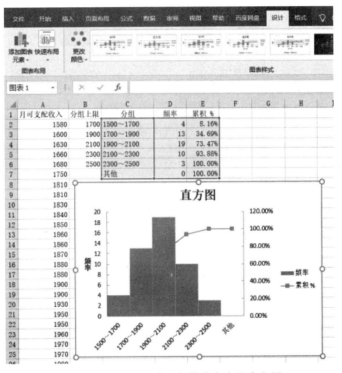

图 4-35 月可支配收入频数分布表和直方图

4.5.4 实训项目：2016—2020 年国内生产总值的统计图制作

【项目背景介绍】 F 公司是一家调研公司，现需要对近五年国内生产总值情况进行资料的统计整理，具体数据资料如表 4-17 所示。试绘制 2015—2020 年三大产业国内生产总值的直方图，并绘制 2019—2020 年的三大产业结构的环形图。

表 4-18　2015—2020 年全国国内生产总值　　　　　　　　　单位：亿元

年　份	第一产业	第二产业	第三产业
2015	60 862	282 040	346 150
2016	63 673	296 548	383 365
2017	65 468	334 623	427 032
2018	64 745	364 835	489 701
2019	70 474	380 671	535 371
2020	77 754	384 255	553 977

【实训操作程序】

1. 绘制直方图的实训操作

第一步，创建工作表，将数据输入到 Excel 2019 工作表中，如图 4-36 所示。选中数据区域"＄B＄1∶＄D＄7"，单击"插入"，选择"图表"选项中的"直方图"，自动生成条形图，如图 4-37 所示。

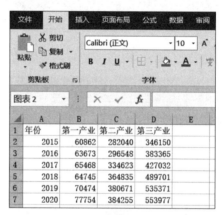

图 4-36　2015—2020 年国内生产总值三产业数据（亿元）

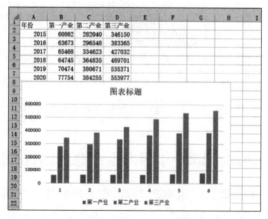

图 4-37　2015—2020 年国内生产总值三产业数据条形图

第二步,自动生成的条形图不是标准的直方图,需要对条形图进行修改,将其转化成标准直方图。点击任意条形图,单击"右键",选择"设置数据系列格式",将"系列重叠"为0,转化为标准直方图形式,如图4-38所示。

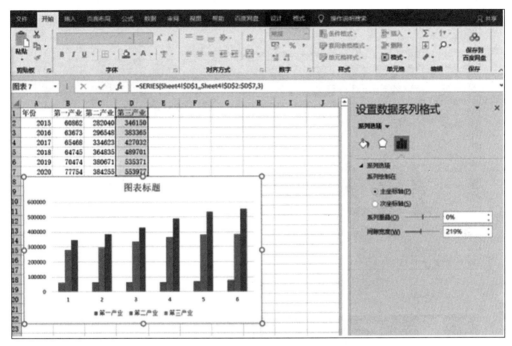

图4-38　条形图转化为标准直方图

第三步,根据图表内容修改图表标题、横纵标题格式。首先修改图表标题,单击"图表标题",输入"2015—2020年全国国内生产总值"。

第四步,修改时间,单击横坐标上的任意数字,单击"右键",点击"选择数据",会出现"选择数据源"对话框,在"水平(分类)轴标签"下单击"编辑"。在轴标签区域对话框中输入"sheet4!＄A2:＄A＄7",单击"确定"按钮(见图4-41)。

单击统计图右键,会出现代表"图表元素""图表样式""图表筛选器"的三个符号,可以进行图表各项内容的修改。

2. 绘制环形图实训操作

第一步,计算2019—2020年三大产业增加值占总增加值的比重。

第二步,选中2019年和2020年的三大产业结构比重,选择"插入"菜单下"图形"中的"饼形图"图标,单击"饼形图",选择里面的"环形图",2019—2020年的三产业结构环形图就生成了。修改图表名称,点击环形图。单击"右键",选择"添加数据标签",则三大产业结构比重的环形图绘制完成(见图4-42)。

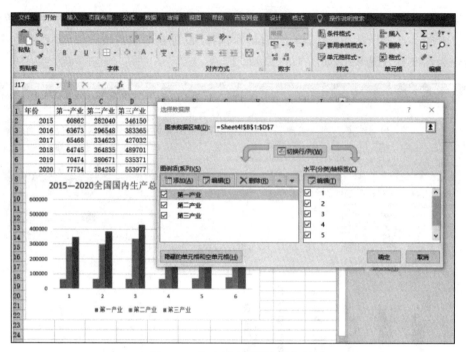

图 4-39 修改图表标题和轴标签

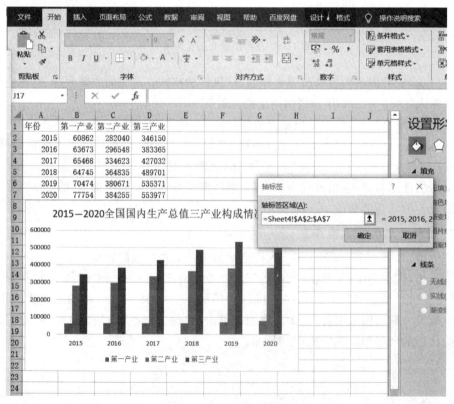

图 4-40 修改图表的其他内容

图 4-41 2019—2020 年三产业结构的环形图

本 章 小 结

本章主要介绍了统计整理概念、意义、统计分组、分配数列和统计表等内容。

统计整理是指调查人员根据统计研究的目的,将统计调查取得的原始资料进行科学的分类和汇总,或者对已初步加工的次级资料进行再加工,为统计分析准备系统化、条理化的综合资料的工作过程。从完整的工作程序来看,统计整理的基本步骤如下：设计和编制统计整理方案,对调查资料进行初审,对调查资料进行分组、汇总、计算,对汇总后的资料进行二次审核,编制统计表,绘制统计图。

统计分组是指根据统计现象的特点和统计研究的目的要求,按照一定的标志将统计总体划分为若干不同性质的组或类别的一种统计方法。科学的统计分组应遵循三项原则——科学性原则、完备性原则和互斥性原则。统计分组的方法,根据统计总体单位标志的不同特征,可分为品质标志分组法和数量标志分组法;根据变量值的取值范围不同,统计分组方法分为单项式分组和组距式分组;按照统计研究对象选择分组标志多少的不同,统计分组可分为简单分组和复合分组。

统计汇总有三种基本组织形式：逐级汇总、集中汇总和综合汇总。逐级汇总是按照一定的统计管理体制,自下而上逐级整理本系统或本地区范围内的统计调查资料,它是统计汇总中最常使用的一种汇总组织形式。集中汇总是将全部原始资料集中到统计组织调查的最高机关或它指定的机构进行一次汇总。综合汇总是指对各级都需要的基本资料实行逐级汇总,对调查所得的其他资料则实行超级汇总。统计汇总技术也称横向汇总法,是指将同级单位的统计调查资料进行汇总的方法。它分手工汇总技术与计算机汇总技术。

分配数列是指统计总体单位或样本单位按一定的标志分组后,将各组的单位数按组排列所构成的数列。在统计整理过程中,按分组标志的性质不同,可将分配数列分为品质分配数列和变量分配数列;按其分组方式的不同可分为单项式数列和组距式数列。次数分布的主要有下列四种类型:钟形分布、U形分布、J形分布和水平分布。

表现统计数据资料的两种常用形式是统计表和统计图,统计部门也主要是通过统计表和统计图的形式向各级领导和管理部门,以及社会各方面提供统计资料。统计表是以纵横交叉的线条所绘制的表格来表现统计资料的一种形式。统计表从结构上看,包括四个组成部分:总标题、横行标题、纵栏标题和指标数值。统计图是根据统计数字,利用几何图形、事物形象和地图等绘制的各种图形。比较常用的图形主要有条形图、直方图、饼形图、环形图和折线图。

实训思考题

一、简答题

1. 简述统计整理含义及作用。
2. 简述统计整理的步骤。
3. 简述统计分组的含义及作用。
4. 简述统计分组应遵循的原则。
5. 简述分配数列的含义及种类。
6. 简述统计表的含义、基本结构及分类。
7. 简述统计图的含义及种类。

技 能 训 练

1. 为评价某品牌空调的售后服务质量,随机抽取了100名顾客进行调查。服务等级分别表示为:A.好;B.较好;C.一般;D.较差;E.差,调查资料如下所示。请用Excel制作一张频数分布表,并绘制直方图。

B	A	D	B	A	A	B	C	A	C
D	B	B	B	C	B	A	A	A	B
B	D	A	A	A	B	E	B	B	A
B	B	B	A	B	B	B	B	B	B
A	B	A	B	E	B	B	A	B	B
A	A	A	A	C	B	B	A	B	C
B	B	B	B	A	A	B	B	B	D
B	A	C	C	C	B	B	A	B	B
A	C	B	D	B	B	B	A	D	E	A
B	B	A	A	A	C	C	B	C	A	B

2. 某工厂为测试灯泡的使用寿命(单位:时),在一批灯泡中随机抽取100只进行测

试,调查数据如下所示。请用 Excel 进行数据排序,以组距为 50 进行等距分组,整理成频数分布表,并绘制直方图。

703	842	655	842	835	677	914	765	897	798	840
754	835	785	852	964	924	624	967	880	784	862
860	964	752	798	876	880	784	784	867	832	854
712	876	832	784	835	867	760	760	760	914	795
678	677	914	925	754	835	785	867	842	624	902
874	924	624	786	876	880	784	789	795	784	967
908	880	784	795	667	765	863	765	902	760	784
645	867	760	840	897	967	765	760	760	842	760
766	789	842	862	880	784	795	842	840	863	867
667	765	863	854	867	760	840	863	862	880	854
897	967	765	795	760	867	667	765	854	867	795
780	877	908	902	842	789	897	908	795	760	902
845	798	756	788	863	765	780	795	760	867	788

即 测 即 练

第 4 章 即测即练

第5章 统计指标

本章学习目标

通过本章学习,学员应该能够:
1. 了解握总量指标、相对指标、平均指标和标志变异指标的概念、种类及作用;
2. 掌握总量指标计量单位及计算方法;
3. 理解相对指标的作用及表现形式;
4. 掌握相对指标的种类及计算方法;
5. 掌握平均指标的计算方法及各类指标的适用范围;
6. 掌握标志变异指标的计算方法及适用范围;
7. 在统计实训项目中能够科学选择统计指标进行统计现象分析。

引导案例

谁更具有代表性?

平均数和中位数谁更具有代表性一直以来都是一个具有争议的话题。

2020年全国居民人均可支配收入32 189元,比上年名义增长4.7%,扣除价格因素,实际增长2.1%。城镇居民人均可支配收入43 834元,同比名义增速为3.5%,扣除价格因素,实际增长1.2%;农村居民人均可支配收入17 131元,增长6.9%,扣除价格因素,实际增长3.8%。2020年,全国居民人均可支配收入中位数27 540元,增长3.8%,中位数是平均数的85.6%。其中,城镇居民人均可支配收入中位数40 378元,增长2.9%,是平均数的92.1%;农村居民人均可支配收入中位数15 204元,增长5.7%,是平均数的88.7%。

扩展阅读 5-1
第四次全国经济普查公报

居民收入是公众最为关注的社会经济统计指标之一,也是政府部门把握经济运行态势、制定经济和社会政策的重要依据。由于居民收入分布不是线性平均分布,因而多数人的收入消费水平会在平均数之下。例如一组5人的收入水平分别为3 000元、4 000元、5 000元、6 000元、13 000元,收入之和为31 000元,收入平均数为6 200。我们发现5人组合中有4人的收入水平低于平均数,仅1人高于平均数。这说明在统计对象的数据不是线性平均分布时,平均数并不代表大多数。需要采用中位数对平均数做补充,更好的说明问题。中位数是按人数分布取中间位置得到的数据,代表的是样本群体中间位置的水平。例如,收入水平这个例子中,收入水平的中位数是5 000元,比平均数的代表性好。一般来说,在民生指标中中位数往往比平均数更具有代表性。

5.1 总量指标

5.1.1 总量指标的概念及作用

1. 总量指标的概念

总量指标是反映社会经济现象在一定时间、地点、条件下的总规模、总水平或工作总量的统计指标,用绝对数表示,也被称为绝对指标或绝对数,通常用来反映特定的社会经济现象在一定时间上的总量状况,它是一种最基本的统计指标。例如,GDP总量、人口总量等都是总量指标,它的表现形式是有名数。经初步核算,2020年我国全年国内生产总值为1 015 986亿元,首次突破100万亿元大关,说明我国经济在2020年达到的总规模和总水平。中国是在2020年全球主要经济体中唯一实现经济正增长的国家,彰显了大国实力。

2. 总量指标的作用

总量指标的作用表现在以下三个方面。

(1) 总量指标能够帮助人们正确认识社会经济现象的数量关系和数量特征。例如,在衡量一个国家的综合实力时,首先看的就是该国国内生产总值及其细化指标,它能够反映一个国家的基本国情和国力。总量指标也能够反映一个单位或部门的人、财、物等资源的基本情况。

(2) 总量指标是各国、各部门及各单位制定政策、编制计划、实行社会经济管理的重要依据之一。例如,国家或地区为更有效地指导经济建设,保持国民经济协调发展,就必须了解和分析各部门之间的经济关系,需要掌握各部门在各个不同阶段的总量指标。

(3) 总量指标是计算相对指标、平均指标及其他各类分析指标的基础数据。总量指标能说明具体社会经济现象达到的总规模或总水平,相对指标、平均指标和其他各类分析指标都是总量指标的派生指标,是由两个或多个有联系的总量指标相对比而计算出来的。例如,人均国内生产总值这个强度相对指标是由全国GDP总量与全国总人口数对比计算得到的。

5.1.2 总量指标的分类

1. 按其说明的内容不同,可分为总体单位总量和总体标志总量

(1) 总体单位总量。总体单位总量又称总体单位数,它是用来反映统计总体内包含总体单位个数多少的总量指标。例如,全国高等院校总数、企业在职员工总数、班级学生总人数等都是总体单位总量。对于一个总体而言,只有一个总体单位总量。

(2) 总体标志总量。总体标志总量又称标志总量,它是统计总体各单位某一数量标志值的总和。例如,以一个企业的全部职工为统计总体,工资为数量标志,该企业全部职工的工资总额就是一个总体标志总量。如果将某一国家的全部工业企业作为统计总体，则该国的年工业增加总值、工业总产值、工业利税总额等指标也都是总体标志总量。对于同一个统计总体而言，可以有多个总体标志总量。

2. 按反映的时间状况不同，可分为时期指标和时点指标

（1）时期指标。时期指标反映的是社会经济现象在一定时期内累计达到的总量水平，它是表现统计总体在一段时期内发展过程的总结果。例如，2020年我国实现全年粮食产量66 949万吨，全年全部工业增加值313 071亿元，全年批发和零售业增加值95 686亿元，这些时期指标反映的是在2020年这一年的时间里，我国国民经济各行业每天所创增加值的总和。

时期指标有三个特点：第一，时期指标具有可加性。将各时期性质相同的总量指标相加在一起就能够得到另一更长时期的总量指标，且这个总量指标具有现实意义。例如，将一年内12个月的销售额相加就得到全年的销售总额。第二，时期指标的数值大小与统计时期长短有直接关系。正常情况下，统计的时期越长，指标数值就越大，但时期指标存在负值现象的除外。例如，营业利润这个统计指标在某一时期可能会出现负值情况，那么较长时期统计的时期指标数值可能会小于某个较短时期的指标数值。因此，在社会经济现象呈增长或上升趋势发展时，时期指标数值会随时期延长而增加；但当社会经济现象呈波动变动趋势时，指标数值不一定会随时期延长而增加。第三，时期指标数值是连续登记、累计的结果。例如，月产量是对每天生产量进行登记然后累加得到的，年产量是将12个月的产量进行累加得到的。

（2）时点指标。时点指标是反映社会经济现象在某一时刻或某一时点上的总量水平的指标。例如，根据我国第七次人口普查结果，全国总人口1 411 778 724人，这说明我国2020年11月1日零时整中国人口总量情况。企业法人单位数、商品库存额等也都是时点指标。

与时期指标相比，时点指标也有三个的特点。第一，时点指标不具有可加性。正常情况下，不同时点上的两个时点指标数值相加不具任何意义。第二，时点指标数值的大小与登记时间的间隔长短无关。它反映的是社会经济统计现象在一时间节点上达到的总量水平，与间隔多长时间登记一次没有关系。例如，企业在职员工总人数是由企业人力资源需要决定的，与登记时间间隔长短无关。第三，时点指标数值是间断计数的。在对时点指标进行统计时，没有必要进行连续登记，有时也无法进行连续登记。例如，全国的人口总量、工业企业单位总数等这类时点指标就无法进行连续登记。

时期指标与时点指标相比，主要有三点区别：第一，统计的时期不同，时期指标统计的是某段时期内总量水平指标，时点指标统计的是某一时点的总量水平指标；第二，数据收集方法不同，时期指标在统计时需要连续登记汇总调查，时点指标则采用的是一次性登记调查；第三，数据加工与使用不同。时期指标无法反映时点指标的总量水平，但是时点指标可以通过采用序时平均数的形式来反映时期指标的总量水平。

5.1.3　总量指标的计量单位

总量指标主要有三种计量单位，即实物单位、价值单位和劳动单位。

1. 实物单位

实物单位是根据事物的外部特征或物理属性而采用的单位。如汽车是以"辆"为单位计量的自然单位、重量以"千克"为单位计量的度量衡单位、速度用"千米/时"为单位计量的复合单位、大型机械设备以"吨/台"为单位计量的双重单位等都是实物单位。

2. 价值单位

价值单位是以货币作为价值尺度来计量社会财产和劳动成果,也被称为货币单位。例如,社会商品零售总额、工资总额、储蓄总额等都必须用货币单位进行计算的。用价值单位计量的总量指标叫作价值指标,它具有十分广泛的综合能力,在国民经济管理中起着重要的作用。

3. 劳动单位

劳动单位是指用劳动时间表示的计量单位,又称工作量单位。一个工人做 1 小时的工,称 1 个工时,8 个小时等于 1 个工日。劳动单位主要用于编制和检查企业的生产作业计划以及为实行劳动定额管理提供依据。

5.1.4 总量指标的计算及应用

总量指标在计算方法上比较简单,但计算内容复杂多样,关系到社会经济统计现象如何在质与量的统一中反映特定条件下统计现象的总规模和总水平。因此,必须明确规定总量指标所表示统计现象的概念、构成内容和计算范围,确定计算方法后才能进行计算汇总。

1. 总量指标的计算方法

总量指标的计算方法主要有两种:直接计算法和间接推算法。

(1) 直接计算法。计算总量指标数值时,最常用的一种运算方法是总和法。代表总和的通用符号就是希腊文大写字母 $\sum$ (Sigma),也称连加和号,最常用的形式为 $\sum_{i=1}^{n} X_i$,其中 X_i 代表各个变量值,总和号上下方的标号表明计算总和的 X_i 的起止点,从 X_1 开始加到 X_n 为止,即

$$\sum_{i=1}^{n} X_i = X_1 + X_2 + X_3 + \cdots + X_n \tag{5-1}$$

为简化书写,可简写为 $\sum$。在直接结算法中,需要掌握三个计算公式。

① 假设 X 和 Y 是统计总体的两个变量,则两个变量值相加的总和等于每个变量值的总和,即

$$\sum (X_i + Y_i) = \sum X_i + \sum Y_i \tag{5-2}$$

② 假设 X 和 Y 是统计总体的两个变量,则两个变量差的总和,等于每个变量值的总和之差,即

$$\sum (X_i - Y_i) = \sum X_i - \sum Y_i \tag{5-3}$$

③ 假设 X 是统计总体的一个变量,该变量乘以常数 a 后求的总和,等于该变量值的总和乘以常数 a,即

$$\sum(aX_i) = a\sum X_i \tag{5-4}$$

④ 假设在经济现象统计过程中,进行了 n 次观测,但每次观测到的指标数值均为同一个常数,则 n 次观测值的总和等于 n 乘以常数,即

$$\sum a = na \tag{5-5}$$

(2) 间接推算法。它是采用社会经济现象之间的平衡关系、因果关系、比例关系或利用非全面调查资料进行推算总量的方法。常用的间接推算法有三种:因素关系推算法、比例关系推算法、平衡关系推算法。

2. 总量指标运用的注意事项

总量指标是基础性指标,各级政府及其组成部门、各单位在进行经济活动和管理决策等统计实践过程中都需要依靠总量指标提供数据支持。但总量指标在实际应用过程中,可能存在理解上的误差,在应用时需要注意以下几点。

(1) 明确总量指标的含义。只有明确总量指标的含义,才能确定统计指标的计算范围和计量方法,准确地计算总量指标,才能客观评价总量指标的经济意义。例如,根据《中华人民共和国统计法》规定,在岗职工工资总额是指各单位在一定时期内直接支付给本单位全部在岗职工的劳动报酬总额,由计时工资、计件工资、奖金、津贴和补贴、特殊情况下支付的工资这六个部分组成,其中每一项都规定了具体的统计范围和计算方法。

(2) 注意总量指标和质量指标的联系。总量指标又称为绝对数指标,反映的是社会经济现象绝对数量的多少,用绝对数表示,说明现象的广度;质量指标反映社会经济现象的相对水平或工作质量,表现为相对数和平均数,说明现象的深度。因此,统计指标应用时,既要注重总量指标的应用,同时也要重视由总量指标派生出来的相对指标的应用。例如,人均 GDP 计算方法是将一个国家核算期内(通常是一年)实现的国内生产总值与这个国家的常住人口(或户籍人口)总数相比进行计算。

(3) 在统计汇总时,要统一计量单位。同类经济现象的总量指标数值必须统一计量单位才能加总,否则统计汇总的总量指标不具有实际意义。例如,在统计国民经济发展水平时有些指标是用万元为单位计量的,有些指标是用亿元来计算的,在计算总量指标时必须统一计量单位,才能正确计算总量指标。

5.2 相对指标

在分析一种社会经济现象发展水平时,仅利用总量指标是不够的。总量指标只能分析社会经济现象的总规模、总水平,如果要对事物有深入细致的了解,还需要对统计总体的组成和其各部分之间的数量关系进行分析、比较,这就需要计算相对指标。

5.2.1 相对指标的概念及作用

1. 相对指标的概念

相对指标亦称"统计相对数",它是两个有联系的社会经济现象数值相对比得到的数据,用来反映社会经济现象之间数量对比关系的统计指标。

2. 相对指标的作用

(1) 相对指标可以弥补总量指标的不足,使人们清楚地了解现象的相对水平和普遍程度。例如,某公司2019年营业收入为1 000万元,2020年营业收入为2 000万元,则2020年利润增长了100%,相对指标揭示公司发展变化趋势,这是总量指标无法准确说明的。

(2) 相对指标能够把现象的绝对差异抽象化,使原来无法直接对比的总量指标变的可以进行比较。由于生产规模、条件不同,企业间用总产值、利润比较评价意义不大,可采用一些相对指标,如利润率、发展速度等相对指标进行比较,对企业生产经营成果做出公正、合理的评价。

(3) 相对指标能够综合反映社会经济现象之间的内部结构、比例关系,可深入分析其性质,反映更深层次的数量关系。例如,通过计算我国一、二、三产业增加值占国内生产总值的比率,可以说明我国国民经济各产业整体发展程度等。

5.2.2 相对指标的表现形式

相对指标的表现形式有两种:有名数和无名数。

1. 有名数

有名数是将对比的分子指标和分母指标的计量单位结合使用,以表明事物的密度、普遍程度和强度等。例如,人口密度用"人/平方千米"表示、人均国内生产总值用"元/人"表示、人均粮食产量用"千克/人"表示等都是有名数。

2. 无名数

无名数是一种抽象化的数值,多以系数、倍数、成数、百分数和千分数表示。

(1) 系数和倍数。系数和倍数是将对比的基数抽象化为1而计算的相对数。在两个数字对比时,其分子数值与分母数值的比值小于1时用系数表示,如工资等级系数、固定资产磨损系数等;当分子数值与分母数值的比值大于1时用倍数表示。

(2) 成数。成数是将对比的基数抽象化为10而计算出来的相对数。例如,某省玉米产量比上年增长一成指的是玉米产量较上年增长了10%。

(3) 百分数。百分数是将对比的基数抽象化为100而计算出来的相对数,其符号为%。例如,存款利率、电视收视率等一般用百分数表示。

(4) 千分数。千分数是将对比的基数抽象化为1 000而计算出来的相对数,其符号为‰,它适用于对比的分子数值比分母数值小得多的情况。例如,出生率、死亡率、人口自然增长率等多用千分数表示。

5.2.3 相对指标的种类及计算方法

相对指标的形式主要有六种：结构相对指标、比例相对指标、比较相对指标、计划完成程度相对指标、强度相对指标和动态相对指标。

1. 结构相对指标

结构相对指标是指在统计分组情况下，总体内部各组的数值与总体数值相比计算得到的相对数。它反映总体内部的构成情况，表明总体中各部分所占比重的大小、一般用百分数表示。计算公式为：

$$结构相对指标 = \frac{总体某部分(组)的数值}{总体全部数值} \times 100\% \quad (5-6)$$

结构相对指标中各部分(组)所占比重可以相加，且各部分比重之和等于100%或1，一般用饼形结构图来表示。结构相对指标必须在统计分组的基础上才可以计算，在计算过程中分子与分母数值不能互换。

【例5-1】 2020年全国国内生产总值及其构成情况如表5-1所示，求各产业的结构相对指标。

表5-1 2020年全国国内生产总值及其构成情况

产业类型	增加值/亿元
第一产业	77 754
第二产业	384 255
第三产业	553 977
合计	1 015 986

资料来源：国家统计局网站。

根据结构体相对指标的计算公式，计算结果如表5-2所示。

表5-2 2020年全国国内生产总值各产业结构相对指标

产业类型	增加值/亿元	结构相对指标/%
第一产业	77 754	7.65
第二产业	384 255	37.82
第三产业	553 977	54.53
合计	1 015 986	100.00

在社会经济统计中，结构相对指标应用广泛，它的主要作用可以概括为以下几个方面。

① 结构相对指标可以说明在一定时间、地点和条件下总体结构的特征。例如，从表5-1和5-2的资料可以看出，在2020年全国国内生产总值各产业结构相对指标中，第三产业超过第一产业和第二产业所占比率，成为我国第一大产业。

② 不同时期结构相对指标的变化，可以反映事物性质的发展趋势，展现经济结构的演变规律。例如，从表5-3的资料中可以看出第三产业在国内生产总值中所占的比重呈

现持续上升状态,这意味着中国经济正由原来的工业主导型经济向服务主导型经济转变,这种趋势将对中国多个方面带来深远而持久的影响。

表 5-3 2015—2019 年第三产业占我国国内生产总值的比重

项目	2015年	2016年	2017年	2018年	2019年
国内生产总值/亿元	688 858.2	746 395.1	832 035.9	919 281.1	986 515.2
其中:第三产业增加值/亿元	349 744.7	390 828.1	438 355.9	489 700.8	535 371.0
第三产业增加值所占比重/%	50.8	52.4	52.7	53.3	54.3

资料来源:国家统计局网站。

③ 根据结构相对指标可以分析统计现象总体的质量、品质以及人、财、物的利用情况。例如,产品的合格率、优质品率、高新技术品率、商品损耗率等可表明企业的工作质量,出勤或缺勤率、设备利用率等可反映企业的人、财、物的利用状况。

④ 结构相对指标有助于分清主次,确定工作重点。例如在物资管理工作中采用 ABC 分析法,其基本原理就是对影响经济活动的因素进行分析,按各种因素影响程度的大小分为 A、B、C 三类,实行分类管理。

2. 比例相对指标

比例相对指标是反映总体中各个组成部分之间的比例关系和均衡状况的综合指标,它是同一总体中某一部分数值与总体中另一部分数值静态对比的结果,计算公式为

$$\text{比例相对指标} = \frac{\text{总体中某一部分数值}}{\text{总体中另一部分数值}} \times 100\% \tag{5-7}$$

比例相对指标的数值一般用百分数或几比几的形式表示。

【例 5-2】 2020 年第七次人口普查结果显示全国人口总数 141 178 万人,其中男性 72 334 万人,占 51.24%;女性 68 844 万人,占 48.76%。则男性人口总数与女性人口总数的比例相对指标为

$$\frac{72\ 334}{68\ 844} \times 100\% = 105.07\%$$

计算结果表明,男女性别比例相对指标为 105.07%。与第六次人口普查 105.20% 相比,男女性别比率略有下降。该数据表明国家人口政策起到了一定的作用,居民生育观念也有所转变,重男轻女的现象有所减缓。

比例相对指标是在统计分组的基础上进行计算的,在计算过程中分子数值和分母数值可以互换,但指标数值显示的意义相反。比例相对指标能够反映有关事物之间的实际比例关系,帮助认识客观事物是否符合按比例协调发展的要求。参照有关标准,可以判断比例关系是否合理。在国家制定宏观政策时,比例相对指标对于分析整个国民经济和社会发展是否协调均衡具有重要的意义。

3. 比较相对指标

比较相对指标是将两个同类指标进行静态对比而得出的综合指标,表明同类现象在不同条件下的数量对比关系,可以用百分数、倍数和系数表示。在总体范围明确背景下,比较相对指标和比例相对指标的区别是比较相对指标是同类现象不同空间之比,比例相

对指标是同一总体不同部分之比。比较相对指标的计算公式为

$$比较相对指标 = \frac{甲地区（单位或企业）某类指标数值}{乙地区（单位或企业）同类指标数值} \times 100\% \quad (5-8)$$

【例 5-3】 两个类型相同的工业企业，甲企业全员劳动生产率为 57 840 元/人·年，乙企业全员劳动生产率为 78 420 元/人·年，则两个企业全员劳动生产率的比较相对指标为：

$$\frac{57\,840}{78\,420} \times 100\% = 73.66\% ; \quad \frac{78\,420}{57\,840} \times 100\% = 135.58\%$$

用来对比的两个性质相同的指标数值，其表现形式不一定仅限于绝对数，也可以是其他的相对数或平均数。计算比较相对指标应注意对比指标的可比性，比较相对指标的分子分母可以互换，互换后的计算结果表明的内容也有所改变。如果以乙企业的全员劳动生产率作为比较标准，计算结果说明甲企业全员劳动生产率是乙企业的 73.66%；如果以甲企业全员劳动生产率作为比较标准，则表明乙企业全员劳动生产率是甲企业的 135.58%。

4. 计划完成程度相对指标

计划完成程度相对指标是社会经济现象在某一时期内实际完成数值与计划任务数值对比的结果，一般用百分数来表示。基本计算公式为

$$计划完成程度相对数 = \frac{实际完成数}{计划任务数} \times 100\% \quad (5-9)$$

由于计划数在实际计算中可以表现为绝对数、相对数、平均数等多种形式，因此计算计划完成程度相对指标的方法也不尽相同。

(1) 计划数为绝对数和平均数时的计划完成程度相对指标求解。使用绝对数和平均数计算计划完成程度相对指标时，可直接用实际完成数和计划任务数对比求得计划完成程度相对指标。

【例 5-4】 某企业 2020 年产品计划产量 150 000 件，实际完成 180 000 件，则产量计划完成程度相对指标为

$$\frac{180\,000}{150\,000} \times 100\% = 120\%$$

计算结果表明，该企业计划完成程度为 120%，超额 20% 完成产量计划，实际产量比计划产量增加了 30 000 件。

【例 5-5】 某企业劳动生产率计划达到 84 000 元/人，产品计划单位成本为 600 元，该企业实际劳动生产率达到 10 500 元/人，该产品实际单位成本为 500 元，其计划完成程度相对指标为

$$劳动生产率计划完成程度相对指标 = \frac{105\,000}{84\,000} \times 100\% = 125\%$$

$$单位成本计划完成程度相对指标 = \frac{500}{600} \times 100\% = 83.33\%$$

计算结果表明，该企业劳动生产率计划完成程度为 125%，实际比计划提高了 25%，而产品单位成本计划完成程度为 83.33%，实际比计划降低了 16.67%。这里劳动生产率为正指标，即指标越高越好，说明计划完成效果好；单位成本为逆指标，指标越低越好，指标高反而说明任务完成效果差。

(2) 当计划数为相对数时,计划完成程度相对指标计算公式为

$$计划完成程度相对指标 = \frac{实际达到的百分数}{计划规定的百分数} \times 100\% \quad (5-10)$$

【例 5-6】 某企业商品销售总额计划增长 20%,商品总成本计划下降 8%,而实际销售总额增长了 26%,实际商品总成本下降了 12%。则计划完成程度指标为

$$销售总额计划完成程度相对数 = \frac{1+26\%}{1+20\%} \times 100\% = 105\%$$

$$产品总成本计划完成程度相对数 = \frac{1-12\%}{1-8\%} \times 100\% = 95.65\%$$

计算结果表明,销售总额计划完成程度大于 100%,说明超额完成销售计划;而产品成本计划完成程度小于 100%,说明实际成本比计划成本有所降低,说明超额完成成本降低计划。

在计划完成程度相对指标中,100% 这个数据是判断是否完成计划的数量界限。但是,计划完成程度相对指标同计划完成情况是不同的,计划完成程度相对指标是评价计划完成情况的标准和依据,指标是中性的,没有好坏之分。计划完成情况与之不同,说完成了计划或没有完成计划,具有评判之意。因此,利用计划完成程度相对指标进行评价时,必须考虑指标的性质,分析该指标是正指标还是逆指标。对于数值越大越好的产出类指标,如产值、产量、利润、劳动生产率等正指标,计划完成程度相对数要大于 100% 才算完成计划,超过 100% 的部分为超额完成计划的相对数;对于数值越小越好的投入类指标,如投资总额、产品消耗量、单位成本等逆指标,计划完成程度相对数要小于 100% 才算完成计划,如果计划完成程度超过 100%,则说明没有完成计划,超过 100% 的部分为未完成计划的相对数。还有些计划完成程度相对数要等于 100% 才算完成计划,大于 100%、小于 100% 都属于未完成计划,如单位实行的定岗定编制度,计划完成程度相对数大于 100%,说明单位人数大于需求人数,人力成本增加;计划完成程度相对数小于 100%,说明单位人员供给不足,部分工作无法按时保质保量完成。

(3) 检查计划执行情况时的计划完成程度

① 在检查短期计划执行情况时,考核指标如下:

$$计划完成程度相对数 = \frac{期初至某期的累计完成数}{全期计划数} \times 100\% \quad (5-11)$$

例如,2021 年全年计划销售 600 件产品,1—6 月份销售 350 件,则 1—6 月份完成全年计划的百分比是

$$计划完成程度相对数 = \frac{350}{600} \times 100\% = 58.33\%$$

② 在检查长期计划的完成情况时,考核其计划执行情况也有两种不同的方法:水平法和累计法。

水平法是检查计划完成程度根据计划末期实际达到的水平与计划规定的同期应达到的水平相比较,来确定全期是否完成计划。其计算公式如下:

$$计划完成程度相对数 = \frac{长期计划末期实际达到的水平}{长期计划末期计划达到的水平} \times 100\% \quad (5-12)$$

【例 5-7】 某公司按五年计划规定的最后一年的产量应达到 700 万件,计划的执行情况如表 5-4 所示,求计划完成程度相对数,如果提前完成,计算提前完成计划的时间。

表 5-4　某公司计划执行情况表　　　　　　　　　　　　　　单位:万件

年份	第一年	第二年	第三年		第四年				第五年			
			上半年	下半年	第一季度	第二季度	第三季度	第四季度	第一季度	第二季度	第三季度	第四季度
产量	430	432	251	282	158	162	165	172	179	198	197	205
合计								665				
合计										714		
合计												779

该公司第五年产量 779 万(179＋198＋197＋205),所以其计划完成程度计算如下:

$$\text{计划完成程度相对数} = \frac{179+198+197+205}{700} \times 100\% = 111.29\%$$

计算结果表明,该企业超额 11.29% 完成产量五年计划。

采用水平法计算,只要有连续一年时间实际完成水平达到最后一年计划水平,就算完成了五年计划,余下的时间就是提前完成计划时间。如以第四年第三季度到第五年的第二季度这四个季度为例,钢总产量已达 714 万吨,表明这两个半年合在一起的产量已经完成了计划,并且超额完成了 14 万吨。这说明该公司计划完成时间超过了两个季度,那么提前期是两个季度零多少天呢?现假定多 x 天,则提前完成计划的时间为:2 个季度＋x 天。

$$\frac{x}{90} \times 162 + 165 + 172 + 179 + \frac{90-x}{90} \times 198 = 700$$

$$x = 3.75 \approx 4(\text{天})$$

提前完成计划的时间为:90×2＋4＝184(天)

累计法就是整个计划期间末期实际累计完成量与同期计划末期累计量相对比,来确定计划完成程度。计算公式如下:

$$\text{计划完成程度相对数} = \frac{\text{中长期计划末期实际累计完成量}}{\text{中长期计划末期计划累计量}} \times 100\% \quad (5-13)$$

【例 5-8】 某地区计划五年固定资产投资总额 240 亿元,实际各年固定资产投资情况如表 5-5 所示,求固定资产投资的计划完成程度相对数。如果固定资产投资总额提前完成,计算提前完成计划的时间。

表 5-5　某地区资产投资完成情况　　　　　　　　　　　　　单位:亿元

年份	第一年	第二年	第三年	第四年	第五年			
					第一季度	第二季度	第三季度	第四季度
固定资产实际投资额	40	43	50	59	22	26	28	30

则该地区资产投资的计划完成程度相对指标计算如下：

$$计划完成程度相对数 = \frac{40+43+50+59+22+26+28+30}{240} \times 100\%$$

$$= \frac{298}{240} \times 100\% = 124.17\%$$

计算结果表明，该地区资产投资超额完成计划，超额幅度为 24.17%。采用累计法计算，只要从中长期计划开始至某一时期止，所累计完成数达到计划数，就是完成了计划。其提前完成时间为：2 个季度 + x 天

$$x = \frac{298-240-30-28}{12} \times 90 = 0(天)$$

提前完成时间为：$2 \times 90 + 0 = 180$（天）

水平法和累计法的对比分析：

① 水平法和累计法的含义不同。水平法是以计划期末实际达到的水平与计划期末规定达到的水平相比来计算计划完成情况；累计法则是以计划期实际累计完成数与计划期规定的累计数之比来确定计划的完成情况。

② 二者适用范围不同。水平法适用于检查计划指标在计划期期末应达到的水平制定的长期计划；累计法则适用于检查计划指标按整个计划期累计应达到的水平制订的长期计划。例如，固定资产投资总额。

③ 计算提前完成计划时间的方法不同。水平法检查长期计划完成情况时，只要计划期内有连续一期（如一年）的时间实际完成的水平达到了计划末期（如末年）水平，此时就算完成计划，所余时间为提前完成计划的时间；采用累计法时，只要从计划期开始至某一时期止，累计完成的实际数达到了计划规定的累计数就算完成计划，所余时间就属于提前完成计划的时间。

5. 强度程度相对指标

强度相对指标是两个性质不同但又有密切联系的总量指标的对比，用以反映现象的强度、密度和普遍程度的综合指标。其计算公式为

$$强度相对指标 = \frac{某一总量指标数值}{另一个有联系而性质不同的总量指标数值} \tag{5-14}$$

【例 5-9】 我国土地面积为 9 600 000 km^2，2019 年末全国总人口 140 005 万人，则 2019 年年末我国的人口密度为：

$$人口密度 = \frac{1\,400\,050\,000}{9\,600\,000} = 145.84(人/km^2)$$

常见的用来表现国家综合实力的强度相对指标有人均国内生产总值、人均粮食产量等，这些强度相对指标的数值越大，表示一个国家的经济发展程度越高，经济实力越强。

因为计划完成程度相对指标是两个性质不同但有联系的总量指标数值之比，所以在多数情况下，是由分子与分母原有单位组成的复合单位表示的。但有少数的强度相对指标因其分子与分母的计量单位相同，可以用千分数或百分数表示其指标数值。例如：

$$人口自然增长率 = \frac{年内出生人口数 - 年内死亡人口数}{年平均人口数} \times 1\,000\text{‰}$$

$$=\frac{年内人口自然增长数}{年平均人口数}\times 1\,000‰$$

$$=人口出生率(‰)-人口死亡率(‰)$$

从强度相对指标数值的表现形式上看,与统计的平均指标相似。例如,人均国内生产总值的单位是"元/人",但强度相对指标与统计平均数有本质的区别。强度相对指标是两个性质不同而有联系的总量指标数值之比,它表明两个不同总体之间的数量对比关系。统计平均指标则是同一总体中的标志总量与单位总量之比,是将总体的某一数量标志总量的各个变量值加以平均。

6. 动态相对指标

动态相对指标是将不同时期的两个同类指标数值进行对比而得出的相对数,借以表明现象在时间上发展变动的程度,统计上又称为发展速度,通常用"%"表示。其计算公式如下:

$$动态相对指标=\frac{报告期指标数值}{基期指标数值}\times 100\% \tag{5-15}$$

通常,作为比较标准的时期称为基期,与基期对比的时期称为报告期。例如,2020 年全国国内生产总值为 1 015 986 亿元,2019 年全国国内生产总值为 986 515.2 亿元。如果 2019 年选作基期,2020 的全国国内生产总值与 2019 年的全国国内生产总值对比,则

$$动态相对数=\frac{1\,015\,986}{986\,515.2}\times 100\%=102.99\%$$

该动态相对指标说明在 2019 年基础上 2020 年国内生产总值的发展速度为 102.99%。

上述六种相对指标从不同的角度出发,运用不同的对比方法,对两个同类指标数值进行静态的或动态的比较,对总体各部分之间的关系进行数量分析,对两个不同总体之间的联系程度和比例作比较,是统计中常用的基本数量分析方法之一。

5.3 平均指标

5.3.1 平均指标的概念及作用

1. 平均指标的概念

平均指标是在同质总体内,将各单位的数量差异抽象化,用以反映同类社会经济现象总体各单位某一数量标志值在一定时间、地点、条件下的一般水平的指标。平均指标按计算和确定的方法不同,分为算术平均数、调和平均数、几何平均数、众数和中位数。前三种平均数是根据总体各单位的标志值计算得到的平均值,称作数值平均数。众数和中位数是根据标志值在分配数列中的位置确定的,称为位置平均数。与其他统计指标相比,平均指标主要有以下三个特点。

(1) 抽象性。平均指标是将总体各单位某一数量标志值的个体差异抽象化,是总体内各单位参差不齐的标志值的代表性的数值。例如,可以计算人口的平均寿命、平均身

高等。

(2) 同质性。平均指标中总体标志总量和总体单位总量必须隶属于同一总体,这是计算平均指标的前提。

(3) 反映总体变量值的集中趋势。从总体变量值的分布情况看,多数现象的分布服从钟形分布,平均数靠近中间。这说明多数标志值集中在平均数附近,平均数是反映总体变量值集中倾向的代表值。

2. 平均指标的作用

(1) 平均指标可以反映同类现象在不同时间的比值关系。平均指标可以通过对比同一现象在不同时间的一般水平,反映社会经济现象发展变化的规律。

(2) 平均指标可以比较同类现象在不同空间发展的一般水平。平均指标可以消除因总体不同而带来的总体数量上的差异,使不同的总体可以进行对比。

(3) 平均指标可以分析现象之间的依存关系。在社会经济现象中,有些现象并不是孤立的,存在相互联系,利用平均指标可以分析他们之间的依存关系。

(4) 利用平均指标可以估计、推断其他有关指标。在统计实践中,可以利用抽样调查中得到的样本平均指标推算总体平均指标,加深对总体的认识。

5.3.2 数值平均数

数值平均数是指根据统计数据计算出来的平均数,常用的数值平均数主要有三种:算术平均数、调和平均数和几何平均数。

1. 算术平均数

算术平均数是总体各单位某一标志值总量除以总体单位总量,也称为平均数或均值,一般用 $\bar{x}$ 或 μ 表示,它是适用最为广泛的平均数。在计算算术平均数时,计量单位应当和标志总量的计量单位一致;分子分母为同一总体,分母是分子的承担者。算术平均数的计算公式为

$$算术平均数 = \frac{总体标志总量}{总体单位总量} \tag{5-16}$$

在实际工作中,由于所掌握的统计资料的不同,利用上述公式进行计算时,可分为简单算术平均数和加权算术平均数两种。

(1) 简单算术平均数。简单算术平均数指将各单位的标志值 x_i 直接相加得出标志总量,再除以总体单位数 n,就得到简单算术平均数。计算公式为

$$\bar{x} = \frac{x_1 + x_2 + \cdots + x_n}{n} = \frac{\sum x}{n} \tag{5-17}$$

式中:x_i——各变量值($i=1,2,\cdots,n$);

n——变量值个数。

【例 5-10】 某企业 2020 年 7—12 月产品销售额如表 5-6 所示,求 2020 年 7—12 月该企业月平均销售额。

表 5-6　某企业 2020 年 7—12 月产品销售额资料

月　份	7	8	9	10	11	12
销售额（万元）	55	58	62	64	55	63

$$月平均销售额 = \frac{\sum_{i=1}^{n} x_i}{n} = \frac{55+58+62+64+55+63}{10} = 59.5(万)$$

（3）加权算术平均数。加权平均值即将各变量数值乘以相应的权数，加总求和得到总数值，再除以总体单位数。根据分组整理的数据计算的算术平均数称为加权算术平均数。其计算公式为

$$\bar{x} = \frac{x_1 f_1 + x_2 f_2 + \cdots + x_n f_n}{f_1 + f_2 + \cdots + f_n} = \frac{\sum xf}{\sum f}$$

$$= \sum x_1 \frac{f_1}{\sum f} + \sum x_2 \frac{f_2}{\sum f} + \cdots + \sum x_n \frac{f_n}{\sum f} = \sum x \frac{f}{\sum f} \quad (5\text{-}18)$$

式中：f_i——第 i 组变量值出现的频数（$i=1,2,\cdots,n$）；

$\dfrac{f_i}{\sum f}$——第 i 组变量值出现的频率。

加权平均值的大小不仅取决于总体中各单位的变量值的大小，而且取决于各变量值出现的频数或频率。某一组的频数或频率越大，则该组数据的大小对算术平均数的影响就越大，平均数就越接近这组标志值，反之亦然。

① 单项式分组计算加权算数平均数

【例 5-11】 某工厂 20 名工人的日产量分组资料如表 5-7 前两列所示，计算该工厂工人的日产量。

表 5-7　某小组生产情况计算表

日产量 x /件	工人绝对数 f /人	标志总量 xf /件	工人人数相对数 $f/\sum f$	$x\dfrac{f}{\sum f}$
85	7	595	35%	29.75
90	10	900	50%	45
95	3	285	15%	14.25
合计	20	1780	100%	89

$$\bar{x} = \frac{\sum xf}{\sum f} = \frac{85 \times 7 + 90 \times 10 + 95 \times 3}{7+10+3} = \frac{1780}{20} = 89(件)$$

或者 $\bar{x} = \sum x \dfrac{f}{\sum f} = 85 \times 35\% + 90 \times 50\% + 95 \times 15\% = 89(件)$

② 组距式数列计算加权算术平均数

计算组距式数列应遵循的步骤：

a. 计算各组的组中值;b. 用各组的组中值乘以相应的单位数,计算各组的标志总量;c. 将各组的标志总量相加,计算总体标志总量;d. 将各组的单位数相加,计算总体单位总量;e. 用总体标志总量除以总体单位总量,计算加权算数平均数。

【例 5-12】 某企业员工 2020 年 11 月和 12 月的销售额分组资料如表 5-8 所示,计算人均月销售额,并解释说明与 11 月相比,12 月人均月销售额变化的原因。

表 5-8 某企业员工销售额资料

月销售额/万元	员工数/人	
	11 月	12 月
50 以下	2	1
50～100	5	4
100～150	12	13
150 以上	3	4
合计	22	22

人均日产量计算表如表 5-9 所示。

表 5-9 某企业人均销售额计算表

月销售额/万元	组中值 x/万元	11 月			12 月		
		员工数 f/人	比重 $\frac{f}{\sum f}$/%	xf	员工数 f/人	比重 $\frac{f}{\sum f}$/%	xf
50 以下	25	2	9.09	50	1	4.55	25
50～100	75	5	22.73	375	4	18.18	300
100～150	125	12	54.55	1 500	13	59.09	1 625
150 以上	175	3	13.64	525	4	18.18	700
合计	—	22	100.00	2 450	22	100.00	2 650

11 月人均销售额: $\bar{x} = \frac{\sum xf}{\sum f} = \frac{2\,450}{22} = 111.36$(万元)

12 月人均销售额: $\bar{x} = \frac{\sum xf}{\sum f} = \frac{2\,650}{22} = 120.45$(万元)

从计算结果可以看出,12 月人均销售额比 11 月份高 9.09 万元,主要原因是不同组销售额水平的工人所占比重发生变化。例如 11 月销售额在 100 万以下的员工占总人数的 31.82%,12 月份该结构相对指标下降至 22.73%。

解释说明:在组距数列中计算加权算术平均数时,每个组的平均数需要用组中值为代表,表示这一组的平均水平。利用组中值作为本组平均值计算的加权算数平均数,有一个假设条件,即各组内的标志值分布均匀,这种方法计算结果与未分组数列的相应结果可能会有一些偏差,计算精度不如用原始数据质量好。

2. 调和平均数

调和平均数是总体各单位标志值倒数的算术平均数的倒数,也称倒数平均数。一般用 $\bar{x}_H$ 表示,它分为简单调和平均数和加权调和平均数两种。

(1) 简单调和平均数。根据未分组的原始数据,先计算总体单位标志值倒数的简单算术平均数,然后求其倒数。

$$\bar{x}_H = \frac{n}{\frac{1}{x_1}+\frac{1}{x_2}+\cdots+\frac{1}{x_n}} = \frac{n}{\sum\frac{1}{x}} \tag{5-19}$$

式中:$\bar{x}_H$ ——调和平均数;

n ——标志总量。

【例 5-13】 某家企业出售的产品根据质量分三个等级,一等品售价为每千克 1 000 元,二等品售价为每千克 800 元,三等品售价为每千克 200 元。现在各花 100 元买每个等级的商品,求平均每千克的价格。

$$\bar{x}_H = \frac{100+100+100}{\frac{100}{1\,000}+\frac{100}{800}+\frac{100}{200}} = 413.79(元/千克)$$

(2) 加权调和平均数。根据分组整理的数据,先计算总体单位标志值倒数的加权算术平均数,然后求其倒数。

$$\bar{x}_H = \frac{f_1+f_2+\cdots+f_n}{\frac{f_1}{x_1}+\frac{f_2}{x_2}+\cdots+\frac{f_n}{x_n}} = \frac{\sum f}{\sum\frac{f}{x}} \tag{5.17}$$

式中:f_i ——第 i 组标志总量,也称为权数($i=1,2,\cdots,n$)。

【例 5-14】 某地甲、乙两个企业生产过程中使用的三种原材料价格、企业成本、需求量资料如表 5-10 所示。该地区哪个企业原材料平均价格高?并说明原因。

表 5-10 原材料价格、甲企业成本及乙企业需求量资料

原材料	价格/(元/吨)	甲企业成本/元	乙企业需求量/吨
A	400	80 000	140
B	460	60 500	135
C	540	46 800	225
合计	—	176 500	500

平均价格计算表如表 5-11 所示。

表 5-11 甲、乙两企业原材料平均价格

品种	价格 x /(元/吨)	甲企业			乙企业		
		成本 f /元	需求量 f/x /吨	比重/%	成本 f /元	需求量 f/x /吨	比重/%
A	400	80 000	200.00	47.83	56 000	140	28.00

续表

品种	价格 x /(元/吨)	甲企业			乙企业		
		成本 f /元	需求量 f/x /吨	比重/%	成本 f /元	需求量 f/x /吨	比重/%
B	460	60 500	131.52	31.45	62 100	135	27.00
C	540	46 800	86.67	20.72	121 500	225	45.00
合计	—	187 300	418.19	100.00	239 600	500	100.00

甲企业原材料平均价格：

$$\bar{x}_{H甲}=\frac{\sum f}{\sum \frac{f}{x}}=\frac{187\,300}{\frac{80\,000}{400}+\frac{60\,500}{460}+\frac{46\,800}{540}}=418.19(元/吨)$$

乙企业原材料平均价格：

$$\bar{x}_{H乙}=\frac{\sum xf}{\sum f}=\frac{400\times140+460\times135+540\times225}{500}=479.2(元/吨)$$

经计算得知，乙企业原材料平均价格高，原因是乙企业对价格较高的原材料的需求量比重大于甲企业。

调和平均数的特点主要有三个：一是容易受极端值的影响，且受极小值的影响比受极大值的影响更大，当变量值有零时，无法计算调和平均数；二是当组距数列有开口组时，组中值是按相邻组距计算了，假定性也很大，这时调和平均数的代表性较差；三是调和平均数应用的范围较小。

3. 几何平均数

几何平均数也称几何均值，它是 n 个变量值连乘的积的 n 次方根，一般用 $\bar{x}_G$ 表示。几何平均数适用于计算平均比率和平均速度。凡是变量值的连乘积等于总速度或总比率的现象，都可以用几何平均数计算平均发展速度或平均比率。根据统计资料的不同，几何平均数可分为简单几何平均数和加权几何平均数两种。

(1) 简单几何平均数。将 n 个变量值连乘再对其开 n 次方根所得的平均数即为简单几何平均数。它的计算公式为

$$\bar{x}_G=\sqrt[n]{x_1\cdot x_2\cdot x_3\cdot\cdots\cdot x_n}=\sqrt[n]{\prod_{i=1}^{n}x_i} \qquad (5-20)$$

式中：x_i——为第 i 个变量值，$\prod$——连乘符号。

【例 5-15】 某产品生产前后需要衔接五道工序。4月3日对各工序的产品合格率进行抽检，得到各工序产品的合格率分别为 98%、95%、94%、92%、90%，求当日该产品各工序的平均合格率。产品的平均合格率为

$$\bar{x}_G=\sqrt[5]{98\%\times95\%\times94\%\times92\%\times90\%}=93.76\%$$

(2) 加权几何平均数。当统计资料中的某些变量值重复出现时，简单几何平均数就变成了加权几何平均数。计算公式为

$$\bar{x}_G = \sqrt[f_2+f_2+\cdots+f_n]{x_1^{f_1} \cdot x_2^{f_2} \cdot x_3^{f_3} \cdot \cdots \cdot x_n^{f_n}} = \sqrt[\sum f]{\prod_{i=1}^{n} x_i^{f_i}} \qquad (5\text{-}21)$$

式中：f_i——第 i 个变量值出现的次数。

【例 5-16】 某银行某项投资年利率是按复利计算的，10 年的利率如表 5-12 所示，计算 10 年的平均年利率。

表 5-12 投资年利率分组表

年限	年利率/%	本利率 x_i/%	年数 f_i/年
第 1 年至第 3 年	4	104	3
第 4 年至第 8 年	8	108	5
第 9 年至第 10 年	12	112	2
合计	—	—	10

$$\bar{x}_G = \sqrt[10]{1.04^3 \times 1.08^5 \times 1.12^2} = 107.56\%$$

即该项投资 10 年的平均年利率为年本利－100%，即 107.56%－100%＝7.56%。

几何平均数的特点主要有三点：一是与算数平均数相比，几何平均数受极端值的影响较小；二是在计算过程中，变量值不能为负值，因此，几何平均数的适用范围受限；三是几何平均数的对数等于各变量值对数的算术平均数。

5.3.3 位置平均数

位置平均数是根据总体中处于特殊位置上的个别单位或部分单位的标志值来确定的代表值，它对于统计总体来说，具有非常直观的代表性。常用的位置平均数有众数、中位数。

1. 众数

众数是指一个统计总体或分布数列中出现次数最多、频率最高的标志值，用 M_0 表示。根据变量数列的不同种类，众数可采用不同的方法求解。

(1) 根据未分组资料确定众数。首先将变量值按顺序排列，出现次数最多的变量值就是众数。

【例 5-17】 确定下列数据的众数

① 165,165,158,165,168,164,170。

② 35,38,41,38,40,41,38,38,42,41,42,41,38,40,42,41,39,45,33。

③ 61,64,66,70,72,75,83。

① 众数 M_0 为 165。

② 众数 M_0 为 38、41。

③ 无众数。

(2) 根据分组资料确定众数

① 单项式数列确定众数

由品质数列和单项式变量数列确定众数比较容易，只需找出出现次数最多的标志值，它就是众数。

【例 5-18】 某企业员工日产量分组情况如表 5-13 所示,确定产量的众数。

表 5-13 某企业员工日产量分组情况

日加工产品数量/件	人数/人
40	6
42	20
44	32
46	22
合计	80

上面数列中日加工产品数量 44 件的人数最多,为 32 人,故众数 $M_0=44$。

② 组距式数列确定众数

先要找出频数(频率)最大的组,即"众数组";其次,假设数据在众数组中均匀分布,按下列公式近似地计算众数值。计算公式为

$$M_0 = L + \frac{\Delta_1}{\Delta_1 + \Delta_2} \times d \qquad (5\text{-}22)$$

$$M_0 = U - \frac{\Delta_2}{\Delta_1 + \Delta_2} \times d \qquad (5\text{-}23)$$

式中:M_0——众数;

L——众数所在组的组下限;

U——众数所在组的组上限;

Δ_1——众数所在组的次数与前一组次数之差;

Δ_2——众数所在组的次数与后一组次数之差;

d——众数所在组的组距。

由于各组次数可以用绝对数表示,亦可以用相对数表示,因此,根据次数来确定众数时,既可以根据绝对次数计算,也可以根据相对次数计算。

【例 5-19】 某地区 2020 年居民月人均可支配收入的抽样资料如表 5-14 所示,计算该地区居民月人均可支配收入的众数。

表 5-14 某地区 2020 年居民月人均可支配收入的抽样资料

月人均可支配收入 x/元	居民户数 f/户	居民户数比重/%
2 000 以下	6	1.88
2 000~3 000	88	27.50
3 000~5 000	154	48.13
5 000~10 000	58	18.13
10 000 以上	14	4.38
合计	320	100.00

从表中的数据可以看出,最大的频数是 154,即众数组为 3 000~5 000 这一组,按绝

对数计算,根据公式得

$$M_0 = 3\,000 + \frac{154-88}{(154-88)+(154-58)} \times 2\,000 = 3\,814.81(元)$$

或:

$$M_0 = 5\,000 - \frac{154-58}{(154-88)+(154-58)} \times 2\,000 = 3\,814.81(元)$$

按相对数计算,根据公式得:

$$M_0 = 3\,000 + \frac{48.13\%-27.50\%}{(48.13\%-27.50\%)+(48.13\%-18.13\%)} \times 2\,000 = 3\,814.81(元)$$

或:

$$M_0 = 5\,000 - \frac{48.13\%-18.13\%}{(48.13\%-27.50\%)+(48.13\%-18.13\%)} \times 2\,000 = 3\,814.81(元)$$

(3)众数特点。众数的特点主要体现在三个方面。①众数是由标志值出现次数多少决定的,不受分布数列的极端值和开口组数列的影响,增强了众数对变量数列一般水平的代表性。②在分布数列中,如果没有一组次数比其他组次数多,说明分布数列趋近于均匀分布,并无明显的集中趋势,则分布数列没有众数。③众数缺乏敏感性。众数的计算只利用了分布数列中众数组的数据信息,不像数值平均数那样利用了全部数据信息,因此,在数据敏感性这方面相对较差。

2. 中位数

中位数是将总体各单位的标志值按大小顺序排列,形成一个数列,处于数列中点位置的标志值为中位数,一般用 M_e 表示。例如,人均工资水平的中位数,可表示人口总体工资的一般水平。中位数的作用与算术平均数相近,也可以作为研究数据的代表值,但有时比平均数更具有代表性。

(1)根据未分组资料计算中位数。对于未分组的原始资料,首先将标志值按从小到大依次排序,然后根据公式 $(n+1)/2$ 确定中位数的位置,再根据中位数的位置找出对应的标志值。

当 n 为奇数时,处于中间位置的标志值是中位数;当 n 是偶数时,处于中间位置的两个标志值的算术平均数就是中位数。

设排序的结果为 $x_1 \leqslant x_2 \leqslant x_3 \leqslant \cdots \leqslant x_n$,则中位数的计算公式为

$$M_e = \begin{cases} x_{\frac{n+1}{2}} & (n\text{ 为奇数}) \\ \dfrac{x_{\frac{n}{2}} + x_{\frac{n}{2}+1}}{2} & (n\text{ 为偶数}) \end{cases} \tag{5-24}$$

【例5-20】 某公司9位销售员本月销售额(万元)分别为52,55,56,58,60,61,64,65,67,$n=9$。

则中位数位次:$(n+1)/2=(9+1)/2=5$。

第五个位次对应的数值60为中位数,即中位数 $M_e=60$(万元)。

若把该组最后一个人的销售额67万元去掉,则原有数据个数变成8个,n 为偶数,采用偶数的计算公式,中位数是位次所对应的两个标志值的平均数来确定,即为

$$M_e = (x_4 + x_5)/2 = (58+60)/2 = 59。$$

（2）根据单项式分组数据确定中位数。首先，计算向上累计次数或向下累计次数；其次，可直接用 $\dfrac{\sum f}{2}$ 确定中位数的位次，将累计次数刚超过中位数位次的组确定为中位数组，该组的标志值即为中位数。

（3）组距分组资料确定中位数。首先，计算向上累计数（下限公式）或向下累计数（上限公式）；其次，按 $\dfrac{\sum f}{2}$ 确定中位数所在组；最后，按下限公式或上限公式确定中位数。

$$下限公式: M_e = L + \frac{(\sum f/2) - S_{m-1}}{f_m} \times d \tag{5-25}$$

$$上限公式: M_e = U - \frac{(\sum f/2) - S_{m+1}}{f_m} \times d \tag{5-26}$$

式中：M_e —— 中位数；

L —— 中位数所在组的组下限；

U —— 中位数所在组的组上限；

f_m —— 中位数所在组的次数；

$\sum f$ —— 总次数；

d —— 中位数所在组的组距；

S_{m-1} —— 到中位数组前面一组为止的向上累计次数；

S_{m+1} —— 到中位数组后面一组为止的向下累计次数。

【例 5-21】 某年级男生身高资料如表 5-15 所示，计算 100 名男生身高的中位数。

表 5-15 某年级男生身高资料

身高/cm	人数/人	向上累计/人	向下累计/人
160~165	4	4	100
165~170	19	23	96
170~175	26	49	77
175~180	37	86	51
180 以上	14	100	14
合计	100	—	—

由表中资料可得：中位数位置 $\dfrac{\sum f}{2} = \dfrac{100}{2} = 50$，可知中为数组是 175~180cm 组，则中位数为

$$M_e = L + \frac{(\sum f/2) - S_{m-1}}{f_m} \times d = 175 + \frac{\frac{100}{2} - 49}{37} \times 5 = 175.14 (\text{cm})$$

$$M_e = U - \frac{(\sum f/2) - S_{m+1}}{f_m} \times d = 180 - \frac{\frac{100}{2} - 14}{37} \times 5 = 175.14 (\text{cm})$$

5.4 标志变异指标

5.4.1 标志变异指标概念及作用

1. 标志变异指标

标志变异指标是反映同质总体各单位标志值的差异大小和程度的综合指标,是统计分析的一个基本指标。常用的标志变异指标有全距、平均差、方差和标准差、离散系数等。

2. 标志变异指标的作用

标志变异指标是描述数据分布的一个很重要的特征值,在统计分析、统计推断中具有重要作用。

(1) 变异指标可以反映总体内各标志值的差异程度。一般来说,标志变异指标数值越大,总体各单位变量值分布的离散趋势越高;反之,变量值分布的离散趋势越低。

(2) 标志变异指标是衡量平均指标代表性高低的尺度。平均指标作为总体各单位某一数量标志的代表值,其代表性的高低与总体各单位标志值差异程度有直接关系。标志变异指标值越大,平均指标的代表性越低;反之,标志变异指标值越小,平均指标的代表性越高。

(3) 标志变异指标能够反映社会经济活动过程的均衡性或协调性,以及产品质量的稳定性。一般来说,总体各单位变量值的标志变异指标数值越大,总体各单位变量值分布的离散趋势越高,表明现象变动不均衡,稳定性差;反之亦然。因此,标志变异指标成为企业进行产品质量控制和说明经济管理工作质量的重要指标。

(4) 标志变异指标是进行抽样推断的基础指标。例如,在抽样调查中,调查者需要利用样本数据来推断总体指标、确定样本容量,衡量样本数据的代表性,需要用标志变异指标进行说明。

5.4.2 标志变异指标

1. 全距与分位差

(1) 全距。全距也称为极差,它是指总体各单位的两个极端标志值之差,用 R 表示。计算公式为

$$R = \max(X_i) - \min(X_i) \tag{5-27}$$

【例5-22】某公司的销售团队月销售额(万元)分别为 70,78,82,85,92,99,102,110,117,135,则该公司月销售额的极差为

$$R = 135 - 70 = 65(\text{万元})$$

(2) 分位差。分位差是对全距指标的一种改进,是从变量数列中剔除了一部分极端值之后,重新计算的类似于全距的指标。常用的分位差有四分位差、八分位差、十六分位

差、百分位差等,这里主要介绍四分位差的应用。

四分位差是指一批数据中的第三个四分位数与第一个四分位数之差的二分之一,用于测定中间部分的距离,一般用"Q.D."来表示。四分位差的意义在于去掉数列中四分之一最小的部分和四分之一最大的部分,再根据中间 50% 部分来测定四分之一的距离为多少。反映了分布于中间数据的变异幅度,间距越小,中位数的代表性越大。计算公式为

$$Q.D. = Q_3 - Q_1 \tag{5-28}$$

分位差能排除少数极端值对分布变异范围的异常影响。分位的程度越高,分位差所排除的极端值的比例就越小。

2. 平均差

平均差是总体各单位的标志值与其算术平均数的离差的绝对值的算术平均数,它反映的是总体中各单位标志值的差异程度。为消除离差正负值对差异程度的影响,在计算过程中常采用离差的绝对值来计算。

未分组资料平均差的计算公式为

$$A.D. = \frac{\sum |x - \bar{x}|}{n} \tag{5-29}$$

分组资料资料采用的加权平均差公式为

$$A.D. = \frac{\sum |x - \bar{x}| f}{\sum f} \tag{5-30}$$

【例 5-23】 某高校工商管理专业学生统计学成绩如表 5-16 所示,计算统计学成绩的平均差。

表 5-16 某高校工商管理专业学生统计学成绩资料平均差计算表

成绩/分	学生人数 f/人	组中值 x/分	xf	$x - \bar{x}$	$\|x - \bar{x}\|f$
60 以下	4	55	220	−24.89	99.57
60~70	12	65	780	−14.89	178.72
70~80	26	75	1 950	−4.89	127.23
80~90	38	85	3 230	5.11	194.04
90~100	14	95	1 330	15.11	211.49
合计	94	—	7 510	—	811.06

根据公式列表计算,得到

$$\bar{x} = \frac{\sum xf}{\sum f} = \frac{4 \times 55 + 12 \times 65 + 26 \times 75 + 38 \times 85 + 14 \times 95}{94} = 79.89(\text{分})$$

$$A.D. \frac{\sum |x - \bar{x}|f}{\sum f} = \frac{811.06}{94} = 8.62(\text{分})$$

平均差计算简便,受极端数值的影响较小,能综合反映全部单位标志值的实际差异程度。平均差越大,说明标志变异程度越大,其代表性越小,反之亦然。

3. 标准差

标准差又称均方差，一般用 σ 表示，它是测定标志变异程度最重要、最常用的指标，它是方差的算数平方根。方差是总体各单位的标志值与其算术平均数离差平方的平均数，通常用 σ² 表示。方差的量纲不便于从经济意义上进行解释，所以实际统计工作中多用标准差来测度统计数据的差异程度。

（1）对于未分组的原始数据，标准差的计算公式为

$$总体数据：\sigma = \sqrt{\frac{\sum (x-\bar{x})^2}{n}} \tag{5-31}$$

$$样本数据：S = \sqrt{\frac{\sum (x-\bar{x})^2}{n-1}} \tag{5-32}$$

（2）对于分组数据，标准差的计算公式为

$$总体数据：\sigma = \sqrt{\frac{\sum (x-\bar{x})^2 f}{\sum f}} \tag{5-33}$$

$$样本数据：S = \sqrt{\frac{\sum (x-\bar{x})^2 f}{\sum f - 1}} \tag{5-34}$$

【例 5-24】 某工厂 50 名工人日产量分组资料如表 5-17 前两列所示，计算该工厂工人日产量的标准差。

表 5-17 某工厂工人日产量资料标准差计算表

日产量/件	工人数 f/人	组中值 x/件	xf	$(x-\bar{x})$	$(x-\bar{x})^2 f$
80～90	10	85	850	−13.6	1 849.6
90～100	18	95	1 710	−3.6	233.28
100～110	16	105	1 680	6.4	655.36
110～120	6	115	690	16.4	1 613.76
合计	50	—	4 930	—	4 352

$$\bar{x} = \frac{\sum xf}{\sum f} = \frac{85 \times 10 + 95 \times 18 + 105 \times 16 + 115 \times 6}{50} = 98.6(件)$$

$$\sigma = \sqrt{\frac{\sum (x-\bar{x})^2 f}{\sum f}} = \sqrt{\frac{4\ 352}{50}} = 9.33(件)$$

标准差是根据总体数据计算的，能综合反映总体单位标志值的实际差异程度，标准差的意义与平均差的意义基本相同，都是所有总体单位某一标志值与算数平均数的平均偏离程度，能准确地反映出数据的离散程度。一般情况下反映标志变异程度大小时都采用标准差。

4. 是非标志的标准差

在社会经济现象中，有时把某种社会经济现象的全部单位分为具有某一标志的单位

和不具有某一标志的单位。如果用 1 表示具备所研究标志的标志值,用 0 表示不具备所研究标志的标志值,全部单位数用 N 表示,其中具有所研究标志的单位数用 N_1 表示,不具有所研究标志的单位数用 N_0 表示。则 $\frac{N_1}{N}$ 为具有所研究标志的单位数在全部单位数中所占的比重,即比例成数,用 p 表示;$\frac{N_0}{N}$ 为不具有所研究标志的单位数在全部单位数中所占的比重,也是比例成数,用 q 表示。两个成数之和等于 1,即 $p+q=1$。

是非标志的平均数:

$$\bar{x}_p = \frac{\sum xf}{\sum f} = \frac{1 \times N_1 + 0 \times N_0}{N} = \frac{N_1}{N} = p \tag{5-35}$$

是非标志的标准差:

$$\sigma_p = \sqrt{\frac{\sum (x-\bar{x})^2 f}{\sum f}} = \sqrt{\frac{(1-p)^2 N_1 + (0-p)^2 N_0}{N}}$$

$$= \sqrt{\frac{q^2 N_1 + p^2 N_0}{N}} = \sqrt{q^2 p + p^2 q} = \sqrt{pq(q+p)} = \sqrt{pq} \tag{5-36}$$

当 $p=q=0.5$ 时,方差为 0.25,标准差为 0.5,二者均为最大值,表示是非标志值最大,说明统计总体的差异程度最大。

【例 5-25】 某企业进行产品质量合格率检测,抽取样本总计 400 件,经检验有 385 件合格,15 件不合格。求其合格率的平均值和标准差。

根据相关计算公式可得:

合格产品的成数:$p = \frac{385}{400} = 96.25\%$

不合格产品的成数:$q = \frac{15}{400} = 3.75\%$

合格率的平均值 $\bar{x}_p = p = 96.25\%$

合格率的标准差 $\sigma_p = \sqrt{pq} = \sqrt{96.25\% \times 3.75\%} \approx 18.9984\%$

5. 离散系数

离散系数又称变异系数、标准差系数,它是一组数据的标准差与其相应的平均数的比值,是测度数据离散程度的标志变异指标。离散系数大,说明数据的离散程度也大;离散系数小,说明数据的离散程度也小。离散系数的计算公式:

$$V_\sigma = \frac{\sigma}{\bar{x}} \tag{5-37}$$

进行两组数据的离散程度比较时,当两组数据的平均数相等时,可以直接比较标准差;当两组数据的平均数不等时就要比较两组的离散系数。标准差的大小既受总体的变异程度的影响,也受变量值水平的影响。统计数据的变量值水平越高,标准差就越大,反之亦然。在这种情况下,通过标准差系数的比较可以得出正确的结果。

【例 5-26】 某地区工薪阶层人均月收入水平为 4 500 元,标准差为 420 元,个体工商业者的月平均收入水平为 8 500 元,标准差为 750 元,请计算工薪阶层人员与个体工商业者月平均收入的离散系数,并比较分析他们的离散程度。

解:由于工薪阶层和个体工商业者的数据水平不同,不能直接用标准差进行比较,需要计算离散系数。

工薪阶层人员月平均收入水平离散系数为:$\dfrac{420}{4\ 500}=0.093$

个体工商业者月平均收入水平离散系数为:$\dfrac{750}{8\ 500}=0.088$

计算结果表明:从标准差来看,虽然工薪阶层人员月平均收入水平的差异比个体工商业者的小,但其离散系数却较大,这说明工薪阶层月平均收入水平的离散程度要大于个体工商业者月平均收入水平的离散程度。

5.4.3 偏态与峰态的测度

1. 偏态及其测定

偏态一词是统计学家皮尔逊在 1895 年首次提出,它是指非对称分布的偏斜状态。在统计中偏态指的是统计总体中的变量值分别落在众数的左右两边,呈非对称性分布。测度偏态的统计量被称为偏态系数,用 SK 表示。计算公式为

$$\text{SK}=\frac{\bar{x}-M_0}{\sigma} \tag{5-38}$$

偏态系数为无量纲的系数,通常取值在 $-3\sim+3$ 之间。偏态系数越大,说明统计总体中的各变量值偏斜程度越大;反之亦然。当偏态系数 SK=0 时,表明数据呈正态分布或左右对称;当 SK>0 时,表示数据呈右偏;当偏态系数 SK<0 时,表示数据呈左偏。若偏态系数 SK 大于 1 或小于 1,被称为高度偏态分布;若 SK 在 0.5~1 或 -1~0.5 之间,被认为是中等偏态分布;偏态系数 SK 越接近 0,则说明偏斜程度越低。例如,当偏态系数 SK 为 -0.2 时,表明数据分布有一定的偏斜,为左偏,但偏斜程度不大。

2. 峰态及其测定

峰态一词是由统计学家皮尔逊在 1905 年首次提出的。它是对数据分布平峰或尖峰程度的测度。测度峰态的统计量被称为峰态系数,用 K 表示。峰态通常是与标准正态分布相比较而言。当一组统计数据服从标准正态分布,则峰态系数 $K=0$;若峰态系数 $K\neq 0$,则表明统计数据分布比正态分布更平或更尖,通常称为平峰分布或尖峰分布。测定峰度的指标被称为峰度系数,其计算公式为

$$K=\frac{v^4}{\sigma^4}=\frac{\dfrac{\sum(x-\bar{x})^4 f}{\sum f}}{\sigma^4}-3 \tag{5-39}$$

对于正态分布,$K=\dfrac{v^4}{\sigma^4}-3=\dfrac{3\sigma^4}{\sigma^4}-3=0$

因此,可以将各种分布的峰度程度与正态分布相比,当 $K>0$ 时,表示统计数据呈尖

峰分布,说明频数分布集中趋势显著,离散度低;当 $K<0$ 时,表示统计数据呈平峰分布,说明频数分布离散程度高。

在统计分析中,偏度和峰度主要用于检查样本的分布是否呈正态分布,并据此判断统计总体的分布是否接近于正态分布。在企业产品质量管理中,偏度和峰度应用比较广泛。

【例 5-27】 某电商平台经营店铺按营业额分组情况如表 5-18 所示,计算分布的偏态系数和峰度系数,并说明数据的分布形式。

表 5-18 某电商平台经营店铺按营业额收入分组情况

营业额/万元	组中值	店铺/个
500 以下	450	10
500~600	550	20
600~800	700	40
800~1 000	900	25
1 000 以上	1 100	5
合计	—	100

$$\bar{x} = \frac{\sum xf}{\sum f}$$

$$= \frac{450 \times 10 + 550 \times 25 + 700 \times 40 + 900 \times 25 + 1\,100 \times 5}{100}$$

$$= 715(万元)$$

$$\sigma = \sqrt{\frac{\sum (x-\bar{x})^2 f}{\sum f}}$$

$$= \sqrt{\frac{(450-715)^2 \times 10 + (550-715)^2 \times 25 + \cdots + (1\,100-8\,715)^2 \times 5}{100}}$$

$$= 168.89(元)$$

$$\mathrm{SK} = \frac{\dfrac{\sum (x-\bar{x})^3 f}{\sum f}}{\sigma^3}$$

$$= \frac{\dfrac{(450-715)^3 \times 10 + (550-715)^3 \times 25 + \cdots + (1\,100-715)^3 \times 10}{100}}{168.89^3}$$

$$= 0.35$$

由于 SK>0,所以统计数据呈右偏分布。

$$K = \frac{\dfrac{\sum (x-\bar{x})^4 f}{\sum f}}{\sigma^4} - 3$$

$$= \frac{(450-715)^4 \times 10 + (550-715)^4 \times 25 + \cdots + (1100-715)^4 \times 5}{100} - 3$$

$$= -0.50$$

由于 $K<0$,所以数据呈平峰分布。

5.5 统计指标实训项目与 Excel 应用

【实训目的】 通过统计指标实训项目的学习,帮助学生掌握单项统计指标和组距式统计指标计算及 Excel 应用,培养学生关于统计指标的计算和分析能力。

【实训要求】 通过项目学习,要求能够根据项目所给资料,能够熟练应用 Excel 进行统计指标的计算,并进行统计指标分析。

实训项目:百姓家园超市的顾客消费水平统计指标分析

【项目背景介绍】

百姓超市一家是开在山水家园小区的生活超市,店主想要了解本小区业主月平均消费支出情况,在小区进行抽样调查,随机抽取了 50 户家庭,具体数据如下(单位:元)

2 400	2 600	2 500	3 600	4 100	5 000	6 000	2 500	3 000	2 000
1 500	4 000	2 800	2 500	3 200	4 000	1 800	1 500	2 400	3 000
1 800	3 000	1 600	4 000	2 500	2 800	1 600	5 000	4 000	7 000
2 700	3 500	1 800	1 700	4 000	3 500	2 500	3 000	2 800	3 000
3 000	4 500	1 900	1 800	2 400	3 000	2 800	3 500	2 600	4 000

根据所给资料估计小区业主的月平均消费支出水平,为他的进货决策提供基础信息。

【实训项目操作】

1. 单项指标的计算

(1)算数平均数。首先,将 50 户业主的月平均消费水平录入到 Excel 工作表中。选择平均数的输出位置"C2"单元格。点击"插入函数"对话框,在"或选择类中"后的下拉列表中选择"常用函数",在"选择函数"中的"AVERAGE",单击"确定"按钮。即可弹出在"函数参数"对话框,在"Number1"后输入"A2:A51",或者选择好数据对应的单元格区域,单击"确定"按钮,即可在"C2"单元格中得到计算的算数平均数。

(2)众数。单击中位数的输出位置"C3"单元格,点击"插入函数"对话框,在"或选择类中"后的下拉列表中选择"常用函数",在"选择函数"中的"MODE",单击"确定"按钮,会弹出"函数参数"对话框,在"Number1"后输入"A2:A51",或者选择好数据对应的单元

图 5-1　在"选择函数"中选择"AVERAGE"

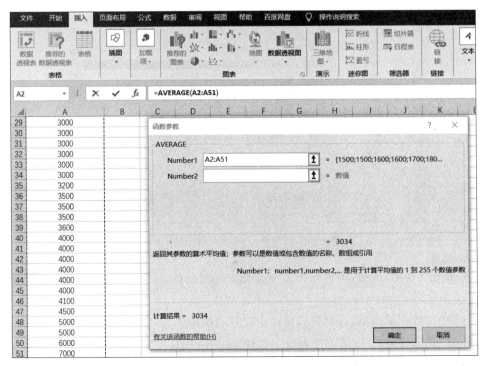

图 5-2　在"函数参数"中输入数据区域

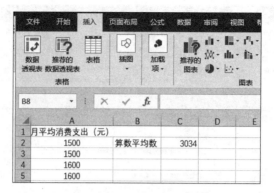

图 5-3　显示算数平均数的计算结果

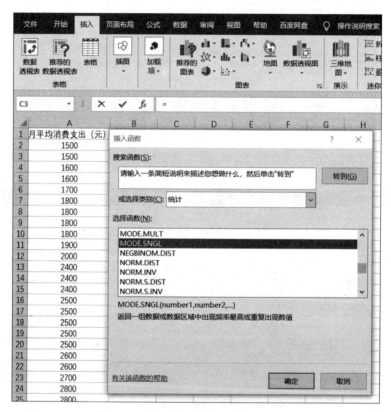

图 5-4　在"选择函数"中选择"MODE"

格区域,单击"确定"按钮,即可在"C3"单元格中得到众数。详情如图 5-4、图 5-5 和图 5-6 所示。

（3）中位数。单击"插入函数",单击中位数的输出位置"C4"单元格,点击"插入函数"对话框,在"或选择类中"后的下拉列表中选择"常用函数",在"选择函数"中的"MEDIAN",单击"确定"按钮。即可弹出在"函数参数"对话框,在"Number1"后输入"A2:A51",或者选择好数据对应的单元格区域,单击"确定"按钮,即可在"C4"单元格中得到中位数。如

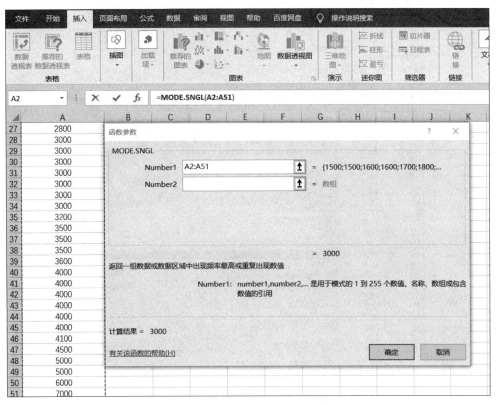

图 5-5 在"函数参数"中输入数据区域

图 5-6 显示众数的计算结果

图 5-7 和图 5-8 所示。

（4）方差。单击"插入函数"，单击中位数的输出位置"C5"单元格，点击"插入函数"对话框，在"或选择类中"后的下拉列表中选择"常用函数"，在"选择函数"中的"VAR"，单击"确定"按钮。即可弹出在"函数参数"对话框，在"Number1"后输入"A2:A51"，或者选择好数据对应的单元格区域，单击"确定"按钮，即可在"C5"单元格中得到样本方差。详情如

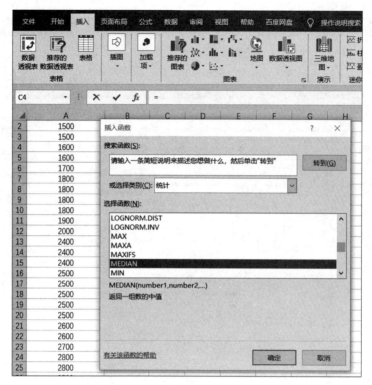

图 5-7　在"选择函数"中选择"MEDIAN"

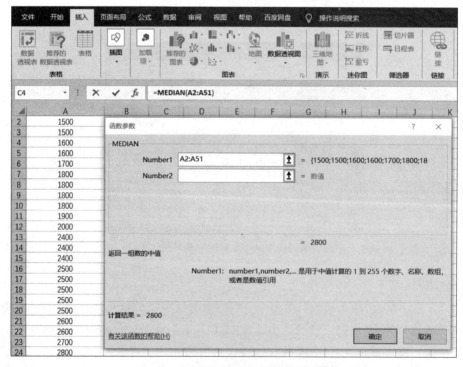

图 5-8　在"函数参数"中输入数据区域

图 5-9　显示中位数的计算结果

图 5-10、图 5-11 所示。

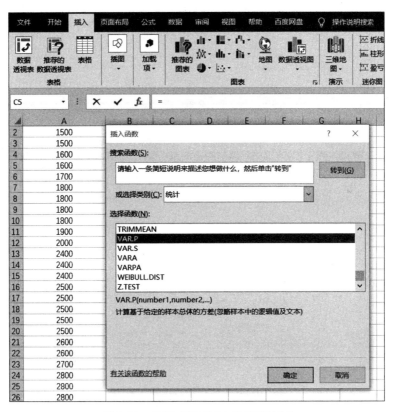

图 5-10　在"选择函数"中选择"VAR"

(5) 标准差。单击"插入函数",单击中位数的输出位置"C6"单元格,点击"插入函数"对话框,在"或选择类中"后的下拉列表中选择"常用函数",在"选择函数"中的"STDEV",单击"确定"按钮。即可弹出在"函数参数"对话框,在"Number1"后输入"A2:A51",或者选择好数据对应的单元格区域,单击"确定"按钮,即可在"C6"单元格中得到标准差。详情如图 5-12、图 5-13 所示。

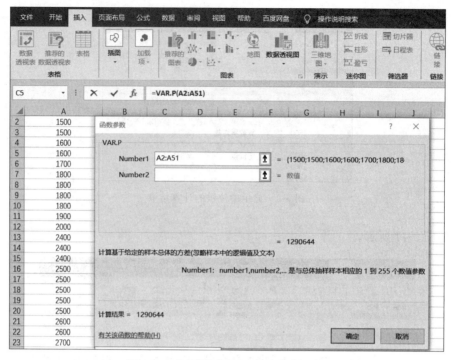

图 5-11 在"函数参数"中输入数据区域

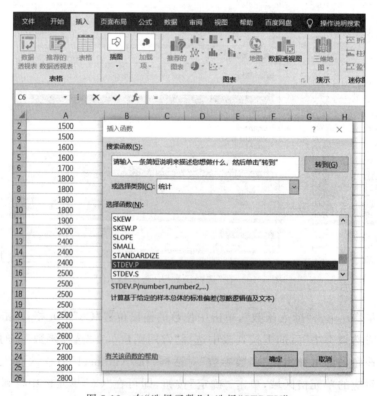

图 5-12 在"选择函数"中选择"STDEV"

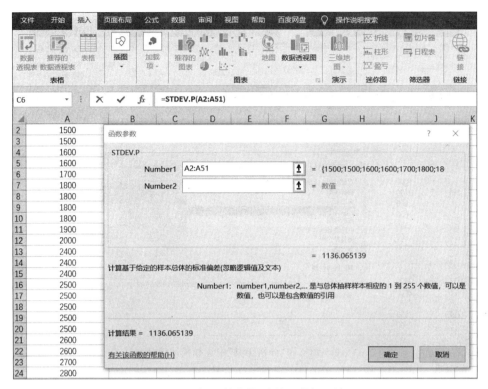

图 5-13　在"函数参数"中输入数据区域

2. 描述统计的综合计算

将 50 户业主的月平均消费水平录入到 Excel 工作表中后,利用 Excel 数据分析中的描述统计工具计算常用统计量,通过一键式求解,计算描述数据分布的集中趋势和离散程度。

操作步骤:选中全部数据,点击"数据"菜单,选择"数据分析",选择"分析工具库"下拉列表里的"描述统计"选项,单击"确定"按钮。在"输入"中的"输入区域"输入"＄A＄1：＄A＄51",勾选"标志位于第一行"在"输出选项"中的"输出区域"输入"＄B＄1",勾选"汇总统计",单击"确定"按钮,就能得到描述统计中的各种指标。详情如表 5-14、图 5-15、图 5-16 所示。

结论分析:通过描述统计的结果可知,在未分组的情况下,该组数据的平均值为 3 034,即该小区居民月平均消费支出金额为 3 034 元,标准误差约为 162 元,众数为 3 000 元,标准差约为 1 148 元,方差约为 1 316 984 元,峰度约为 2.15,偏度约为 1.22,全距为 5 500 元,最大值为 7 000 元,最小值为 1 500 元,总和为 151 700 元,观察项数为 50 项。这些指标通过一键取得,操作简单,因此,在平均指标和标志变异指标的数据分析过程中,采用 Excel 进行求解简便易行。

图 5-14　在"分析工具"中选择描述统计

图 5-15　输入相关内容

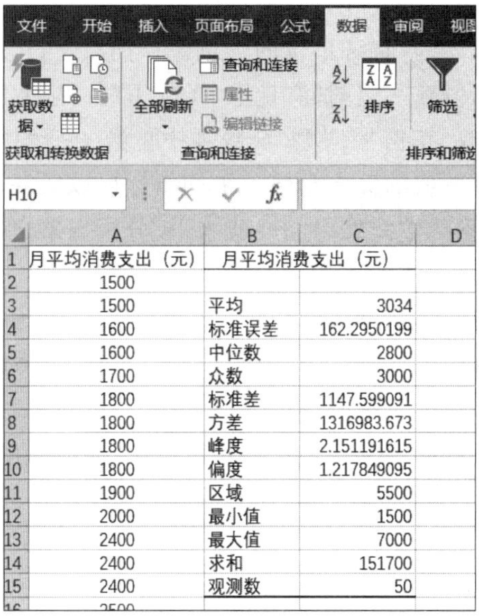

	A	B	C
1	月平均消费支出（元）	月平均消费支出（元）	
2	1500		
3	1500	平均	3034
4	1600	标准误差	162.2950199
5	1600	中位数	2800
6	1700	众数	3000
7	1800	标准差	1147.599091
8	1800	方差	1316983.673
9	1800	峰度	2.151191615
10	1800	偏度	1.217849095
11	1900	区域	5500
12	2000	最小值	1500
13	2400	最大值	7000
14	2400	求和	151700
15	2400	观测数	50

图 5-16　描述统计的相关结果

本 章 小 结

本章主要介绍了总量指标、相对指标、平均指标和标志变异指标的概念、作用及计算方法和应用。

总量指标是反映社会经济现象在一定时间、地点、条件下的总规模、总水平的统计指标。它能够帮助人们正确认识社会经济现象的数量关系和数量特点，是各国、各部门及各单位制定政策、编制计划、实行社会经济管理的重要依据之一，也是计算相对指标、平均指标及其他各类分析指标的基础数据。总量指标按其说明的内容不同，可分为总体单位总量和总体标志总量；按反映的时间状况不同，可分为时期指标和时点指标。总量指标主要有三种计量单位，即实物单位、价值单位和劳动单位。总量指标在实际应用过程中，可能存在理解上的误差，在应用时需要注意以下几点：明确总量指标的含义；注意总量指标和质量指标的联系；在统计汇总时，要统一计量单位。

相对指标亦称“统计相对数”，它是指对两个有联系的社会经济现象数值进行对比得到的数值，用来反映社会经济现象之间数量对比关系的统计指标。相对指标可以弥补总量指标的不足，使人们清楚地了解现象的相对水平和普遍程度。相对指标能够把现象的绝对差异抽象化，使原来无法直接对比的总量指标变为可比。相对指标能够综合反映社会经济现象之间的内部结构、比例关系，可深入分析其性质，反映更深层次的数量关系。相对指标的表现形式有两种——有名数和无名数。有名数是将对比的分子和分母指标的计量单位结合使用，以表明事物的密度、普遍程度和强度等；无名数是一种抽象化的数值，多以系数、倍数、成数、百分数和千分数表示。相对指标的形式主要有六种：结构相对指标、比例相对指标、比较相对指标、计划完成程度相对指标和动态相对指标。

平均指标是在同质总体内,将各单位的数量差异抽象化,用以反映同类社会经济现象总体各单位某一数量标志值在一定时间、地点、条件下的一般水平的指标。平均指标主要有算术平均数、调和平均数、几何平均数、众数和中位数。平均指标主要特点有三个:抽象性、同质性、反映总体变量值的集中趋势。平均指标可以反映同类现象在不同时间的比值关系,比较同类现象在不同空间发展的一般水平,分析现象之间的依存关系,估计、推断其他有关指标。

标志变异指标是反映同质总体各单位标志值的差异大小和程度的综合指标,是统计分析的一个基本指标。常用的标志变异指标有全距、平均差、方差和标准差、离散系数等。标志变异指标可以反映总体内各标志值的差异程度,是衡量平均指标代表性高低的尺度,能够反映社会经济活动过程的均衡性或协调性,以及产品质量的稳定性,是进行抽样推断的基础指标。

实训练习题

1. 简述总量指标的概念及作用。
2. 简述相对指标的概念、特点及作用。
3. 简述平均指标的概念、种类及作用。
4. 简述标志变异指标的概念、种类及作用。

技 能 训 练

1. 鑫宇公司是一家器材销售企业,该企业 2021 年前 4 个月的日营业收入频数分布如表 5-19 所示,请计算该企业销售量的平均数、标准差和方差。

表 5-19 鑫宇公司 2021 年前 4 个月的营业收入

按营业收入分组/万元	频数/天	频率
50 以下	5	4.17%
50~100	8	6.67%
100~150	15	12.50%
150~200	28	23.33%
200~250	19	15.83%
250~300	18	15.00%
300~350	10	8.33%
350~400	8	6.67%
400~450	5	4.17%
450 以上	4	3.33%
合计	120	100.00%

2. 从某公司 600 人中随机抽取 60 名员工,对这 60 名员工本月的工资总额进行统计调查,具体资料如下所示。试利用 Excel 描述统计工具对数据进行描述统计分析。

5 486	12 045	3 200	8 520	4 586	8 792	9 654	11 352	5 421
10 865	7 584	6 354	3 548	7 856	9 864	13 021	9 864	8 856
6 542	8 697	7 843	4 523	8 965	9 874	9 965	8 952	9 871
10 243	9 963	1 211	10 896	7 854	6 652	7 502	9 963	15 402
15 201	8 956	9 836	9 984	11 201	10 986	11 856	15 420	9 568
13 052	7 845	5 246	6 538	8 546	7 845	9 863	8 456	14 089

即 测 即 练

第 5 章 即测即练

第6章

动态数列分析

◆ **本章学习目标**

通过本章学习,学员应该能够:
1. 了解动态数列的含义、种类和编制原则;
2. 掌握动态数列水平分析和速度分析;
3. 掌握动态数列长期趋势的测定方法;
4. 理解季节变动的测定方法。

◆ **引导案例**

2020年交通运输经济先降后升、持续恢复

2020年,受疫情影响,交通运输主要指标出现较大波动。在经历了年初的大幅下降后持续回升,交通投资、港口货物吞吐量率先实现累计正增长;客货运输持续恢复,全年货运量规模基本恢复至上年同期水平,但客运量规模仍下降。

一是交通固定资产投资实现较快增长。2020年,交通固定资产投资预计完成34 752亿元,同比增长7.1%(见图6-1)。其中公路水路完成投资25 883亿元,增长10.4%。

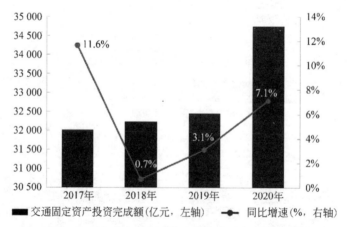

图6-1 近年来交通固定资产投资完成额年度变化

二是营业性客运量逐步恢复,累计规模仍下降。2020年,营业性客运量预计完成96.7亿人,同比下降45.1%(见图6-2),其中12月下降35.5%。公路、水路客运量分别下

降 47.0% 和 45.2%。

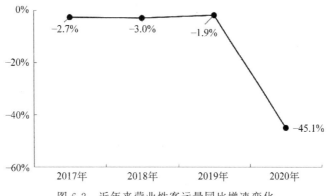

图 6-2 近年来营业性客运量同比增速变化

三是城市公共交通客运量稳步恢复。2020 年,全国 36 个中心城市完成公共交通客运量 441.5 亿人,同比下降 33.7%(见图 6-3),其中 12 月降幅已收窄至 15.0%。公共汽电车、轨道交通、巡游出租汽车和轮渡客运量分别下降 38.7%、26.7%、33.3% 和 49.8%。

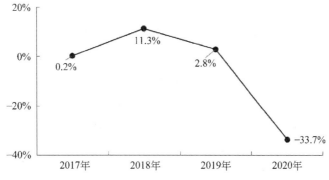

图 6-3 近年来中心城市公共交通客运量同比增速变化

四是货运量规模已基本恢复至同期水平。2020 年,营业性货运量预计完成 463.4 亿吨,同比下降 0.5%,已基本回补疫情造成的缺口(见图 6-4)。公路、水路货运量分别下降 0.3% 和 3.3%。

图 6-4 近年来营业性货运量同比增速变化

五是港口货物吞吐量增长较快。2020年全国港口完成货物吞吐量145.5亿吨,同比增长4.3%;内、外贸吞吐量分别完成100.5亿吨和45.0亿吨,同比分别增长4.4%和4.0%。完成集装箱吞吐量2.6亿标箱,同比增长1.2%。

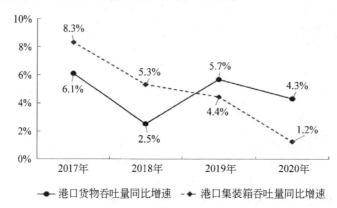

图6-5　近年来港口生产主要指标同比增速变化

资料来源：http://xxgk.mot.gov.cn/2020/jigou/zhghs/202101/t20210128_3520349.html。

6.1　动态数列的基本内容

世界上的万事万物时时刻刻都是在不断发展变化。因此,对社会经济现象的原始数据加工的统计指标分析不仅有静态分析,包括总量指标、相对指标、平均指标、变异指标等。还应从动态上研究其发展变化过程、发展规律及其发展趋势,包括水平指标分析、速度指标分析、因素分析等。根据历史资料,应用统计方法来研究社会经济现象数量方面的发展变化过程,认识它的发展规律并预见它的发展趋势,就是动态分析的方法。

6.1.1　动态数列的概念和作用

1. 动态数列的概念

随着时间的推移,任何现象都会呈现出一种在时间上的发展和运动的过程,要进行动态分析,首先要编制动态数列。动态数列就是将反映社会经济现象数量特征的同一指标值在不同时间上的数值,按时间的先后顺序排列所形成的数列,认识客观现象数量方面的发展和变化规律并预见其变化趋势,又称时间数列。

动态数列由两个互相对应的数列构成：时间顺序变化数列和统计指标值变化数列。表6-1是我国2015—2019年国民经济和社会发展部分统计指标的动态数列,从中可以看出动态数列由两个基本要素组成：一个是现象所属的时间,可以是年份、季度、月份或其他任何时间形式；另一个是反映该现象的同一指标在不同时间条件下对应的具体统计指标值,根据表现形式不同有绝对数、相对数和平均数。

扩展阅读6-1
中华人民共和国2019年国民经济和社会发展统计公报

表 6-1 我国 2015～2019 年国民经济和社会发展部分统计资料

年份	国内生产总值 GDP /亿元	快递业务量 /亿件	粮食产量 /万吨	社会消费品零售总额 /亿元	全国居民人均可支配收入 /元	固定互联网宽带接入用户数 /万户	农村贫困人口 /万人	城镇非私营单位就业人员平均工资 /元	外汇储备 /亿美元	城镇非私营单位就业人员平均工资 /元	第三产业增加值占国内生产总值比重 /%
2015	688 858	206.7	66 060	300 931	21 966	25 947	5 575	62 029	33 304	62 029	50.8
2016	746 395	312.8	66 044	332 316	23 821	29 721	4 335	67 569	30 106	67 569	52.4
2017	832 036	400.6	66 161	366 262	25 974	34 854	3 046	74 318	31 399	74 318	52.7
2018	919 281	507.1	65 789	380 987	28 228	40 738	1 660	82 461	30 727	82 461	53.3
2019	986 515	635.2	66 384	411 649	30 733	44 928	551	90 501	31 079	90 501	54.3

资料来源：中华人民共和国国家统计局网站。

2. 动态数列的作用

研究动态数列的主要目的是用于进行动态数列分析，了解现象过去的活动过程，评价当前的状况和对未来的决策。

编制动态数列的主要作用有：第一，通过动态数列可以描述社会经济现象发展变化及历史状况，便于计算一系列动态分析指标，以便具体深入地揭示现象发展变化的数量特征；第二，根据动态数列可以揭示社会经济现象的发展速度、发展趋势，探索现象发展变化的规律；第三，利用不同的动态数列进行对比是对社会经济现象进行统计分析的一种重要方法。

6.1.2 动态数列的种类

动态数列按其排列的统计指标的表现形式不同分为绝对数动态数列、相对数动态数列和平均数动态数列三种。绝对数动态数列也称绝对指标动态数列或总量指标动态数列。绝对数动态数列是最基本的动态数列，其余两种是派生动态数列。

1. 绝对数动态数列

绝对数动态数列是把将反映现象总规模、总水平的某一总量指标在不同时间上的数值按时间先后顺序排列而形成的动态数列。绝对数动态数列反映现象在不同时间上所达到的总量及其增减变化的过程。

绝对数动态数列是计算相对数动态数列和平均数动态数列、进行各种动态数列分析的基础。例如，表 6-1 中的国内生产总值、快递业务量、粮食产量、社会消费品零售总额、固定互联网宽带接入用户数、农村贫困人口、外汇储备都属于绝对数动态数列，每一项指标都反映在一年的发展总量。按照总量指标所反映的内容的不同，可以分为总体单位总量和总体标志总量两种。年末人口数是总体单位总量指标，而国内生产总值是总体标志总量指标。根据总量指标反映的社会经济现象所属的时间不同，又可将绝对数动态数列分为时期数列和时点数列。

时期数列是时期动态数列的简称,其数列指标是反映某种现象在一段时期内发展过程的总量,例如表 6-1 中的国内生产总值、快递业务量、粮食产量等指标都反映在一年的发展总量,都是时期数列。时点数列是时点动态数列的简称,其数列指标是反映某种现象在某一时点上(瞬间)所处的数量水平的动态数列。例如表 6-1 中的固定互联网宽带接入用户数、农村贫困人口等。

2. 相对数动态数列

相对数动态数列是把同一相对指标在不同时间上的数值按时间先后顺序排列而形成的动态数列。相对数动态数列反映的是可以描述有关联的现象之间内在联系发展变化的过程。例如,表 6-1 中的第三产业增加值占国民生产总值比重是相对数动态数列。

3. 平均数动态数列

平均数动态数列是把同一平均指标在不同时间上的数值按时间先后顺序排列而形成的动态数列。平均数动态数列反映现象在一段时间内发展变化一般水平的过程。例如,表 6-1 中的城镇非私营单位就业人员平均工资是平均数动态数列。

不论是相对指标还是平均指标,都是由总量指标派生而来,反映一种对比或平均的概念;不同时间上的相对数动态数列或平均数动态数列中各个指标值不能相加,即相加以后没有意义。

6.1.3 编制动态数列的原则

编制动态数列的目的是通过对动态数列中各个时期指标值进行比较分析,研究社会经济现象的发展变化状况、过程及其规律。因此,保证动态数列中各个指标值的可比性,是编制动态数列必须遵循的基本原则。具体表现在以下两个方面。

扩展阅读 6-2
2019 年中国出生人口、人口老龄化率、城乡常住人口、大陆男女人口、总人口性别比、育龄妇女情况及各年龄段人口分析

第一,指标数值所属的时期跨度要一致。对于时期数列,由于各指标值的大小与所属时期的长短直接相关,因此数值所属的时期跨度应当相同,否则很难通过动态数列的指标数值变化直接做出判断和比较。对于时点数列,虽然两时点间隔长短与观察值无明显关系,但为了更好地分析其长期趋势,反映现象的发展变化状况,增加可比性,两时点间的间隔也应尽可能一致。

第二,指标数值所属的总体范围、内容含义、计算口径、计算方法等都应当可比,计量单位要一致。在同一动态数列中总体范围前后应该一致,如地区范围、隶属范围、分组范围等。研究某市的人口发展情况,要注意该市的行政区划分是否有变动,这种变动将使人口数发生变动。当动态数列中某些统计指标值总体范围不一致时,前后统计指标数值就不能直接对比,必须经过调整使总体范围达到一致后,才能进行比较分析。

统计指标的经济内容是由其理论内涵所决定的,随着社会经济条件的变化,有些统计

指标的经济内容发生了变化。对于名称相同而经济内涵不一致的统计指标,在实际工作中应注意不同历史时期、不同国家或地区的同一统计指标的经济内容的一致性。例如,新中国成立以来,我国曾经采取过工农业总产值、社会总产值、国民收入和国内生产总值等指标反映我国的经济活动总量,这些指标都有不同的经济内容,在编制新中国成立以来的经济活动总量动态数列时,就需要对这些指标加以区别和调整,才具有可比性。

采用什么方法计算、按照何种价格或单位进行计量,各个指标值都要保持前后一致。例如,国内生产总值的计算有生产法、支出法、收入法,各种方法从不同的角度分析国内生产总值的来源,所需资料获得的渠道不同。因此,在编制动态数列中,各个时期(时点)指标值计算方法要统一。在同一动态数列中,各指标值的计算价格应该保持一致。如果某一时期计算方法、计算价格或计量单位有变化,那么发布资料必须注明,以便动态比较时进行调整,确保可比性。

当然,也不能将动态数列中的可比性问题绝对化,有时在特殊的研究目的下或由于资料的限制,可将时期不同的指标编成动态数列进行比较。保证动态数列中各个时期(时点)指标数值的可比性是认识客观事物发展变化的原则。但是任何事物绝对可比是不存在的,在利用动态数列进行动态分析时,只要能满足统计研究目的的基本要求,能正确说明问题就可视为可比。

6.1.4 动态数列常用分析方法

动态数列分析最常用的方法有两种,一是指标分析法,二是构成因素分析法。两种基本分析方法,有不同的特点和作用,揭示动态数列不同方面的问题和状况。分析问题时应视研究目的和任务,对两种方法分别采用或综合应用。

1. 动态数列指标分析法

指标分析法是指通过计算一系列动态数列分析指标,包括水平指标和速度指标,来揭示现象的发展状况和发展变化程度。

2. 动态数列构成因素分析法

将动态数列看作是由长期趋势、季节变动、循环变动和不规则变动几种因素所构成,通过对这些因素的分解分析,揭示现象随时间变化而演变的规律,并在揭示这些规律的基础上,假定事物今后的发展趋势遵循这些规律,从而对事物的未来发展做出预测。

6.2 动态数列的水平指标

在编制动态数列的基础上,为了反映社会经济现象在不同时间条件下的发展变化、进一步研究事物的发展变化规律,需要根据动态数列计算一系列动态分析指标来反映社会经济现象在不同时间条件下的发展变化。动态数列分析的水平指标是以绝对数形式表示的动态分析指标,包括发展水平、平均发展水平、增长量、平均增长量等指标。

6.2.1 发展水平

动态数列的发展水平是动态数列中具体时间条件下所对应的统计指标数值,反映现象在不同时间发展所达到的规模和水平。发展水平是计算其他动态分析指标的基础指标,多用 $a_i(i=1,\cdots,n)$ 表示。发展水平指标可以表现为总量指标,如表 6-1 中,2019 年的国内生产总值为 986 515 亿元即为 2019 年的国内生产总值发展水平,2019 年的年末农村贫困人口 551 万人即为 2019 年的农村贫困人口水平。也可以表现为相对指标或平均指标,2019 年我国第三产业增加值占国民生产总值比重达到 54.3%。

在动态数列中,各时间上的发展水平按时间顺序可以记为 $a_0,a_1,a_2,a_3,\cdots,a_{n-1},a_n$,其中 a_0 为最初水平,指动态数列中第一项指标值,a_n 为最末水平,指动态数列中最后一项指标值,$a_1,a_2,a_3,\cdots,a_{n-1}$ 为中间各项水平,中间水平是指动态数列中除最初水平和最末水平以外的所有各项发展水平。按统计研究的目的和要求不同,发展水平又可分为基期水平和报告期水平。在对各个时间的发展水平进行比较时,把作为比较基础的那个时间称为基期,相对应的发展水平称为基期水平;把所研究考察的那个时间称为报告期,相对应的发展水平称为报告期水平。基期和报告期将根据研究的需要而定。

6.2.2 平均发展水平

平均发展水平是动态数列中各期发展水平的平均数,又叫序时平均数或动态平均数。它不仅反映现象在一段时期内发展过程所达到的一般水平,还可以用来消除现象在短时间内波动的影响,便于观察现象发展的基本趋势。

序时平均数与一般的静态平均数虽然都反映整体的一般水平,二者既有相同之处,也有明显的区别。相同之处是序时平均数和一般的静态平均数都抽象了现象的个别差异,是所有变量值的代表数值,表现的都是现象在数量上达到的一般水平。二者的区别主要有:第一,序时平均数平均的是现象在不同时间上的数量差异,静态平均数平均的是总体各单位某一数量标志值在同一时间上的数量差异。第二,序时平均数是从动态上说明某一现象在一定时期内发展变化的一般水平,静态平均数是从静态上说明同一现象总体不同单位在同一时间上的一般水平。第三,序时平均数是根据动态数列计算的,静态平均数是根据变量数列计算的。

由于资料的特性不同,序时平均数的计算方法也不同。它既可以在绝对数动态数列中计算,也可以在相对数动态数列和平均数动态数列中计算。绝对数动态数列序时平均数的计算方法是最基本的方法,它是计算相对数动态数列或平均数动态数列序时平均数的基础。

1. 绝对数动态数列计算序时平均数

绝对数动态数列分为时期数列和时点数列,时期数列与时点数列各自所具有不同的特点,计算序时平均数的方法也有所不同。

(1) 时期数列计算序时平均数。由于时期数列中的各项指标数值都是反映社会经济现象在一定时期内的过程总量,其数值可以相加。时期数列一般时期长短相等,所以采用

简单算术平均法计算序时平均数,即将时期数列各项指标值之和除以时期项数来得到。其计算公式为

$$\bar{a} = \frac{a_1 + a_2 + \cdots + a_n}{n} = \frac{\sum a}{n} \quad (6-1)$$

式中：$\bar{a}$——序时平均数；

a_i——动态数列各个时期发展水平$(i=1,2,\cdots,n)$；

n——时期项数。

【例 6-1】 根据表 6-1 的数据计算 2015—2019 年期间我国的年均粮食产量。

将 2015—2019 年的粮食产量代入公式(6-1),即 2015—2019 年的年均粮食产量为：

$$\bar{a} = \frac{\sum a}{n}$$

$$= \frac{66\,060 + 66\,044 + 66\,161 + 65\,789 + 66\,384}{5}$$

$$= 66\,087.6(万吨)$$

(2) 时点数列计算序时平均数。时点数列分为连续时点数列和间断时点数列两种。在社会经济统计中一般是将一天看作一个时点,即以"一天"作为最小时间单位。通常把逐日排列的时点数据视为连续时点序列,其序时平均数可用算术平均法计算；当时点数列的各数据值是每隔一段时间(如隔一月、一年等)才观测一次的数据时,则称为间断时点数列。根据时点数列的特点,记录时点数列通常的做法有两种：一是每隔一段时间登记一次,时点定在月(季、年)初或末,每次登记的间隔相等；二是只有当现象的数量发生变化时登记,每次登记的间隔不等。因此,有连续间隔相等、连续间隔不等、不连续间隔相等和不连续间隔不等的时点数列。

① 连续间隔相等的时点数列。连续间隔相等的时点数列资料是逐日登记并逐日排列的,用简单算术平均数计算序时平均数,即以各个时点指标值之和除以时点项数。其计算公式为

$$\bar{a} = \frac{\sum a}{n} \quad (6-2)$$

【例 6-2】 某企业 10 月份上旬每天的职工人数如表 6-2 所示,计算该企业平均职工人数。

表 6-2 某企业职工人数　　　　　　单位：人

日期	1	2	3	4	5	6	7	8	9	10
职工人数	1 787	1 786	1 780	1 782	1 784	1 783	1 785	1 786	1 783	1 784

$$\bar{a} = \frac{1\,787 + 1\,786 + 1\,780 + 1\,782 + 1\,784 + 1\,783 + 1\,785 + 1\,786 + 1\,783 + 1\,784}{10}$$

$$= 1\,784(人)$$

② 连续间隔不等的时点数列。连续间隔不等的时点数列资料登记的时间单位仍然

是 1 天,但资料不是逐日变动,只有在发生变动时进行登记,其序时平均数用每一指标值的持续天数作权数计算加权算术平均数。其计算公式为

$$\bar{a} = \frac{a_1 f_1 + a_2 f_2 + \cdots + a_n f_n}{f_1 + f_2 + \cdots + f_n}$$

$$= \frac{\sum_{i=1}^{n} a_i f_i}{\sum_{i=1}^{n} f_i} \qquad (6-3)$$

式中:f_i——各指标值之间的时间间隔。

【例 6-3】 某企业 6 月份职工人数资料如表 6-3 所示,计算 6 月份平均职工人数。

表 6-3 某企业 6 月份职工人数资料

日 期	1—8	9—20	21—30
职工人数(人)	1 280	1 300	1 340

$$\bar{a} = \frac{1\ 280 \times 8 + 1\ 300 \times 12 + 1\ 340 \times 10}{8 + 12 + 10} = 1\ 308(人)$$

③ 不连续间隔相等的时点数列。假定各指标值在相邻两个时点之间的变动是均匀的,那么两个时间间的代表值为它们的简单平均数,然后根据这些平均数再进行简单平均即得相应的序时平均数,也称为首末折半法,其计算公式为

$$\bar{a} = \frac{\frac{a_1 + a_2}{2} + \frac{a_2 + a_3}{2} + \cdots + \frac{a_{n-1} + a_n}{2}}{n-1}$$

$$= \frac{\frac{a_1}{2} + a_2 + \cdots + a_{n-1} + \frac{a_n}{2}}{n-1} \qquad (6-4)$$

式中:$n-1$——时间间隔数目,比时点数列的项数少 1 个。

【例 6-4】 某企业第四季度库存额资料如表 6-4 所示,计算该企业各月平均库存额及第四季度的平均库存额。

表 6-4 某企业 2019 年第四季度库存额

月 份	9	10	11	12
月末库存额(万元)	1 400	1 490	1 620	1 800

10 月份平均库存额:

$$\bar{a}_{10} = \frac{1\ 400 + 1\ 490}{2} = 1\ 445(万元)$$

11 月份平均库存额:

$$\bar{a}_{11} = \frac{1\ 490 + 1\ 620}{2} = 1\ 555(万元)$$

12月份平均库存额：
$$\bar{a}_{12} = \frac{1\,620+1\,800}{2} = 1\,710(万元)$$

第四季度平均库存额：
$$\bar{a} = \frac{1\,445+1\,555+1\,710}{3} = 1\,570(万元)$$

上述计算第四季度平均库存额的两个步骤，可以合并简化为：

第四季度平均库存额：
$$\bar{a} = \frac{\frac{1\,400+1\,490}{2}+\frac{1\,490+1\,620}{2}+\frac{1\,620+1\,800}{2}}{3}$$

$$= \frac{\frac{1\,400}{2}+1\,490+1\,620+\frac{1\,800}{2}}{3}$$

$$= 1\,570(万元)$$

④ 不连续间隔不等的时点数列。假定各指标值在相邻两个时点之间的变动是均匀的，那么两个时点间的代表值为它们的简单平均数，然后根据这些平均数以时间间隔作权数计算加权平均数，也称为两两平均法，其计算公式：

$$\bar{a} = \frac{\left(\frac{a_1+a_2}{2}\right)f_1+\left(\frac{a_2+a_3}{2}\right)f_2+\cdots+\left(\frac{a_{n-1}+a_n}{2}\right)f_{n-1}}{f_1+f_2+\cdots+f_{n-1}} \tag{6-5}$$

【例 6-5】 某地区 2019 年生猪存栏头数资料如表 6-5 所示，计算全年生猪平均存栏头数。

表 6-5 某地区 2019 年生猪存栏头数资料

日期（日/月）	1/1	1/4	1/6	1/7	1/11	31/12
生猪存栏头数（万头）	15.5	16	17	19	20	22

$$\bar{a} = \frac{\left(\frac{15.5+16}{2}\right)\times 3+\left(\frac{16+17}{2}\right)\times 2+\left(\frac{17+19}{2}\right)\times 1+\left(\frac{19+20}{2}\right)\times 4+\left(\frac{20+22}{2}\right)\times 2}{3+2+1+4+2}$$

$$=18.19(万头)$$

2. 相对数动态数列计算序时平均数

相对数动态数列是由互相联系的两个总量指标动态数列相应项对比而得到的相对指标所组成的。在相对指标背后掩藏着与之相适应的绝对数，计算序时平均数是以绝对数动态数列计算序时平均数为基础的。按照数列的性质，分别计算分子、分母两个基本总量指标动态数列的序时平均数，然后相对比求得。计算公式为：

$$\bar{c} = \frac{\bar{a}}{\bar{b}} \tag{6-6}$$

式中：$\bar{c}$—— 相对数动态数列的序时平均数；

$\bar{a}$——分子数列的序时平均数；

$\bar{b}$——分母数列的序时平均数。

在相对数动态数列中计算序时平均数，一定要判断其分子数列和分母数列的时间属性，然后根据不同情况运用不同方法进行计算。相对数动态数列一般可以分为以下三种不同情况。

（1）由两个时期数列的同时期对应项相对比而形成的相对数动态数列。由于所掌握的资料不同，一般可分为三种不同情况。

① 若掌握相对数动态数列分子、分母的资料，则用两个简单算数平均数对比求序时平均数。其计算公式：

$$\bar{c} = \frac{\dfrac{\sum a}{n}}{\dfrac{\sum b}{n}} = \frac{\sum a}{\sum b} \qquad (6-7)$$

② 若只掌握相对数动态数列中各自的比值和分母的资料，缺少分子资料，由于 $c=a/b$，所以，将 $a=bc$ 代入公式得

$$\bar{c} = \frac{\sum a}{\sum b} = \frac{\sum bc}{\sum b} \qquad (6-8)$$

可以把分子 b 作为权数，是加权算数平均数的形式。

③ 若只掌握相对数动态数列中各自的比值和分子的资料，缺少分母资料，由于 $c=a/b$，所以，将 $b=a/c$ 代入公式得

$$\bar{c} = \frac{\sum a}{\sum b} = \frac{\sum a}{\sum \dfrac{a}{c}} \qquad (6-9)$$

可以把分母 a 作为权数，是调和算数平均数的形式。

【例 6-6】 根据表 6-6 所示的资料计算甲、乙、丙三个企业 2017—2019 年产量计划平均完成程度。

表 6-6 2017—2019 年甲、乙、丙三个企业生产情况表

企业	指标	2017	2018	2019
甲企业	实际产量(万件)a	387	446	496
	计划产量(万件)b	350	400	450
乙企业	计划产量(万件)b	1 700	1 800	1 900
	计划完成程度(%)c	106	110	112
丙企业	实际产量(万件)a	960	1 045	1 250
	计划完成程度(%)c	98	111	117

甲企业平均计划完成程度：

$$\bar{c} = \frac{\sum a}{\sum b}$$

$$= \frac{387+446+496}{350+400+450} = \frac{1\ 329}{1\ 200}$$

$$= 110.75\%$$

乙企业平均计划完成程度：

$$\bar{c} = \frac{\sum bc}{\sum b}$$

$$= \frac{1\ 700 \times 106\% + 1\ 800 \times 110\% + 1\ 900 \times 112\%}{1\ 700 + 1\ 800 + 1\ 900}$$

$$= 109.44\%$$

丙企业平均计划完成程度：

$$\bar{c} = \frac{\sum a}{\sum \dfrac{a}{c}}$$

$$= \frac{960 + 1\ 045 + 1\ 250}{\dfrac{960}{98\%} + \dfrac{1\ 045}{111\%} + \dfrac{1\ 250}{117\%}}$$

$$= 108.88\%$$

（2）由两个时点数列的同时点对应项相对比而形成的相对数动态数列

时点数列分为连续时点数列和间断时点数列，且它们又分为间隔期相等和间隔期不相等两种，其计算方法也不一样。

两个不连续间隔相等的时点数列资料的计算公式：

$$\bar{c} = \frac{\frac{1}{2}a_1 + a_2 + \cdots + a_{n-1} + \frac{1}{2}a_n}{\frac{1}{2}b_1 + b_2 + \cdots + b_{n-1} + \frac{1}{2}b_n} \tag{6-10}$$

【例 6-7】 根据表 6-7 所示的资料，计算某企业 2015—2019 年生产工人占全部职工人数的平均比重。

表 6-7 某企业 2015—2019 年末职工人数

年份	2015	2016	2017	2018	2019
生产工人数/人 a	650	740	810	890	960
全部职工人数/人 b	1 050	1 250	1 370	1 510	1 720
生产工人占全部职工人数的比重/% c	61.90	59.20	59.12	58.94	55.81

$$\bar{c} = \frac{\frac{1}{2}a_1 + a_2 + \cdots + a_{n-1} + \frac{1}{2}a_n}{\frac{1}{2}b_1 + b_2 + \cdots + b_{n-1} + \frac{1}{2}b_n}$$

$$=\frac{\frac{650}{2}+740+810+890+\frac{960}{2}}{\frac{1\,050}{2}+1\,250+1\,370+1\,510+\frac{1\,720}{2}}$$

$$=58.84\%$$

若只掌握相对数动态数列中各自的比值和分母的资料,或只掌握相对数动态数列中各自的比值和分子的资料时,同样道理,未知资料可以用已知资料来代替。

(3) 由一个时期数列和一个时点数列的同时间对应项相对比而形成的相对数动态数列

分别计算时期数列和时点数列的平均数,然后相除。

扩展阅读 6-3
您身边的统计指标——国内生产总值 GDP

【例 6-8】 根据表 6-8 的 2014—2019 年中国国内生产总值、人口数、人均国内生产总值数据所示,计算 2015—2019 年期间我国年平均的人均国内生产总值。

表 6-8　2014—2019 年中国国内生产总值、人口数、人均国内生产总值数据资料

年　份	2014	2015	2016	2017	2018	2019
国内生产总值(亿元)a	644 380	688 858	746 396	832 036	919 281	986 515
年末人口数(万人)b	136 782	137 462	138 271	139 008	139 538	140 005
人均国内生产总值(元/人)c	47 173	50 237	54 139	60 014	66 006	70 581

国内生产总值是时期数列,而年末人口数是时点数列。不能对人均 GDP 的各项发展水平直接进行算术平均,而是先计算国内生产总值的平均发展水平和年均人口数,再对比得到年平均的人均 GDP,具体计算如下:

$$\bar{c}=\frac{(688\,858+746\,396+832\,036+919\,281+986\,515)/5}{\left(\frac{1}{2}\times 136\,782+137\,462+138\,271+139\,008+139\,538+\frac{1}{2}\times 140\,005\right)/5}$$

$$=6.024\,6(亿元/万人)=60\,246(元/人)$$

3. 平均数动态数列计算序时平均数

平均数按指标性质分为静态平均数和序时平均数两种,其计算序时平均数的方法也有区别。

(1) 静态平均数动态数列计算序时平均数

静态平均数动态数列实质上是两个绝对数动态数列相应项对比所形成的,因此,其序时平均数的计算与相对数动态数列类似。

(2) 序时平均数动态数列计算序时平均数

对序时平均数,因其时点已由端点移至中点,理论上不再存在是否连续的问题,由间隔期相等的序时平均数所形成的平均数计算序时平均数,用简单算术平均法计算序时平均数;由间隔期不相等的序时平均数所形成的平均数计算序时平均数,以间隔期长度为权数,用加权算术平均法计算序时平均数。

【例 6-9】 某企业职工人数,一、二月份月平均人数为 657 人,三月份月平均人数为 663 人,第二季度月平均人数为 677 人,计算上半年职工月平均人数。

$$\bar{a} = \frac{\sum af}{\sum f} = \frac{657 \times 2 + 663 \times 1 + 677 \times 3}{2 + 1 + 3} = 668(人)$$

6.2.3 增长量

增长量也称增减水平,是动态数列中报告期发展水平与基期发展水平之差,反映某种现象在一段时期内数量增减的绝对水平。在增长量的计算中,由于报告期水平可以大于基期水平,也可以等于或小于基期水平,所以增长量可以是正值,称为增加量,也可以是负值,称为减少量,还可以是零,表示零增长。

根据基期发展水平选取不同,增长量分为逐期增长量与累计增长量。逐期增长量是报告期水平减去其前一期水平,说明现象逐期增长的数量;累计增长量是报告期水平与某一固定期水平(通常为 a_0)之差,说明现象在某一时期内的总增长量:

逐期增长量:

$$a_1 - a_0, a_2 - a_1, \cdots, a_n - a_{n-1} \tag{6-11}$$

累计增长量:

$$a_1 - a_0, a_2 - a_0, \cdots, a_n - a_0 \tag{6-12}$$

【例 6-10】 根据表 6-9 的数据,计算 2015—2019 年期间我国快递业务量的逐期增长量和累计增长量。

表 6-9 2015—2019 年我国快递业务量的逐期增长量和累计增长量

时 间		2015	2016	2017	2018	2019
快递业务量/亿件		206.7	312.8	400.6	507.1	635.2
增长量 /亿件	逐期	—	106.1	87.8	106.5	128.1
	累计	—	106.1	193.9	300.4	428.5

通过上面例题,可以看出逐期增长量与累计增长量之间存在以下的数量关系:
(1) 各逐期增长量之和等于相应时期的累计增长量:

$$\sum_{i=1}^{n}(a_i - a_{i-1}) = a_n - a_0$$

(2) 两相邻时期累计增长量之差等于相应时期的逐期增长量:

$$(a_i - a_0) - (a_{i-1} - a_0) = a_i - a_{i-1}$$
$$(i = 1, 2, \cdots, n)$$

在实际统计分析工作中,为了消除季节变动的影响,增加可比性,可以将基期发展水平定为上年同期发展水平,称为年距增长量。

年距增长量 = 报告期某月(季)发展水平 − 上年同月(季)发展水平 (6-13)

计算年距增长量可以消除季节变动的影响,表明报告期水平较上年同期水平增加(或减少)的绝对量。

6.2.4 平均增长量

平均增长量是各个逐期增长量的序时平均数,反映现象在一段时期内平均每期增加(减少)的数量,即增长量的一般水平,常用的方法有两种。

1. 水平法

水平法是将各个逐期增长量相加之后除以逐期增长量的个数,各个逐期增长量相加之后就是累计增长量,即累计增长量除以动态数列项数减1,用公式表示为

$$平均增长量 = \frac{各逐期增长量之和}{逐期增长量项数} = \frac{\sum(a_i - a_{i-1})}{n} = \frac{累计增长量}{时间数列项数 - 1} = \frac{a_n - a_0}{N-1} \tag{6-14}$$

以基期水平 a_0 为基础,每期按照水平法计算的平均增长量增长,n 期之后计算的理论水平同第 n 期的实际水平相等。水平法计算的平均增长量只同期末水平与期初水平有关,与中间水平无关,以此计算的平均增长量,推算各期水平之和与实际水平之和可能有很大差别,不能反映实际情况。

2. 总和法

总和法考虑了总量,以基期水平 a_0 为基础,每期按照总和法计算的平均增长量增长,n 期之后计算的理论水平之和同 n 期的实际水平之和相等。

设平均增长量为 $\bar{\Delta}$,则有

$$(a_0 + \bar{\Delta}) + (a_0 + 2\bar{\Delta}) + \cdots + (a_0 + n\bar{\Delta}) = \sum a_i$$

$$\bar{\Delta} = \frac{2(\sum a_i - na_0)}{n(n+1)} = \frac{2\sum(a_i - a_0)}{n(n+1)} \tag{6-15}$$

实际工作中,用哪种方法须根据具体情况选择。

【例 6-11】 某地区某种农产品收购量 2011 年为 108.9 万吨,2012—2019 年累计为 898.2 万吨,其中 2019 年为 104.9 万吨,分别用水平法和总和法计算平均增长量。

水平法:

$$平均增长量 = \frac{a_n - a_0}{N-1} = \frac{104.9 - 108.9}{9 - 1} = -0.5(万吨)$$

以此推算各年水平的总和为

$(108.9 - 0.5) + (108.9 - 2 \times 0.5) + (108.9 - 3 \times 0.5) + (108.9 - 4 \times 0.5) + (108.9 - 5 \times 0.5) + (108.9 - 6 \times 0.5) + (108.9 - 7 \times 0.5) + (108.9 - 8 \times 0.5) = 853.2(万吨)$

与实际总和 898.2 万吨不符。

总和法：
$$\bar{\Delta}=\frac{2\left(\sum a_i - na_0\right)}{n(n+1)}=\frac{2\times(898.2-8\times108.9)}{8\times(8+1)}=0.75(万吨)$$

以此推算各年水平的总和为
$(108.9+0.75)+(108.9+2\times0.75)+(108.9+3\times0.75)+(108.9+4\times0.75)+$
$(108.9+5\times0.75)+(108.9+6\times0.75)+(108.9+7\times0.75)+(108.9+8\times0.75)=898.2(万吨)$
与实际总和 898.2 万吨相同，满足题意，此题用总和法较好。

6.3 动态数列的速度指标

动态数列的速度指标是以相对数形式表示的动态分析指标，包括发展速度、平均发展速度、增长速度、平均增长速度。

6.3.1 发展速度

发展速度是报告期发展水平与基期发展水平之比，用于描述现象在一定时期内相对的发展变化程度，说明报告期水平是基期水平的多少倍。其计算公式为

$$发展速度=\frac{报告期发展水平}{基期发展水平}\times100\% \tag{6-16}$$

1. 定基发展速度和环比发展速度

发展速度由于采用的基期不同，可分为定基发展速度和环比发展速度两种。定基发展速度是报告期发展水平与某一固定时期发展水平对比而得到的结果，说明社会经济现象在一个较长时期内总的发展变化程度；环比发展速度是各报告期发展水平与其前一期发展水平对比而得到的结果，说明社会经济现象报告期发展水平对比前一期发展水平的逐期发展变化的程度，用算式表示为

(1) 环比发展速度

$$\frac{a_1}{a_0},\frac{a_2}{a_1},\frac{a_3}{a_2},\cdots,\frac{a_n}{a_{n-1}} \tag{6-17}$$

(2) 定基发展速度

$$\frac{a_1}{a_0},\frac{a_2}{a_0},\frac{a_3}{a_0},\cdots,\frac{a_n}{a_0} \tag{6-18}$$

2. 定基发展速度与环比发展速度的数量关系

(1) 定基发展速度等于相应各时期内各环比发展速度的连乘积：

$$\frac{a_n}{a_0}=\frac{a_1}{a_0}\times\frac{a_2}{a_1}\times\cdots\times\frac{a_n}{a_{n-1}}$$

(2) 两个相邻时期定基发展速度的比率等于相应后一期的环比发展速度：

$$\frac{a_i}{a_0}\div\frac{a_{i-1}}{a_0}=\frac{a_i}{a_{i-1}}$$
$$(i=1,2,\cdots,n)$$

【例 6-12】 根据表 6-10 的数据,计算 2015—2019 年期间我国快递业务量的定基发展速度与环比发展速度。

表 6-10 2015—2019 年我国快递业务量的定基发展速度与环比发展速度

时间		2015	2016	2017	2018	2019
快递业务量/亿件		206.7	312.8	400.6	507.1	635.2
发展速度/%	环比	—	151.3	128.1	126.6	125.3
	定基	—	151.3	193.8	245.3	307.3

3. 年距发展速度

$$年距发展速度 = \frac{报告期某月(季)发展水平}{上年同月(季)发展水平}$$

年距发展速度消除了季节变动的影响,表明本期发展水平相对于上年同期相对发展水平发展变化的方向与程度。

6.3.2 平均发展速度

平均发展速度是各个环比发展速度的序时平均数,反映现象在一定时期内逐期发展变化的一般程度。平均发展速度指标在经济分析中应用非常广泛,对社会经济现象的发展速度做出预测和在编制长远规划中起着重要作用。计算平均发展速度的方法有水平法和累计法。

1. 水平法

因为一定时期内现象发展的总速度等于各期环比发展速度的连乘积,所以按几何平均法计算平均发展速度,水平法又叫几何平均法。从动态数列的最初发展水平出发,用水平法计算的动态数列的平均发展速度代替各期环比发展速度,计算出的期末理论发展水平与期末的实际发展水平相等。计算平均发展速度的公式为

$$\bar{x} = \sqrt[n]{x_1 x_2 \cdots x_n} = \sqrt[n]{\frac{a_1}{a_0} \times \frac{a_2}{a_1} \times \cdots \times \frac{a_n}{a_{n-1}}} = \sqrt[n]{\frac{a_n}{a_0}} \qquad (6-19)$$

式中:n——发展水平的项数减 1。

【例 6-13】 2014 年中国粮食总产量 60 710 万吨,2019 年中国粮食总产量 66 384 万吨,按水平法计算我国 2015—2019 年这五年期间的粮食总产量的平均增长率。

根据题意基期水平为 2014 年的粮食总产量,最末水平是 2019 年的粮食总产量,由此,2015—2019 年这五年间粮食总产量的平均发展速度为

$$\bar{x} = \sqrt[n]{\frac{a_n}{a_0}} = \sqrt[5]{\frac{a_{2019}}{a_{2014}}} = \sqrt[5]{\frac{66\ 384}{60\ 710}} = \sqrt[5]{1.093} = 101.80\%$$

2015—2019 年这五年间粮食总产量的平均增长速度

= 平均发展速度 − 1

= 1.80%

2. 累计法

累计法又叫方程式法,从动态数列的最初发展水平出发,用累计法计算的动态数列的平均发展速度代替各期环比发展速度,计算的各期理论发展水平之和等于各期实际发展水平之和。

设 $\bar{x}$ 为平均发展速度,a_0 为初始发展水平:

第一年的发展水平 $a_1 = a_0 \bar{x}$

第二年的发展水平 $a_2 = a_0 \bar{x} \bar{x} = a_0 \bar{x}^2$

⋮

第 n 年的发展水平 $a_n = a_0 \bar{x} \bar{x} \cdots \bar{x} = a_0 \bar{x}^n$

$$a_1 + a_2 + \cdots + a_n = a_0 \bar{x} + a_0 \bar{x}^2 + \cdots + a_0 \bar{x}^n$$

$$\sum a = a_0 (\bar{x} + \bar{x}^2 + \cdots + \bar{x}^n)$$

即,

$$\bar{x} + \bar{x}^2 + \cdots + \bar{x}^n = \frac{\sum a}{a_0} \tag{6-20}$$

解此方程所得的正根就是计算的平均发展速度。但这是一个高次方程,求解比较复杂,实际工作中可以根据事先编制的"平均增长速度查对表"来计算。

查对表法的步骤:

① 计算各年的定基发展速度之和 $\dfrac{\sum a}{a_0}$;

② 判断增长方向递增或递减,如果 $\dfrac{\sum a}{a_0} > n$ 或者 $\dfrac{\sum a}{n} > a_0$,是递增,反之是递减。

③ 查 n 年的"平均增长速度查对表",计算得出平均增长速度。

【例 6-14】 某企业 2015—2019 年利润总额 75 600 万元,2014 年利润额为 8 800 万元,应用累计法求 2015—2019 年这五年间每年平均发展速度。

$$\frac{\sum a}{a_0} = \frac{75\ 600}{8\ 800} = 8.590\ 9 > 5$$

先将与此有关的《平均增长速度查对表》的一部分资料摘录,如表 6-11 所示。

表 6-11 部分平均增长速度查对表

平均每年增长/%	各年发展总和为基期的%				
	1 年	2 年	3 年	4 年	5 年
⋯	⋯	⋯	⋯	⋯	⋯
18.4	118.40	258.59	424.57	621.09	853.77
18.5	118.50	258.92	425.32	622.51	856.17
18.6	118.60	259.26	426.08	623.93	858.58
18.7	118.70	259.60	426.84	625.36	861.00

在"平均增长速度查对表"中递增部分 $n=5$,找到 859.09% 介于 858.58% 和 861.00%

之间,运用比例插入法,可得

$$\text{平均增长速度}=18.6\%+\frac{859.09\%-858.58\%}{861.00\%-858.58\%}\times(18.7\%-18.6\%)=18.621\ 1\%$$

3. 水平法与累计法的侧重点不同

水平法侧重于考察现象最末一期水平:按水平法计算的平均发展速度计算的最末一期发展水平与实际的最末一期发展水平相等。累计法侧重于考察现象整个发展过程:按累计法计算的平均发展速度计算的各期发展水平之和等于实际的各期发展水平之和。

6.3.3 增长速度

增长速度是报告期增长量与基期水平之比而求得的一种相对数,反映现象在一段时期内逐期增长(降低)变化的相对程度,说明报告期水平比基期水平增长(或降低)了百分之几。当发展速度大于 1 时,增长速度为正值,表示现象的增长程度;当发展速度小于 1 时,增长速度为负值,表示现象的降低程度。

$$\begin{aligned}\text{增长速度}&=\frac{\text{报告期发展水平}-\text{基期发展水平}}{\text{基期发展水平}}\\&=\frac{\text{增长量}}{\text{基期发展水平}}\\&=\text{发展速度}-1\end{aligned} \quad (6\text{-}21)$$

增长速度由于基期选择的不同,分为环比增长速度和定基增长速度两种。环比增长速度是逐期增长量与其前一期水平之比,表明社会经济现象逐期的增长程度,环比增长速度等于环比发展速度减 1。定基增长速度是累计增长量与某一固定时期的发展水平之比,表明社会经济现象在较长时期内总的增长程度,定基增长速度等于定基发展速度减 1。

设增长速度为 G,环比增长速度和定基增长速度的公式为

环比增长速度: $\quad G_i=\dfrac{a_i-a_{i-1}}{a_{i-1}}=\dfrac{a_i}{a_{i-1}}-1 \quad (i=1,2,\cdots,n) \quad (6\text{-}22)$

定基增长速度: $\quad G_i=\dfrac{a_i-a_0}{a_0}=\dfrac{a_i}{a_0}-1 \quad (i=1,2,\cdots,n) \quad (6\text{-}23)$

环比增长速度与定基增长速度之间没有直接的换算关系。由环比增长速度推算定基增长速度时,可先将各环比增长速度加 1 后连乘,再将结果减 1,即得相应定基增长速度。

【**例 6-15**】 某工厂人数逐年增长,2017 年比 2016 年增长 8.6%,2018 年比 2017 年增长 5.7%,2019 年比 2018 年增长 6.5%,三年来工人共增长多少?

$$(1+8.6\%)\times(1+5.7\%)\times(1+6.5\%)-1=22.25\%$$

6.3.4 平均增长速度

平均增长速度说明现象在一段时期内逐期平均增长程度的指标。平均增长速度不能直接根据环比增长速度加以平均求得,而是直接用平均发展速度减 1 求得。

$$\text{平均增长速度}=\text{平均发展速度}-1 \quad (6\text{-}24)$$

平均增长速度为正值,表明现象在某段时期内逐期平均递增的程度,也称为平均递增率;若为负值,表明现象在某段时间内逐期平均递减的程度,也称为平均递减率。

6.3.5 发展速度分析应注意的问题

对于大多数动态数列,特别是有关社会经济现象的动态数列,经常利用速度来描述其发展的数量特征。在应用速度分析实际问题时,应注意以下几方面的问题。

第一,动态数列的速度指标是由水平指标对比计算而来的,以百分数表示的抽象化指标。速度指标对现象的具体规模或水平进行了抽象,不能反映现象的绝对量差别,所以运用速度指标时,最好结合基期水平进行分析。平均发展速度只依赖于最初水平和最末水平,如果期间的环比发展速度很不平衡,那么用这样的资料来计算平均发展速度将降低或失去指标的代表性和实际分析意义,所以可以结合各个时期的环比发展速度来补充说明平均发展速度。

第二,当动态数列中的统计指标值出现 0 或负数时,不宜计算速度。例如某企业连续五年的利润额分别为 5 万元、3 万元、0 万元、-2 万元、1 万元,对这一动态数列计算速度,适宜直接用绝对数进行分析。

第三,在进行动态数列分析时,既要看速度,又要看水平。特别是同样增长速度,由于基期水平不同,增长量的绝对值不一样,可以用增长 1% 的绝对值来说明其差异所在。增长 1% 的绝对值是以绝对增长量除以相应的百分数表现的增长速度,表示速度每增长 1% 而增加的绝对数量,即前期水平的 1%,其计算公式为

$$\text{增长 1\% 的绝对值} = \frac{\text{逐期增长量}}{\text{环比增长速度} \times 100} = \frac{a_i - a_{i-1}}{\frac{a_i - a_{i-1}}{a_{i-1}} \cdot 100} = \frac{a_{i-1}}{100} \quad (6\text{-}25)$$

$(i = 1, 2, \cdots, n)$

【例 6-16】 2013—2019 年我国红茶产量资料如表 6-12 所示,计算各动态分析指标。

表 6-12　2013—2019 年我国绿茶产量资料　　　　　　　　单位:万吨

年　　份	2013	2014	2015	2016	2017	2018	2019
	a_0	a_1	a_2	a_3	a_4	a_5	a_6
红茶产量	15.48	17.29	19.55	20.65	22.55	23.33	25.83

计算结果见表 6-13。

表 6-13　动态分析指标计算表

年　　份	2013	2014	2015	2016	2017	2018	2019
	a_0	a_1	a_2	a_3	a_4	a_5	a_6
红茶产量/万吨	15.48	17.29	19.55	20.65	22.55	23.33	25.83
平均发展水平/万吨							20.67

续表

年份		2013 a_0	2014 a_1	2015 a_2	2016 a_3	2017 a_4	2018 a_5	2019 a_6
增长量 /万吨	逐期	—	1.81	2.26	1.10	1.90	0.78	2.50
	累积	—	1.81	4.07	5.17	7.07	7.85	10.35
平均增长量/万吨								1.725
发展速度 /%	环比	—	111.69	113.07	105.63	109.20	103.46	110.72
	定基	—	111.69	126.29	133.40	145.67	150.71	166.86
平均发展速度/%								108.91
增长速度 /%	环比	—	11.69	13.07	5.63	9.20	3.46	10.72
	定基	—	11.69	26.29	33.40	45.67	50.71	66.86
平均增长速度/%								8.91
增长1%的绝对值 /万吨		—	0.154 8	0.172 9	0.195 5	0.206 5	0.225 5	0.233 3

6.4 动态数列的解析

研究动态数列的一个重要目的是要掌握事物发展变化的规律和趋势,对现象未来发展的可能状态进行认识,为经济决策服务。编制动态数列,进行动态数列分析,除了考察现象发展过程中的水平和速度之外,还需要用数学模型来对动态数列做一些定量分析,找出制约现象发展的基本因素或主要原因。动态数列的趋势分析提供了一系列有效的方法。

6.4.1 动态数列的构成要素和分析模型

1. 动态数列构成因素

客观事物随着时间推移而发展变化是受多种因素共同影响的结果。有的是长期因素在起作用,对事物的发展变化发挥着决定性作用;有的只是短期因素在起作用,或者只是偶然性因素发挥着决定性的作用。例如,一个国家的经济发展可能受到劳动力、资源和生产力水平的长期稳定的影响,也可能受到自然灾害、国际环境、政治因素等非长期因素的影响。在分析动态数列的变动规律时,很难将这些因素的影响精确地一一区分,但是可以对这些影响因素进行归纳分类,以便更好地揭示动态数列变动的规律性。按作用特点和影响效果将动态数列的构成要素归纳为四类:长期趋势、季节变动、循环变动和不规则变动。

(1)长期趋势(T)。长期趋势是指现象在一段相当长的时期内所表现出来的持续上升、下降或不变的趋势。长期趋势是受某种根本性的支配因素影响。分析长期趋势,可以掌握事物发展变化的基本特点。例如,我国的国民生产总值、粮食产量、第三产业增加值、外汇储备额、城乡居民人民币储蓄存款余额都呈现逐年上升的趋势。需要注意的是,这里的长期并非时间意义上的绝对长短,而是针对动态数列的各期间隔而言的。也就说,当动态数列以年为间隔,那么两三年不是长期,所表现出来的变化趋势不具有长期规律性;如果动态数列以月为间隔,则一年有 12 个月,也可以从中看出一些长期规律。

(2) 季节变动(S)。季节变动是指现象因受自然条件或社会经济季节因素的影响,随着季节的更替而发生的有固定规律的周期性变动。一般以一年为周期,认识和掌握季节变动,对于近期行动决策有重要作用。例如,农产品的生产、水电消费的季节变动等。在实际分析中,季节变动也包括一年内由于社会、政治、经济、自然因素影响形成的有规律的周期性的重复变动。例如,民工潮造成的交通部门的客流量在一年中的规律性变化。

(3) 循环波动(C)。循环波动是指现象受经济等原因影响呈现出的波浪形和震荡式发展,发生周期较长(一年以上)的涨落起伏的变动,也叫周期波动。如商业周期的繁荣、衰退、萧条、复苏四个阶段的循环变动。循环变动和季节变动都是一种重复出现的周期性变动,不同的是,季节变动是一年内的按月或按季的周期性变动,而循环变动周期较长且不固定、规律显现没有季节变动明显、影响因素的性质不一样。

(4) 不规则变动(I)。不规则变动也称随机变动,是指由于意外的自然或社会的偶然因素引起现象不规则变动,是无法预知的。它除了受以上各种变动的影响以外,还受一些临时的、偶然的或不明原因而引起的非周期性、非趋势性随机变动。例如,2005 年那场海啸对东南亚地区的旅游业造成的影响表现在旅游人数上就是一种不规则变动。

动态数列分析的目的就是对以上的四大构成要素进行测定,揭示现象发展变化的原因及其规律,为认识和预测事物的发展提供依据。

2. 动态数列的分解模型

将形成动态数列的因素与动态数列的关系按照一定的假设,用一定的数学关系式表示,就构成了动态数列的分解模型。按照四大构成要素影响方式的不同,可以设定为不同的组合模型,其种类有很多,其中加法模型和乘法模型是最基本的。设 Y 代表动态数列的指标数值,表示总变动,T 表示长期趋势成分,S 表示季节变动成分,C 表示循环变动成分,I 表示不规则变动成分,用下标 t 表示时间($t=1,2,\cdots,n$),n 为动态数列的项数。乘法模型和加法模型的表现形式如下。

(1) 加法模型。假设四个构成因素对现象发展的影响是相互独立的,每个成分均以动态数列原始指标数值相同的用绝对数表示。动态数列各期发展水平是各个构成因素的总和。其分解模型为:$Y=T+S+C+I$。

(2) 乘法模型。假设四个构成因素对现象发展的影响是相互的,长期趋势成分与动态数列原始指标值都是以绝对数的形式存在,其余成分则均以比例形式(相对数)表示,动态数列各期发展水平是各个构成因素的乘积。其分解模型为:$Y=T \cdot S \cdot C \cdot I$。

实际工作中应采用哪一种模型进行分析为宜,要视研究对象的性质、研究目的及所掌握的资料的情况而定。分析和测定有关构成因素的数量表现,可以更好地认识和掌握现象变化发展的规律性,将所测定出的某一构成因素数值从动态数列中分离出去,便于分析动态数列中其他因素的变动规律,为动态数列的预测奠定基础。

6.4.2 长期趋势的测定

动态数列的长期趋势是就一个较长的时期而言的,一般地说,分析长期趋势所选的时期越长越好。长期趋势是动态数列的主要构成要素。由于普遍的、持续的、决定性的基本因素的作用,使发展水平沿着一个方向,逐渐向上或向下变动的趋势。在一个动态数列中,因素变动往往是互相交织在一起的,现象变动的长期趋势就体现在上述四种多因素相互交织作用所形成的波动中,只有把波动修匀之后,才能体现出趋势的状态和走向。长期趋势的测定,就是用一定的方法对动态数列进行修匀,使修匀后的数列排除季节变动、循环波动和不规则变动等因素的影响,显示出现象变动的基本趋势,并对其未来的发展趋势做出判断或预测提供依据。对长期趋势的测定和分析,是动态数列的重要工作,其主要目的有三个:一是为了认识现象随时间发展变化的趋势和规律性;二是为了对现象未来的发展趋势做出预测;三是为了从动态数列中剔除长期趋势成分,以便于分解出其他类型的影响因素。

动态数列趋势的测定方法有许多种,下面主要介绍时距扩大法、移动平均法、直线趋势模型。

1. 时距扩大法

时距扩大法是对长期的动态数列资料进行统计修匀的一种最原始、最简便的方法。它是将原动态数列中各项指标加以合并,扩大每段计算所包括的时间,得出较长时距的新数列,以消除较小时距单位内偶然因素的影响,从而显示出现象变动的基本趋势。当原始动态数列中各指标数值上下波动,使得现象变化规律表现不明显时,可通过扩大数列时间间隔,使得较小时距数据所受到的偶然因素的影响相互抵消,以反映现象发展的长期趋势。

【例 6-17】根据表 6-14 所示的数据,用时距扩大法分析某商场商品销售额的长期趋势。

表 6-14 某商场某年商品销售额资料 单位:万元

月份	1	2	3	4	5	6	7	8	9	10	11	12
销售额	70	75	68	66	76	77	76	72	77	75	85	80

将以月为时距的动态数列合并为以季为时距的动态数列,如表 6-15 所示。原动态数列中并不能很好地观察出长期趋势来,通过扩大间距后的新动态数列中,可以明显地看出商场的销售量呈现出增加的趋势。

表 6-15 时距扩大法计算某商场某年商品销售额的长期趋势 单位:万元

季度	第一季度	第二季度	第三季度	第四季度
商品销售额	213	219	225	240

时距扩大法的优点是简便直观。但是它的缺点也很突出,扩大间距后形成的新动态

数列包含的数据减少,信息量大量流失,不便于做进一步分析。应用时距扩大法应当注意:第一,前后扩大的时距应当一致,以便相互比较,保持其可比性;第二,单纯扩大时距,以使指标数值增大的方法,只能用于时期数列,而不能用于时点数列。对时点数列要在扩大时距的基础上,求出序时平均数,才能反映现象发展的长期趋势;第三,扩大的时距应与社会经济现象本身变化周期一致。

2. 移动平均法

移动平均是通过扩大原动态数列的时间间隔,并按一定的间隔长度逐期移动,分别计算出一系列移动平均数,边移动边平均,这样就可以得到一个由移动平均数构成的新的动态数列,这个派生的新动态数列把原数列中的某些不规则变动加以修匀,以消除偶然因素的影响,使指标值变动更平滑,从而呈现出现象发展的变动趋势。

设移动间隔长度为 K,则移动平均数数列可以写为

$$\bar{Y}_i = \frac{Y_i + Y_{i+1} + \cdots + Y_{i+k-1}}{K} \tag{6-26}$$

式中:$\bar{Y}_i$——移动平均趋势值;

K——大于 1 小于 n 的正整数。

【例 6-18】 2008—2019 年我国轿车产量资料见表 6-16 前两项所示,分别计算时间间隔分别为 3 年、4 年的移动平均趋势值。

表 6-16　2008—2019 年我国轿车产量资料　　　　　　　单位:万辆

年　份	轿车产量	趋势值(k=3)	趋势值(k=4)	移正平均值
2008	503.81	—	—	—
2009	748.48	736.63	—	—
			805.71	
2010	957.59	906.35		877.36
			949.01	
2011	1 012.97	1 015.85		1 006.76
			1 064.50	
2012	1 077.00	1 100.13		1 100.84
			1 137.18	
2013	1 210.43	1 178.58		1 155.93
			1 174.68	
2014	1 248.31	1 207.24		1 191.55
			1 208.41	
2015	1 162.97	1 207.73		1 206.42
			1 204.43	

续表

年　份	轿车产量	趋势值(k＝3)	趋势值(k＝4)	移正平均值
2016	1 211.91	1 189.81		1 200.57
			1 196.70	
2017	1 194.54	1 207.94		1 179.89
			1 163.08	
2018	1 217.38	1 146.80	—	—
2019	1 028.49	—		

采用移动平均法测定事物发展的长期趋势,简单易行,便于操作。移动平均法主要具有以下特点:

第一,平均的时距项数 n 越大,对动态数列的修匀效果越强,使现象的趋势倾向越明显,可以更深刻地描述现象发展的基本趋势。例如,三项移动平均的波动较原数列明显削弱了,但是仍存在一些小波动,四项移动平均进一步削弱了波动。

第二,当移动平均时距项数 n 为奇数时,只需要一次移动平均,其移动平均值作为移动平均项数的中间一期的趋势代表值;当移动平均时距项数 n 为偶数时,移动平均值代表的是这偶数项的中间位置的水平,无法对正某一时期,所以需要进行一次相邻两项平均值的再次移动平均,如此才能使得平均值对正某一时期,第二次移动平均称为移正平均,也称中心化的移动平均数。

第三,n 的选择要考虑周期性波动的周期长短,一般来说,如果现象的发展具有一定的周期性,平均时距 n 应和周期长度一致或为它的整数倍,这样才能较好地消除周期波动。当动态数列包含季节变动时,经受每年季节性的涨落,主要必须清除季节变动因素,移动平均时距项数 n 应与季节变动长度一致,一般为 4 个季度或 12 个月,即以运用 4 项或 12 项移动平均为宜。

第四,移动平均以后,其数列的项数较原数列减少。当原数列的项数为 N 时,移动 n 项,当 n 为奇数时,移动后新数列项数为 $[N-(n-1)]=(N-n+1)$ 项,比原数列项数减少 $(n-1)$ 项,当 n 为偶数时,移动后新数列项数为 $(N-n)$ 项,比原数列项数减少 n 项。

第五,虽然移动项数越多,修匀效果更强,但是移动项数过多,将造成数据丢失增加。因此,必须综合地考虑以上几个特点来选择适合的移动平均时距项数。

第六,若动态数列是时点数列,则移动平均数应按时点数列计算序时平均数的方法计算。

3. 直线趋势模型

如果动态数列的逐期增长量相对稳定,即现象满足各逐期增长量大体相同的条件,可以用直线作为趋势线来描述趋势变化,据以进行分析和预测。设趋势直线方程为

$$y_x = a + bx \tag{6-27}$$

式中:y_x——动态数列的趋势值;

　　　a——直线趋势方程的截距;

b——直线趋势方程的斜率；

x——时间序号。

最理想的趋势线是最接近所有散点的趋势线，即满足下列两点要求：

第一，动态数列实际值与其趋势值的离差平方和 $\sum(y-y_x)^2=\sum(y-a-bx)^2$ 达到最小值。

第二，动态数列实际值与其趋势值的离差总和为零。

令 $Q=\sum(y-a-bx)^2$，为使其最小，利用微分求极值原理，对 a 和 b 的偏导数应等于 0，整理得

$$\begin{cases} \sum y = na + bx \\ \sum xy = a\sum x + b\sum x^2 \end{cases} \quad (6-28)$$

整理后可得出直接计算 a、b 的两个公式为：

$$\begin{cases} b = \dfrac{n\sum xy - \sum x \sum y}{n\sum x^2 - (\sum x)^2} \\ a = \dfrac{\sum y}{n} - b\dfrac{\sum x}{n} = \bar{y} - b\bar{x} \end{cases} \quad (6-29)$$

在对动态数列按最小二乘法进行趋势配合的运算时，为使计算更简便些，实际中的原点是随着研究范围的变化而不同，将各年份（或其他时间单位）简记为 1,2,3,4,…，将趋势方程的原点移动，并用坐标移位方法将原点 O 移到动态数列的中间项，使 $\sum t=0$。当动态数列项数 n 为奇数时，中间项的时间序号 t 被设为 0，新数列的时间顺序分别为…，$-3,-2,-1,0,1,2,3$,…，则 $\sum t=0$。当动态数列项数 n 为偶数时，原点可设在中间两项的中点，中间的两项分别设 $-1,1$，这样间隔便为 2，各项依次设成…，$-5,-3,-1,1,3,5$,…，同样使 $\sum t=0$。于是系数 a、b 的计算式便可得到简化：

$$\begin{cases} b = \dfrac{\sum ty}{\sum t^2} \\ a = \dfrac{\sum y}{n} \end{cases} \quad (6-30)$$

时间原点已经由原动态数列的第一项之前调整到动态数列的中间位置，因此，拟合出的趋势直线方程使用新的时间序号。尽管两方程原点不一样，但预测的结果完全一致。

【例 6-19】 2014—2019 年我国国内游客资料如表 6-17 所示。用最小平二乘计算直线趋势方程，并预测 2020 年、2021 年国内游客。

表 6-17 2014—2019 年我国国内游客资料 单位：百万人次

年　份	2014	2015	2016	2017	2018	2019
国内游客	3 611	3 990	4 435	5 001	5 539	6 006

用最小平方法计算直线趋势方程过程见表 6-18 所示。

表 6-18 最小二乘法计算表

年份	国内游客 y	普通法			简捷法			趋势值
		x	xy	x^2	t	ty	t^2	
2014	3 611	1	3 611	1	-5	$-18\ 055$	25	3 536
2015	3 990	2	7 980	4	-3	$-11\ 970$	9	4 027
2016	4 435	3	13 305	9	-1	$-4\ 435$	1	4 518
2017	5 001	4	20 004	16	1	5 001	1	5 009
2018	5 539	5	27 695	25	3	16 617	9	5 500
2019	6 006	6	36 036	36	5	30 030	25	5 991
合计	28 582	21	108 631	91	0	17 188	70	——

普通法：根据资料，将有关数据代入，得

$$\begin{cases} b = \dfrac{n\sum xy - \sum x \sum y}{n\sum x^2 - (\sum x)^2} = \dfrac{6 \times 108\ 631 - 21 \times 28\ 582}{6 \times 91 - 21^2} = 491.09 \\ a = \dfrac{\sum y}{n} - b\dfrac{\sum x}{n} = \dfrac{28\ 582}{6} - 491.09 \times \dfrac{21}{6} = 3\ 044.85 \end{cases}$$

则所拟合的趋势方程为

$$y_x = 3\ 044.85 + 491.09x$$

预测 2020 年的国内游客，将 $x = 7$ 代入得：

$$y_7 = 3\ 044.85 + 491.09 \times 7 = 6\ 482.48（百万人次）$$

预测 2021 年的国内游客，将 $x = 8$ 代入得

$$y_8 = 3\ 044.85 + 491.09 \times 8 = 6\ 973.57（百万人次）$$

将 $x = 1, 2, 3, 4, 5, 6$ 分别代入 $y_x = 3\ 044.85 + 491.09x$ 中得趋势值。

简捷法：根据资料，将有关数据代入，得

$$\begin{cases} b = \dfrac{\sum ty}{\sum t^2} = \dfrac{17\ 188}{70} = 245.54 \\ a = \dfrac{\sum y}{n} = \dfrac{28\ 582}{6} = 4\ 763.67 \end{cases}$$

则所拟合的趋势方程为

$$y_t = 4\ 763.67 + 245.54t$$

预测 2020 年的国内游客，将 $t = 7$ 代入得

$$y_7 = 4\ 763.67 + 245.54 \times 7 = 6\ 482.45（百万人次）$$

预测 2021 年的国内游客，将 $t = 9$ 代入得

$$y_9 = 4\ 763.67 + 245.54 \times 9 = 6\ 973.53（百万人次）$$

将 $t=-5,-3,-1,1,3,5$ 分别代入 $y_t=4\,763.67+245.54t$ 中得趋势值。

可见,用简捷法与用普通法的计算结果是一致的,两种方法预测的结果完全一致。

现实生活中,大量的现象是非线性发展的,当客观现象的发展呈曲线变动时,仍然可以用最小二乘法配合曲线,求趋势值。与直线趋势方程的研究思路基本一样,也可以用普通法和简捷法求解。

6.4.3 季节变动的测定

季节变动是指一些现象由于受自然条件或社会经济条件的影响在一个年度内随着季节的更替而发生比较有规律的变动。如商业活动中的"销售旺季"和"销售淡季"。季节变动通常受自然季节气候(春、夏、秋、冬、晴、阴、雨等)的影响,也与人们的风俗习惯(春节、端午节、中秋节等)有关,还与农产品及其加工工业生产的产量和销售量、旅游人次、客运活动等社会经济因素有关。自然季节的更替不以人们的意志为转移,人们的生活习俗、作息制度也较稳定,因而季节性变动是规律性较强的变动。

扩展阅读 6-4
2019 年铁道统计公报

首先,通过研究季节变动来正确认识现象整体的发展变化规律性,不仅有助于有关部门和企业制定计划、合理组织货源,准备原料进行生产,有效地使用资金,取得较好的经济效益,而且可以提高为人民经济生活服务的质量。合理安排、组织社会生产与生活。其次,可根据季节变动规律性进行经济预测。季节变动的规律性强,可据此进行短期预测,得到比较准确的结果;同时,利用季节变动规律拟合长期趋势进行长期预测,可以大大提高预测的准确性。

测定季节变动的方法从是否排除长期趋势的影响看,可分为两种:一是不排除长期趋势的影响,直接根据原动态数列来测定,二是依据消除长期趋势后的动态数列来测定。前者常用简单平均法,后者常用移动平均趋势剔除法。但是,不管采用哪种方法,都需具备连续至少三个周期以上的资料,具体来说,按月平均不能少于 36 个月的资料,按季平均不能少于 12 个季度的资料,以保证所求的季节指数具有代表性,原数据时期越长越理想,从而能比较客观地描述现象的季节变动。

1. 按月(季)平均法

动态数列不存在长期趋势时,计算季节指数采用按月(季)平均法。根据月(季)的动态数列,要判明原数据的时间属性即是时期数列还是时点数列,不同时间属性的数据,处理上有区别。如数据为时期数,则可按简单算术平均数方法计算,如数据为时点数,由季节变动现象的特性均以年内逐月反映,则可按"首尾折半法"计算。用按月(季)平均法测定季节变动计算步骤如下:

(1) 分别就每年各月(季)的数值加总后,计算各年的月(季)的平均数;

(2) 将各年同月(季)的数值加总,计算若干年内不同年份同月(季)的平均数;

(3) 根据若干年内每个月的数值总计,计算若干年总的月(季)平均数;

(4) 将若干年内同月(季)的平均数与总的月(季)平均数相比,即求得用百分数表示

的各月(季)的季节指数,又称为季节比率,计算公式为

$$\text{季节指数} = \frac{\text{同月(季)的平均数}}{\text{总平均数}} \tag{6-31}$$

【例 6-20】 2017—2019 年中国铁路旅客当年累计发送量如表 6-19 所示,先写出动态数列,然后计算季节指数。

表 6-19 2017—2019 年中国铁路旅客当年累计发送量 单位:万人次

月份	2017 年	2018 年	2019 年
1 月	24 756	24 564	28 342
2 月	50 281	50 646	57 454
3 月	72 905	78 257	85 314
4 月	99 409	107 157	115 850
5 月	125 806	133 984	146 651
6 月	149 883	161 818	177 386
7 月	179 261	194 094	212 956
8 月	209 952	228 434	250 840
9 月	234 836	256 687	280 713
10 月	262 457	287 153	312 616
11 月	285 160	312 331	339 696
12 月	308 379	337 495	366 002

资料来源:中华人民共和国交通运输部网站。

2017—2019 年中国铁路旅客本月发送量的动态数列和季节指数的计算如表 6-20 所示。

表 6-20 2017—2019 年中国铁路旅客本月发送量及季节指数计算 单位:万人次

月份	2017 年	2018 年	2019 年	不同年份同月合计	不同年份同月平均	季节指数/%
1 月	24 756	24 564	28 342	77 662	25 887.33	92.10
2 月	25 525	26 082	29 112	80 719	26 906.33	95.73
3 月	22 624	27 611	27 860	78 095	26 031.67	92.61
4 月	26 504	28 900	30 536	85 940	28 646.67	101.92
5 月	26 397	26 827	30 801	84 025	28 008.33	99.65
6 月	24 077	27 834	30 735	82 646	27 548.67	98.01
7 月	29 378	32 276	35 570	97 224	32 408.00	115.30
8 月	30 691	34 340	37 884	102 915	34 305.00	122.05
9 月	24 884	28 253	29 873	83 010	27 670.00	98.44

续表

月份	2017年	2018年	2019年	不同年份同月合计	不同年份同月平均	季节指数/%
10月	27 621	30 466	31 903	89 990	29 996.67	106.72
11月	22 703	25 178	27 080	74 961	24 987.00	88.90
12月	23 219	25 164	26 306	74 689	24 896.33	88.57
同年合计	308 379	337 495	366 002	1 011 876	—	1 200.00
同年份月平均	25 698.25	28 124.58	30 500.17	—	28 107.67	100.00

资料来源：中华人民共和国交通运输部网站。

$$一月份季节指数=\frac{一月份铁路旅客发送量平均数}{各月平均铁路旅客发送量平均数}=\frac{25\ 887.33}{28\ 107.67}\times100\%=92.10\%$$

其余各月的季节指数以此类推。月平均季节指数的100%是将各月的季节指数加总后除以12个月得到的。计算结果表明,中国铁路旅客发送量的季节指数中8月份最高,7月份其次,说明暑假出行的人比较多。而12月份最低,11月份次低。铁路可以根据此数据合理安排调运。

按月(季)平均法只适用于具有水平趋势的动态数列,由于同期平均数的计算采用的是简单算术平均法,若动态数列具有上升(或下降)的长期趋势,近期数据对同期平均数的形成起着较大的作用,因此影响季节指数的正确计算。

2. 趋势剔除法

当动态数列存在长期趋势时,计算季节指数采用趋势剔除法。如果采用按月(季)平均法测定季节变动,势必会影响季节指数的真实反映,因此,将移动平均数作为长期趋势加以剔除,从而较准确地再测定季节变动。常用的趋势测定可以应用移动平均法,故称为移动平均趋势剔除法。它是先用移动平均法求出动态数列的长期趋势值,然后将趋势值从原动态数列中剔除,再测定季节变动,计算季节指数。具体计算步骤如下。

第一,根据动态数列中各年的月(季)资料Y计算12项(4项)移动平均数T,由于是偶数项移动平均,趋势值T要分两步求得。求出长期趋势值;

第二,剔除原动态数列中的长期趋势,用动态数列中各月(季)的数值(Y)与其相对应的趋势值(T)对比,计算修匀比率:Y/T;

第三,将Y/T按月(季)排列,计算出各年同月(季)的平均值,这个平均数就是各月(季)的季节指数。再与总平均比即得季节指数。

第四,调整季节指数。全年12个月(4个季度)的季节指数和为1 200%(或400%),当各月的季节指数之和不等于1 200%(或400%)时,可以进一步计算校正系数,用这个系数分别乘以各月的季节指数即可得到调整后的季节指数。这样求得的季节指数就是一个剔除了长期趋势影响后的季节指数。

$$校正系数=\frac{1\ 200\%(400\%)}{各月(季)季节指数之和}$$

【例6-21】 中国2017—2019年各季度水路旅客运输量数据资料如表6-21所示。分别按季平均法和移动平均趋势剔除法计算季节指数。

表 6-21　中国 2017—2019 年各季度水路旅客运输量数据　　单位：万人次

年份	第一季度	第二季度	第三季度	第四季度
2017	6 129	7 429	8 058	6 742
2018	5 991	7 379	8 043	6 568
2019	5 885	7 198	7 832	6 351

按季平均法计算季节指数如表 6-22 所示。

表 6-22　按季平均法季节指数计算表　　单位：万人次

年份	第一季度	第二季度	第三季度	第四季度	年合计	年平均
2017	6 129	7 429	8 058	6 742	28 358	7 089.50
2018	5 991	7 379	8 043	6 568	27 981	6 995.25
2019	5 885	7 198	7 832	6 351	27 266	6 816.50
同季合计	18 005	22 006	23 933	19 661	83 605	—
同季平均	6 001.67	7 335.33	7 977.67	6 553.67	—	6 967.08
季节指数(%)	86.14	105.29	114.51	94.07	400	100.00

按移动平均趋势剔除法计算季节指数如表 6-23、表 6-24 所示。

表 6-23　移动平均趋势剔除法季节变动分析表

年份	季	水路旅客运输量 Y	4 项移动平均	修正移动平均 T	Y/T×100%
2017	1	6 129	—	—	
	2	7 429	—	—	—
			7 089.50		
	3	8 058		7 072.25	113.94
			7 055.00		
	4	6 742		7 048.75	95.68
			7 042.50		
2018	1	5 991		7 040.625	85.09
			7 038.75		
	2	7 379		7 017.00	105.16
			6 995.25		
	3	8 043		6 979.875	115.23
			6 964.50		
	4	6 568		6 944.00	94.59
			6 923.50		

续表

年份	季	水路旅客运输量 Y	4 项移动平均	修正移动平均 T	Y/T×100%
2019	1	5 885		6 897.125	85.33
			6 870.75		
	2	7 198		6 843.625	105.18
			6 816.50		
	3	7 832	—	—	—
	4	6 351	—	—	—

表 6-24　移动平均趋势剔除法季节指数计算表　　　　单位：%

年份	一季度	二季度	三季度	四季度	合计
2017	—	—	113.94	95.68	—
2018	85.09	105.16	115.23	94.59	—
2019	85.33	105.18	—	—	—
季合计	170.42	210.34	229.17	190.27	800.20
季平均	85.21	105.17	114.585	95.135	—
季节指数	85.19	105.14	114.56	95.11	400.00

显然，季节变动分析中的两种方法各有特点，前者计算简便，但所求出的季节指数包含长期趋势的影响。后者计算较繁，但却得到了一个反映现象发展过程中的季节变动的缩影——剔除长期趋势后的季节指数。

6.4.4　循环变动的测定

循环变动各个时期有不同的原因，变动的程度也有自己的特点，这和季节变动基于大体相同的原因和相对稳定的周期形成对照，所以不能用测定季节变动的方法来研究循环变动。通常用剩余法测定循环变动的程度。基本思想是：对各期动态数列资料用长期趋势和季节指数消除趋势变动和季节变动，而得到反映循环变动与不规则变动的数列，然后再采用移动平均法消除不规则变动，便可得出反映循环变动程度的各期循环变动系数。

$$Y = T \cdot X \cdot C \cdot I$$

$$\frac{Y}{T \cdot S} = \frac{T \cdot S \cdot C \cdot I}{T \cdot S} = C \cdot I$$

将 $C \cdot I$ 数列进行移动平均修匀，修匀后的数列即为各期循环变动的系数。

测定循环变动的程度，认识经济波动的某些规律，预测下一个循环变动可能产生的各种影响，以便充分利用有利因素，避免不利因素，对于保持国民经济持续稳定的发展有重要的意义。但是循环变动预测和长期趋势预测不同，循环变动主要属于经济预测，在很大程度上要依靠经济分析，仅仅对历史资料的统计处理是不够的。

6.5 动态数列分析实训项目

6.5.1 实训项目：中国民航旅客运输量的动态数列分析

【实训目的】 通过动态数列的学习，帮助学生通过实际分析，掌握编制动态数列分析的思想和方法，计算有关动态数列的水平分析和速度分析指标，考虑季节因素，认识季节变动的分析方法，运用长期趋势的测定方法和季节变动的测定方法，培养学生对动态数列统计分析的能力。

【实训要求】 通过项目学习，根据可比性原则，通过中华人民共和国交通运输部网站收集整理 2017—2019 年中国民航旅客发送量资料，编制动态数列。分析中国民航旅客发送量发展变化的基本态势。

1. 计算各年的累积增长量和逐期增长量、定基发展速度和环比发展速度、定基增长速度和环比增长速度，计算其平均发展水平、平均增长量、平均发展速度和平均增长速度。

2. 研究中国民航旅客发送量是否存在季节变动的规律，采用适当的模型和方法测定其长期趋势、测定其季节指数。比较各种方法分析的结果，与你通常的想法是否一致？分析其可能的原因。

通过对动态数列的分析，认知民航旅客出行规律，分析发展变化过程和发展趋势，为民航统筹方案的制定提供一定的依据。

【项目背景介绍】 2019 年全行业以习近平新时代中国特色社会主义思想为指导，全面贯彻党的十九大和十九届二中、三中、四中全会以及中央经济工作会议精神，以新发展理念为引领，按照"一加快、两实现"的新时代民航强国建设战略进程，全面落实"一二三三四"新时期民航总体工作思路，扎实推动民航高质量发展，民航工作取得了显著成绩。

2019 年我国面临的外部风险挑战明显增多，国内经济下行压力持续加大。民航行业保持"控总量、调结构"的战略定力，确保行业发展稳中有进。

2019 年全行业完成旅客运输量 65 993.42 万人次，比上年增长 7.9%。国内航线完成旅客运输量 58 567.99 万人次，比上年增长 6.9%，其中港澳台航线完成 1107.56 万人次，比上年下降 1.7%；国际航线完成旅客运输量 7425.43 万人次，比上年增长 16.6%。

根据可比性原则，通过中华人民共和国交通运输部网站收集整理得到 2016—2019 年中国民航旅客当年累计发送量和民航旅客本月发送量，分别如表 6-25 和表 6-26 所示。

表 6-25 2016—2019 年中国民航旅客当年累计发送量　　　　单位：万人次

月份	2016 年	2017 年	2018 年	2019 年
1		4 393.1	4 647.0	5 340.9
2		8 672.0	9 490.1	10 723.7
3		13 102.5	14 630.3	16 074.1
4		17 504.8	19 704.6	21 385.9
5		22 002.4	24 718.7	26 837.3

续表

月份	2016年	2017年	2018年	2019年
6		26 333.9	29 657.0	32 178.7
7		31 243.8	35 034.9	38 109.1
8		36 290.3	40 691.7	44 232.9
9		40 945.4	45 720.7	49 708.3
10		45 833.1	51 129.1	55 406.5
11		50 478.6	56 134.7	60 712.3
12	48 776.1	55 156.8	61 171.2	65 993.0

表6-26 2016—2019年中国民航旅客本月发送量　　　　单位：万人

月份	2016年	2017年	2018年	2019年
1		4 393.1	4 647.0	5 340.9
2		4 278.9	4 843.1	5 382.8
3		4 430.5	5 140.2	5 350.4
4		4 402.3	5 074.3	5 311.8
5		4 497.6	5 014.1	5 451.4
6		4 331.5	4 938.3	5 341.4
7		4 909.9	5 377.9	5 930.4
8		5 046.5	5 656.8	6 123.8
9		4 655.1	5 029.0	5 475.4
10		4 887.7	5 408.4	5 698.2
11		4 645.5	5 005.6	5 305.8
12		4 678.2	5 036.5	5 280.7
合计	48 776.1	55 156.8	61 171.2	65 993.0

项目分析提示：

1. 对中国民航旅客发送量发展变化的基本态势，可用中国民航旅客发送量发展变化的基本态势折线图（见图6-6）的方式来描述。

从图6-6中可以看出，中国民航旅客发送量在波动中逐步增长，短期波动较大，显示很可能存在季节变动和不规则变动。

中国民航旅客发送量进行动态分析，结果如表6-27所示。

平均发展水平：

$$\bar{a}=\frac{\dfrac{48\ 776.1}{2}+55\ 156.8+61\ 171.2+\dfrac{65\ 993.0}{2}}{3}=57\ 904(\text{万人次})$$

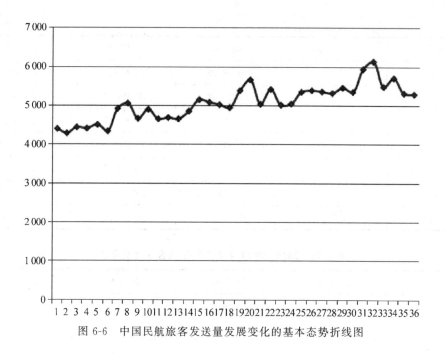

图 6-6 中国民航旅客发送量发展变化的基本态势折线图

表 6-27 动态分析指标计算表

指标		2016 年 a_0	2017 年 a_1	2018 年 a_2	2019 年 a_3
民航旅客发送量/万人次		48 776.1	55 156.8	61 171.2	65 993.0
增长量/万人次	逐期	—	6 380.7	6 014.4	4 821.8
	累积	—	6 380.7	12 395.1	17 216.9
发展速度/%	环比		113.1	110.9	107.9
	定基		113.1	125.4	135.3
增长速度/%	环比		13.1	10.9	7.9
	定基		13.1	25.4	35.3
增长1%的绝对值/万人次		—	487.8	551.6	611.7

平均增长量：

$$\bar{a} = \frac{65\ 993.0 - 48\ 776.1}{3} = 5739 (万人次)$$

平均发展速度：

$$\bar{x} = \sqrt[3]{\frac{65\ 993.0}{48\ 776.1}} = 110.6\%$$

平均增长速度：

$$110.6\% - 1 = 10.6\%$$

2. 中国民航旅客发送量的季节指数计算如表 6-28 所示。

表 6-28　中国民航旅客发送量的季节指数计算

月份	2017 年	2018 年	2019 年	不同年份同月合计	不同年份同月平均	季节指数/%
1	4 393.1	4 647.0	5 340.9	14 381.0	4 793.67	94.65
2	4 278.9	4 843.1	5 382.8	14 504.8	4 834.93	95.47
3	4 430.5	5 140.2	5 350.4	14 921.1	4 973.70	98.21
4	4 402.3	5 074.3	5 311.8	14 788.4	4 929.47	97.33
5	4 497.6	5 014.1	5 451.4	14 963.1	4 987.70	98.48
6	4 331.5	4 938.3	5 341.4	14 611.2	4 870.40	96.17
7	4 909.9	5 377.9	5 930.4	16 218.2	5 406.07	106.75
8	5 046.5	5 656.8	6 123.8	16 827.1	5 609.03	110.75
9	4 655.1	5 029.0	5 475.4	15 159.5	5 053.17	99.78
10	4 887.7	5 408.4	5 698.2	15 994.3	5 331.43	105.27
11	4 645.5	5 005.6	5 305.8	14 956.9	4 985.63	98.44
12	4 678.2	5 036.5	5 280.7	14 995.4	4 998.47	98.70
同年合计	55 156.8	61 171.2	65 993.0	182 321.0	—	1 200.00
同年月平均	4 596.4	5 097.6	5 499.42	—	5 064.47	100.00

民航旅客发送量存在明显的季节变动因素。变动的规律为：1 月的季节指数是 94.65%，为最小值，表明 1 月是一年中民航旅客发送量最低的时期；8 月份的季节指数是 110.75%，为最大值，表明 8 月份民航旅客发送量达到最高峰。一般认为中国民航旅客发送量应在春节期间市场最高的，但近年的数据表明有所变化。可能的原因是随着经济的发展，人民的生活水平提高，暑假期间外出旅游的需求增长迅速。

进行 12 次移动平均和移正平均后的数据，剔除季节变动因素，揭示趋势增长，过程见表 6-29。

表 6-29　移动平均法

年份	月	民航旅客发送量	12 项移动平均	修正移动平均 y	时间 t
2017	1	4 393.1	—	—	
	2	4 278.9			
	3	4 430.5	—		
	4	4 402.3			
	5	4 497.6			
	6	4 331.5			
			4 596.40		

续表

年份	月	民航旅客发送量	12项移动平均	修正移动平均 y	时间 t
2017	7	4 909.9		4 606.98	1
			4 617.56		
	8	5 046.5		4 641.07	2
			4 664.58		
	9	4 655.1		4 694.15	3
			4 723.72		
	10	4 887.7		4 751.72	4
			4 779.72		
	11	4 645.5		4 801.24	5
			4 822.76		
	12	4 678.2		4 848.05	6
			4 873.33		
2018	1	4 647.0		4 892.83	7
			4 912.33		
	2	4 843.1		4 937.76	8
			4 963.18		
	3	5 140.2		4 978.76	9
			4 994.34		
	4	5 074.3		5 016.04	10
			5 037.73		
	5	5 014.1		5 052.74	11
			5 067.74		
	6	4 938.3		5 082.67	12
			5 097.60		
	7	5 377.9		5 126.52	13
			5 155.43		
	8	5 656.8		5 177.92	14
			5 200.40		
	9	5 029.0		5 209.16	15
			5 217.92		
	10	5 408.4		5 227.82	16

续表

年份	月	民航旅客发送量	12项移动平均	修正移动平均 y	时间 t
2018			5 237.71		
	11	5 005.6		5 255.93	17
			5 274.15		
	12	5 036.5		5 290.95	18
2019			5 307.74		
	1	5 340.9		5 330.76	19
			5 353.78		
	2	5 382.8		5 373.24	20
			5 392.70		
	3	5 350.4		5 411.30	21
			5 429.90		
	4	5 311.8		5 441.98	22
			5 454.05		
	5	5 451.4		5 466.56	23
			5 479.07		
	6	5 341.4		5 489.25	24
			5 499.42		
	7	5 930.4	—	—	
	8	6 123.8	—	—	
	9	5 475.4	—	—	
	10	5 698.2	—	—	
	11	5 305.8	—	—	
	12	5 280.7	—	—	

如果可能，原始资料数据尽量选取五年以上。根据上表，作出民航旅客发送量发展变化的基本态势折线图的图形见图6-7，由此可见，经移动平均后季节变动可基本消除。

用剔除季节变动数据做趋势回归，过程见表6-30。

表6-30　最小平方法计算表

年月	t	y	ty	t^2
2017.07	1	4 606.98	4 606.98	1
2017.08	2	4 641.07	9 282.14	4
2017.09	3	4 694.15	14 082.45	9

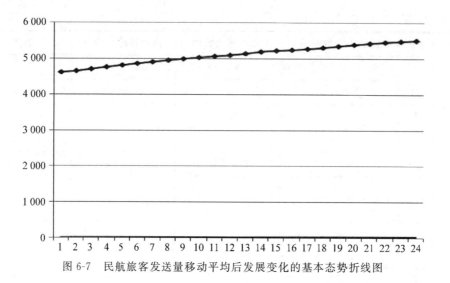

图6-7 民航旅客发送量移动平均后发展变化的基本态势折线图

续表

年月	t	y	ty	t^2
2017.10	4	4 751.72	19 006.88	16
2017.11	5	4 801.24	24 006.20	25
2017.12	6	4 848.05	29 088.30	36
2018.01	7	4 892.83	34 249.81	49
2018.02	8	4 937.76	39 502.08	64
2018.03	9	4 978.76	44 808.84	81
2018.04	10	5 016.04	50 160.40	100
2018.05	11	5 052.74	55 580.14	121
2018.06	12	5 082.67	60 992.04	144
2018.07	13	5 126.52	66 644.76	169
2018.08	14	5 177.92	72 490.88	196
2018.09	15	5 209.16	78 137.40	225
2018.10	16	5 227.82	83 645.12	256
2018.11	17	5 255.93	89 350.81	289
2019.12	18	5 290.95	95 237.10	324
2019.01	19	5 330.76	101 284.40	361
2019.02	20	5 373.24	107 464.80	400
2019.03	21	5 411.30	113 637.30	441
2019.04	22	5 441.98	119 723.60	484

续表

年月	t	y	ty	t^2
2019.05	23	5 466.56	125 730.90	529
2019.06	24	5 489.25	131 742.00	576
合计	300	122 105.40	1 570 455.00	4 900

根据资料,将有关数据代入得

$$\begin{cases} b = \dfrac{n\sum ty - \sum t \sum y}{n\sum t^2 - (\sum t)^2} = \dfrac{24 \times 1\ 570\ 455 - 300 \times 122\ 105.40}{24 \times 4\ 900 - 300^2} = 38.381 \\ a = \dfrac{\sum y}{n} - b\dfrac{\sum t}{n} = \dfrac{122\ 105.40}{24} - 38.381 \times \dfrac{300}{24} = 4\ 607.966 \end{cases}$$

通过计算得出回归结果为:

$$\hat{y}_t = 4\ 607.966 + 38.381 t$$

预测 2020 年各月中国民航旅客发送量,预测的月度数据序号 t;移动平均的 24 个样本数据中,2017 年 7 月为 1,2019 年 6 月为 24。要预测的 2020 年 1—12 月数据的序号应为 31~42。

代入上式得出预测值,再根据前面计算的季节指数进行调整得出调整值。

本案例分析不一定有唯一答案,还有其他方法可以运用,大家可以通过讨论,用多种方法分析加以对比分析。

6.5.2 实训项目:Excel 实现一元回归分析

根据表 6-31 中 2009—2019 年私人载客汽车拥有量的数据,拟合年份与私人载客汽车拥有量的回归直线。

表 6-31　2009—2019 年私人载客汽车拥有量　　　　单位:万辆

年份 x	私人载客汽车拥有量 y
2009	3 808.33
2010	4 989.50
2011	6 237.46
2012	7 637.87
2013	9 198.23
2014	10 945.39
2015	12 737.23
2016	14 896.27
2017	17 001.51

续表

年份 x	私人载客汽车拥有量 y
2018	18 930.29
2019	20 710.58

【项目实训操作步骤】

第一步：录入数据。将所给数据输入到 Excel 工作表格中。如图 6-8 所示。

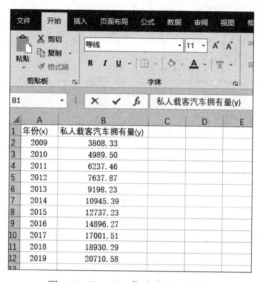

图 6-8　Excel 工作表格录入数据

第二步：单击"工具"菜单，选择"数据分析"选项。打开"数据分析"对话框，从其对话框的"分析工具"列表中选择"回归"，如图 6-9 所示，然后单击"确定"按钮。

第三步：随即弹出"回归"对话框，确定输入区域和输出区域选项，如图 6-10 所示。在"Y 值输入区域"文本框中输入年载客汽车拥有量数据所在的单元格区域 B1:B12，在"X 值输入区域"文本框中输入年份数据所在的单元格区域 A1:A12。在"输出选项"中可以指定结果的输出位置，本例中，输出区域为 C1。

"输入"栏中其他复选框操作说明：若输入区域包括标志行，则选中"标志"复选框，本例选中此复选框；若要求回归直线通过原点，则选中"常数为零"复选框；若要求输出置信度，则选中"置信度"复选框。

"输出选项"栏中其他复选框操作说明：如要求输出残差、标准残差、残差图、线性拟合图和正态概率图，则选中相应的复选框。本例中选中"线性拟合图"复选框。

第四步：单击"确定"按钮，在指定位置给出计算结果，如图 6-11 所示。

得出：

$$\hat{y}_x = -3\,478\,568.24 + 1\,732.930\,545x$$

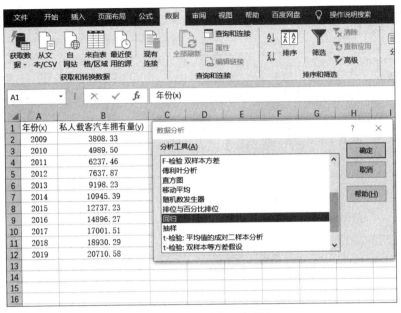

图 6-9 "数据分析"对话框

图 6-10 "回归"对话框

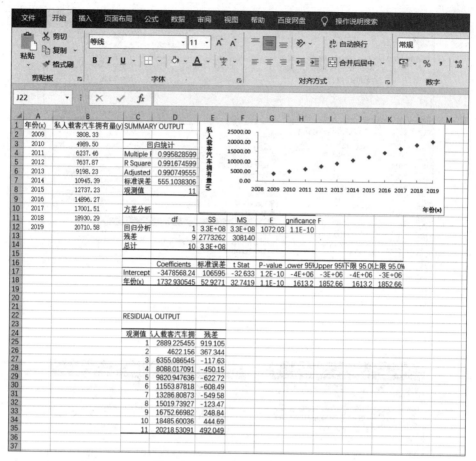

图 6-11 一元线性回归分析结果

【结论分析】

图 6-11 中一元线性回归分析结果主要包括四部分内容。

1. 回归统计表包括的内容

Multiple R：表示相关系数，它用来衡量变量 X 和 Y 之间相关程度的大小。本例中，R 为 0.995828599。

R Square：R 的平方，表示判定系数，用来测定回归方程拟合数据的好坏程度。

Adjustd R Square：表示调整后的判定系数，它用于衡量加入独立变量后模型的拟合程度。在多元回归模型中，增加预测变量必然会使判定系数最大，所以必须加以调整。

标准误差：又称标准回归误差或估计标注误差，用来衡量拟合程度的大小，此值越小，说明拟合程度越好。

观测值：指用于估计回归方程的数据的观测值个数。

2. 方差分析表

方差分析表的主要作用是通过 F 检验来判断回归模型的回归效果。

df 是自由度。

SS 是总方差＝回归方差＋残差。

MS 是均方差。

F 指对应的是 F 检验值。

Significance F 是指检验的显著性水平。

判断是否显著,只需要看显著水平是否小于所给定的值。

3. 回归参数表

Intercept 表示截距约－3 478 568.24,年份对应的 Coefficients 表示以年份为自变量的回归方程的斜率为 1 732.930 545。并用 t 检验判断回归系数和常数项是否为零,并求置信区间。

4. RESIDUAL OUTPUT 和线性拟合图

"RESIDUAL OUTPUT"部分为求回归方程式的相应残差值。并通过线性拟合图。以平面图的形式绘出了实际观测值和预测值的分布状况。

本 章 小 结

本章主要介绍了动态数列的基本内容、动态数列的水平指标、动态数列的速度指标、动态数列的构成要素和分析模型、长期趋势的测定、季节变动的测定和动态数列分析实训项目。

动态数列是将反映社会经济现象数量特征的同一指标值在不同时间上的数值,按时间的先后顺序排列所形成的数列。两个基本要素,一个是现象所属的时间,另一个是反映该现象的同一指标在不同时间条件下对应的具体统计指标值。

动态数列的种类:绝对数动态数列(时期数列、时点数列)、相对数动态数列、平均数动态数列。

编制动态数列的原则:指标数值所属的时间长短要一致,指标数值所属的总体范围要一致,指标的经济内容要一致,计算方法、计算价格和计量单位要一致。

动态数列常用分析方法:动态数列指标分析法和动态数列构成因素分析法。

动态数列的分析指标主要有水平指标(包括发展水平与平均发展水平、增长量和平均增长量)和速度指标(包括发展速度与增长速度、平均发展速度与平均增长速度)两种。

动态数列的趋势分析方法主要有长期趋势分析和季节变动的测定与预测。长期趋势分析主要包括时距扩大法、移动平均法、直线趋势模型等。季节变动的测定有按月(季)平均法和趋势剔除法。

实训思考题

1. 简述动态数列的构成要素。
2. 简述序时平均数与一般平均数的异同。
3. 简述动态数列的编制原则。

4. 简述时期数列与时点数列的不同。
5. 简述测定长期趋势的主要方法。

技 能 训 练

选择一个有季节性销售的企业,调查最近五年按季度收集的产品销售额,根据可比性原则整理调整资料,编制动态数列。计算有关动态数列分析指标,测定其长期趋势和季节变动,并预测分析企业产品销售额的发展变化过程和发展趋势。写出一份简要的统计分析报告。

即 测 即 练

第 6 章　即测即练

第7章

抽 样 推 断

◆ **本章学习目标**

通过本章学习,学员应该能够:
1. 了解抽样推断的概念及特点、适用场合;
2. 了解抽样误差产生的原因,并对抽样误差、抽样平均误差和抽样极限误差加以区别;
3. 掌握参数估计方法;
4. 掌握必要样本单位数确定及影响因素。

◆ **引导案例**

全国1‰人口抽样调查

国务院颁布的《全国人口普查条例》规定,在两次人口普查的中间年份(年号末尾为5)进行全国1‰人口抽样调查。全国1‰人口抽样调查对摸清上次人口普查以来我国人口数量、构成、地区分布以及人口居住状况等方面的变化情况,研究未来人口状况的发展趋势,制定社会发展规划和有关政策提供客观准确的依据,起到非常重要的作用。2020年我国开展了第七次全国人口普查。下一次开展全国1‰人口抽样调查的时间是2025年。

利用1‰人口抽样调查结果来推算上次普查以来人口数量、构成、地区分布以及人口居住状况等方面的变化情况,研究未来人口状况的发展趋势,这是怎么做到的?抽样推断的依据是什么?根据抽样调查的结果估计总体,必然有一个准确性和可靠性问题,与全面调查相比,不可能绝对准确可靠,只能是相对准确可靠,那么估计和推断的误差怎样控制?本章将对上述问题作出解答。

7.1 抽样推断概述

7.1.1 抽样推断的概念及特点

抽样推断是依据随机原则从总体中抽取部分单位(样本),根据样本实际数据资料,运用数理统计方法,对总体某一数量特征作出具有一定可靠程度的估计判断,从而达到对全部总体认识的一种统计方法。抽样推断是统计学研究的重要内容,它的主要内容为参数估计和假设检验。本章主要介绍抽样推断的理论依据、概率抽样方法、抽样推断中涉及的基本概念、抽样分布、抽样误差和参数估计。

抽样推断是认识现象总体的一种重要方法,在统计调查研究中广泛应用,如市场商品需求量调查、城乡居民家庭收支情况调查等。抽样推断一般有以下三个特点。

1. 按随机原则抽取调查单位

在随机抽样调查中,调查单位的确定不受调查者和被调查者主观意愿的影响,保证总体中的每个单位都有同等的被抽取机会,这样就有较大的可能性使所选样本与总体具有同样的分布特征,从而使样本具有足够的代表性,能够利用样本数据信息对总体的某些性质或特征做出可靠性和准确性估计。

2. 根据部分推断总体

根据抽样调查获取部分单位的实际资料来计算样本的综合指标,然后对总体的规模、水平、结构等数量指标作出估计和推断。抽样调查作为非全面调查的一种方式,与其他统计调查方法相比,不仅具有非全面调查的优点,还可以达到对总体特征的全面认识。在随机抽样的前提下,抽样推断科学地论证了样本指标与相应的总体指标之间存在的内在联系及两者误差的分布规律,这就为利用抽样调查的部分信息来推断总体数量特征提供了一套科学的方法,大大提高了统计分析认识能力。典型调查、重点调查虽然可以节省人力、物力和财力,提高时效,但用这些调查方式取得的资料很难推断总体的数量特征。

3. 抽样误差可以计算和控制

抽样推断是以样本指标估计相应的总体指标,必然会存在一定的抽样误差,但这种误差可以事先通过有关资料加以计算,并且能够采取一定的组织措施来控制误差的范围,保证抽样推断的结果达到一定的可取程度。在实际应用中,抽样推断主要用于以下几方面:第一,无法采用或不必采用全面调查的现象;第二,对全面调查的结果进行复核;第三,生产过程的质量控制;第四,对总体的假设进行检验。

7.1.2 抽样推断的理论依据

1. 大数定律

大数定律是指在随机试验中每次出现的结果不同,但大量重复试验出现的结果的平均值却几乎总是接近于某个确定的值,这是因为在大量的观察试验中,个别的、偶然的因素影响产生的差异将会相互抵消,从而使现象的必然规律性显示出来。例如,观察个别或少数家庭的婴儿出生情况,发现有的生男,有的生女,没有一定的规律性,但是通过大量的观察就会发现,男婴和女婴占婴儿总数的比重均会趋于50%。

大数定律有若干个表现形式,这里仅介绍其中常用的两个重要定律。

(1) 切比雪夫大数定理

设 $x_1, x_2, \cdots, x_n$ 是一列两两相互独立的随机变量,服从同一分布,且存在有限的数学期望 a 和方差 σ^2,则对任意小的正数 ε,有

$$\lim_{n \to \infty} P\left(\left| \frac{\sum x_i}{n} - a \right| < \varepsilon \right) = 1$$

该定律的含义是：当 n 很大，服从同一分布的随机变量 $x_1, x_2, \cdots, x_n$ 的算术平均数 $\frac{\sum x_i}{n}$ 将依概率接近于这些随机变量的数学期望。

将该定律应用于抽样调查就会有如下结论：随着样本容量 n 的增加，样本平均数将接近于总体平均数。从而为统计推断中依据样本平均数估计总体平均数提供了理论依据。

(2) 贝努里大数定律

设 u_n 是 n 次独立试验中事件 A 发生的次数，且事件 A 在每次试验中发生的概率为 p，则对任意正数 ε，有：

$$\lim_{n \to \infty} P\left(\left| \frac{u_n}{n} - p \right| < \varepsilon \right) = 1$$

该定律是切贝雪夫大数定律的特例，其含义是，当 n 足够大时，事件 A 出现的频率将几乎接近于其发生的概率，即频率的稳定性。

在抽样调查中用样本成数去估计总体成数，其理论依据即在于此。

2. 中心极限定理

大数定律揭示了大量随机变量的平均结果，但没有涉及随机变量的分布问题。而中心极限定理说明的是在一定条件下，大量独立随机变量的平均数是以正态分布为极限的。中心极限定理也有若干个表现形式，这里仅介绍其中四个常用定理。

(1) 辛钦中心极限定理

设随机变量 $x_1, x_2, \cdots, x_n$ 相互独立，服从同一分布且有有限的数学期望 a 和方差 σ^2，则随机变量 $\bar{x} = \frac{\sum x_i}{n}$，在 n 无限增大时，服从参数为 a 和 $\frac{\sigma^2}{n}$ 的正态分布，即 $n \to \infty$ 时，

$$\bar{x} \sim N\left(a, \frac{\sigma^2}{n}\right)$$

将该定理应用到抽样调查，就有这样一个结论：如果抽样总体的数学期望 a 和方差 σ^2 是有限的，无论总体服从什么分布，从中抽取容量为 n 的样本时，只要 n 足够大，其样本平均数的分布就趋于数学期望为 a、方差为 $\frac{\sigma^2}{n}$ 的正态分布。

(2) 德莫佛-拉普拉斯中心极限定理

设 u_n 是 n 次独立试验中事件 A 发生的次数，事件 A 在每次试验中发生的概率为 p，则当 n 无限大时，频率 u_n/n 趋于服从参数为 p，$\frac{p(1-p)}{n}$ 的正态分布，即

$$\frac{u_n}{n} \sim N\left[p, \frac{p(1-p)}{n}\right]$$

该定理是辛钦中心极限定理的特例。在抽样调查中，不论总体服从什么分布，只要 n 充分大，那么频率就近似服从正态分布。

(3)李亚普洛夫中心极限定理

设 $x_1, x_2, \cdots, x_n$ 是一个相互独立的随机变量序列,它们具有有限的数学期望和方差:$a_k = E(X_k)$,$b_k^2 = D(X_k)$ $(k=1,2,\cdots,n)$。

记 $B_n^2 = \sum\limits_{k=1}^{n} b_k^2$,如果能选择这一个正数 $\delta > 0$,使当 $n \to \infty$ 时,$\dfrac{1}{B_n^{2+\delta}} \sum\limits_{k=1}^{n} E|x_k - a_k|^{(2+\delta)} \to 0$,则对任意的 x 有:$P\left\{\dfrac{1}{B_n} \sum\limits_{k=1}^{n} (x_k - a_k) < x\right\} \to \dfrac{1}{\sqrt{2\pi}} \int_{-\infty}^{x} e^{-\frac{t^2}{2}} dt$。

该定理的含义是如果一个量是由大量相互独立的随机因素影响所造成的,而每一个个别因素在总影响中所起的作用不大,则这个量服从或近似服从正态分布。

(4)林德贝尔格定理

设 $x_1, x_2, \cdots, x_n$ 是一个相对独立的随机变量序列,它们具有有限的数学期望和方差 $a_k = E(x_k)$,$b_k^2 = D(x_k)$ 满足林德贝尔格条件,则当 $n \to \infty$ 时,对任意的 x,有 $\lim\limits_{n \to \infty} P\left\{\dfrac{1}{B_n} \sum\limits_{k=1}^{n} (x_k - a_k) < x\right\} \to \dfrac{1}{\sqrt{2\pi}} \int_{-\infty}^{x} e^{-\frac{t^2}{2}} dt$。

7.1.3 概率抽样方法

样本是按照一定的抽样规则从总体中抽取的一部分元素的集合。根据抽取的原则不同,抽样方法有两种:概率抽样和非概率抽样。

扩展阅读 7-1
抽样方法的偏误

概率抽样是根据一个已知的概率选取被调查者,无须调查人员在选样中判断或抽选。非概率抽样是指研究人员有意识地选取样本单位,不是完全按随机原则选取。从理论上讲,概率抽样是最理想、最科学的抽样方法,它能保证样本数据对总体参数的代表性,而且它能够将调查误差中的抽样误差限制在一定范围之内。但相对于非概率抽样来说,概率抽样也是花费时间精力较大的抽样方法。一般的抽样推断都是建立在概率抽样的基础上,抽样方法的相关内容在第三章统计调查中已经介绍,在此不再赘述。

7.1.4 抽样推断中几个基本概念

1. 全及总体和抽样总体

(1)全及总体。全及总体简称总体,它是指所要认识对象的全体,总体是由具有某种共同性质的许多单位组成的,因此,总体也就是具有同一性质的许多单位的集合体。例如,我们要研究某城市职工的生活水平,则该城市全部职工即构成全及总体。我们要研究某乡粮食亩产水平,则该乡的全部粮食播种面积即是全及总体。

全及总体按其各单位标志性质不同,可以分为变量总体和属性总体两类。构成变量总体的各个单位可以用一定的数量标志加以计量,例如,研究居民的收入水平,每户居民收入就是它的数量标志,反映各户的数量特征。但并非所有标志都是可以计量的,有的标志只能用一定的文字加以描述。例如,要研究织布厂 1 000 台织布机的完好情况,这时只能用"完好"和"不完好"等文字作为品质标志来描述各台设备的属性特征,这种用文字描写属性特征的总体称为属性总体。区分变量总体和属性总体是很重要的,由于总体不同,认识这一总体的方法也就不同。

变量总体可分为无限总体和有限总体两类。无限总体所包含的单位为无限多,因而各单位的变量也就有无限多的取值。这种无限变量又有两种情况:一种是可列的无限变量,即变量值的大小可以按照顺序一一列举直至无穷;另一种情况则是不可列的无限变量,它是一种连续变量,在任何一个区间内都有无限多的变量,不可能按顺序加以一一列举。我们所说的无限总体主要是指后一种情况。有限总体所包含的单位数是有限的,因而它的变量值也是有限的,当然可以按顺序加以一一列举。

通常全及总体的单位数用大写的英文字母 N 来表示。作为全及总体,单位数 N 即使有限,但总是很大,大到几千,几万,几十万,几百万。例如,人口总体,棉花纤维总体,粮食产量总体等等。对无限总体的认识只能采用抽样的方法,而对于有限总体的认识,理论上虽可以应用全面调查来搜集资料,实际上往往由于不可能或不经济而借助抽样的方法以求得对有限总体的认识。

(2) 抽样总体。抽样总体简称样本,它是从全及总体中随机抽取出来,代表全及总体部分单位的集合体。抽样总体的单位数通常用小写英文字母 n 表示。对于全及总体单位数 N 来说,n 是个很小的数。如果说全及总体是唯一确定的,那么抽样样本就完全不同。一个全及总体可能抽取很多个抽样总体,全部样本的可能数目和每一个样本的容量有关,它也和随机抽样的方法有关。不同的样本容量和取样方法,样本的可能数目也有很大的差别。抽样本身是一种手段,目的在于对总体做出判断,因此,样本容量要多大,要怎样取样,样本的数目可能有多少,它们的分布又怎样,这些都关系到对总体判断的准确程度,需要加以认真地研究。

2. 全及指标和抽样指标

(1) 全及指标。根据全及总体各个单位的标志值或标志特征计算的、反映总体某种属性的综合指标,称为全及指标。由于全及总体是唯一确定的,根据全及总体计算的全及指标也是唯一确定的。

不同性质的总体,需要计算不同的全及指标。对于变量总体,由于各单位的标志可以用数量来表示,所以可以计算总体平均数。

$$\bar{X} = \frac{\sum X}{N}$$

对于属性总体,由于各单位的标志不可以用数量来表示,只能用一定的文字加以描述,所以,就应该计算结构相对指标,称为总体成数,用大写英文字母 P 表示,它说明总体中具有某种标志的单位数在总体中所占的比重。变量总体也可以计算成数,即总体单位数在所规定的某变量值以上或以下的比重,视同具有或不具有某种属性的单位数比重。

设总体 N 个单位中,N_1 个单位具有某种属性,N_0 个单位不具有某种属性,$N_1+N_0=N$,P 为总体中具有某种属性的单位数所占的比重,Q 为不具有某种属性的单位数所占的比重,则总体成数为

$$P = \frac{N_1}{N}$$

$$Q = \frac{N_0}{N} = \frac{N - N_1}{N} = 1 - P$$

此外,全及指标还有总体方差 σ^2 和总体标准差 σ,它们都是测量总体标志值分散程度的指标。

$$\sigma^2 = \frac{\sum (X - \overline{X})^2}{N}$$

$$\sigma = \sqrt{\frac{\sum (X - \overline{X})^2}{N}}$$

(2) 抽样指标。由抽样总体各个标志值或标志特征计算的综合指标称为抽样指标。和全及指标相对应的还有抽样平均数 $\bar{x}$、抽样成数 p、样本标准差 S 和样本方差 S^2 等。$\bar{x}$ 和 p 用小写英文字母表示,以示区别。

$$\bar{x} = \frac{\sum x}{n}$$

设样本 n 个单位中有 n_1 个单位具有某种属性,n_0 个单位不具有某种属性,$n_1 + n_0 = n$,p 为样本中具有某种属性的单位数所占的比重,q 为不具有某种属性的单位数所占的比重,则抽样成数为

$$p = \frac{n_1}{n}, \quad q = \frac{n_0}{n} = \frac{n - n_1}{n} = 1 - p$$

样本的方差和样本标准差分别为

$$S^2 = \frac{\sum (x - \bar{x})^2}{n}$$

$$S = \sqrt{\frac{\sum (x - \bar{x})^2}{n}}$$

由于一个全及总体可以抽取许多个样本,样本不同,抽样指标的数值也就不同,所以抽样指标的数值不是唯一确定的。实际上抽样指标是样本变量的函数,它本身也是随机变量。

3. 重置抽样与不重置抽样

(1) 重置抽样。重置抽样,又称有放回的抽样,是指从全及总体 N 个单位中随机抽取一个容量为 n 的样本,每次抽中的单位经登录其有关标志表现后又放回总体中重新参加下一次的抽选。每次从总体中抽取一个单位,可看作是一次试验,连续进行 n 次试验就构成了一个样本。因此,重置抽样的样本是经 n 次相互独立的连续试验形成的。每次试验均是在相同的条件下完全按照随机原则进行的。

(2) 不重置抽样。不重置抽样,又称无放回的抽样,是指从全及总体 N 个单位中随机抽取一个容量为 n 的样本,每次抽中的单位登录其有关标志表现后不再放回总体中参加下一次的抽选。经过连续 n 次不重置抽选单位构成样本,实质上相当于一次性同时从总体中抽中 n 个单位构成样本。上一次的抽选结果会直接影响到下一次抽选,因此,不重置抽样的样本是经 n 次相互联系的连续试验形成的。

4. 抽样框与样本数、样本容量

（1）抽样框。抽样框，又称抽样结构，是指对可以选择作为样本的总体单位列出名册或排序编号，以确定总体的抽样范围和结构。设计出抽样框后，便可采用抽签的方式或按照随机数表来抽选必要的单位数。若没有抽样框，则不能计算样本单位的概率，从而也就无法进行概率抽样。

（2）样本数、样本容量。样本数，又称样本的可能数目，是指从总体 N 个单位中随机抽选 n 个单位构成样本，通常有多种抽选方法，每一种抽选方法实际上是 n 个总体单位的一种排列组合，一种排列组合便构成一个可能的样本，n 个总体单位的排列组合总数，称为样本的可能数目。每一个样本包含的 n 个总体单位数就是样本容量。一个样本应包含多少单位数合适，这是抽样设计必须考虑的问题。样本容量的大小不但关系到抽样调查的效果，而且关系到抽样方法的应用。

一个总体可以抽取多少个样本和样本容量与抽样方法有关。一个总体可能抽取多少样本数，则样本统计量就有多少种取值，从而形成了该统计量的分布。研究所有可能抽取的样本及其统计量的分布，是抽样推断的基础。

7.2 抽 样 分 布

统计学的一个主要任务是研究总体和样本之间的关系。这种关系可以从两个方向进行研究。一是，从总体到样本的方向，研究从总体中抽出的所有可能样本统计量的分布及其与原总体的关系，即抽样分布问题。二是，从样本到总体的方向，即从总体中随机抽取样本，并用样本对总体作出推论，即统计推断问题。抽样分布（sampling distribution）是统计推断的基础。

7.2.1 总体、样本及统计量

1. 总体与样本

为了研究总体的分布规律，必须对总体进行抽样观察，且进行的还是多次观察，通过总体单位的标志值 $X_1, X_2, \cdots, X_N$ 来认识和研究总体。从概率论角度看，总体各单位标志值 $X_i (i=1, 2, \cdots, N)$ 可以看作是随机变量 X 的 N 种取值。因此，统计学上将随机变量 X 的全部取值 $X_1, X_2, \cdots, X_N$ 的集合称为变量总体（简称总体，记为 X）。$X_1, X_2, \cdots, X_N$ 称为总体单位（个体）。

总体中至少某些参数是未知的，为进行推断，必须从总体中抽出一定数量的个体进行观测（抽样）。从总体 X 中随机抽取 n 个相互独立个体 $X_1, X_2, \cdots, X_n$，得到一组观测值 $x_1, x_2, \cdots, x_n$。$X_1, X_2, \cdots, X_n$ 是总体 X 的一个容量为 n 的样本，$x_1, x_2, \cdots, x_n$ 为样本 $X_1, X_2, \cdots, X_n$ 的一组观测值。因此，样本具有两重性。对于一个简单样本应满足以下两点：

（1）独立性，即 $X_1, X_2, \cdots, X_n$ 相互独立。

（2）代表性，即 $X_1, X_2, \cdots, X_n$ 与总体 X 的分布相同。

2. 统计量

有了总体和样本的概念,能否直接利用样本对总体进行推断呢?一般来讲是不能的,样本中的信息一般比较分散,必须经过加工、提炼,把分散的信息集中在一起,这就需要根据研究对象的不同,构造出样本的各种不同函数,然后利用这些函数对总体的性质进行统计推断。为此,我们要介绍统计学另一个重要概念——统计量。

(1) 统计量定义。设 $X_1, X_2, \cdots, X_n$ 为总体 X 的一个样本,$f(X_1, X_2, \cdots, X_n)$ 为一个连续函数,若 $f(X_1, X_2, \cdots, X_n)$ 中不含有任何未知参数,则称 $f(X_1, X_2, \cdots, X_n)$ 为一个统计量。如果 $x_1, x_2, \cdots, x_n$ 为样本 $X_1, X_2, \cdots, X_n$ 的具体样本观测值,则 $f(x_1, x_2, \cdots, x_n)$ 是 $f(X_1, X_2, \cdots, X_n)$ 的一个观测值。

(2) 常用的统计量。

样本均值:$\bar{X} = \frac{1}{n} \sum_{i=1}^{n} X_i$;其观察值为 $\bar{x} = \frac{1}{n} \sum_{i=1}^{n} x_i$

样本方差:$S^2 = \frac{1}{n-1} \sum_{i=1}^{n} (X_i - \bar{X})^2$;其观察值为 $s^2 = \frac{1}{n-1} \sum_{i=1}^{n} (x_i - \bar{x})^2$

样本标准差:$S = \sqrt{\frac{1}{n-1} \sum_{i=1}^{n} (X_i - \bar{X})^2}$;其观察值为 $s = \sqrt{\frac{1}{n-1} \sum_{i=1}^{n} (x_i - \bar{x})^2}$

样本 k 阶中心矩:$A_k = \frac{1}{n} \sum_{i=1}^{n} X_i^k$,$k$ 为任意正整数;其观察值为 $a_k = \frac{1}{n} \sum_{i=1}^{n} x_i^k$

样本 k 阶中心矩:$B_k = \frac{1}{n} \sum_{i=1}^{n} (X_i - \bar{X})^k$,$k$ 为任意正整数;其观察值为 $b_k = \frac{1}{n} \sum_{i=1}^{n} (x_i - \bar{x})^k$

(3) 样本统计量的性质。设总体 X 服从分布 $F(X)$,$X_1, X_2, \cdots, X_n$ 为来自总体 X 的一个简单随机样本,$E(X) = \mu$,$D(X) = \sigma^2$,如果 $F(X)$ 的二阶矩存在,则有

① $\sum_{i=1}^{n} (X_i - \bar{X}) = 0$

② $E(\bar{X}) = \mu$,$D(\bar{X}) = \frac{\sigma^2}{n}$

③ 当 $n \to \infty$ 时,$\bar{X} \xrightarrow{P} \mu$

④ $E(S^2) = \sigma^2$,且对任意实数 a,有 $\sum_{i=1}^{n} (x_i - \bar{x})^2 \leqslant \sum_{i=1}^{n} (x_i - a)^2$

由于从总体中多次独立地随机抽取样本,每次所得到的样本观察值是不相同的,因此,作为随机变量的函数,统计量 $f(X_1, X_2, \cdots, X_n)$ 的各次观察值 $f(x_1, x_2, \cdots, x_n)$ 也是一个随机变量。

7.2.2 样本分布函数

设总体 X 的分布函数为 $F(X)$;$X_1, X_2, \cdots, X_n$ 是 X 的一个样本,则该样本的联合分布函数为:

$$F(x_1,x_2,\cdots,x_n)=P(X_1\leqslant x_1,X_2\leqslant x_2,\cdots,X_n\leqslant x_n)$$
$$=\prod_{i=1}^n P(X_i\leqslant x_i)=\prod_{i=1}^n F(x_i)$$

当总体 X 是连续型且密度为 $f(x)$ 时,样本的联合密度为
$$f(x_1,x_2,\cdots,x_n)=\prod_{i=1}^n f(x_i)$$

当总体是离散型且分布律为 $P(X_i=x_i)=p(x_i)(i=1,2,\cdots,n)$ 时,样本的联合分布律为
$$P(X_1=x_1,X_2=x_2,\cdots,X_n=x_n)=\prod_{i=1}^n P(X_i=x_i)=\prod_{i=1}^n P(x_i)$$

其中,$x_1,x_2,\cdots,x_n$ 为 $X_1,X_2,\cdots,X_n$ 的任一组可能的观察值。

设总体服从(0-1)分布,即 $X\sim b(1,p)$,分布律为
$$P(X=x)=p^x(1-p)^{1-x} \quad (x=0,1)$$

则样本的联合分布律为
$$\prod_{i=1}^n p(X_i=x_i)=\prod_{i=1}^n p^{x_i}(1-p)^{1-x_i}=p^{\sum x_i}(1-p)^{n-\sum x_i}$$

统计量是我们对总体的分布律或数字特征进行推断的基础,因此求统计量的分布是数理统计的基本问题之一。对任意一个自然数 n,给定的统计量 $U_n=f(X_1,X_2,\cdots,X_n)$ 是一个精确的分布,找出这一精确分布对于解决数理统计中的小样本问题(即子样容量较小时的统计问题)是非常有用的;当 $n\to\infty$ 时,可以求出统计量 $U_n=f(X_1,X_2,\cdots,X_n)$ 的极限分布,这有助于解决数理统计中的大样本问题(即子样容量较大时的统计问题)。一般来说,要确定一个统计量的精确分布是非常复杂的,但对于一些重要的特殊情形,如正态总体,该问题就有了较为简单的解法。在许多领域的统计研究中所遇到的统计总体,正态分布是它的一个很好的近似情况,中心极限定理也证明了这一点。

7.2.3 常用统计量的抽样分布

总体 X(假定为有限总体)的观察值 $X_1,X_2,\cdots,X_N$ 的概率分布称为总体分布;而随机样本观察值 $X_1,X_2,\cdots,X_n$ 的概率分布称为样本分布。若从某一总体中抽取容量为 n 的随机样本 m 个,则这 m 个样本均值 $\overline{X}_1,\overline{X}_2,\cdots,\overline{X}_m$ 的概率分布称为样本统计量的抽样分布。常用统计量的抽样分布主要有 χ^2 分布、t 分布和 F 分布。

1. χ^2 分布

设 $X_1,X_2,\cdots,X_n$ 是来自总体 X 的样本,$X_1,X_2,\cdots,X_n$ 相互独立,总体 $X\sim N(0,1)$,则统计量:
$$\chi^2=\sum_{i=1}^n x_i^2$$

服从自由度为 n 的分布,记为 $\chi^2\sim\chi^2(n)$。

$\chi^2(n)$ 分布的概率密度函数为

$$f(x) = \begin{cases} \dfrac{1}{2^{\frac{n}{2}}\Gamma(n/2)} x^{\frac{n}{2}-1} e^{-\frac{x}{2}} & x > 0 \\ 0 & x \leqslant 0 \end{cases}$$

$\chi^2(n)$ 分布的概率密度函数曲线形状如图 7-1 所示。

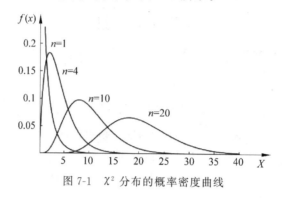

图 7-1　χ^2 分布的概率密度曲线

从图中可以看出，随着自由度的增加，χ^2 分布的概率密度曲线趋于对称。当自由度 $n \to +\infty$ 的时候，χ^2 分布的极限分布就是正态分布。$\chi^2(n)$ 分布的性质：

(1) 若 $X_1 \sim \chi^2(n_1)$，$X_2 \sim \chi^2(n_2)$，且 X_1 和 X_2 相互独立，则：$X_1 + X_2 \sim \chi^2(n_1) + \chi^2(n_2)$。

(2) $E(\chi^2) = n$，$D(\chi^2) = 2n$。

2. t 分布

设 $X \sim N(0,1)$，$Y \sim \chi^2(n)$，且 X 和 Y 相互独立，则随机变量

$$T = \frac{X}{\sqrt{\dfrac{Y}{n}}}$$

服从自由度为 n 的 t 分布，记为 $T \sim t(n)$。

$t(n)$ 的概率密度函数为

$$f(x) = \frac{\Gamma\dfrac{n+1}{2}}{\sqrt{\pi n}\,\Gamma\dfrac{n}{2}} \left(1 + \frac{x^2}{n}\right)^{-\frac{n+1}{2}} \quad (-\infty < x < +\infty)$$

$t(n)$ 分布的概率密度函数曲线形状如图 7-2 所示。

t 分布的密度函数与标准正态分布 $N(0,1)$ 密度很相似，它们都是关于原点对称，单峰偶函数，在 $x = 0$ 处达到极大。但 t 的峰值低于 $N(0,1)$ 的峰值，t 的密度函数尾部都要比 $N(0,1)$ 的两侧尾部粗一些。

t 分布的性质：

(1) 当 $n > 1$ 时，$E(T) = 0$，t 分布的密度函数曲线是以 $x = 0$ 为对称轴的钟形对称分布，取值范围是 $(-\infty, +\infty)$，但是 t 分布的方差大于 1，比标准正态分布的方差大，所以从分布曲线看，t 分布的曲线较标准正态分布平缓。

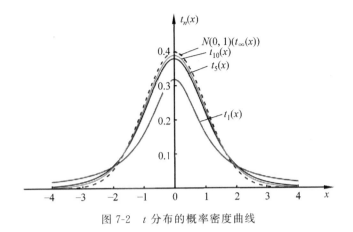

图 7-2 t 分布的概率密度曲线

(2) 当 $n>2$ 时, $D(T)=\dfrac{n}{n-2}$。

(3) 当 $n=1$ 时, t 分布的密度函数为

$$f(x)=\frac{1}{\pi}\left(\frac{1}{1+x^2}\right) \quad x\in \mathbf{R} \quad （柯西分布的密度函数）$$

柯西分布也叫柯西-洛伦兹分布,是以奥古斯丁·路易·柯西与亨德里克·洛伦兹名字命名的连续概率分布,其分布的密度函数为 $f(x)=\dfrac{1}{\pi}\left(\dfrac{1}{1+x^2}\right)$。自由度为 1 的 t 分布就是柯西分布。柯西分布的重要特性是数学期望和方差均不存在。

(4) 当 $n\sim\infty$ 时, t 分布接近于标准正态分布。随着自由度的增大, t 分布的变异程度逐渐减小,其方差逐渐接近 1,当 $n\to\infty$ 时, t 分布趋于正态分布。

3. F 分布

设 $X\sim\chi^2(m)$, $Y\sim\chi^2(n)$,且 X 和 Y 相互独立,则随机变量:

$$F=\frac{\dfrac{X}{m}}{\dfrac{Y}{n}}$$

服从自由度为 (m,n) 的 F 分布,记为 $F\sim F(m,n)$。

F 分布的密度函数为

$$f(x;m,n)=\begin{cases}\dfrac{\Gamma[(m+n)/2](m/n)^{\frac{m}{2}}x^{\frac{m}{2}-1}}{\Gamma(m/2)\Gamma(n/2)[1+(mx/n)]^{(m+n)/2}} & x>0\\ 0 & x\leqslant 0\end{cases}$$

自由度 m,n 取不同值时, F 分布的概率密度函数曲线形状如图 7-3 所示。

F 分布的性质:

(1) 若, $X_1\sim\chi^2(m)$, $X_2\sim\chi^2(n)$,且 X_1 和 X_2 相互独立,则 $Y=X_1+X_2$ 与 $Z=\dfrac{X_1}{X_2}$ 相互独立。

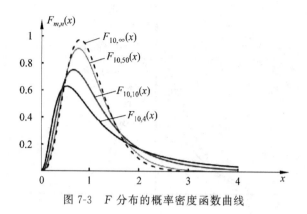

图 7-3 F 分布的概率密度函数曲线

(2) 若 $\dfrac{X}{\sigma^2} \sim \chi^2(m), \dfrac{Y}{\sigma^2} \sim \chi^2(n)$ 相互独立，则 $\dfrac{\dfrac{X}{Y}}{\dfrac{n}{m}} \sim F(m,n)$。

(3) $X \sim F(m,n)$，则 $\dfrac{1}{X} \sim F(n,m)$。

(4) 若 $T \sim t(n)$，则 $T^2 \sim F(1,n)$。

7.2.4 正态总体的样本均值与样本方差的分布

定理 1：设 $X_1, X_1, \cdots, X_n$ 是来自正态总体 $N(\mu, \sigma^2)$ 的一个样本，$\overline{X}, S^2$ 分别是样本均值和样本方差，则有：

1. $\overline{X}$ 和 S^2 独立；
2. $\overline{X} \sim N\left(\mu, \dfrac{\sigma^2}{n}\right)$；
3. $\dfrac{(n-1)S^2}{\sigma^2} \sim \chi^2(n-1)$。

定理 2：设 $X_1, X_1, \cdots, X_n$ 是来自正态总体 $N(\mu, \sigma^2)$ 的一个样本，$\overline{X}, S^2$ 分别是样本均值和样本方差，则有

$$\dfrac{\overline{X} - \mu}{\dfrac{S}{\sqrt{n}}} \sim t(n-1)$$

定理 3：设 $X_1, X_1, \cdots, X_n$ 与 $Y_1, Y_1, \cdots, Y_n$ 分别是来自正态总体 $N(\mu_1, \sigma_1^2)$ 和 $N(\mu_2, \sigma_2^2)$ 的样本，且这两个样本相互独立。设 $\overline{X} = \dfrac{1}{n_1}\sum\limits_{i=1}^{n_1} X_i, \overline{Y} = \dfrac{1}{n_2}\sum\limits_{i=1}^{n_2} Y_i$ 分别是两个样本的均值；$S_1^2 = \dfrac{1}{n_1-1}\sum\limits_{i=1}^{n_1}(X_i - \overline{X})^2, S_2^2 = \dfrac{1}{n_2-1}\sum\limits_{i=1}^{n_1}(Y_i - \overline{Y})^2$ 分别是这两个样本的方差。则有

1. $\dfrac{\dfrac{S_1^2}{S_2^2}}{\dfrac{\sigma_1^2}{\sigma_2^2}} \sim F(n_1-1, n_2-1)$。

2. $\sigma_1^2 = \sigma_2^2 = \sigma^2$ 时，$\dfrac{(\overline{X}-\overline{Y})-(\mu_1-\mu_2)}{S_w\sqrt{\dfrac{1}{n_1}+\dfrac{1}{n_2}}} \sim t(n_1+n_2-2)$。

其中，$S_w^2 = \dfrac{(n_1-1)S_1^2+(n_2-1)S_2^2}{n_1+n_2-2}$，$S_w = \sqrt{S_w^2}$。

7.3 抽样误差

7.3.1 抽样误差的概念

当总体指标未知时，往往要安排一次抽样调查，然后用抽样调查所获得的抽样指标的观察值作为总体指标的估计值。这种处理方法是存在一定误差的，我们把抽样指标与所要估计的总体指标之间的差值称为抽样误差。抽样误差的大小能够说明抽样指标估计总体指标是否可行，抽样效果是否理想等调查性问题。常见的抽样误差有：抽样平均数与总体平均数之差($\bar{x}-\overline{X}$)，抽样成数与总体成数之差($p-P$)。比如：某年级100名同学的平均体重$\overline{X}=55\mathrm{kg}$，现随机地抽取10名同学为样本，其平均体重$\bar{x}=52\mathrm{kg}$。若用52kg估计55kg，则误差为$52-55=-3\mathrm{kg}$，如果重新抽10名同学，若测得$\bar{x}=57\mathrm{kg}$，则其误差为2kg。这种只抽取部分样本而产生的误差，都被称为抽样误差。由本例不难看出，抽样误差既是一种随机性误差，也是一种代表性误差。说其是代表性误差，是因为利用总体的部分资料推算总体时，不论样本选取有多么公正，设计多么完善，总还是一部分单位而不是所有单位，产生误差是无法避免的。说其是随机性误差，是指按随机性原则抽样时，由于抽取样本不同，会得到不同的抽样指标值，由此产生的误差值各不相同。抽样误差中的代表性误差是抽样调查本身所固有的、无法避免的误差，但随机性误差则可利用大数定律精确地计算并能够通过抽样设计程序予以控制。

抽样误差不包括下面两类误差：一类是调查误差，即在调查过程中由于观察、测量、登记、计算上的差错而引起的误差；另一类是系统性误差，即由于违反抽样调查的随机原则，有意抽选较好单位或较坏单位进行调查，这样造成样本的代表性不足所引起的误差。这两类误差都属于思想、作风、技术等问题，所以是可以防止和避免的。

7.3.2 影响抽样误差的因素

1. 抽样单位数的多少

由于总体内各元素之间总存在着差异，在其他条件不变的情况下，大量观察总比小量观察易于发现总体规律或特征，因此样本容量越大越能代表总体特征，抽样误差就越小。反之，样本容量越小，抽样误差就可

扩展阅读 7-2
基于比率估计量的人口普查内容误差估计

能越大。

2. 总体各单位标志值的差异程度

总体内各单位标志的差异程度越小,或总体的标准差越小,在其他条件给定下,则抽样误差就越小。反之,抽样误差就越大。

3. 抽样方法

抽样方法不同,抽样误差也不同。一般说来,重复抽样的误差比不重复抽样的误差要大。

4. 抽样的组织形式

选择不同的抽样组织形式,也会有不同的抽样误差。

7.3.3 抽样平均误差

一个总体可能抽取很多个样本,因此样本指标(样本平均数、样本成数等)就有不同的数值,它们与总体指标(总体平均数、总体成数等)的离差(即抽样误差)也就不同。抽样平均误差就是反映抽样误差一般水平的指标,通常用样本平均数(或样本成数)的标准差来表示。

1. 样本平均数的平均误差

以 $\mu_{\bar{x}}$ 表示样本平均数的平均误差,σ 表示总体的标准差。根据定义:

$$\mu_{\bar{x}}^2 = E(\bar{x} - \bar{X})^2$$

当抽样方式为重复抽样时,样本标志值 $x_1, x_2, \cdots, x_n$ 是相互独立的,样本变量 x 与总体变量 X 同分布。所以得:

$$\mu_{\bar{x}}^2 = \frac{\sigma^2}{n}, \text{即 } \mu_{\bar{x}} = \frac{\sigma}{\sqrt{n}} \tag{7-1}$$

它说明在重复抽样的条件下,抽样平均误差与总体标准差成正比,与样本容量平方根成反比。

【**例 7-1**】 有 5 个工人的日产量分别为(单位:件):6,8,10,12,14,用重复抽样的方法,从中随机抽取 2 个工人的日产量,用以代表这 5 个工人的总体水平。则抽样平均误差为多少?

解:根据题意可得:$\bar{X} = \dfrac{6+8+10+12+14}{5} = 10$(件)

总体标准差 $\sigma = \dfrac{\sqrt{\sum(X-\bar{X})^2}}{\sqrt{N}} = \dfrac{\sqrt{40}}{\sqrt{5}} = \sqrt{8}$(件)

抽样平均误差 $\mu_{\bar{x}} = \dfrac{\sigma}{\sqrt{n}} = \dfrac{\sqrt{8}}{\sqrt{2}} = 2$(件)

当抽样方式为不重复抽样时,样本标志值 $x_1, x_2, \cdots, x_n$ 不是相互独立的,根据数理统计知识可知:

$$\mu_x = \sqrt{\frac{\sigma^2}{n}\left(\frac{N-n}{N-1}\right)} \tag{7-2}$$

当总体单位数 N 很大时,这个公式可近似表示为

$$\mu_x = \sqrt{\frac{\sigma^2}{n}\left(1-\frac{n}{N}\right)} \tag{7-3}$$

与重复抽样相比,不重复抽样平均误差是在重复抽样平均误差的基础上,再乘以 $\sqrt{(N-n)/(N-1)}$,而 $\sqrt{(N-n)/(N-1)}$ 总是小于1,所以不重复抽样的平均误差也总是小于重复抽样的平均误差。如前例,若改用不重复抽样方法,则抽样平均误差为

$$\mu_x = \sqrt{\frac{\sigma^2}{n}\left(\frac{N-n}{N-1}\right)} = \sqrt{\frac{8}{2}\left(\frac{5-2}{5-1}\right)} = 1.732(件)$$

在计算抽样平均误差时,通常得不到总体标准差的数值,一般可以用样本标准差来代替总体标准差。

2. 抽样成数的平均误差

总体成数 P 可以表现为总体是非标志的平均数。即 $E(X)=P$,它的标准差 $\sigma=\sqrt{P(1-P)}$。

根据样本平均误差和总体标准差的关系,可以得到样本成数的平均误差的计算公式。

(1) 在重复抽样下

$$\mu_p = \sigma/\sqrt{n} = \sqrt{\frac{P(1-P)}{n}} \tag{7-4}$$

(2) 在不重复抽样下

$$\mu_p = \sqrt{\frac{\sigma^2}{n}\left(\frac{N-n}{N-1}\right)} = \sqrt{\frac{P(1-P)}{n}\left(\frac{N-n}{N-1}\right)} \tag{7-5}$$

当总体单位数 N 很大时,可近似地写成:

$$\mu_p = \sqrt{\frac{P(1-P)}{n}\left(1-\frac{n}{N}\right)} \tag{7-6}$$

当总体成数未知时,可以用样本成数来代替。

【**例 7-2**】 某企业生产的产品,按正常生产经验,合格率为 90%,现从 5000 件产品中抽取 50 件进行检验,求合格率的抽样平均误差。

解:根据题意,在重复抽样条件下,合格率的抽样平均误差为

$$\mu_p = \sqrt{\frac{P(1-P)}{n}} = \sqrt{\frac{0.9 \times 0.1}{50}}$$
$$= 4.24\%$$

在不重复抽样条件下,合格率的抽样平均误差为

$$\mu_p = \sqrt{\frac{P(1-P)}{n}\left(1-\frac{n}{N}\right)} = \sqrt{\frac{0.9 \times 0.1}{50}\left(1-\frac{50}{5000}\right)}$$
$$= 4.22\%$$

7.3.4 抽样极限误差

抽样极限误差,又称置信区间和抽样允许误差范围,是指在一定概率保证下,样本统计变量与总参数偏离的最大可能范围,记作 Δ。抽样指标值($\bar{x}$ 或 p),作为样本的随机变量,围绕着以未知的唯一确定的全及指标真值($\bar{X}$ 或 P)为中心上下波动,它与全及指标值可能会产生正或负离差,这些离差均是抽样指标的随机变量,因而难以避免,只能将其控制在预先要求的误差范围(Δ_x 或 Δ_p)内。

$$|\bar{x} - \bar{X}| \leqslant \Delta_x$$
$$|p - P| \leqslant \Delta_p$$

或

$$\bar{X} - \Delta_x \leqslant \bar{x} \leqslant \bar{X} + \Delta_x$$
$$P - \Delta_p \leqslant p \leqslant P + \Delta_p$$

由于 Δ_x 和 Δ_p 是预先给定的抽样方案中所允许的误差范围,所以可以利用 Δ_x 和 Δ_p 来估计未知的全及指标($\bar{X}$ 或 P)的取值可能的范围。

$$\bar{x} - \Delta_x \leqslant \bar{X} \leqslant \bar{x} + \Delta_x \tag{7-7}$$
$$p - \Delta_p \leqslant P \leqslant p + \Delta_p \tag{7-8}$$

【例 7-3】 例如要估计北京北站整车到达货物的平均运送时间。从交付的全部整车货票共 26 193 批中,用不重复抽样抽取 2 718 批货票。若允许的抽样极限误差 $\Delta_x = 0.215$(天),经计算得知,所抽取的每批货物平均运送时间为 $\bar{X} = 5.64$(天),那么北京北站整车到达货物的平均运送时间区间估计为(5.64 − 0.125, 5.64 + 0.125),即在 5.515 到 5.765 天之间。

【例 7-4】 资料同上,若要估计北京北站整车到达货物的逾期运到率(报告期内超过规定货物运到期限运到的货物批数/货物的到达总批数),从随机抽取的 2718 批货票中,计算得抽样逾期运到率为 6.43%,所确定的抽样极限误差为 $\Delta_p = 0.642\%$,由此可得北京北站总体的逾期运到率的区间估计是(6.43% − 0.642%, 6.43% + 0.642%)。

7.3.5 抽样估计的概率度、精度和可靠程度

1. 抽样估计的概率度

抽样极限误差 Δ_x 或 Δ_p,简写为 Δ 是单个样本值与总体指标值之间的绝对离差,而抽样平均误差 μ_x 或 μ_p 是所有可能样本值与总体指标值之间的平均离差,用抽样极限误差与抽样平均误差相比,从而使由单一样本值得到的抽样极限误差标准化,这样可称为抽样标准极限误差,但通常称其为概率度(t)或相对误差范围。

$$t = \frac{\Delta_x}{\mu_x} = \frac{|\bar{x} - \bar{X}|}{\frac{\sigma}{\sqrt{n}}} \tag{7-9}$$

$$t = \frac{\Delta_p}{\mu_p} = \frac{|p - P|}{\sqrt{\frac{P(1-P)}{n}}} \tag{7-10}$$

由此可知,标准正态分布变量 t 服从标准正态概率分布。

2. 抽样估计的精度

为了比较不同现象总体的抽样误差程度,必须消除总体规模大小悬殊的影响,通常还需计算抽样误差系数,抽样误差系数记作 Δ',反映了抽样误差的相对程度。其计算公式为

$$\Delta'_x = \frac{\Delta_x}{\bar{x}}$$

$$\Delta'_p = \frac{\Delta_p}{p}$$

则抽样估计精度(A)公式为

$$A_x = 1 - \Delta'_x \tag{7-11}$$

$$A_p = 1 - \Delta'_p \tag{7-12}$$

3. 抽样估计的可靠程度

置信区间的测定总是在一定的概率保证程度下进行的,因为既然抽样误差是一个随机变量,就不能指望抽样指标落在置信区间内成为必然事件,只能视为一个可能事件,这样就必定要用一定的概率来给予保证。抽样误差的可能范围是估计的准确性问题,而保证抽样指标落在抽样误差的可能范围之内则是估计的可靠性问题。所以抽样估计可靠程度又称置信度。具体地说,置信区间是以一定的概率保证程度确定总体指标所在的区间。置信度是总体指标落在某个区间的概率保证程度。

抽样估计的可靠程度即概率用 P 表示,P 是 t 的函数。而 $P = F(t)$ 表明概率分布是概率度 t 的函数。确定抽样估计的可靠程度,就是要确定抽样平均数($\bar{x}$)或抽样成数(p)落在置信区间($\bar{x} - \Delta_x, \bar{x} + \Delta_x$)或($p - \Delta_p, p + \Delta_p$)中的概率 P。$F(t)$ 的函数形式为

$$P(|\bar{x} - \bar{X}| \leqslant t\mu_x) = F(t)$$
$$P(|p - P| \leqslant t\mu_p) = F(t)$$

由此可知,t 增大,Δ 也增大,即 $t\mu$ 增大,这表明所要求的误差范围增大,说明从总体中随机抽取一个样本,其样本值落在这个较大的置信区间内可能性或把握性 P 愈大;反之,t 减小,Δ 也减小,即 $t\mu$ 减小,这表明所要求的误差范围减小,说明从总体中随机抽取一个样本,其样本值落在这个较小的置信区间内的可能性或把握性越小。

应用标准正态分布概率表,可以得出抽样指标落在置信区间内的置信度。

$$F(1) = P\{|\bar{x} - \bar{X}| \leqslant 1\mu_{\bar{x}}\} = 68.27\%$$
$$F(2) = P\{|\bar{x} - \bar{X}| \leqslant 2\mu_{\bar{x}}\} = 95.45\%$$
$$F(3) = P\{|\bar{x} - \bar{X}| \leqslant 3\mu_{\bar{x}}\} = 99.73\%$$

下面将常用的概率保证程度即概率面积与对应的概率度列入表 7-1 中。

表 7-1 常用概率面积、概率度对应表

概率面积 $F(t)$	概率度 t	概率面积 $F(t)$	概率度 t
0.682 7	1.00	0.954 5	2.00

续表

概率面积 $F(t)$	概率度 t	概率面积 $F(t)$	概率度 t
0.799 5	1.28	0.99	2.58
0.866 4	1.50	0.997 3	3.00
0.90	1.64	0.999 94	4.00
0.950 0	1.96	0.999 999	5.00

7.4 参数估计

7.4.1 点估计

点估计也称定值估计,它是以抽样得到的样本指标作为总体指标的估计量,并以样本指标的实际值直接作为总体未知参数的估计值的一种推断方法。点估计方法有矩估计法、顺序统计量法、最大似然法、最小二乘法等。这里仅介绍常用的两种点估计方法:矩估计法和最大似然估计法。

1. 矩估计法

在统计学中,矩是指以期望为基础而定义的数字特征,一般分为原点矩和中心矩。

设 k 为随机变量,对任意正整数 k,称 $E(X^k)$ 为随机变量 X 的 k 阶原点矩,记为

$$\mu_k = E(X^k)。$$

当 $k=1$ 时,$\mu_1 = E(X) = \mu$,可见一阶原点矩为随机变量 X 的数学期望。

我们把 $\nu_k = E[X - E(X)]^k$ 称为以 $E(X)$ 为中心的 k 阶中心矩。

显然,$k=2$ 时,$\nu_2 = E[X - E(X)]^2 = \sigma^2$,可见二阶中心矩为随机变量 X 的方差。

英国统计学家 K.皮尔逊(K.Pearson)率先提出通过矩估计法来估计总体的统计特征。其基本思想是:由于样本来源于总体,样本矩在一定程度上反映了总体矩,而且由大数定律可知,样本矩依概率收敛于总体矩。因此,只要总体的 k 阶原点矩存在,就可以用样本矩作为相应总体矩的估计量,用样本矩的函数作为总体矩的函数的估计量。

【例 7-5】 已知某种灯泡的寿命 $X \sim N(\mu, \sigma^2)$,其中,μ, σ^2 都是未知的,今随机取得 4 只灯泡,测得寿命(单位:小时)为 1 502,1 453,1 367,1 650,试估计 μ 和 σ。

解:因为 μ 是全体灯泡的平均寿命,$\bar{x}$ 为样本的平均寿命,很自然会想到用 $\bar{x}$ 去估计 μ;同理用 S 去估计 σ。由于

$$\bar{x} = \frac{1}{4}(1\ 502 + 1\ 453 + 1\ 367 + 1\ 650) = 1\ 493$$

$$S^2 = \frac{(1\ 502 - 1\ 493)^2 + (1\ 453 - 1\ 493)^2 + (1\ 367 - 1\ 493)^2 + (1\ 650 - 1\ 493)^2}{4 - 1}$$

$$= 14\ 068.7$$

$$S = 118.61$$

故 μ 和 σ 的估计值分别为 1 493 小时和 118.61 小时。

矩估计法简便、直观,比较常用,但是矩估计法也有其局限性。首先,它要求总体的 k

阶原点矩存在,若不存在则无法估计;其次,矩估计法不能充分地利用估计时已掌握的有关总体分布形式的信息。

通常设 θ 为总体 X 的待估计参数,一般用样本 $X_1, X_2, \cdots, X_n$ 构成一个统计量 $\hat{\theta} = \hat{\theta}(X_1, X_2, \cdots, X_n)$ 来估计 θ,则称 $\hat{\theta}$ 为 θ 的估计量。对于样本的一组观察值 $x_1, x_2, \cdots, x_n$,估计量 $\hat{\theta}$ 的值 $\hat{\theta}(x_1, x_2, \cdots, x_n)$ 称 θ 的估计值。于是点估计即是寻求一个作为待估计参数 θ 的估计量 $\hat{\theta}(x_1, x_2, \cdots, x_n)$ 的问题。但是必须注意,对于样本的不同数值,估计值是不相同的。

如在例 7-5 中,我们分别用样本平均数和样本修正方差来估计总体数学期望和总体均方差,即

$$\hat{\mu} = \hat{\mu}(X_1, X_2, \cdots, X_n) = \frac{1}{n}\sum_{i=1}^{n} X_i = \bar{X}$$

$$\hat{\sigma} = \hat{\sigma}(X_1, X_2, \cdots, X_n) = \sqrt{\frac{\sum_{i=1}^{n}(X_i - \bar{X})^2}{n-1}} = S$$

其对应于给定的估计值 $\mu = \bar{x} = 1\,493$ 小时,$\hat{\sigma} = S = 118.61$ 小时。

2. 最大似然估计法

最大似然估计法最早是由高斯于 1821 年提出的,但一般将之归功于英国统计学家费希尔(Fisher),因为他在 1922 年证明了最大似然估计的性质,并使得该方法得到了广泛的应用。最大似然法是在矩估计法基础上的改进,其基本思想是:设总体分布函数形式已知,但有未知参数 θ,θ 可以取多个值,在 θ 的一切可能取值中选一个使样本观察值出现概率最大的 θ 值作为 θ 的估计值,记为 $\hat{\theta}$,则 $\hat{\theta}$ 称为 θ 的最大似然值,该种求取估计量的方法称为最大似然法。

设 $X_1, X_2, \cdots, X_n$ 为取自总体 X 的样本,$x_1, x_2, \cdots, x_n$ 是相对应的样本观测值,θ 为总体未知参数。当总体的分布函数已知时,我们可以得到事件——样本 $X_1, X_2, \cdots, X_n$ 取到样本值 $x_1, x_2, \cdots, x_n$——发生的概率,即样本的联合密度函数为:

$$L(\theta) = L(x_1, x_2, \cdots, x_n; \theta)$$

扩展阅读 7-3
"最大似然原理"被运用到众多学科当中

$L(\theta) = L(x_1, x_2, \cdots, x_n; \theta)$ 称为参数 θ 的似然函数。最大似然估计法就是在参数 θ 的可能取值范围内,选取使 $L(\theta)$ 达到最大的参数值 $\hat{\theta}$,作为参数 θ 的估计值,使 $L(\hat{\theta}) = L(x_1, x_2, \cdots, x_n; \hat{\theta}) = \max_{\theta} L(x_1, x_2, \cdots, x_n; \theta)$。因此,求总体参数 θ 的最大似然估计值的问题就是求似然函数 $L(\theta)$ 的最大值问题,这可通过解方程 $\frac{dL(\theta)}{d\theta} = 0$ 求得。

3. 点估计的优良性准则

样本统计量,如样本均值 $\bar{X}$,样本标准差 S,样本成数如何用于对相应总体参数 μ、σ

和 p 的点估计值。直观上,这些样本统计量对相应总体参数的点估计值是很有吸引力的。然而,在用一个样本统计量作为点估计量时,如何评价点估计量的好坏呢?通常判断点估计量的好坏有三条标准:无偏性、有效性和一致性。

(1) 无偏性。如果样本统计量的数学期望等于所估计的总体参数的值,该样本统计量称作总体参数的无偏估计量。无偏性的定义如下:

如果 $E(\theta)=\theta$,则称样本统计量 θ 是总体参数 θ 的无偏估计。

式中:$E(\theta)$——样本统计量 θ 的数学期望

因此,样本无偏统计量的所有可能值的期望值或均值等于被估计的总体参数。

(2) 有效性。假定含 n 个元素的一个简单随机样本用于给出同一总体参数的两个不同的无偏点估计量。这时,我们偏好于用标准差较小的点估计量,因为它给出的估计值与总体参数更接近。有较小标准差的点估计量称作比其他点估计量有更好的相对效率。

(3) 一致性。与一个好的点估计相联系的第三个性质为一致性。粗略地讲,如果当样本容量更大时,点估计量的值更接近于总体参数,该点估计量是一致的。换言之,大样本比小样本趋于接进一个更好的点估计。注意到对样本均值 $\bar{x}$,我们证明标准差 $\sigma_{\bar{x}}=\sigma/\sqrt{n}$。由于 $\sigma_{\bar{x}}$ 与样本容量相关,较大的样本容量得到的 $\sigma_{\bar{x}}$ 的值更小,我们得出大样本容量趋于给出的点估计更接近于总体均值 μ。在这个意义上,我们可以说样本均值是总体均值 μ 的一个一致估计量。

但由于在实际抽样调查中,一次只是随机抽取一个样本,导致估计值会因样本的不同而不同,甚至产生很大的差异。所以说,点估计是一种估计或推断,其缺点是既没有解决参数估计的精确问题,也没有考虑估计的可靠性程度,只有区间估计才能解决这两个问题。不过,由于点估计直观、简单,对于那些要求不太高的判断和分析,可以使用此种方法。

7.4.2 区间估计

1. 置信区间和置信水平

区间估计就是在点估计的基础上,根据给定的置信度估计总体参数取值范围的方法。它包括两部分内容:一是置信区间;二是置信水平。

设总体 X 的分布中含有一个未知参数 θ。若对于给定的概率 $1-\alpha(0<\alpha<1)$,存在两个统计量 $\theta_1=\theta_1(X_1,X_2,\cdots,X_n)$ 与 $\theta_2=\theta_2(X_1,X_2,\cdots,X_n)$,使得

$$P\{\theta_1<\theta<\theta_2\}=1-\alpha$$

则随机区间 (θ_1,θ_2) 称为参数 θ 的置信水平为 $1-\alpha$ 的置信区间,θ_1 称为置信下限,θ_2 称为置信上限,α 称为显著性水平。常用的置信水平有 99%、95%、90%。

置信区间可直观理解为将构造置信区间的步骤重复多次,置信区间包含总体参数真值的次数所占的比例。也就是说反复抽样多次(各次的样本容量相等,均为 n),每一组样本值确定一个区间 (θ_1,θ_2),每个这样的区间要么包含 θ 的真值,要么不包含 θ 的真值。按伯努利大数定理,在这么多的区间中,包含 θ 真值的约占 $100(1-\alpha)\%$,不包含 θ 真值的约仅占 $100\alpha\%$。

置信区间的长度表示估计结果的精确性,而置信水平表示估计结果的可靠性。对于

置信水平为 $1-\alpha$ 的置信区间 (θ_1,θ_2)，一方面置信水平 $1-\alpha$ 越大，估计的可靠性越高；另一方面区间 (θ_1,θ_2) 的长度越小，估计的精确性越好。但在实践中，这两方面常常不能同时兼顾，提高可靠性通常会使精确性下降（区间长度变大），而提高精确性通常会使可靠性下降（$1-\alpha$ 变小），所以要找到两方面的平衡点。本部分主要阐述单个总体参数的区间估计。

2. 正态总体均值 μ 的区间估计

设已给定置信水平为 $1-\alpha$，总体 $X\sim N(\mu,\sigma^2)$，$X_1,X_2,\cdots,X_n$ 为一个样本，$\bar{X}$，S^2 分别是样本均值和样本方差。

（1）当 σ^2 已知或大样本时，求 μ 的置信区间。当总体服从正态分布且方差已知时，样本均值 $\bar{x}$ 的抽样分布均为正态分布，其数学期望为总体均值 μ，方差为 $\dfrac{\sigma^2}{n}$。由于 $\bar{x}$ 是 μ 的无偏估计，且有统计量：

$$Z=\frac{\bar{x}-\mu}{\sqrt{\sigma^2/n}}\sim N(0,1) \tag{7-13}$$

给定置信水平 α，有

$$P\left\{-Z_{\alpha/2}<\frac{\bar{x}-\mu}{\sqrt{\sigma^2/n}}<+Z_{\alpha/2}\right\}=1-\alpha$$

查正态分布表，进一步有：

$$P=\left\{\bar{x}-Z_{\alpha/2}\frac{\sigma}{\sqrt{n}}<\mu<\bar{x}+Z_{\alpha/2}\frac{\sigma}{\sqrt{n}}\right\}=1-\alpha$$

这样，我们就得到了 μ 的一个置信水平为 $1-\alpha$ 的置信区间

$$\left(\bar{x}-Z_{\alpha/2}\frac{\sigma}{\sqrt{n}},\bar{x}+Z_{\alpha/2}\frac{\sigma}{\sqrt{n}}\right)$$

依据中心极限定理，只要进行抽样（$n>30$），无论总体是否服从正态分布，样本均值 $\bar{x}$ 的抽样分布均为正态分布。当总体方差 σ^2 未知时，只要在大样本条件下，则可以用样本方差 s^2 代替总体方差 σ^2，这时无论总体是否服从正态分布，总体均值 μ 在 $(1-\alpha)$ 置信水平下的置信区间为 $\left(\bar{x}-Z_{\alpha/2}\dfrac{s}{\sqrt{n}},\bar{x}+Z_{\alpha/2}\dfrac{s}{\sqrt{n}}\right)$。

【例 7-6】 某种零件的长度服从正态分布，从该批产品中随机抽取 9 件，测得它们的平均长度为 21.4 毫米，已知总体标准差为 $\sigma=0.15$ 毫米，试建立该种零件平均长度的置信区间，假定给定置信水平为 0.95。

解：已知 $X\sim N(\mu,0.15^2)$，$\bar{x}=21.4$，$n=9$，$1-\alpha=0.95$，因为

$$Z=\frac{\bar{x}-\mu}{\sqrt{\sigma^2/n}}\sim N(0,1)$$

所以对于给定的置信水平 0.95，有

$$P\left\{-Z_{\alpha/2}<\frac{\bar{x}-\mu}{\dfrac{\sigma}{\sqrt{n}}}<+Z_{\alpha/2}\right\}=0.95$$

当 $\alpha=0.05$ 时,查正态分布概率表 $Z_{\alpha/2}=1.96$,于是有

$$P\left\{21.4-1.96\frac{0.15}{\sqrt{9}}<\mu<21.4+1.96\frac{0.15}{\sqrt{9}}\right\}=0.95$$

即总体均值的置信区间为(21.302,21.498)。

我们有 95% 的概率保证该种零件的平均长度在 21.302 毫米和 21.498 毫米之间。

【例 7-7】 某保险公司自投保人中随机抽取 36 人,计算出此 36 人的平均年龄 $\bar{x}=39.5$ 岁,已知投保人年龄分布近似正态分布,标准差为 7.2 岁,试求所有投保人平均年龄的置信区间($1-\alpha=0.99$)。

解:已知,$X\sim N(\mu,7.2^2)$,$\bar{x}=39.5$ 岁,$n=36$,$1-\alpha=0.99$,则

$$Z=\frac{39.5-\mu}{\sqrt{7.2^2/36}}\sim N(0,1)$$

当 $\alpha=0.01$,查正态分布概率表有 $Z_{\alpha/2}=2.575$,所以

$P\{39.5-2.575\sqrt{7.2^2/36}<\mu<39.5+2.575\sqrt{7.2^2/36}\}=0.99$,即总体的置信区间为 (36.41,42.59)。有 99% 的把握保证投保人的平均年龄在 36~43 岁之间。

(2)当小样本且方差 σ^2 未知时,求 μ 的置信区间。在实际统计应用中,由于客观条件的限制,利用小样本对总体均值进行估计的情况较为常见。如果总体方差 σ 未知,在大样本情况下,依据中心极限定理可知,无论总体是否服从正态分布,样本均值 $\bar{x}$ 的抽样分布均为正态分布,可以用样本方差 s^2 代替总体方差 σ^2;如果方差未知,而且是小样情况下,这时,需要考虑的问题是,用样本方差代替总体方差后,则统计量:

$$T=\frac{\bar{x}-\mu}{\sqrt{S^2/n}}\sim t(n-1) \tag{7-14}$$

随机变量 X 落在某一区域内的概率,等于 t 分布曲线下,相应区域的面积,对于不同的 n,同样的区域下的概率不同,见书后附表:t 分布表。如 $n=10$,X 落入 $(-1.372,+1.372)$ 区间的概率为 0.9,而当 $n=20$ 时,概率为 0.9 所对应的区间为 $(-1.325,+1.325)$;当 $n=30$ 时,概率为 0.9 所对应的区间为 $(-1.31,+1.31)$。

既然统计量 $(\bar{x}-\mu)/\sqrt{S^2/n}$ 服从 $n-1$ 个自由度的 t 分布,则对于给定的显著性水平 α,不难找出 $t_{\alpha/2}(n-1)$,使得

$$P\{-t_{\alpha/2}(n-1)\leqslant(\bar{x}-\mu)/\sqrt{S^2/n}\leqslant t_{\alpha/2}(n-1)\}=1-\alpha$$

于是得到以 $1-\alpha$ 置信水平保证的置信区间:

$$(\bar{x}-t_{\alpha/2}(n-1)\sqrt{S^2/n},\bar{x}+t_{\alpha/2}(n-1)\sqrt{S^2/n})$$

【例 7-8】 某研究机构进行了一项调查来估计吸烟者一月花在抽烟上的平均支出,假定吸烟者买烟的月支出近似服从正态分布。该机构随机抽取了容量为 26 的样本进行调查,得到样本平均数为 80 元,样本标准差为 20 元,试以 95% 的把握估计全部吸烟者月均烟钱支出的置信区间。

解:已知 $\bar{x}=80$,$S=20$,$n=26$,$1-\alpha=0.95$

由于不知道总体方差,所以用样本方差代替。因为

$$T=(\bar{x}-\mu)/\sqrt{S^2/n}\sim t(n-1),\quad \frac{S}{\sqrt{n}}=\frac{20}{\sqrt{26}}=3.92$$

根据 $\alpha=0.05$,查阅 t 分布表得,$t_{0.05/2}(25)=2.06$。则有:

$$P\left\{\bar{x}-t_{0.05/2}(25)\frac{S}{\sqrt{26}}<\mu<\bar{x}+t_{0.05/2}(25)\frac{S}{\sqrt{26}}\right\}$$
$$=(80-2.06\times3.92,80+2.06\times3.92)$$
$$=0.95$$

即总体的置信区间为 $(71.92,88.08)$。

有 95% 的把握认为吸烟者月均烟钱支出在 71.92 元到 88.08 元之间。

【例 7-9】 从某大学本科生中随机抽选 100 人,调查到他们平均每天参加体育锻炼的时间为 35 分钟,样本标准差为 6 分钟,根据以往调查记录,学生参加体育锻炼的时间近似服从正态分布,试以 99% 的概率估计该校本科生平均参加体育锻炼的时间。

解: 已知 X 服从正态分布,且 $\bar{x}=35,S=6,n=100,1-\alpha=0.99$,不知总体方差用样本方差代替,所以统计量服从 $t(n-1)$ 分布,查 t 分布表得,$t_{0.01/2}(99)\approx2.63$,则有总体均值的置信区间为:

$$(\bar{x}-t_{\alpha/2}(n-1)\sqrt{S^2/n},\bar{x}+t_{\alpha/2}(n-1)\sqrt{S^2/n})$$
$$=\left(35-2.63\times\frac{6}{10},35+2.63\times\frac{6}{10}\right)$$
$$=(33.422,36.578)$$

有 99% 的把握认为该校全体本科生平均每天参加体育锻炼的时间在 33.422 分钟到 36.578 分钟之间。

3. 总体比例的区间估计

设总体 X 服从二项分布,即 $X\sim B(n,\pi)$。二项分布的均值和方差分别为 $n\pi$ 和 $n\pi(1-\pi)$。设 p 为样本比例,假如样本容量足够大(通常要求大于 30 个),由中心极限定理,随机变量

$$\frac{np-n\pi}{\sqrt{n\pi(1-\pi)}}=\frac{p-\pi}{\sqrt{\frac{\pi(1-\pi)}{n}}}$$

近似地服从标准正态分布 $N(0,1)$,于是:

$$P\left\{\left|\frac{p-\pi}{\sqrt{\frac{\pi(1-\pi)}{n}}}\right|<Z_{\frac{\alpha}{2}}\right\}=1-\alpha$$

即 $P\left\{p-Z_{\frac{\alpha}{2}}\sqrt{\frac{\pi(1-\pi)}{n}}<\pi<p+Z_{\frac{\alpha}{2}}\sqrt{\frac{\pi(1-\pi)}{n}}\right\}=1-\alpha$

故总体比例在 $1-\alpha$ 置信水平下的近似置信区间为

(1) 当 π 已知时,近似置信区间为

$$\left(p-Z_{\frac{\alpha}{2}}\sqrt{\frac{\pi(1-\pi)}{n}},p+Z_{\frac{\alpha}{2}}\sqrt{\frac{\pi(1-\pi)}{n}}\right)$$

(2) 当 π 未知时,近似置信区间为

$$\left(p - Z_{\frac{\alpha}{2}}\sqrt{\frac{p(1-p)}{n}}, p + Z_{\frac{\alpha}{2}}\sqrt{\frac{\pi(1-p)}{n}}\right)$$

3. 正态总体方差 σ^2 的区间估计

(1) μ 已知时，σ^2 的置信区间。已知 $\frac{1}{\sigma^2}\sum_{i=1}^{n}(X_i-\mu)^2 \sim \chi^2(n)$ 但是 χ^2 分布的概率密度图形不是对称的，对于已给的置信水平 $1-\alpha$，要想找到最短的置信区间是困难的。因此，习惯上仍然取对称的分位点 $\chi^2_{1-\alpha/2}$ 和 $\chi^2_{\alpha/2}$ 可得

$$P\left\{\chi^2_{1-\alpha/2}(n) < \frac{1}{\sigma^2}\sum_{i=1}^{n}(X_i-\mu)^2 < \chi^2_{\alpha/2}(n)\right\} = 1-\alpha$$

即：
$$P\left\{\frac{\sum_{i=1}^{n}(X_i-\mu)^2}{\chi^2_{\alpha/2}(n)} < \sigma^2 < \frac{\sum_{i=1}^{n}(X_i-\mu)^2}{\chi^2_{1-\alpha/2}(n)}\right\} = 1-\alpha$$

于是得到方差 σ^2 的一个置信水平为 $1-\alpha$ 的置信区间：

$$\left(\frac{\sum_{i=1}^{n}(X_i-\mu)^2}{\chi^2_{\alpha/2}(n)}, \frac{\sum_{i=1}^{n}(X_i-\mu)^2}{\chi^2_{1-\alpha/2}(n)}\right)$$

(2) μ 未知时，σ^2 的置信区间

σ^2 的无偏估计为 S^2，且统计量 $\frac{(n-1)S^2}{\sigma^2} \sim \chi^2(n-1)$。选取分位点 $\chi^2_{1-\alpha/2}$ 和 $\chi^2_{\alpha/2}$ 可得：

$$P\left\{\chi^2_{1-\alpha/2}(n-1) < \frac{(n-1)S^2}{\sigma^2} < \chi^2_{\alpha/2}(n-1)\right\} = 1-\alpha$$

即：
$$P\left\{\frac{(n-1)S^2}{\chi^2_{\alpha/2}(n-1)} < \sigma^2 < \frac{(n-1)S^2}{\chi^2_{1-\alpha/2}(n-1)}\right\} = 1-\alpha$$

于是得到方差 σ^2 的一个置信水平为 $1-\alpha$ 的置信区间：

$$\left(\frac{(n-1)S^2}{\chi^2_{\alpha/2}(n-1)}, \frac{(n-1)S^2}{\chi^2_{1-\alpha/2}(n-1)}\right)$$

由此，我们还可以得到标准差 σ 的一个置信水平为 $1-\alpha$ 的置信区间：

$$\left(\sqrt{\frac{(n-1)S^2}{\chi^2_{\alpha/2}(n-1)}}, \sqrt{\frac{(n-1)S^2}{\chi^2_{1-\alpha/2}(n-1)}}\right) = \left(\frac{\sqrt{(n-1)}S}{\sqrt{\chi^2_{\alpha/2}(n-1)}}, \frac{\sqrt{(n-1)}S}{\sqrt{\chi^2_{1-\alpha/2}(n-1)}}\right)$$

注：在实际问题中，对 σ^2 做估计的时候，一般均是 μ 未知的情况。因此，我们重点掌握 μ 未知条件下求 σ^2 的置信区间问题。

4. 单个非正态总体或总体分布未知，求 μ 的置信区间

当总体为非正态分布，或不知总体的分布形式时，只要知道总体方差，则根据林德伯格·列维中心极限定理，当 n 是大样本时，统计量 $\eta = \frac{\overline{X} - E(X_1)}{\sqrt{D(X_1)/n}}$ 就近似服从标准正态分布。

【例 7-10】 设某金融机构共有 8 042 张应收账款单,根据过去记录,所有应收账款的标准差为 3 033.4 元。现随机抽查了 250 张应收款单,得平均应收款为 3 319 元,求 98%置信水平的平均应收款。

解:已知 $\bar{x}=3\,319$(元),$n=250>30$,$1-\alpha=0.98$,$\alpha=0.02$,$\sigma=3\,033.4$

因为 $\bar{x}$ 近似服从标准正态分布,查正态分布概率表 $Z_{\frac{\alpha}{2}}=U_{0.01}=2.33$,则总体均值的置信区间为

$$(\bar{x}-Z_{\frac{\alpha}{2}}\sqrt{\sigma^2/n},\bar{x}+Z_{\frac{\alpha}{2}}\sqrt{\sigma^2/n})$$
$$=(3\,319-2.33\times3\,033.4/\sqrt{250},3\,319+2.33\times3\,033.4/\sqrt{250})$$
$$=(2\,871.99,3\,766.00)$$

根据调查结果,我们有 98%的把握认为全部账单的平均金额至少为 2 871.99 元,至多为 3 766 元。

以上例题虽然不知总体分布形式,但总体的方差是已知的,而在实际运算中往往并不知道总体的方差,在实际应用中,只要是大样本,则仍然可以用样本方差代替统计量 η 中的总体方差,并以标准正态分布近似作为统计量 η 的抽样分布。

【例 7-11】 某地区抽查了 400 户农民家庭的人均化纤布的消费量,得到平均值为 3.3 米,标准差为 0.9 米,试以 95%的置信水平估计该地区农民家庭人均化纤布的消费量。

解:因为 $n=400$ 是大样本,则有

$$Z_{\frac{\alpha}{2}}=U_{0.025}=1.96,\quad \frac{S}{\sqrt{n}}=\frac{0.98}{\sqrt{400}}=0.049;$$
$$P\{3.3-1.96\times0.049<\mu<3.3+1.96\times0.049\}$$
$$=P\{3.204<\mu<3.396\}$$
$$=0.95$$

置信区间为(3.204,3.396)。

因此,有 95%的把握认为该地区农民化纤布的消费量在 3.204 米至 3.396 米之间。

【例 7-12】 某无线电广播公司要估计某市 65 岁以上的已退休的人中一天时间里收听广播的时间,随机抽取了一个容量为 200 的样本,得到样本平均数为 110 分钟,样本标准差为 30 分钟,试估计总体均值 95%的置信区间。

解:已知 $\bar{x}=110$(分钟),$n=200>30$,$S=30$,$1-\alpha=0.95$,查正态分布概率表 $Z_{\frac{\alpha}{2}}=U_{0.025}=1.96$。

则有置信区间:

$$\left(110-1.96\frac{30}{\sqrt{200}},110+1.96\frac{30}{\sqrt{200}}\right)=(105.84,114.16)$$

扩展阅读 7-4
中国人口出生性别比的区间估计

因此,有 95%的把握认为该市 65 岁以上已退休的人每天收听无线电广播的时间在 105.84 分钟和 114.16 分钟之间。

7.4.3 样本容量

在参数区间估计的讨论中,估计值 $\hat{\theta}$ 和总体的参数 θ 之间存在着一定的差异,这种差异是由样本的随机性产生的。在样本容量不变的情况下,若要增加估计的可靠度,置信区间就会扩大,估计的精度就降低了。若要在不降低可靠性的前提下,增加估计的精确度,就只有扩大样本容量。当然,增大样本容量要受到人力、物力和时间等条件的限制,所以需要在满足一定精确度的条件下,尽可能恰当地确定样本容量。

1. 影响样本容量的因素

(1) 总体的变异程度(总体方差 σ^2)。在其他条件相同的情况下,有较大方差的总体,样本的容量应该大一些,反之则应该小一些。例如:在正态总体均值的估计中,抽样平均误差为 $\sigma/\sqrt{n}$,它反映了样本均值相对于总体均值的离散程度。所以,当总体方差较大时,样本的容量也相应要大,这样才会使 $\sigma/\sqrt{n}$ 较小,以保证估计的精确度。

(2) 允许误差的大小。允许误差即允许的抽样误差,记为 $|\hat{\theta}-\theta|=\Delta_\theta$,例如,样本均值与总体均值之间的允许误差可以表示为 $|\overline{X}-\mu|=\Delta_x$,允许误差以绝对值的形式表现了抽样误差的可能范围,所以又称为误差。允许误差说明了估计的精度,所以,在其他条件不变的情况下,如果要求估计的精度高,允许误差就小,那么样本容量就要大一些;如要求的精确度不高,允许误差可以大些,则样本容量可以小一些。

(3) 概率保证度 $1-\alpha$ 的大小。概率保证度说明了估计的可靠程度。所以,在其他条件不变的情况下,如果要求较高的可靠度,就要增大样本容量;反之,可以相应减少样本容量。

(4) 抽样方法不同。在相同的条件下,重复抽样的抽样平均误差比不重复抽样的抽样平均误差大,所需要的样本容量也就不同。重复抽样需要更大的样本容量,而不重复抽样的样本容量则可小一些。

此外,必要的抽样数目还要受抽样组织方式的影响,这也是因为不同的抽样组织方式有不同的抽样平均误差。

2. 样本容量的确定

(1) 估计总体均值的样本容量。在总体均值的区间估计里,置信区间是由下式确定的:

$$\overline{X} \pm Z_{\frac{\alpha}{2}} \frac{\sigma}{\sqrt{n}}$$

例如,对于正态总体以及非正态总体大样本时,都是以它为置信区间。

从图 7-4 中可以看到,从估计量 x 的取值到点 $Z_{\frac{\alpha}{2}} \frac{\sigma}{\sqrt{n}}$ 的距离实际上为置信区间长度的 $\frac{1}{2}$。这段距离表示在一定置信水平 $1-\alpha$ 下,用样本均值估计总体均值时所允许的最大绝对误差即允许误差 Δ。显然,若以 x 的取值为原点,则允许误差 Δ 可以表示为

$$\Delta_{\bar{x}} = Z_{\frac{\alpha}{2}} \frac{\sigma}{\sqrt{n}} \tag{7-15}$$

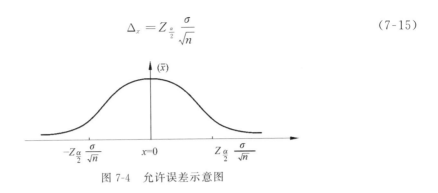

图 7-4　允许误差示意图

公式(7-15)反映了允许误差 Δ、可靠性系数 $Z_{\frac{\alpha}{2}}$、总体标准差 σ 与样本容量之间的相互制约关系。只要这四个因素中的任意三个因素确定后,另一个因素也就确定了。

在总体方差已知,重复抽样条件下,因为抽样极限误差 $\Delta = Z_{\frac{\alpha}{2}} \frac{\sigma}{\sqrt{n}}$,则样本容量为

$$n = \frac{Z_{\alpha/2}^2 \sigma^2}{\Delta_{\bar{x}}^2} \tag{7-16}$$

在总体方差已知,不重复抽样的条件下,抽样极限误差为 $\Delta_{\bar{x}} = |\bar{X} - \mu| = Z_{\frac{\alpha}{2}} \sqrt{\frac{\sigma^2}{n}\left(1 - \frac{n}{N}\right)}$,则不重复抽样条件下的样本容量为

$$n = \frac{Z_{\alpha/2}^2 \sigma^2 N}{(\Delta_{\bar{x}})^2 N + Z_{\alpha/2}^2 \sigma^2} \tag{7-17}$$

【例 7-14】　某食品厂要检验本月生产的 10 000 袋某产品的重量,根据以往的资料,这种产品每袋重量的标准差为 25 克。如果要求在 95.45% 的置信度下,平均每袋重量的误差不超过 5 克,应抽查多少袋产品?

解：由题意可知 $N = 10\,000$,$\sigma = 25$ 克,$\Delta_{\bar{x}} = 5$ 克,根据置信度 $1 - \alpha = 95.45\%$,查正态分布概率表有 $Z_{\frac{\alpha}{2}} = 2$。在重复抽样的条件下:

$$n = \frac{Z_{\alpha/2}^2 \sigma^2}{(\Delta_{\bar{x}})^2} = \frac{2^2 \times 25^2}{5^2} = 100(\text{袋})$$

在不重复抽样条件下:

$$n = \frac{Z_{\alpha/2}^2 \sigma^2 N}{(\Delta_{\bar{x}})^2 N + Z_{\alpha/2}^2 \sigma^2} = \frac{2^2 \times 25^2 \times 10\,000}{5^2 \times 10\,000 + 2^2 \times 25^2} = 99(\text{袋})$$

由计算结果可知：在其他条件相同的情况下,重复抽样所需要的样本容量大于不重复抽样所需要的样本容量。

在计算样本容量时,必须知道总体的方差,而在实际抽样调查前,往往总体的方差是未知的。在实际操作时,可以用过去的资料,若过去曾有若干个方差,应该选择最大的,以保证抽样估计的精确度;也可以进行一次小规模的调查,用调查所得的样本方差来替代总体的方差。

(2) 估计总体成数时的样本容量。估计总体成数时样本容量的确定方法与估计总体

均值是一样的,设 $\Delta_p=|P-p|$ 为允许误差,在 $1-\alpha$ 的置信度下,重复抽样条件下有样本抽样极限误差为

$$\Delta_p=|P-p|=Z_{\frac{\alpha}{2}}\sqrt{\frac{P(1-P)}{n}}$$

则重复抽样条件下样本容量的为

$$n=\frac{Z_{\alpha/2}^2 P(1-P)}{(\Delta_p)^2} \tag{7-18}$$

在不重复抽样条件下的样本抽样极限误差为

$$\Delta_p=|P-p|=Z_{\alpha/2}\sqrt{\frac{P(1-P)}{n}\left(1-\frac{n}{N}\right)}$$

则不重复抽样条件下样本容量为

$$n=\frac{NZ_{\alpha/2}^2 P(1-P)}{(\Delta_p)^2 N+Z_{\alpha/2}^2 P(1-P)} \tag{7-19}$$

在估计成数时,计算样本容量时需要总体的成数,但是总体的成数通常是未知的,在实际的抽样调查时,可先进行小规模的试调查,求得样本的成数来代替。也可用历史的资料,如果有若干个成数可供选择,则应选择最靠近 50% 的成数,使样本成数的方差最大,以保证估计的精确度。

【例 7-15】 为了检查某企业生产的 10 000 个显像管的合格率,需要确定样本的容量。根据以往经验合格率为 90%、91.7%。如果要求估计的允许误差不超过 0.027 5,置信水平为 95.45%。求应该取多少只显像管?

解: 根据资料,我们应该选择 $P=0.9$ 计算样本容量,根据置信水平 0.9545,查正态分布概率表有 $Z_{\frac{\alpha}{2}}=2$,$\Delta_p=|P-p|=0.027\,5$,$N=10\,000$

重复抽样条件下,样本容量:

$$n=\frac{Z_{\alpha/2}^2 P(1-P)}{\Delta_p^2}=\frac{2^2\times 0.9\times(1-0.9)}{0.027\,5^2}=476.03\approx 477$$

不重复抽样条件样本容量:

$$n=\frac{Z_{\alpha/2}^2 P(1-P)N}{\Delta_p^2 N+Z_{\alpha/2}^2 P(1-P)}$$

$$=\frac{2^2\times 0.9\times(1-0.9)\times 10\,000}{0.027\,5^2\times 10\,000+2^2\times 0.9\times(1-0.9)}$$

$$=454.40\approx 455$$

从计算的结果可以看出,重复抽样应该抽 477 件检验,而不重复抽样应该抽 455 件,可见,在相同条件下,重复抽样需要的样本容量更大。

7.5 抽样推断实训项目及 Excel 应用

【实训目的】 熟练运用 Excel 数据分析功能,对总体均值和方差进行置信水平的区间估计。

【实训要求】 学员能够熟练运用区间估计原理和方法计算出总体均值的置信区间,要求置信水平达到95%。

利用Excel进行区间估计,有两种方法可以选择:一是直接点击工具栏中"插入",选中打开的菜单中的"函数",然后选择不同的函数进行操作;二是利用"分析工具库",单击"工具"菜单中的"数据"选项,在出现菜单中选择"数据分析"命令即可以浏览已有的分析工具。

7.5.1 实训项目:总体均值区间估计:大样本情况且 σ^2 未知

【实训背景介绍】 某单位按简单随机重复抽样方式抽取40个职工,对其业务情况进行考核,考核成绩资料如下:

66 91 88 84 86 87 75 73 74 82 89 59 81 56 75 96 76 87 72 60
90 66 76 73 77 84 89 91 62 57 84 80 78 77 71 61 70 86 76 68

试应用Excel进行数据分析,以95%的概率保证程度推断全体职工业务考试成绩的区间范围。利用Excel插入函数计算置信区间操作步骤:

第一步,构建工作表。将40个数据输入单元格A2:A41,在区域C2:C10内输入样本容量、样本均值、样本标准差、显著性水平、抽样极限误差、置信区间下限和置信区间上限。

第二步,选中输出数据单元格,本例选D2,单击工具栏公式→插入函数fx,在"选择类别"中选"统计"(如图7-5所示)。

在其右边显示的"函数名"中单击"COUNT",出现下图对话框,在Value1中输入或拖入数据区域A2:A41单元格,然后单击确定,获得样本容量(如图7-6所示)。

同理,在D3中,插入函数AVERAGE(A2:A41),获得样本平均数;

在D4中,插入函数STDEVA(A2:A41),获得样本标准差;

在D5中输入显著性水平α值5%;

在D6中,插入函数CONFIDENCE.NORM,出现如图7-7所示对话框。
CONFIDENCE.NORM(alpha,standard-dev,size)使用正态分布,返回总体平均值的置信区间。本例中样本容量为40,属于大样本情形,所以t分布可以用标准正态分布代替。

alpha(即α)是用于计算置信度的显著水平参数。置信度等于(1−α),如果α为0.05,则置信水平为0.95。置信度为1.96。

Standard-dev 数据区域的总体标准差,假设为已知(实际中,总体标准差未知时通常用样本标准差代替)。

Size 样本容量(即n)。

如果假设α等于0.05,则需要计算标准正态分布曲线(1−α=0.95)之下的临界值,查标准正态分布表知其临界值为±1.96。因此置信区间为 $\left(\bar{x}-1.96\dfrac{\sigma}{\sqrt{n}},\bar{x}+1.96\dfrac{\sigma}{\sqrt{n}}\right)$

在Alpha中输入α值,此为D5;在Standard-dev中输入样本标准差值,此为D4;在Size中输入样本容量值,此为D2,然后单击确定,即获得极限误差。在D7中输入"=D3−D6",在D8中输入"=D3+D6",回车后,得到置信区间下限为73.567 284 98,置信区间上

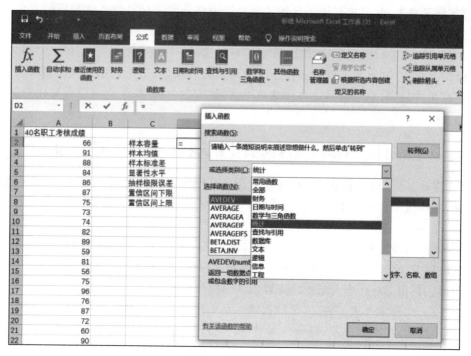

图 7-5 插入函数

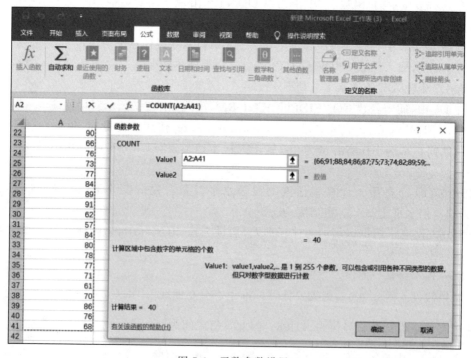

图 7-6 函数参数设置

限为 80.082 715 02（见图 7-8）。

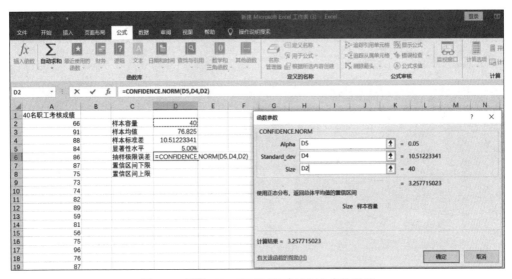

图 7-7　函数 CONFIDENCE.NORM 参数设置

	A	B	C	D
1	40名职工考核成绩			
2	66		样本容量	40
3	91		样本均值	76.825
4	88		样本标准差	10.51223341
5	84		显著性水平	5.00%
6	86		抽样极限误差	3.257715023
7	87		置信区间下限	73.56728498
8	75		置信区间上限	80.08271502
9	73			

图 7-8　输出结果

关于总体方差的估计、总体比例的估计等可按类似方法进行。

7.5.2　实训项目：总体均值区间估计：小样本情况

【实训背景介绍】某公司采用新的方法培训 15 名员工。样本中每一名员工需要的培训天数如下：52 44 55 44 45 59 50 54 62 46 54 58 60 62 63

试应用 Excel 进行数据分析，以 95%的概率保证程度推断全体员工培训时间的置信区间。

【利用 Excel 函数计算置信区间操作步骤】

第一步：输入数据，将 15 名员工培训时间数据输入到单元格 A1:A16。

第二步：输入函数和公式，在 C2:C10 中给出需要计算的指标名称，计算结果输入区域选 D2:D10。用函数 COUNT，AVERAGE 和 STDEV 计算单元格 A2:A16 中数据的样本容量、样本均值和样本标准差。D5 中输入 0.05，D6 中输入自由度 14，即样本容量－1，用 TINV 函数计算 $t_{0.05}$ 值，用 TINV 函数的形式为用 TINV(置信水平，自由度)。单元格 D5 为置信水平，D6 为自由度，单元格 D7 中插入函数用 TINV，见图 7-9，点击确定。

在 D8 中输入“=D7 * D4/SQRT(D2)”，见图 7-10 和图 7-11，点击确定。然后在 D9

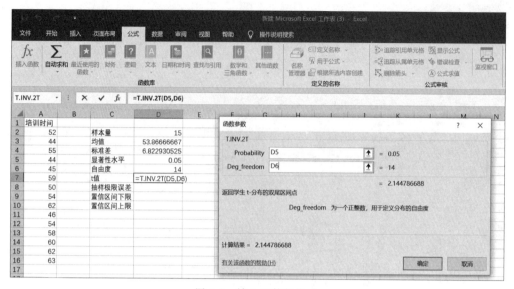

图 7-9 输入函数与公式

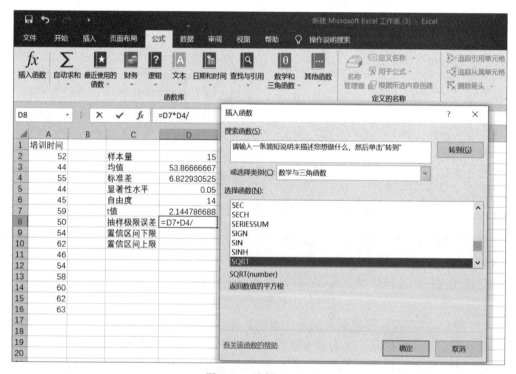

图 7-10 选择 SQRT

中输入"＝D3-D8",然后点击回车键得到置信区间下限值;在 D10 中输入"＝D3＋D8",然后点击回车键得到置信区间上限值。输出结果见图 7-12。

利用"分析工具库"进行置信区间估计,具体操作步骤如下:

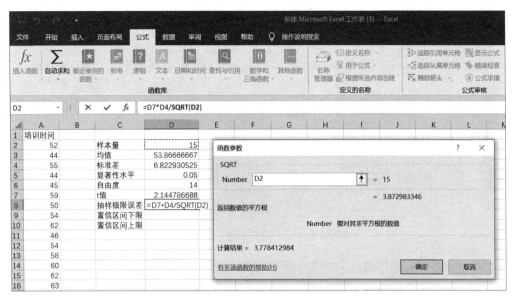

图 7-11 设置函数参数

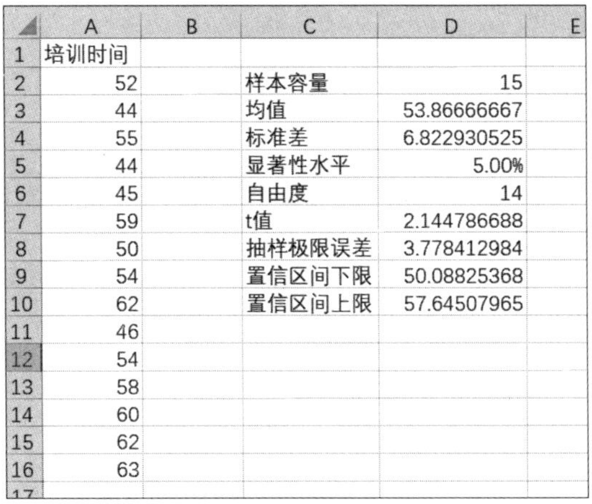

图 7-12 输出结果

第一步,构建一个新的 Excel 工作表,输入数据,将 15 名员工培训时间数据输入到单元格 A1:A16。

第二步,点击工具栏:数据—数据分析,出现如图 7-13 对话框,选择"描述统计",单击"确定"。点击确定后出现如图 7-14 所示对话框,输入区为"＄A＄2:＄A＄16",分组方式选择"逐列",输出区选为"＄C＄2",然后选择需要了解的指标项即可。本实训项目,平均数置信度为 95％。数据输出结果见图 7-15。

第三步,选中单元格 C18,键入"总体均值置信区间下限",选中单元格 D18,输入"＝D4－D17",然后点击回车键,即可得到总体均值置信区间的下限。在选中单元格 C19,键入"总体均值置信区间上限",选中单元格 D19,输入"＝D4＋D17",点击然后点击回车键

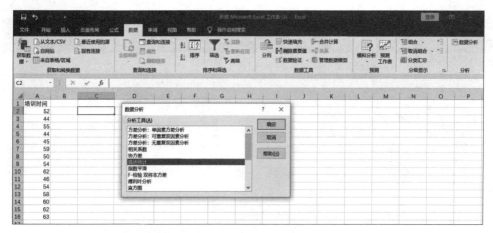

图 7-13　选择描述统计

图 7-14　描述统计参数设置

	A	B	C	D	E
1	培训时间				
2	52			列1	
3	44				
4	55		平均	53.86666667	
5	44		标准误差	1.761673086	
6	45		中位数	54	
7	59		众数	44	
8	50		标准差	6.822930525	
9	54		方差	46.55238095	
10	62		峰度	-1.370038349	
11	46		偏度	-0.231787661	
12	54		区域	19	
13	58		最小值	44	
14	60		最大值	63	
15	62		求和	808	
16	63		观测数	15	
17			置信度(95.0%)	3.778412984	
18					

图 7-15　描述统计输出结果

即可得到总体均值置信区间上限。结果见图 7-16。

	A	B	C	D	E
1	培训时间				
2	52		列1		
3	44				
4	55		平均	53.86666667	
5	44		标准误差	1.761673086	
6	45		中位数	54	
7	59		众数	44	
8	50		标准差	6.822930525	
9	54		方差	46.55238095	
10	62		峰度	-1.370038349	
11	46		偏度	-0.231787661	
12	54		区域	19	
13	58		最小值	44	
14	60		最大值	63	
15	62		求和	808	
16	63		观测数	15	
17			置信度(95.0%)	3.778412984	
18			置信区间下限	50.08825368	
19			置信区间上限	57.64507965	

图 7-16　总体均值置信区间

本 章 小 结

本章主要介绍抽样推断的概念及特点、抽样推断应用范围、抽样推断的理论依据、抽样的组织方式、抽样分布、抽样误差、参数估计、样本容量确定。

抽样推断是依据随机原则从总体中抽取部分单位(样本),根据样本实际数据资料,运用数理统计方法,对总体某一数量特征作出具有一定可靠程度的估计判断,从而达到对全部总体认识的一种统计方法。抽样推断包括抽样调查和统计推断。抽样调查是统计推断的基础,统计推断的主要内容为:参数估计和假设检验。

在实际应用中,抽样推断主要用于以下几方面:(1)用于无法采用或不必采用全面调查的现象;(2)对全面调查的结果进行复核;(3)生产过程的质量控制;(4)对总体的假设进行检验。

在实际应用中,抽样方法主要有两种:概率抽样和非概率抽样。概率抽样有:简单随机抽样、分层抽样、整群抽样、等距抽样。非概率抽样不是完全按随机原则选取样本。

抽样推断的理论依据主要是概率论的极限定理中的大数定律与中心极限定理。抽样分布是统计推断的基础,常用统计量的抽样分布主要有 χ^2 分布、t 分布和 F 分布。

抽样指标与所要估计的总体指标之间的差值称为抽样误差。常见的抽样误差有:抽样平均数与总体平均数之差($\bar{x}-\bar{X}$),抽样成数与总体成数之差($p-P$)。抽样平均误差就是反映抽样误差一般水平的指标,通常用样本平均数(或样本成数)的标准差来表示。抽样极限误差,又称置信区间和抽样允许误差范围,是指在一定的把握程度下保证样本指标与总体指标之间的抽样误差不超过某一给定的最大可能范围。抽样估计可靠程度又称置信度。具体地说,置信区间是以一定的概率把握程度确定总体指标所在的区间。置信度是总体指标落在某个区间的概率把握程度。

总体指标的推断有点估计和区间估计两种方法。在样本容量不变的情况下,若要增加估计的可靠度,置信区间就会扩大,估计的精度就降低了。若要在不降低可靠性的前提下,增加估计的精确度,就只有扩大样本容量。当然,增大样本容量要受到人力、物力和时间等条件的限制,所以需要在满足一定精确度的条件下,尽可能恰当地确定样本容量。

实训思考题

1. 什么是抽样调查?它有哪些特点和作用?
2. 影响抽样平均误差的因素有哪些?
3. 影响必要样本容量的因素有哪些?
4. 进行简单随机重复抽样,假定抽样单位增加3倍,则平均数的抽样平均误差将发生什么变化?如果要求抽样误差范围减少10%,其样本单位数应如何调整?

技 能 训 练

1. 调查一批机械零件合格率。根据过去资料,合格品率曾有过99%,97%和95%三种情况,现要求误差不超过1%,估计概率保证程度为95%,则需要抽查多少个零件?

2. 某大学有教职员工2000人,其中专任教师800人,员工1200人。为了进行收入抽查,按不同类型抽查40名教师和60名员工,结果如表7-2所示。

表7-2　教职员工月收入表

教师		员工	
月收入/元	人数	月收入/元	人数
3 000	10	2 500	20
5 000	20	4 000	30
8 000	10	6 000	10

根据以上资料,求:

(1) 在95.45%的概率保证下,对该校教职员工的平均收入进行区间估计。

(2) 如果要求极限误差不超过300元,概率保证程度为95.45%,按简单随机抽样组织形式,需要抽取多少样本单位数?

3. 某地农村种植小麦150亩,在麦收前随机不重置抽取了100个平方公尺的小麦样本,测得每平方公尺小麦产量为0.5公斤,标准差为0.05公斤。试计算极限抽样误差,并以95.45%的概率保证,推断该地区小麦平均亩产量和总产量。

4. 某企业对某批电子元件进行检验,随机抽取100只,测得平均耐用时间为1000小时,标准差为50小时,合格率为94%,求:

(1) 以耐用时间的允许误差范围 $\Delta_{\bar{x}}=10$ 小时,估计该批产品平均耐用时间的区间及其概率保证程度。

(2) 以合格率估计的误差范围不超过 2.45%，估计该批产品合格率的区间及其概率保证程度。

(3) 试以 95% 的概率保证程度，对该批产品的平均耐用时间做出区间估计。

(4) 试以 95% 的概率保证程度，对该批产品的合格率做出区间估计。

即 测 即 练

第 7 章　即测即练

第 8 章

假 设 检 验

本章学习目标

通过本章的学习,学员能够:
1. 了解假设检验的基本思想和原理;
2. 掌握假设检验的基本步骤;
3. 理解原假设、备择假设、显著性水平、P 值、临界值、拒绝域和两类错误等概念;
4. 掌握 z 统计量、t 统计量、F 统计量的计算和应用;
5. 熟练掌握用 Excel 进行假设检验。

引导案例

奶 茶 情 缘

扩展阅读 8-1
最易理解的假设检验

一个午后,三位科学家一边沐浴在英格兰午后的阳光中,一边喝着下午茶。统计学家罗纳德·费希尔(Ronald Fisher)倒了一杯奶茶端给了他的同事——穆丽尔·布里斯托(Muriel Bristol)。但她婉拒了这杯奶茶,因为她说先倒牛奶后倒茶的味道更好。

费希尔不相信。于是另外一个科学家威廉姆·洛奇(William Roach)建议大家做一个试验:背着 Bristol 倒一杯奶茶,然后让她尝,看看她能不能猜出倒奶和倒茶的顺序。但是就算她说出正确答案,也不能说明什么,因为至少也有 50% 的概率猜对。

布里斯托轻松过关,正确地辨认出 8 杯奶茶中奶和茶的倒入顺序。因为费希尔的试验设计得非常随机。她全部猜中的可能性是 $1/70=0.014$。

$$C_8^4 = 70$$

虽然这是个很小很小的概率,但依旧无法排除布里斯托是"猜"出来的可能性。我们只能说,这种可能性非常小而已。

那究竟可能性为多少我们才可以拒绝"布里斯托的选择是随机的"这样的假设?

费希尔认为,基于零假设为真的前提,却依旧观测到这种结果的概率如果不到 5% 就可以拒绝零假设了。布里斯托猜对的概率是 1.4%,小于这个值,所以我们可以大胆地认为布里斯托对奶茶有自己独到犀利的味觉。

一杯奶茶,成就了一段浪漫的情缘,也成就了统计学的重要工具——假设检验。

假设检验是抽样推断中的一项重要内容。它是根据原始资料作出一个总体指标是否等于某一个数值、某一随机变量是否服从某种概率分布的假设,然后利用样本资料采用一定的统计方法计算出有关检验的统计量,依据一定的概率原则,以较小的风险来判断估计数值与总体数值(或者估计分布与实际分布)是否存在显著差异,是否应当接受原假设选择的一种检验方法。

用样本指标估计总体指标,其结论有的完全可靠,有的只有不同程度的可靠性,需要进一步加以检验和证实。通过检验,对样本指标与假设的总体指标之间是否存在差别作出判断,是否接受原假设。这里必须明确,进行检验的目的不是怀疑样本指标本身是否计算正确,而是为了分析样本指标和总体指标之间是否存在显著差异。从这个意义上来说,假设检验又称为显著性检验。

参数估计(parameter estimation)和假设检验(hypothesis testing)是统计推断的两个组成部分,它们都是利用样本对总体进行某种推断,然而推断的角度不同。参数估计讨论的是用样本统计量估计总体参数的方法,总体参数 μ 在估计前是未知的。而在假设检验中,则是先对 μ 的值提出一个假设,然后利用样本信息去检验这个假设是否成立。因此也可以说,本章讨论的内容是如何利用样本信息,对假设成立与否做出判断的一套程序。

8.1 假设检验的基本问题

8.1.1 假设检验的基本思想

假设检验是推断统计的另一项重要内容,它与参数估计类似,但角度不同。参数估计是利用样本信息推断未知的总体参数,而假设检验则是先对总体参数提出一个假设值,然后利用样本信息判断这一假设是否成立。

假设检验分为参数假设检验与非参数假设检验。所谓参数假设检验,就是对总体分布函数中的未知参数提出某种假设,然后利用样本信息对所提出的假设进行检验并做出判断。而非参数假设检验则是对总体分布函数形式的假设进行检验,本章主要讨论参数假设检验。

例如,企业生产某种饼干包装盒上注明"净含量200克",但质检人员亲自测量后会发现,净含量并不等于200克,这是否说明企业生产的产品不合格呢?我们可以采用假设检验的方法来验证。假设质检人员进行测量发现样本均值为199克,那么包装盒上的承诺是不是可信呢?现在,先逆向思考一下这个问题:假设饼干总体的净含量均值确实为200克,那么从总体中抽出的样本均值应该是怎样表现?

假设检验的基本思想就是运用小概率事件原理的反证法:

1. "小概率事件在现实中是不可能发生的"

在概率论中我们把发生的概率很接近于0(即在大量重复试验中出现的频率非常低)的事件称为小概率事件。在我们设定的原假设"饼干净含量为200克"前提下,如果在一次观察中小概率事件发生了,则认为原假设是不成立的;反之,如果小概率事件没有出现,我们没有理由否定原假设。

扩展阅读 8-2
罪犯的审讯

2. 采用反证法

要检验某个原假设是否成立,先假定它是正确的,例如,假定饼干净含量为 200 克,然后通过抽样,根据样本计算出的统计量信息判断由假设而得到的结果是否合理,从而确定是否拒绝原假设。

8.1.2 假设检验的基本概念

1. 两类假设

在假设检验中,首先需要提出两种假设,即原假设和备择假设,原假设通常是研究者想收集证据予以反对的假设,也称为零假设,用 H_0 表示。备择假设通常是研究者想收集证据予以支持的假设,也称为研究假设,用 H_1 表示。确定原假设和备择假设,在假设检验中十分重要,它直接关系到检验的结论。

该如何来建立原假设和备择假设呢?我们应遵循以下几个原则:

(1) 原假设和备择假设是相互对立的一个完备事件组,这意味着,在一项假设检验中,原假设和备择假设必有一个成立,而且只有一个成立。

(2) 在建立假设时,通常是先确定备择假设,然后再确定原假设。因为备择假设是人们所关心的,想予以支持或证实的,因而比较清楚,容易确定。

(3) 在假设检验中,等号"="总是放在原假设上。例如,假设总体均值的真值为 μ_0,原假设通常设为 $H_0: \mu = \mu_0$,$H_0: \mu \geq \mu_0$,$H_0: \mu \leq \mu_0$。相应的备择假设设为 $H_1: \mu \neq \mu_0$,$H_1: \mu < \mu_0$,$H_1: \mu > \mu_0$。下面通过几个例子来说明原假设和备择假设的建立方法。

【例 8-1】 某机械零件的生产标准是直径为 1cm,为对生产过程进行控制,质检人员定期检查设备,以确定该设备生产的机械零件是否符合标准要求,如果机械零件的平均直径大于或小于 1cm,则表明生产过程不正常,必须进行调整,试建立用来检验生产过程是否正常的原假设和备择假设。

解:设这台设备生产的所有机械零件平均直径的真值为 μ,如果 $\mu = \mu_0 = 1$,表明生产过程正常,如果 $\mu < 1$ 或者 $\mu > 1$,则表明生产过程不正常,研究者要检验这两种可能情况中的任何一种。根据原假设和备择假设的定义,研究者想要收集证据予以证明的假设该是"生产过程不正常",因为如果研究者事先认为生产过程正常,他就没有必要去进行检验了。所以建立的原假设和备择假设应该为:

$H_0: \mu = 1$(生产过程正常);$H_1: \mu \neq 1$(生产过程不正常)

【例 8-2】 某老陈醋在它的产品说明书中声称,总酸在 100 毫升中不少于 5.50 克,从消费者利益出发,有关研究人员要抽检其中的一批产品来验证该产品说明书中描述的情况是否属实,试建立用来检验的原假设和备择假设。

解:设该老陈醋 100 毫升中总酸平均净含量的真值为 μ,如抽检的结果发现 $\mu < 5.50$,则说明该产品说明书中关于总酸净含量的内容是不真实的,有关部门应对其采取措施,一般来说抽检的意图是倾向于证实这种老陈醋的平均净含量并不符合说明书的陈述,因为这会损害消费者的利益,$\mu < 5.50$ 是研究者想要收集证据支持的观点,所以建立的原假设和备择假设应该为:

$H_0: \mu \geq 5.50$（净含量符合说明书）；$H_0: \mu < 5.50$（净含量不符合说明书）

【例 8-3】 一家研究机构估计，某城市中家庭拥有汽车的比率不超过 20%，为验证这一估计是否正确，该研究机构随机抽取了一个样本进行检验，试建立用于检验的原假设与备择假设。

解：设该城市家庭拥有汽车的比率值，研究者为 P 想收集证据予以支持的假设是"该城市中家庭拥有汽车的比率超过 20%"因此建立的原假设与备择假设应该为：

$H_0: P \leq 20\%$（家庭拥有汽车的比率不超过 20%）

$H_1: P > 20\%$（家庭拥有汽车的比率超过 20%）

假设检验的目的主要是收集证据来拒绝原假设。原假设最初被假设成立的，之后就是要根据样本数据，确定是否有足够的不符合原假设的证据以拒绝原假设。当我们没有足够的证据拒绝原假设时，并不等于"证明"了原假设是真的。它仅仅意味着：我们没有足够的证据拒绝原假设，因此不能拒绝原假设。

在假设检验中，我们感兴趣的是备择假设的内容，可以是原假设 H_0 在某一特定方向的变化，也可以是一种没有特定方向的变化。例如，在例 8-2 中，我们感兴趣的是总酸 100 毫升中少于 5.50 克，在 8-3 中，我们感兴趣的是家庭拥有汽车的比率超 20%。如果备择假设具有特定的方向性，并含有符号">"或"<"的假设检验，称为单侧检验或单尾检验。在单侧检验中，由于研究者感兴趣的方向不同，又可分为左侧检验和右侧检验。如果我们感兴趣的备择假设的方向为"<"，称为左侧检验，如果我们感兴趣的备择假设的方向为">"，称为右侧检验。例如，前面的例 8-2 属于左侧检验，而 8-3 则属于右侧检验。相反，在例 8-1 中，我们感兴趣的备择假设没有特定的方向，只是关心备择假设 H_1 是否不同于原假设 H_0，并不关心是大于还是小于，如果备择假设没有特定的方向性，并含有"≠"的假设检验，称为双侧检验或双尾检验。

以均值检验为例，可将假设检验的基本形式总结如下：

双侧检验：$H_0: \mu = \mu_0$；$H_1: \mu \neq \mu_0$

左侧检验：$H_0: \mu \geq \mu_0$；$H_1: \mu < \mu_0$

右侧检验：$H_0: \mu \leq \mu_0$；$H_1: \mu > \mu_0$

当我们拒绝原假设时，得出的结论是清楚的，比如，在上面的例 8-2 中，如果拒绝原假设，我们可以说该品牌的老陈醋 100 毫升中总酸平均净含量与说明书所描述的不相符。但如果不拒绝原假设，我们只能说样本提供的证据还不足以推翻原假设，这并不等于我们承认原假设是对的，因而不能说该老陈醋 100 毫升中总酸平均净含量 ≥ 5.5 克。因此，当不拒绝原假设时，实际上并未给出明确的结论。

2. 两类错误

假设检验的目的是要根据样本信息做出决策，也就是做出是否拒绝原假设而倾向于备择假设的决策。原假设与备择假设不能同时成立，要么拒绝原假设 H_0，要么不拒绝原假设 H_0。显然，我们总是希望能做出正确的决策，但由于决策是建立在样本信息的基础之上，而样本又是随机的，因而就有可能犯错。

(1) 当原假设 H_0 为真时，拒绝原假设 H_0，所犯的错误称为"第Ⅰ类错误"，又称为"弃真错误"。犯第Ⅰ类错误的概率通常为 α。

(2) 当原假设 H_0 为假时,没有拒绝原假设 H_0,所犯的错误称为"第Ⅱ类错误",又称为"取伪错误"。犯第Ⅱ类错误的概率记为 β。两类错误及其概率如表 8-1 所示。

表 8-1 假设检验中的两类错误及其概率

真实情况	判断	
	不拒绝 H_0	拒绝 H_0
H_0 为真	$1-\alpha$(决策正确)	α(第Ⅰ类错误)
H_0 为假	β(第Ⅱ类错误)	$1-\beta$(决策正确)

α 越大,就越有可能犯第Ⅰ类错误,即越有可能否定真实的原假设。β 越大,就越有可能犯第Ⅱ类错误,即越有可能接受非真的原假设。减小 α 会引起 β 的增大,减小 β 会引起 α 的增大。

通常是在两类错误的发生概率之间进行平衡,以使 α 和 β 控制在能够接受的范围内。一般地,发生哪一类错误的后果更为严重,就应该首要控制哪类错误发生的概率,但由于犯第Ⅰ类错误的概率是可以由我们控制的,因此在假设检验中,我们常常是先控制犯第Ⅰ类错误的概率 α。

发生第Ⅰ类错误的概率 α 也常被用于检验结论的可靠性度量,也就是通常所说的显著性水平 α。在实际应用中,显著性水平是我们事先给定的一个值,但究竟确定一个多大的显著性水平值合适呢?一般情况下,我们认为犯第Ⅰ类错误的后果更严重一些,因此通常会取个较小的 α 值。常用的显著性水平有 $\alpha=0.1$、$\alpha=0.05$、$\alpha=0.01$ 等,当然也可以取其他值。

8.1.3 假设检验的流程

一个完整的假设检验的流程,通常包括以下五步。

1. 提出原假设和备择假设

对每个假设检验问题,一般可同时提出两个相反的假设:原假设和备择假设。原假设又称零假设,是正待检验的假设,用 H_0 表示;备择假设,是拒绝原假设后可供选择的假设,用 H_1 表示。

原假设与备择假设不能同时成立,要么拒绝原假设 H_0,要么不拒绝原假设 H_0。

2. 确定适当的检验统计量

在假设检验中,如同在参数估计中一样,要借助于样本统计量进行统计推断。用于假设检验问题的统计量称为检验统计量。在具体问题里,选择什么统计量作为检验统计量,需要考虑的因素与参数估计相同。

3. 规定显著性水平

显著性水平是指当原假设为正确时人们却把它拒绝了的概率或风险,即拒绝原假设所冒的风险,用 α 表示。在假设检验中,我们常常是先控制犯第Ⅰ类错误的概率 α。常用的显著性水平有 $\alpha=0.1$、$\alpha=0.05$、$\alpha=0.01$ 等,这表明,当做出不拒绝原假设的决定时,其正确的可能性(概率)为 90%、95% 或 99%。

4. 计算检验统计量的值

在提出了原假设和备择假设,确定了检验统计量,并规定了显著性水平以后,就要根据样本数据计算检验统计量的值。

5. 做出统计决策

根据显著性水平和统计量的分布,可以找出接受域和拒绝域的临界点,用计算出的检验统计量的值与临界点值相比较,就可以做出不拒绝原假设或拒绝原假设的统计决策(见图 8-1、图 8-2、图 8-3)。

扩展阅读 8-3
统计假设检验中的三个决策准则

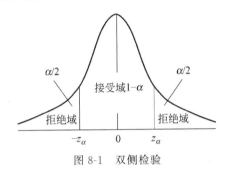

图 8-1 双侧检验

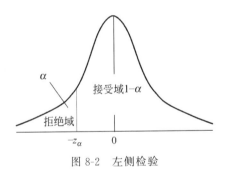

图 8-2 左侧检验

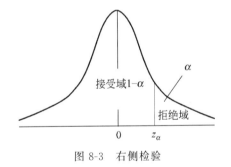

图 8-3 右侧检验

8.2 一个总体参数的检验

8.2.1 检验统计量的确定

根据假设检验的不同内容和进行检验的不同条件,需要采用不同的检验统计量,在一个总体参数的检验中,用到的检验统计量主要有三个:z 统计量,t 统计量,χ^2 统计量。z 统计量和 t 统计量常常用于均值和比例的检验,χ^2 统计量则用于方差的检验。选择什么统计量进行检验需要考虑一些因素,这些因素主要有样本量 n 的大小,总体的标准差 σ 是否已知等因素。

1. 样本量

样本量大小是选择检验统计量的一个要素。由抽样分布理论可知,在大样本条件下,如果总体为正态分布,样本统计量服从正态分布;如果总体为非正态分布,样本统计量渐近服从正态分布。所以在大样本情况下,我们都可以把样本统计量视为正态分布,这时可以使用 z 统计量(z 分布)。z 统计量的计算公式如式(8-1),即在总体标准差 σ 已知时,

$$z = \frac{\bar{x} - \mu_0}{\sigma/\sqrt{n}} \tag{8-1}$$

实践中当总体标准差 σ 未知时,可以用样本标准差 s 代替,上式可以写为

$$z = \frac{\bar{x} - \mu_0}{s/\sqrt{n}} \tag{8-2}$$

样本量较小时,情况有些复杂。在假设总体为正态分布的前提下,要看我们是否掌握总体标准差 σ 的信息。

2. 总体标准差 σ 是否已知

在小样本情况下,如果总体标准差已知,样本统计量将服从正态分布,这时可以采用 z 统计量。如果总体标准差未知,进行检验所依赖的信息有所减少,这时只能使用样本标准差,样本统计量服从 t 分布,应该采用 t 统计量。与正态分布相比,t 分布更为扁平,在相同概率条件下,t 分布的临界点更为向两边扩展,临界点与中心距离更远,这意味着推断的精度下降,这是总体信息 σ 未知所需要付出的代价。

t 统计量的计算公式为

$$t = \frac{\bar{x} - \mu_0}{s/\sqrt{n}} \tag{8-3}$$

t 统计量的自由度为 $n-1$。

由上述讨论可知,样本量大小是选择检验统计量一个很重要的因素,在大样本情况下一般可以使用 z 统计量。但样本量 n 为多大才算大样本,不同的人可能给出不同的回答,同时也与被检验的对象有关。仅就分布本身而言,当 n 较小时,t 分布与 z 分布的差异是明显的,随着 n 的扩大,t 分布向 z 分布逼近,它们之间的差异在逐渐缩小,t 分布以 z 分布为极限。当样本量 $n>30$ 时,t 分布与 z 分布已经非常接近了,具备了用 z 分布取代 t 分布的理由。所以可以说,当 $n<30$ 时,如果 σ 未知,必须使用 t 统计量;在 $n>30$ 的条件下,选择 t 分布还是 z 分布可以根据使用者的偏好来定。

一个总体均值和比例检验统计量的确定标准如图 8-4 所示。

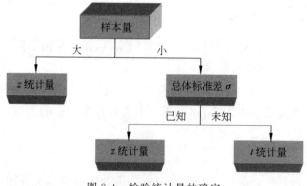

图 8-4 检验统计量的确定

8.2.2 总体均值的检验

1. 大样本

【例 8-4】 某机床厂加工一种零件,根据经验知道,该厂加工零件的椭圆度渐近服从正态分布,其总体均值为 0.081mm,今另换一种新机床进行加工,取 200 个零件进行检验,得到椭圆度均值为 0.076mm,样本标准差为 0.025mm,问新机床加工零件的椭圆度总体均值与以前有无明显差别。

解:在这个例题中,我们所关心的是新机床加工零件的椭圆度总体均值与老机床加工零件的椭圆度均值 0.081mm 是否有所不同,于是可以假设:

$H_0: \mu = 0.081$ mm 没有显著差别

$H_1: \mu \neq 0.081$ mm 有显著差别

这是一个双侧检验问题,所以只要 $\mu > \mu_0$ 或 $\mu < \mu_0$ 二者之中有一个成立,就可以拒绝原假设。

由题意可知,$\mu_0 = 0.081$ mm,$s = 0.025$ mm,$\bar{x} = 0.076$ mm。因为是大样本,故选用 z 统计量。

$$z = \frac{\bar{x} - \mu_0}{s/\sqrt{n}} = \frac{0.076 - 0.081}{0.025/\sqrt{200}} = -2.83$$

通常把 α 称为显著性水平(significant level)。显著性水平是一个统计专有名词,在假设检验中,它的含义是当原假设正确时却被拒绝的概率或风险,其实这就是前面所说假设检验中犯弃真错误的概率,它是由人们根据检验的要求确定的,通常取 $\alpha = 0.05$ 或 $\alpha = 0.01$,这表明,当做出接受原假设的决定时,其正确的概率为 95% 或 99%,此时不妨取 $\alpha = 0.05$,查表可以得出临界值:

$z_{\alpha/2} = \pm 1.96$

z 的下标 $\alpha/2$ 表示双侧检验。

因为 $|z| > |z_{\alpha/2}|$,根据决策准则,拒绝 H_0,可以认为新老机床加工零件椭圆度的均值有显著差异。

【例 8-5】 某一小麦品种的平均产量为 5200 千克每公顷。一家研究机构对小麦品种进行了改良以期提高产量。为检验改良后的新品种产量是否有显著提高,随机抽取了 100 个地块进行试种,得到的样本平均产量为 5275 千克每公顷,标准差为 120 千克每公顷,试以 0.05 的显著性水平检验改良后的新品种产量是否有显著提高。

解:提出原假设和备择假设

$H_0: \mu \leq 5\ 200$

$H_1: \mu > 5\ 200$

已知该总体服从正态分布,而且是大样本,因此采用 z 检验。

已知 $n = 100$,$\mu_0 = 5\ 200$ 千克,$s = 120$ 千克,$\bar{x} = 5\ 275$ 千克,$\alpha = 0.05$

$1 - \alpha = 0.95$,因为这是右单侧检验,经查标准正态分布表得到 $z = z_{0.05} = 1.645$ 计算检验统计量的值:

$$z = \frac{\bar{x} - \mu_0}{s/\sqrt{n}} = \frac{5\,275 - 5\,200}{120/\sqrt{100}} = 6.25$$

$$z = 6.25 > z_{0.05} = 1.645$$

因此,计算出来的 z 值落在拒绝域,所以拒绝 H_0,即改良后的新品种产量有显著提高。

2. 小样本,σ 已知

【例 8-6】 某电子元件批量生产的质量标准为平均使用寿命 1200 小时,标准差为 150 小时。某厂宣称它采用一种新工艺生产的元件质量大大超过规定标准。为了进行验证,随机抽取了 20 件作为样本,测得平均使用寿命 1245 小时。能否说该厂的元件质量显著地高于规定标准?

解:首先需要规定检验的方向。在本例中某厂称其产品质量大大超过规定标准 1200 小时,要检验这个宣称是否可信,因而是单侧检验。从逻辑上看,如果样本均值低于 1200 小时,元件厂的宣称是会被拒绝的,如果略高于 1200 小时,我们也会拒绝。只有当样本均值超过 1200 小时许多,以至于用抽样的随机性也难以解释时,我们才能认可该厂商品质量确实超过 1200 小时。所以这时用右单侧检验更为适宜。

由题意可知,$\mu_0 = 1\,200$,$\bar{x} = 1\,245$,$\sigma = 150$,$n = 20$,并规定 $\alpha = 0.05$。这是小样本,但由于 σ 已知,可以使用 z 统计量。进行检验的过程为

$$H_0 : \mu \leqslant 1\,200$$
$$H_1 : \mu \neq > 1\,200$$

$$z = \frac{\bar{x} - \mu_0}{\sigma/\sqrt{n}} = \frac{1\,245 - 1\,200}{150/\sqrt{20}} = 1.34$$

因为这是右单侧检验,拒绝域在右侧,查表得知临界值 $z_\alpha = 1.645$。

由于 $z = 1.34$ 在非拒绝域,所以不能拒绝 H_0,即还不能说该厂产品质量显著地高于规定标准。

若用 P 值检测,方法与前相同,在 z 值框内输入 1.34,得到函数值为 0.909 9,由于是单侧检验,故 P 值为

$$P = 1 - 0.909\,9 = 0.090\,1$$

由于 $P > \alpha$,故不能拒绝 H_0,新产品与老产品质量尚未表现出显著性差别。

3. 小样本,σ 未知

【例 8-7】 某机器制造出的肥皂厚度为 5cm,今欲了解机器性能是否良好,随机抽取 10 块肥皂为样本,测得平均厚度为 5.3cm,标准差为 0.3cm,试以 0.05 的显著性水平检验机器性能良好的假设。

解:如果机器性能良好,生产出的肥皂厚度将在 5cm 上下波动,过薄或过厚都不符合产品质量标准,所以,根据题意,这是双侧检验问题。

由于总体 σ 未知,且样本量 n 较小,所以应采用 t 统计量。

已知条件为:$\mu_0 = 5$,$\bar{x} = 5.3$,$s = 0.3$,$n = 10$,$\alpha = 0.05$。

$$H_0 : \mu = 5$$

$$H_1: \mu \neq 5$$
$$t = \frac{\bar{x} - \mu_0}{s/\sqrt{n}} = \frac{5.3 - 5}{0.3/\sqrt{10}} = 3.16$$

当 $\alpha = 0.05$，自由度 $n-1=9$ 时，查表得 $t_{\alpha/2}(9) = 2.2622$。因为 $t > t_{\alpha/2}$，样本统计量落入拒绝域，故拒绝 H_0，接受 H_1，说明该机器的性能不好。

8.2.3 总体比例的检验

比例值总是介于 0~1 或 0~100% 之间，在实际问题中，常常需要检验总体比例是否为某个假设值 π_0。例如，全部产品中合格品的比例，一批种子的发芽率，对某项改革措施赞同者的比例，等等。民意调查中常常遇到大量的比例检验问题，因为调查的内容总是与比例有关。例如，希望了解总体中有多少人支持这种或那种观点，多少人知道这件事或那件事。对于一个政治候选人来说，在两人竞选时，50% 是一个相当重要的标志，得票率超过 50% 将在选举中获胜，所以选举前的民意测验可以给候选人一个概念，如何与对手竞争。如果某候选人在一次民意调查中的支持率为 48%，他最终是否能如愿当选？48% 与 50% 有差异，这个差异是由于抽样的随机性带来的，还是由于该候选人的支持率确实低于竞争对手？候选人竞选班子中的统计专家们一定会精心设计假设检验，通过不断的民意调查所提供的信息，分析竞选的走势。

如果一个事件只可能有两种结果，我们将其称为二项分布，可以证明，在大样本情况下，若 $np > 5, nq > 5$，则可以把二项分布问题变换为正态分布问题近似地去求解。

这就是说，在总体比例的检验中，通常采用 z 统计量。一般而言，在有关比例的问题的调查中往往使用大样本，而小样本的结果是极不稳定的。例如，随机抽取 10 个人，如果支持者有 4 人，支持率为 40%；如果支持者有 5 人，支持率则为 50%，样本中一个人的态度差异导致调查结果相差 10 个百分点，这种不稳定性是我们不愿意看到的。

在比例问题的检验中，统计量 z 的计算公式为

$$z = \frac{p - \pi_0}{\sqrt{\dfrac{\pi_0(1-\pi_0)}{n}}} \tag{8-4}$$

式中，p 为样本比例；π_0 为总体比例 π 的假设值。

【例 8-8】一项统计结果声称，某市老年人口（年龄在 65 岁以上）所占的比例为 14.7%，该市老年人口研究会为了检验该项统计是否可靠，随机抽选了 400 名居民，发现其中有 57 人年龄在 65 岁以上。调查结果是否支持该市老年人口比例为 14.7% 的看法（$\alpha = 0.05$）?

解：$H_0: \pi \neq 14.7\%$

$$p = \frac{57}{400} = 0.1425 = 14.25\%$$

$$z = \frac{p - \pi_0}{\sqrt{\dfrac{\pi_0(1-\pi_0)}{n}}} = \frac{0.1425 - 0.147}{\sqrt{\dfrac{0.147 \times (1-0.147)}{400}}} = -0.254$$

这是一个双侧检验,当 $\alpha=0.05$ 时,有:$z_{a/2}=\pm 1.96$。

由于 $|z|<|z_{a/2}|$,不能拒绝 H_0,可以认为调查结果支持了该市老年人口所占比例为 14.7% 的看法。

8.2.4 总体方差的检验

在假设检验中,有时不仅需要检验正态总体的均值、比例,而且需要检验正态总体的方差。例如,在产品质量检验中,质量标准是通过不同类型的指标反映的,有些属于均值类型,如尺寸、重量、抗拉强度等;有些属于比例类型,如产品合格率、废品率等;有些属于方差类型,如尺寸的方差、重量的方差、抗拉强度的方差等。在这里,方差反映着产品的稳定性。方差大,说明产品的性能不稳定,波动大。凡与均值有关的指标,通常也与方差有关,方差从另一个方面说明研究现象的状况。例如,居民的平均收入说明了收入达到的一般水平,是衡量经济发展阶段的一个重要指标,而收入的方差则反映了收入分配的情况,可以用于评价收入的合理性。在投资方面,收益率的方差更是评价投资风险的重要依据。

对方差进行检验的程序,与均值检验、比例检验是一样的,它们之间的主要区别是所使用的检验统计量不同。方差检验所使用的是 χ^2 统计量。对一个方差为 σ^2 的正态总体反复抽样,计算每一个样本方差 s^2。

由于 $s^2=\dfrac{\sum(x_i-\bar{x})^2}{n-1}$,故 $\sum(x_i-\bar{x})^2=(n-1)s^2(i=1,2,\cdots,n)$

可以证明,$\sum(x_i-\bar{x})^2$ 除以总体方差 σ^2 将服从 χ^2 分布,即:

$$\chi^2=\frac{(n-1)s^2}{\sigma^2} \tag{8-5}$$

假设检验中,χ^2 与 z 统计量、t 统计量一样,在确定的 α 水平下,也有其固定的拒绝域。

若进行双侧检验,拒绝域分布在 χ^2 统计量分布曲线的两边,若是单侧检验,拒绝域分布在 χ^2 统计量分布曲线的一边。具体是在左边还是右边,需要根据原假设和备择假设的情况而定。

【例 8-9】 某厂商生产出一种新型的饮料装瓶机器,按设计要求,该机器装一瓶 1 000ml 的饮料误差上下不超过 1ml。如果达到设计要求,表明机器的稳定性非常好。现从该机器装完的产品中随机抽取 25 瓶,分别进行测定(用样本观测值分别减 1 000ml),得到如表 8-2 所示的结果。

表 8-2 25 瓶饮料容量测试结果

样本	样本观测值与标准相比增减值				
一组	0.3	−0.4	−0.7	1.4	−0.6
二组	−0.3	−1.5	0.6	−0.9	1.3
三组	−1.3	0.7	1	−0.5	0
四组	−0.6	0.7	−1.5	−0.2	−1.9
五组	−0.5	1	−0.2	−0.6	1.1

试以 $\alpha=0.05$ 的显著性水平检验该机器的性能是否达到设计要求。

解：这里采用双侧检验，如果样本统计量 $\chi^2 \geqslant \chi^2_{\alpha/2}(n-1)$ 或 $\chi^2 \leqslant \chi^2_{1-\alpha/2}(n-1)$，则拒绝原假设；若 $\chi^2_{1-\alpha/2}(n-1) \leqslant \chi^2 \leqslant \chi^2_{\alpha/2}(n-1)$，则不能拒绝原假设 H_0。

$H_0: \sigma^2 = 1$

$H_1: \sigma^2 \neq 1$

由样本数据可以计算出 $s^2 = 0.866$，故

$$\chi^2 = \frac{(n-1)s^2}{\sigma^2} = \frac{(25-1) \times 0.866}{1} = 20.8$$

由 χ^2 分布表查知，两个临界点分别为：$\chi^2_{0.975}(24) = 12.4011$，$\chi^2_{0.025}(24) = 39.3641$，故不能拒绝原假设 H_0。可以认为该机器的性能达到设计要求。

8.3 两个总体参数的检验

在许多情况下，人们需要比较两个总体的参数，看它们是否有显著的区别。例如，在相同年龄组中，高学历和低学历的职工收入是否有明显的差异；同一种教学方法，在不同的年级或不同内容的课程中是否会有不同的效果等等。对此，可以利用两个总体参数的检验寻找答案。

8.3.1 检验统计量的确定

两个总体参数检验的主要内容有：两个总体均值之差的检验，两个总体比例之差的检验，两个总体方差比的检验。与一个总体参数的检验讨论的问题类似，两个总体参数的检验也将涉及检验统计量的选择问题。选择什么检验统计量取决于被检验参数的抽样分布，而抽样分布与样本量大小，与总体方差 σ^2 是否已知都有关系。

两个总体均值之差的检验中，可能出现的情况有

1. 总体方差 σ_1^2, σ_2^2 已知或未知

在 σ_1^2, σ_2^2 已知的条件下，由抽样分布理论可知，样本统计量服从 z 分布；而在 σ_1^2, σ_2^2 未知的条件下，样本统计量服从 t 分布。故当 σ_1^2, σ_2^2 已知时，可以使用 z 检验；当 σ_1^2, σ_2^2 未知时，可以使用 t 检验。

2. $n(n_1, n_2)$ 较大或 n 较小

当样本量 n_1, n_2 都较大时，如果总体方差 σ_1 和 σ_2 未知，可以用样本方差 s_1^2, s_2^2 替代。这时，样本统计量近似服从 z 分布，采用 z 作为检验统计量也是可行的。但是，当 n_1 或 n_2 较小时，如果 σ_1^2, σ_2^2 未知，就应该采用 t 作为检验统计量。

两个总体比例之差的检验中，一般采用 z 统计量。两个总体方差比的检验中，正如此前"抽样分布"中所讨论的，此时样本统计量服从自由度为 $n_1 - 1$ 和 $n_2 - 1$ 的 F 分布，故在这种情况下使用 F 作为检验统计量。

上述讨论可以归纳为图 8-5。

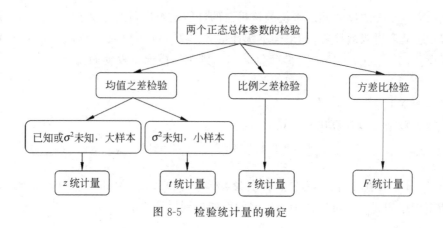

图 8-5 检验统计量的确定

8.3.2 两个总体均值之差的检验

1. σ_1^2, σ_2^2 已知

当两个总体均服从正态分布或虽然两个总体的分布形式未知,但抽选的两个总体的样本量均较大,且两个总体的方差 σ_1^2, σ_2^2 已知时,可以证明,由两个独立样本算出的 $\bar{x}_1 - \bar{x}_2$ 的抽样分布服从正态分布,标准差为

$$\sigma_{x_1-x_2} = \sqrt{\frac{\sigma_1^2}{n_1} + \frac{\sigma_2^2}{n_2}}$$

此时,作为检验统计量 z 的计算公式为

$$z = \frac{(\bar{x}_1 - \bar{x}_2) - (\mu_1 - \mu_2)}{\sqrt{\frac{\sigma_1^2}{n_1} + \frac{\sigma_2^2}{n_2}}} \tag{8-6}$$

式中,μ_1 为总体 1 的均值;μ_2 为总体 2 的均值。

【例 8-10】 有两种方法可用于制造某种以抗拉强度为重要特征的产品。根据以往的资料得知,第一种方法生产出产品抗拉强度的标准差为 8 千克,第二种方法的标准差为 10 千克。从两种方法生产的产品中各抽一个随机样本,样本量分别为 $n_1=32, n_2=40$,测得 $\bar{x}_1=50$ 千克,$\bar{x}_2=44$ 千克。问这两种方法生产出来的产品平均抗拉强度是否有显著差别($\alpha=0.05$)?

解:两种方法的检验生产出的产品在抗拉强度上是否存在显著差别,并未涉及方向,所以是双侧检验。建立假设并进行检验:

$H_0: \mu_1 - \mu_2 = 0$ 没有显著差别

$H_1: \mu_1 - \mu_2 \neq 0$ 有显著差别

本题中 σ_1^2, σ_2^2 已知。应选用 z 作为检验统计量,即采用式(8-6),有

$$z = \frac{(\bar{x}_1 - \bar{x}_2) - (\mu_1 - \mu_2)}{\sqrt{\frac{\sigma_1^2}{n_1} + \frac{\sigma_2^2}{n_2}}}$$

已知 $\bar{x}_1 = 50$ 千克,$\bar{x}_2 = 44$ 千克,$\sigma_1^2 = 8^2$,$\sigma_2^2 = 10^2$,$n_1 = 32$,$n_2 = 40$,故:

$$z = \frac{50 - 44 - 0}{\sqrt{\frac{64}{32} + \frac{100}{40}}} = 2.83$$

$\alpha = 0.05$ 时,$z_{\alpha/2} = 1.96$。

因为 $z > z_{\alpha/2}$,所以拒绝原假设 H_0,即两种方法生产出来的产品其抗拉强度有显著差别。如果计算 P 值,方法与一个正态总体均值检验中计算 P 值的方法相同。经计算,此题中的 P 值为 0.004 654。在双侧检验中,由于 $P < \alpha/2$,故拒绝原假设 H_0,得到与前面相同的结论。

2. σ_1^2,σ_2^2 未知,且 n 较小

在 σ_1^2,σ_2^2 未知且 n 较小的情况下,进行两个总体均值之差的检验需要使用 t 统计量,这里又有两种情况:一种是虽然两个总体方差未知,但知道有 $\sigma_1^2 = \sigma_2^2$ 这个条件的成立,往往是从已有的大量经验中得到的,或者事先进行了关于两个方差相等的检验,并得到肯定的结论。这时,$\sigma_{\bar{x}_1-\bar{x}_2}$ 的估计为

$$\hat{\sigma}_{\bar{x}_1-\bar{x}_2} = s_p \sqrt{\frac{1}{n_1} + \frac{1}{n_2}} \tag{8-7}$$

式中:

$$s_p^2 = \frac{(n_1-1)s_1^2 + (n_2-1)s_2^2}{n_1 + n_2 - 2} \tag{8-8}$$

于是,检验统计量的计算公式为

$$t = \frac{(\bar{x}_1 - \bar{x}_2) - (\mu_1 - \mu_2)}{s_p \sqrt{\frac{1}{n_1} + \frac{1}{n_2}}} \tag{8-9}$$

t 的自由度为 $n_1 + n_2 - 2$。

另一种情况是 σ_1^2,σ_2^2 未知,且没有理由判定 σ_1^2 与 σ_2^2 相等,故认为 $\sigma_1^2 \neq \sigma_2^2$。当 σ_1^2,σ_2^2 未知时,自然是用样本方差 s_1^2,s_2^2 分别估计 σ_1^2,σ_2^2,$\sigma_{\bar{x}_1-\bar{x}_2}$ 估计为

$$\hat{\sigma}_{\bar{x}_1-\bar{x}_2} = \sqrt{\frac{s_1^2}{n_1} + \frac{s_2^2}{n_2}} \tag{8-10}$$

但此时抽样分布已不服从自由度为 (n_1+n_2-2) 的 t 分布,而是近似服从自由度为 f 的 t 分布,f 的计算公式为

$$f = \frac{\left(\frac{s_1^2}{n_1} + \frac{s_2^2}{n_2}\right)^2}{\frac{\left(\frac{s_1^2}{n_1}\right)^2}{n_1-1} + \frac{\left(\frac{s_2^2}{n_2}\right)^2}{n_2-1}} \tag{8-11}$$

这时,检验统计量 t 的计算公式为

$$t = \frac{(\bar{x}_1 - \bar{x}_2) - (\mu_1 - \mu_2)}{\sqrt{\frac{s_1^2}{n_1} + \frac{s_2^2}{n_2}}} \tag{8-12}$$

t 的自由度为 f。

【例 8-11】 尽管存在争议,但大多数科学家认为,食用含有高纤维的谷类食物有助于降低癌症发生的可能性。然而一个科学家提出,如果人们在早餐中食用高纤维的谷类食物,那么平均而言,与早餐没有食用谷物的人群相比,食用谷物者在午餐中摄取的热量(大卡)将会减少(《多伦多明星报》,1991)。如果这个观点成立,谷物食品的生产商又将获得一个很好的机会,他们会宣传说"多吃谷物吧,早上也吃,这样将有助于减肥。"为了验证这个假设,随机抽取了 35 人,询问他们早餐和午餐的通常食谱,根据他们的食谱,将其分为两类,一类为经常谷类食用者(总体 1),一类为非经常谷类食用者(总体 2)。然后测度每人午餐的大卡摄取量。经过一段时间的实验,得到的结果如表 8-3 所示。

表 8-3 35 人大卡摄取量 单位:cal

分组	每人午餐热量摄取量				
总体 1	568	681	636	607	555
	496	540	539	529	562
	589	646	596	617	584
总体 2	650	569	622	630	596
	637	628	706	617	624
	563	580	711	480	688
	723	651	569	709	632

试问 $\alpha=0.05$ 的显著性水平检验。

解:本例中要检验的命题是:早餐食用较多的谷类食物有助于减少午餐中热量的摄取。总体 1 和总体 2 的热量摄取均值分别用 μ_1,μ_2 表示。由于此命题是一个尚未被证实的命题,在单侧检验中,原假设对此类命题应持否定态度,故建立的假设为:

$H_0:\mu_1-\mu_2\geqslant 0$

$H_1:\mu_1-\mu_2<0$

由于 n_1,n_2 均较小,且 σ_1^2,σ_2^2 未知,也无法断定 $\sigma_1^2=\sigma_2^2$ 是否成立,故属于 n 较小,σ_1^2,σ_2^2 未知,且 $\sigma_1^2=\sigma_2^2$ 的情况。据此,采用 t 分布,其自由度为 f。

经过计算,得到 $\bar{x}_1=589.67$,$\bar{x}_2=629.25$,$s_1^2=2431.429$,$s_2^2=3675.461$,$f=32.34$,若取 $f=32$,由 t 分布表可查知 $t_{0.05}(32)=1.694$。由式(8-12),样本统计量 t 值为:

$$t=\frac{(\bar{x}_1-\bar{x}_2)-(\mu_1-\mu_2)}{\sqrt{\frac{s_1^2}{n_1}+\frac{s_2^2}{n_2}}}=\frac{(589.67-629.25)-0}{\sqrt{\frac{2431.429}{15}+\frac{3675.461}{20}}}=-2.128$$

由于 $|t|>|t_\alpha|$,故拒绝 H_0。

本题中,计算的 P 值为 $P=0.009$,由于 $P<\alpha$,所以得到拒绝 H_0 的相同结论。

8.3.3 两个总体比例之差的检验

设两个总体服从二项分布,这两个总体中具有某种特征单位数的比例分别为 π_1 和

π_2,但 π_1 和 π_2 未知,可以用样本比例 p_1 和 p_2 代替。有以下两种情况。

1. 检验两个总体比例相等的假设

该假设的表达式为

$H_0: \pi_1-\pi_2=0$ 或 $H_0: \pi_1=\pi_2$

在原假设成立的条件下,最佳的方差是 $p(1-p)$,其中 p 是将两个样本合并后得到的比例估计量,即

$$p = \frac{x_1+x_2}{n_1+n_2} = \frac{p_1 n_1 + p_2 n_2}{n_1+n_2} \tag{8-13}$$

式中,x_1 表示样本 n_1 中具有某种特征的单位数;x_2 表示样本 n_2 中具有某种特征的单位数。

在大样本条件下,统计量 z 的表达式为

$$z = \frac{p_1-p_2}{\sqrt{p(1-p)\left(\frac{1}{n_1}+\frac{1}{n_2}\right)}} \tag{8-14}$$

【例 8-12】 人们普遍认为麦当劳的主要消费群体是青少年,但对市场的进一步细分却看法不同。一种观点认为小学生更喜欢麦当劳,另一种观点认为中学生对麦当劳的喜爱程度不亚于小学生。某市场调查咨询公司对此在某地区进行了一项调查,随机抽取了 100 名小学生和 100 名中学生,调查的问题是如果有麦当劳和其他中式快餐(如兰州拉面),你会首选哪种作为经常性午餐。调查结果如下:

小学生(样本 1) 100 人中有 76 人把麦当劳作为首选的经常性午餐,中学生(样本 2) 100 人中有 69 人作出同样的选择,调查结果支持哪种观点?

解:作为第三方的调查公司,其角色是中立的,所以建立的假设为

$H_0: \pi_1-\pi_2=0$ 或 $H_0: \pi_1=\pi_2$
$H_0: \pi_1-\pi_2\neq 0$ 或 $H_0: \pi_1\neq\pi_2$

由式(8-13)可得

$$p = \frac{x_1+x_2}{n_1+n_2} = \frac{76+69}{100+100} = 0.725$$

由式(8-14)可得

$$z = \frac{p_1-p_2}{\sqrt{p(1-p)\left(\frac{1}{n_1}+\frac{1}{n_2}\right)}} = \frac{0.76-0.69}{\sqrt{0.725\times(1-0.725)\left(\frac{1}{100}+\frac{1}{100}\right)}} = 1.11$$

由决策准则可知,$z=1.11$ 落入接受域,故调查结果支持原假设,说明在该地区小学生和中学生对麦当劳的偏爱程度没有显著性差异。

2. 检验两个总体比例之差不为零的假设

即检验 $\pi_1-\pi_2=d_0(d_0\neq 0)$,在这种情况下,两个样本比例之差 p_1-p_2 近似服从以 $\pi_1-\pi_2$ 为数学期望,$\frac{p_1(1-p_1)}{n_1}+\frac{p_2(1-p_2)}{n_2}$ 为方差的正态分布,因而可以选择 z 作为检验统计量:

$$z = \frac{(p_1-p_2)-(\pi_1-\pi_2)}{\sqrt{\frac{p_1(1-p_1)}{n_1}+\frac{p_2(1-p_2)}{n_2}}} = \frac{(p_1-p_2)-d_0}{\sqrt{\frac{p_1(1-p_1)}{n_1}+\frac{p_2(1-p_2)}{n_2}}} \qquad (8\text{-}15)$$

【例 8-13】 有一项关于青少年上网聊天的研究报告说青少年经常上网聊天,男生的比例至少超过女生 10 个百分点,即 $\pi_1-\pi_2 \geqslant 10\%$($\pi_1$ 为男生比例,π_2 为女生比例)。现对 150 个男生和 150 个女生进行上网聊天的频度调查,其中经常聊天的男生有 68 人,经常聊天的女生有 54 人,问调查结果是否支持研究报告的结论($\alpha=0.05$)?

解:$H_0:\pi_1-\pi_2\geqslant 10\%$

$H_0:\pi_1-\pi_2<10\%$

由题意可知,$n_1=n_2=150$,$p_1=\frac{68}{150}=0.45$,$p_2=\frac{54}{150}=0.36$,$d_0=10\%$。

由式(8-15)可得

$$z = \frac{(p_1-p_2)-d_0}{\sqrt{\frac{p_1(1-p_1)}{n_1}+\frac{p_2(1-p_2)}{n_2}}}$$

$$= \frac{0.45-0.36-0.1}{\sqrt{\frac{0.45\times(1-0.45)}{150}+\frac{0.36\times(1-0.36)}{150}}} = -0.177$$

这是一个左单侧检验,$z_\alpha=-1.645$,由决策准则可知,$z=-0.177$,落入非拒绝域,故无法推翻原假设,调查结果支持研究报告的结论。

8.3.4 两个总体方差比的检验

如果要检验两个总体方差是否相等,可以通过两个方差之比是否等于 1 来进行。实际应用中会遇到关注两个总体方差是否相等的问题,如比较两个生产过程的稳定性,比较两种投资方案的风险等。前面讨论两个总体均值之差的检验时,假定两个总体方差相等或不相等。事实上,在许多情况下总体方差是否相等事先往往并不知道,因此在进行两个总体均值之差的检验之前,也可以先进行两个总体方差是否相等的检验,由此获得所需要的信息。

为了比较两个未知的总体方差 σ_1^2 和 σ_2^2,我们用两个样本方差的比来判断,如果 s_1^2/s_2^2 接近于 1,说明两个总体方差 σ_1^2 和 σ_2^2 很接近,如果比值结果与 1 距离较大,说明 σ_1^2 与 σ_2^2 之间有较大差异。由此前"抽样分布"的内容可知,在两个正态总体条件下,两个方差之比服从 F 分布,即:

$$F = \frac{s_1^2/\sigma_1^2}{s_2^2/\sigma_2^2} \qquad (8\text{-}16)$$

在原假设 $\sigma_1^2=\sigma_2^2$ 下,检验统计量 F 为:$F=\frac{s_1^2}{s_2^2}$,此时 F 统计量的两个自由度分为分子自由度 n_1-1,分母自由度 n_2-1。

在单侧检验中,一般把较大的 s^2 放在分子 s_1^2 的位置,此时 $F>1$,拒绝域在 F 分布

右侧,原假设和备择假设分别为：$H_0: \sigma_1^2 \leq \sigma_2^2$

$H_1: \sigma_1^2 > \sigma_2^2$

临界点为 $F_\alpha(n_1-1, n_2-1)$。这样处理含义明确,易于理解,而且查表方便。在双侧检验中,拒绝域在 F 分布的两侧,两个临界点的位置分别为：

$F_{\alpha/2}(n_1-1, n_2-1)$, $F_{1-\alpha/2}(n_1-1, n_2-1)$。

通常,F 分布表仅绘出 $F_{\alpha/2}$ 的位置,可以用它来推算 $F_{1-\alpha/2}$ 的位置,推算公式为：

$$F_{1-\alpha/2} = \frac{1}{F_{\alpha/2}(n_2-1, n_1-1)} \tag{8-17}$$

注意在式(8-17)中,等号右边分母 $F_{\alpha/2}$ 的自由度要调换一下。

【例 8-14】 在例 8-11 中,得到两个样本的方差分别为 $s_1^2 = 2431.429, s_2^2 = 3675.461$, 现以 $\alpha=0.05$ 的显著性水平检验两个总体的方差是否相等。

解：由于是检验 σ_1^2 和 σ_2^2 是否相等,故采用双侧检验：

$$H_0: \sigma_1^2 = \sigma_2^2 \text{ 或 } \sigma_1^2/\sigma_2^2 = 1$$

$$H_1: \sigma_1^2 \neq \sigma_2^2 \text{ 或 } \sigma_1^2/\sigma_2^2 \neq 1$$

$$F = \frac{s_1^2}{s_2^2} = \frac{2\,431.429}{3\,675.461} = 0.662$$

对于 $F_{\alpha/2}(n_1-1, n_2-1)$,查表得

$$F_{0.025}(14, 19) = 2.62$$

(注：由于自由度 $n_1-1=14$ 数值表中没有,故取 15。)

$$F_{0.025}(19, 14) = 2.84$$

(同样的原因用 20 代替 19。)

由式(8-17),有

$$F_{1-\alpha/2} = \frac{1}{F_{\alpha/2}(n_2-1, n_1-1)} = \frac{1}{2.84} = 0.352$$

本例中,两个临界点分别为 $F_{1-\alpha/2} = 0.352$, $F_{\alpha/2} = 2.62$,样本统计量 F 值为 0.662,故不能拒绝 H_0,可以认为这两个总体的方差没有显著差异。

8.3.5 检验中的匹配样本

在前面对两个总体参数进行显著性检验的讨论中,我们都假定样本是独立的。然而在可能情况下采用存在相依关系的匹配样本分析,可以进一步提高效率。对此用下例说明。

【例 8-15】 一个以减肥为主要目标的健美俱乐部声称,参加它们的训练班至少可以使肥胖者平均体重减轻 8.5 千克以上。为了验证该声称是否可信,调查人员随机抽取了 10 名参加者,得到他们的体重记录如下所示：

训练前体重(千克)分别为：94.5、101、110、103.5、97、88.5、96.5、101、104、116.5；

训练后体重(千克)分别为：85、89.5、101.5、96、86、80.5、87、93.5、93、102。

在 $\alpha=0.05$ 的显著性水平下,调查结果是否支持该俱乐部的言论？

解：$H_0: \mu_1 - \mu_2 \leq 8.5$ 平均减重没有超过 8.5 千克

$H_1: \mu_1 - \mu_2 > 8.5$　　平均减重超过 8.5 千克

此时,与训练前后的体重相比,调查人员更关心它们之间的差值。根据上述资料,可以构造出一个差值(减重)样本。

差值样本的均值和标准差分别为

$$\bar{x} = \frac{\sum x}{n} = \frac{98.5}{10} = 9.85$$

由此得到抽样分布的标准差的估计值为

$$s = \sqrt{\frac{\sum(x_i - \bar{x})^2}{n-1}}$$

$$= \sqrt{\frac{(9.5 - 9.85)^2 + \cdots + (14.5 - 9.85)^2}{10-1}}$$

$$= 2.199$$

因为是小样本,所以采用 t 分布,其自由度为 $n-1 = 10-1 = 9$,这是右单侧检验,当 $\alpha = 0.05$ 时,$t_\alpha(9) = 1.833$。

若把减重(差值)视为一总体,调查人员关心其均值是否大于 8.5 千克。根据上述资料,可以计算出拒绝原假设的临界点,该临界点为

$$\hat{\sigma}_x = \frac{s}{\sqrt{n}} = \frac{2.199}{\sqrt{10}} = 0.695$$

表 8-4　差值样本构造表　　　　　　　　　　　　　　　单位:千克

学员编号	训练前	训练后	差值 x
1	94.5	85	9.5
2	101	89.5	11.5
3	110	101.5	8.5
4	103.5	96	7.5
5	97	86	11.0
6	88.5	80.5	8
7	96.5	87	9.5
8	101	93.5	7.5
9	104	93	11
10	116.5	102	14.5
合计	—	—	98.5

若样本均值 $\bar{x} < 9.774$,接受原假设 $H_0: \mu_1 - \mu_2 \leq 8.5$;若 $\bar{x} > 9.774$,接受备择假设 $H_1: \mu_1 - \mu_2 > 8.5$。在此,$\bar{x} = 9.85 > 9.774$,故拒绝原假设,可以认为该俱乐部的声称是可信的。

作为对比,考察相同背景下的两个独立样本。若调查人员随机抽取 10 名参加者训练前的体重记录,又随机抽取另 10 名参加者训练后的体重记录,同样得到表 8-4 中的数据。计算结果如表 8-5 所示。

表 8-5　根据训练前、后数据计算的结果

样本	样本容量	均值	方差
训练前	$n_1=10$	$\bar{x}_1=101.25$	$s_1^2=63.40$
训练后	$n_2=10$	$\bar{x}_2=91.40$	$s_2^2=50.49$

由式(8-8),有

$$s_p^2 = \frac{(n_1-1)s_1^2 + (n_2-1)s_2^2}{n_1+n_2-2}$$

$$= \frac{(10-1)\times 63.40 + (10-1)\times 50.49}{10+10-2}$$

$$= 56.945$$

$$s_p = \sqrt{56.945} = 7.546$$

$$\hat{\sigma}_{\bar{x}_1-\bar{x}_2} = s_p\sqrt{\frac{1}{n_1}+\frac{1}{n_2}} = 7.546 \times \sqrt{\frac{1}{10}+\frac{1}{10}} = 3.375$$

扩展阅读 8-4 论单侧检验问题怎样建立假设——以两个会计实务为例

此时 t 分布的自由度为 $n_1+n_2-2=10+10-2=18$,$\alpha=0.05$,故

$$t_\alpha(18) = 1.7341$$

可以计算出拒绝域的临界点为

$$8.5 + t_\alpha \hat{\sigma}_{\bar{x}_1-\bar{x}_2} = 8.5 + 1.7341 \times 3.375 = 14.352$$

因为 $\bar{x}_1-\bar{x}_2=101.25-91.40=9.85<14.352$,所以不能拒绝 H_0,调查结果否认该俱乐部的声称。

为什么相同的数据会得出不同的结论呢？通过对比可以看出,在匹配样本的检验中,抽样分布的标准差 $\hat{\sigma}_{\bar{x}}=0.695$,而在独立样本的检验中,抽样分布的标准差 $\hat{\sigma}_{\bar{x}_1-\bar{x}_2}=3.375$。与较小的标准差相比,9.85 显著大于 8.5;而与较大的标准差相比,9.85 大于 8.5 的程度则不显著。由于匹配样本实质上起到了控制观测变量影响因素的作用,因而可以得到更为精确的推断结果。

需要注意的是,在什么情况下可以把两个样本看成是匹配样本？可以考虑下面两个例子。一个例子是研究人员检验新稻种和旧稻种是否有显著差异。如果从一个地区抽取新稻种的样本,从另一个地区抽取旧稻种的样本,则两个样本是独立的;但如果将一块地一分为二,一边用新稻种,一边用旧稻种,这时稻种生长所依赖的土壤、水分、气候等自然条件均相同,这样的样本就是匹配样本。另一个例子是想检验打字员在使用两种不同型号的打字机时打字速度是否有显著差异。假设让一批打字员使用某种型号的打字机,让另一批打字员使用另一种型号的打字机,这时的样本是独立的;但如果让同一批打字员分别使用不同型号的打字机,这时的样本就是匹配样本。

8.4　检验问题的进一步说明

8.4.1　关于检验结果的解释

在前面各种类型的检验中,我们采用是否拒绝原假设 H_0 的方式达到检验目的。事

实上，原假设是关于总体分布的某个未知特征的一种猜测，我们并不知道这个猜测是否正确。但是在选择 α 作为显著性的标准时，却是在 H_0 为真的前提下进行的，意思是，正常情况下事件结果应该与原假设 H_0 相差不远，如果发生了与 H_0 不一致的、概率小于显著性水平 α 的事件，则拒绝 H_0，否则，不拒绝 H_0。这种反证法的特点，保证了犯第 I 类错误的概率不超过 α，即错误地拒绝 H_0 的概率不超过 α，但无法提供有关犯第 II 类错误的信息，即不知道错误地接受 H_0 的概率。因此，对于显著性水平 α 的检验准则而言，如果出现拒绝 H_0 的结果，我们可以说"结论 H_1 为真出错的概率不超过 α"。

从假设检验的原理看，不拒绝原假设意味着我们所构造的与原假设相矛盾的小概率事件没有发生，但可能还有许多其他的与原假设矛盾的小概率事件，我们没有也无法证实所有的这些小概率事件不会发生，因此，我们把假设检验中出现接受 H_0 的结果解释为"没有发现充足的证据反对 H_0"，或更严格地解释为"在显著性水平 α 下没有发现充足的证据反对 H_0"，而不用"接受原假设 H_0"，因为我们无法证明原假设是真的。

8.4.2 单侧检验中假设的建立

在单侧检验的问题中，如何建立假设是一个需要考虑的问题。如果是左侧检验，即

$$H_0: \mu \geqslant \mu_0$$
$$H_1: \mu < \mu_0$$

当 $|\bar{x} - \mu_0| < \Delta$ 时，不拒绝 H_0。如果是右侧检验，即

$$H_0: \mu \leqslant \mu_0$$
$$H_1: \mu > \mu_0$$

当 $|\bar{x} - \mu_0| < \Delta$ 时，不拒绝 H_0。这样，同一个数据却得出相反的两个结论。这种情况也可以从下面的例子得到说明。

【例 8-16】某种灯泡的质量标准是平均燃烧寿命不得低于 1 000 小时。已知灯泡批量产品的燃烧寿命服从正态分布，且标准差为 100 小时。商店欲从工厂进货，随机抽取 81 个灯泡检查，测得 $\bar{x} = 990$ 小时，问商店是否决定购进这批灯泡($\alpha = 0.05$)？

这里可以有两种假设。

第一种，认为该厂生产的灯泡不会低于规定的质量标准，检验 $\mu \geqslant 1 000$ 小时是否成立。

$$H_0: \mu \geqslant 1\,000$$
$$H_1: \mu < 1\,000$$

这是左侧检验，检验统计量 z 为

$$z = \frac{990 - 1\,000}{100/\sqrt{81}} = -0.9$$

而 $z_\alpha = -1.645$，由于 $|z| < |z_\alpha|$，所以不能拒绝 H_0。即可以认为该厂生产的灯泡达到了规定的质量标准。

第二种，认为该厂生产的灯泡很可能低于规定的质量标准，故检验 $\mu \leqslant 1 000$ 小时是否成立。

$$H_0: \mu \leqslant 1\,000$$
$$H_1: \mu > 1\,000$$

这是右侧检验,临界值 $z_\alpha = 1.645$ 在分布曲线的右侧,检验统计量 $z = -0.9$,故同样不能拒绝 H_0,即认为灯泡的质量没有达到规定标准。

于是出现了一个两种情况下的推断似乎矛盾的现象。其实,这也反映了统计推断的一种特点,它不是简单地"非此即彼"的逻辑。为了便于说明,可以认为检验是在两种不同的背景下进行的。第一种假设的背景是,从过去的历史记录看,该灯泡厂有良好的声誉,商店相信该厂的质量一贯是不错的,于是选择 $\mu \geqslant \mu_0$ 作为原假设。这样做对灯泡厂是有利的,因为这使得达到质量标准的产品只以很低的概率 α 被拒收。虽然这会使商店面临接受不合格产品的风险,但厂家良好的历史记录显示了这种情况的可能性是很小的。商店也由此增大货源而获利。

第二种假设的背景是,以往的记录表明,厂家的产品质量并不很好,这时,商店就可以坚持以 $\mu \leqslant \mu_0$ 为原假设。这样做,表明商店要求有较强的证据才能相信这批产品质量达到了标准。这就类似于说一个人一向表现不好,则必须有显著的好的表现,才能相信他确有进步。这样做,就达到了至少把 $100(1-\alpha)\%$ 的不合格产品拒之门外的目的。

由此可见,同一个问题,由于对背景的了解不同而采取了不同的态度,具体是通过选择假设的方向来体现的。这样也就不难理解前面所出现的表面矛盾。当产品质量很好时,我们认为稍差的样本并不能成为整批产品非优的有力证据;当产品质量不好时,我们认为测试合格的样本也不成为整批产品为优的有力证据。出发点不同,并无矛盾可言。

当然,在实际问题的检验中,我们不可能对问题的背景都有所了解,如何提出假设,特别是单侧假设的方向,便成为一个问题。但遗憾的是,如何确定假设并没有固定的统一标准,假设的确定通常与所要检验的问题的性质,检验者所要达到的目的有一定关系,也与检验员的经验和知识水平有关。不过,在假设检验中一般是把希望证明的命题放在备择假设上,而把原有的、传统的观点或结论放在原假设上,这样可以更好地体现假设检验的价值。设想一下,如果我们完全认可原有的东西,就没有必要去进行检验了,正是我们对原有的东西产生怀疑,才去进行调查,希望能够用事实推翻原有的观念,带来新的结论。由于推翻原假设需要检验统计量落入拒绝域,所以在一次试验中原假设是具有优势的,备择假设在一次试验中不容易发生,但一旦发生,我们就有充足的理由推翻原假设,这意味着一个新结论的诞生。但是没有拒绝原假设,并不意味着备择假设就是错的,只是说还没有足够的证据表明原假设不成立。

刑事法庭上对犯罪嫌疑人定罪类似,这时总是先假定犯罪嫌疑人无罪(原假设),然后看这些证据是否能判定犯罪嫌疑人有罪(备择假设)。如果证据不充分,我们不能说犯罪嫌疑人一定清白,只是说目前的证据还无法认定犯罪嫌疑人有罪。而如果证据充分,我们则可以得到犯罪嫌疑人有罪的定论。因而在假设检验中对统计结论的正确理解是很重要的。接受备择假设一定意味着原假设错误;没有拒绝原假设并不能表明备择假设一定是错的。

所谓"原有的、传统的"是指原有的理论、原有的看法、原有的状况,或者说是那些历史的、经验的、在此之前被大多数人所认可和接受的东西,在没有充分证据证明其错误时,总是被假定是正确的,处于原假设被保护的位置。而那些新的、可能的、猜测的则处于备择假设的位置。人们感兴趣的是那些新的、可能的、猜测的东西,希望用事实推翻原假设,实现吐故纳新。可以分析下面几个例子:

采用新技术后,将会使产品的使用寿命延长到 5 000 小时以上。

分析:产品的使用寿命没有超过 5 000 小时是原来的情况,在没有充分事实证明前是不应轻易否定的,故:

$H_0: \mu \leq 5\,000$ 不能轻易否定的命题

$H_1: \mu > 5\,000$ 需要验证的命题

改进生产工艺后,会使产品的废品率降到 1% 以下。

分析:以前的产品废品率在 1% 以上,改进生产工艺可以使产品废品率下降正是需要验证的命题,故:

$H_0: \mu \geq 1\%$ 不能轻易否定的命题

$H_1: \mu < 1\%$ 需要验证的命题

一项研究说,与不吸烟人群相比,吸烟人群容易导致肺癌。

分析:若令 π_1 为吸烟人群的肺癌发病率,π_2 为不吸烟人群的肺癌发病率,则该命题的表述为 $\pi_1 \geq \pi_2$。也许有人对此有不同看法,但要推翻上述命题,验证"吸烟与肺癌无关"的新命题,则需要证据。因此

$H_0: \pi_1 \geq \pi_2$ 不能轻易否定的命题

$H_1: \pi_1 < \pi_2$ 需要验证的命题

单侧检验中假设的建立,本质上取决于检验人员对检验问题的价值判断。我们不能武断地说哪种价值观对,哪种价值观错,只能在价值判断处于共同标准的前提下,讨论在具体的条件下哪种假设更为合理。

8.5 假设检验的实训项目及 Excel 应用

8.5.1 实训项目:假设检验基本步骤

某大学所有学生都拥有手机,一年前,所有学生每月的手机话费支出的均值为 100 元。一年之后的现在,从该校所有学生中随机抽取 100 名同学进行调查,发现他们每月的手机话费支出的均值为 110 元,标准差为 30 元。据此,在显著性水平为 $\alpha = 0.05$ 下能否认为所有学生每月的手机话费均值已不同于一年以前?

第一步:依题意,如果用 μ 代表现在所有学生每月话费的均值,一年前话费均值 $\mu_0 = 100$ 元,原假设为 $H_0: \mu = \mu_0 = 100$,备择假设是原假设的对立面,即为 $H_1: \mu \neq 100$ 元。

第二步:考虑到总体标准差 σ 未知,并且样本容量很大,使用 $z = \dfrac{\bar{x} - \mu_0}{s/\sqrt{n}} \sim N(0,1)$ 作为检验统计量。

第三步:当 X 的值太大或者太小,与检验值 100 差距很大时,是小概率事件,此时检验统计量 $z = \dfrac{\bar{x} - \mu_0}{s/\sqrt{n}} \sim N(0,1)$ 将会是一个很小的负数或是一个很大的正数,结合显著性

水平 $\alpha=0.05$，说明这两块区域的面积加起来要等于 0.05，查正态分布的分位数表可得，右边的分位点为 1.96，由于对称性，左边的分位点为 -1.96，即拒绝域为 $z>1.96$ 或 $z<-1.96$。

第四步：将样本数据及原假设成立时 $\mu=\mu_0=100$ 代入计算检验统计量的实现值，得

$$z=\frac{\bar{x}-\mu_0}{s/\sqrt{n}}=\frac{110-100}{30/\sqrt{100}}=3.33。$$

第五步：由于 3.33>1.96，掉入右侧拒绝域，因此拒绝原假设 H_0，认为现在该校所有学生每月话费的均值已不同于一年以前的 100 元。

8.5.2 Excel 在假设检验中的应用

利用 Excel 进行假设检验，有两种方法可以选择：一是直接点击工具栏中"插入"，选中打开的菜单中的"函数"，然后选择不同的函数进行操作；二是利用"分析工具库"，单击"工具"菜单中的"数据"选项，在出现菜单中选择"数据分析"命令即可以浏览已有的分析工具。

1. Z-检验 P 值的计算

（1）Z 已知的情况下，P 值的计算。

假如经计算 $Z=1.67$，给定的 $\alpha=0.05$。

P 值可以利用 Excel 中的粘贴函数进行计算，其具体步骤如下：

① 进入 Excel 表格界面，单击"f_x"（粘贴函数）；

② 单击"统计"函数，选择"NORMSDIST"，点击"确定"；

③ 键入 Z 值"1.67"，点击"确定"。

得到标准正态分布函数值为 0.952 540 341，该值表示的是在标准正态分布条件下 Z 值 1.67 左边的面积。$Z=1.67$ 右边和 $Z=-1.67$ 左边面积相等。我们的例子是双侧检验，所以，P 值为 $P=2\times(1-0.952\ 540\ 341)=0.094\ 919$。

由于 P 值 $0.094\ 919>\alpha=0.05$，所以不能拒绝原假设 H_0。

（2）直接根据原始数据计算 P 值。

种机床加工的零件尺寸绝对平均误差允许值为 1.36mm，生产厂家现采用一种新的机床进行加工以期降低加工误差。为检验新机床加工的零部件平均误差与旧机床相比是否有显著降低，从当日生产的零部件中随机抽取 50 个进行检验。测得误差数据如表 8-6 所示。试检验新机床加工的零部件平均误差与旧机床相比是否有显著降低。

解：对于本例我们所关心的是新机床加工的零部件平均误差与旧机床相比是否有显著降低，也就是均值是否小于 1.36mm，因此本例是一个单侧检验问题，且属于左侧检验。

直接根据原始数据计算 P 值的 Excel 操作步骤、图 8-7 所示。其具体步骤如下：

① 进入 Excel 表格界面，单击"f_x"（粘贴函数）；

② 单击"统计"函数，选择"Z-TEST"，点击"确定"如图 8-6；

③ 当对话框出现后，在"变量 1 的区域"设置框中输入第一个样本的数据区域；在"变量 2 的区域"设置框中输入第二个样本的数据区域；在对话框中 X 框内键入"1.36"；在"输

表 8-6　50 个样本加工尺寸绝对误差（α＝1%）

样本	绝对误差								
50个样本	1.21	0.99	1.21	1.45	1.31	1.24	0.97	1.01	1.81	2.05
	1.13	1.96	0.94	1.97	1.07	0.93	1.02	1.22	0.94	1.06
	0.97	1.11	1.10	1.56	1.12	1.08	1.03	1.09	1.16	1.63
	1.12	1.71	1.12	2.37	0.95	1.37	1.02	1.61	1.14	1.26
	1.23	1.18	0.74	1.12	1.50	1.23	0.50	0.82	0.59	0.87

出选项"选择计算结果的输出位置单击"确定"，运行结果如图 8-7 所示。

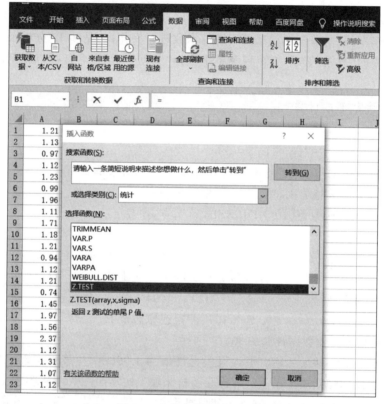

图 8-6　Z 检验操作步骤（一）

2. t-检验 P 值的计算

假设经计算 $t=2.57$，给定的 $\alpha=0.05$。

解：P 值可以利用 Excel 中的粘贴函数进行计算，其具体步骤如下：

（1）进入 Excel 表格界面，单击"f_x"（粘贴函数）；

（2）单击"统计"函数，选择"TDIST"，点击"确定"；

（3）在对话框中 X 框内键入 t 的绝对值"2.57"；Deg-freedom 框内键入 9；Tail 框内键入 2（表明是双侧检验，如果是单侧检验键入 1）；点击"确定"，得到 P 值为 0.030 187 796 0。

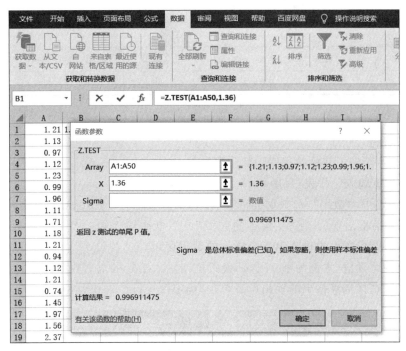

图 8-7　Z 检验操作步骤(二)

3. 检验 χ^2, P 值的计算

假设经计算 $\chi^2=44$,给定的 $\alpha=0.05$。

解：P 值可以利用 Excel 中的粘贴函数进行计算,其具体步骤如下：

(1) 进入 Excel 表格界面,单击"f_x"(粘贴函数)；

(2) 单击"统计"函数,选择"CHIDIST",点击"确定"；

(3) 在对话框中 X 框内键入 χ^2 值"44"；Deg-freedom 框内键入 24；点击"确定"；得到 P 值为 0.007 629 937。

4. 检验 P 值的计算

假设经计算 $F=3.7$,给定的 $\alpha=0.05$。

解：P 值可以利用 Excel 中的粘贴函数进行计算,其具体步骤如下：

(1) 进入 Excel 表格界面,单击"f_x"(粘贴函数)；

(2) 单击"统计"函数,选择"FDIST",点击"确定"；

(3) 在对话框中 X 框内键入 X 值"3.7"；Deg-freedom 1 框内键入 9；Deg-freedom 2 框内键入 8；点击"确定",得到 P 值为 0.039 506 555。

5. t-检验:双样本等方差假设

甲、乙两台机床同时加工某种同类型的零件,已知两台机床加工的零件直径(cm)分别服从正态分布 $N(\mu_1,\sigma_1^2)$,$N(\mu_2,\sigma_2^2)$,并且 $\sigma_1^2=\sigma_2^2$。为比较两台机床的加工精度有无显著性差异,分别独立抽取了甲机床加工的 8 个零件和乙机床加工的 7 个零件,通过测量得到的数据表 8-7 所示。

表 8-7　两台机床加工的零件直径数据　　　　　　　单位：cm

机床	零件直径							
甲	20.6	19.9	19.8	20.5	20.2	20.1	19.1	19.9
乙	20.8	19.8	19.6	20.9	20.5	19.7	20.3	

在 α＝0.05 的显著性水平下，样本数据是否提供证据支持"两台机床加工的零件直径不一致"的说法？

解：Excel 给出了其检验程序。其步骤如下：

（1）将数据输入工作表（见图 8-8）。

（2）依次选择"数据"→"数据分析"→"t-检验：双样本等方差假设"点击"确定"。

（3）当对话框出现后，在"变量 1 的区域"设置框中输入第一个样本的数据区域；在"变量 2 的区域"设置框中输入第二个样本的数据区域；在"假设平均差"设置框中输入两个总体之差的假设值（本例为 0）；在"α"设置框中输入给定的显著性水平（本例为 0.05）；在"输出选项"选择计算结果的输出位置单击"确定"，运行结果如图 8-9 所示。

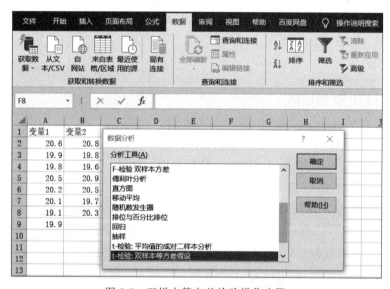

图 8-8　双样本等方差检验操作步骤

由于是例题中提出的是双侧检验，所以我们只需要将检验统计量的值与输出结果中的"t 双尾临界"值进行比较，或是将"$P(T<=t)$ 双尾"的值 0.418 324 与 α＝0.05 进行比较，就可以得到相同的决策结果。

6. F-检验：双样本方差

工厂从甲车间抽取 6 名工人，其包装一件产品需要的时间（分）分别为 8.3，5.4，6.6，5.2，9.8，10.3；从乙车间抽取 7 名工人，其包装一件产品需要的时间（分）分别为 9.6，8.4，7.6，10.8，11.4，9.4，8.9。能否认为两个车间工人的包装速度的方差相等？

解：这是两个总体方差相等的检验。Excel 给出了其检验程序。其步骤如下：

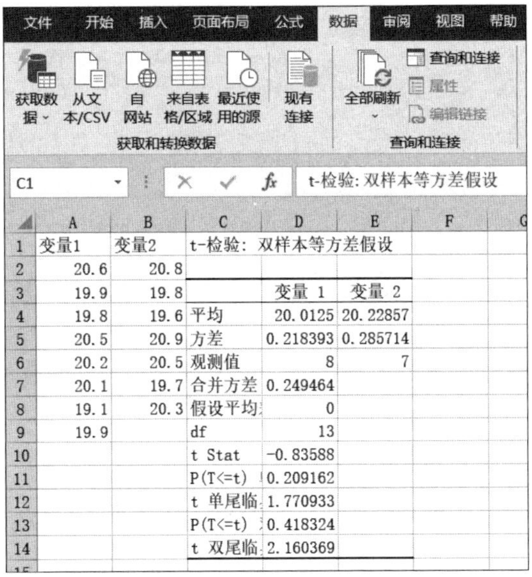

第8章 假设检验

图 8-9 双样本等方差检验 Excel 运行结果

(1) 将数据输入工作表(见图 8-10)。

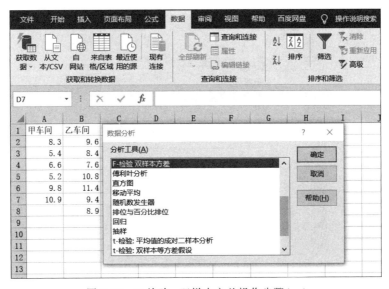

图 8-10 F-检验：双样本方差操作步骤(一)

(2) 依次选择"数据"→"数据分析"→"F-检验：双样本方差"点击"确定"(见图 8-11)。

(3) 定义两个样本区域,选择显著性水平(本例采用系统默认的 0.05),点击"确定",输出结果如图 8-12 所示。

可见单尾 P 值为 0.095 763,大于给定的显著性水平 $\alpha = 0.05$,所以,应该接受原假设,认为两个车间工人的包装速度的方差相等。当然,也可以从 F 统计量 3.179 493 小于 F

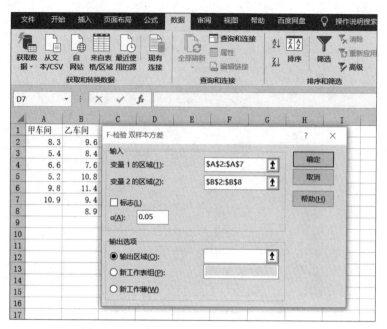

图 8-11　F-检验：双样本方差操作步骤(二)

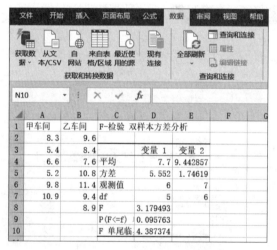

图 8-12　F-检验：双样本方差 Excel 运行结果

单尾临界 4.387 374，得到同样的结论。

本 章 小 结

本章主要介绍了假设检验的基本步骤；假设检验所涉及的基本概念；参数的假设检验和实训项目。

所谓假设检验，就是事先对总体的参数或总体的分布形式作出一个假设，然后利用抽取的样本信息来判断这个假设(原假设)是否合理。

假设检验的基本步骤包括:(1)提出假设;(2)构造适当的检验统计量,并根据样本观测值计算统计量的具体数值;(3)规定显著性水平,建立检验规则;(4)作出判断。

假设检验所涉及的基本概念主要有:原假设和备择假设;双侧检验和单侧检验;第一类错误及其发生概率以及第二类错误及其发生概率;P 值与临界值。

参数的假设检验主要包括:总体均值的检验与总体比例的检验。不同情况下,所构造的检验统计量有所不同。

对于总体的参数检验,Excel 提供了 t-检验、Z-检验和 F-检验分析工具,也可以综合利用公式与相关函数计算出检验所需的统计量和临界值。

实训思考题

1. 假设检验和参数估计有什么相同点和不同点?
2. 什么是假设检验中的显著性水平?统计显著是什么意思?
3. 什么是假设检验中的两类错误?
4. 两类错误之间存在什么样的数量关系?
5. 解释假设检验中的 P 值。
6. 显著性水平与 P 值有何区别?
7. 假设检验依据的基本原理是什么?
8. 你认为在单侧检验中原假设和备择假设的方向应该如何确定?

技 能 训 练

某电视节目收视率一直保持在 30%,即 100 人中有 30 人收看该电视节目。在最近的一次电视节目收视率的调查当中,调查了 400 人,其中,100 人收看了该电视节目,可否认为该电视节目的收视率仍保持原有水平?(取 $α=0.05$)

即 测 即 练

第 8 章 即测即练

第 9 章

统 计 指 数

◆ **本章学习目标**

通过本章学习,学员应该能够:
1. 理解统计指数的含义和作用;
2. 掌握综合指数和平均数指数的编制方法及其应用;
3. 了解常用价格指数的编制方法;
4. 掌握构建指数体系,并能够运用指数体系进行因素分析。

◆ **引导案例**

食品价格上涨推动 12 月份扬州 CPI 小幅回升

2020 年 12 月份,扬州市居民消费价格同比上涨 0.3%。其中,食品价格上涨 2.7%,非食品价格下跌 0.3%;消费品价格持平,服务价格上涨 0.8%。1—12 月,扬州市居民消费价格比去年同期上涨 2.5%。

12 月份,扬州市居民消费价格环比上涨 0.7%。其中,食品价格上涨 2.5%,非食品价格上涨 0.2%;消费品价格上涨 1.0%,服务价格上涨 0.2%。

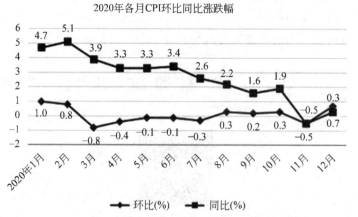

图 9-1 扬州市 2020 年各月 CPI 环比同比涨跌幅

一、同比变动情况

12月份,食品烟酒价格与去年同期相比上涨1.8%,影响CPI同比上涨约0.5个百分点。其中,鲜菜价格上涨7.0%,影响CPI上涨0.2个百分点;水产品价格上涨6.1%,影响CPI上涨0.1个百分点;食用油价格上涨12.8%,影响CPI上涨0.1个百分点;鲜瓜果价格上涨6.4%,影响CPI上涨0.1个百分点;粮食价格上涨3.8%,影响CPI变动不到0.1个百分点。禽肉价格下跌8.4%,影响CPI下跌0.1个百分点;鸡蛋价格下跌13.6%,影响CPI下跌0.1个百分点;猪肉价格下跌0.5%,影响CPI变动不到0.1个百分点。

其他七大类价格同比"4涨2跌1平"。其中,教育文化和娱乐价格涨幅最高,同比上涨3.3%;生活用品及服务、衣着、其他用品和服务价格分别上涨1.8%、1.2%、0.9%;交通和通信、居住价格分别下跌6.0%、0.7%;医疗保健价格平稳,同比持平。

二、环比变动情况

12月份,八大类价格与上月相比"5涨1跌2平"。其中食品烟酒价格涨幅最高,环比上涨1.5%;衣着、交通和通信、居住、教育文化和娱乐价格分别上涨0.8%、0.7%、0.3%、0.2%;其他用品和服务价格下跌0.2%;生活用品及服务、医疗保健价格平稳,环比均为持平。

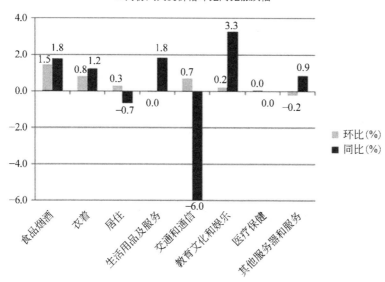

图9-2 扬州市12月份八大类价格环比同比涨跌幅

三、各类商品及服务价格变动特点

(一)食品价格以涨为主。

12月份,食品烟酒价格与上月相比上涨1.5%,其中食品价格上涨2.5%,影响CPI环比上涨0.5个百分点;在外餐饮价格下跌0.8%,影响CPI环比下跌0.1个百分点;茶及饮料价格上涨0.3%、烟酒价格下跌0.5%,影响CPI变动不到0.1个百分点。

12月份食品类中14个小类环比呈"9涨4跌1平",涨面64.3%。各类主副食品价格运行情况如下:

1. 粮食价格较为平稳。12月份粮食价格环比持平。超市、粮店粮食售价较为稳定，其中大米、面粉、粮食制品价格平稳环比持平，其他粮食价格小幅回落，环比下跌0.5%。

2. 食用油价格延续上涨态势。12月份食用油价格环比上涨1.7%。受国际市场大豆等价格走高影响，食用植物油价格延续上涨态势，上涨1.7%；生猪价格回升，猪板油价格小幅上涨，带动食用动物油价格上涨1.6%。

3. 猪肉价格回升。12月份，受生猪出栏价格回升影响，猪肉零售价格呈现回升态势。猪后座、猪肋条、猪小排每千克均价分别为54.43元、58.23元、73.11元，与11月份相比，分别上涨了9.3%、7.9%、2.0%，12月份猪肉价格上涨4.5%；受生猪价格回升带动，畜肉副产品价格上涨2.5%；12月份其他畜肉价格涨跌互现，牛肉价格下跌0.5%，羊肉价格上涨2.6%。

4. 鲜菜价格大幅上涨。12月份气温快速回落，低温、降雪天气对鲜菜的生长、采摘及储运产生不利影响，鲜菜价格以涨为主，与11月份均价相比，12月份参与调查的33种鲜菜价格"21涨8跌4平"，鲜菜价格上涨10.8%。

5. 鱼虾价格涨跌互现。随着鲫鱼等淡水鱼养殖量恢复，价格稳中有降，12月份鳊鱼、鲫鱼、鲢鱼每千克均价分别为15.33元、20.17元、15.04元，与11月份相比，分别下跌了0.5%、1.6%、1.4%，12月份淡水鱼价格下跌0.2%；冬季虾蟹出塘量较小，逐步下市，价格小幅回升，河虾、螃蟹每千克均价分别为111.83元、122.08元，与11月份相比，涨幅分别为0.3%、6.9%，12月份虾蟹类价格上涨3.5%。

6. 鸡蛋价格微涨。冬季光照不足、气温较低，蛋鸡产蛋率有所下降，鸡蛋价格小幅回升。12月份洋鸡蛋价格为每千克8.73元，与11月份相比，上涨2.5%。

（二）工业品价格小幅上涨。

1. 衣着价格走高。"双11"过后，商场部分服装促销结束，价格回调，此外，部分冬季服装如大衣、羽绒服新款上市，价格与前期相比有所上涨，12月份服装价格环比上涨1.3%，影响CPI环比上涨0.1个百分点。

2. 汽柴油价格上涨。12月3日、17日两次成品油调价窗口，价格均为上调，12月份汽油、柴油价格分别上涨5.3%、5.7%，合计影响CPI环比上涨0.1个百分点。

（三）服务价格较为平稳。

受扬州楼市稳中有涨带动，住房租赁价格微涨，12月份私房房租价格环比上涨0.7%；受元旦节临近影响，电影票、旅行社收费、其他住宿等价格小幅走高，环比分别上涨0.9%、2.8%、0.8%；进入洗浴消费旺季，洗浴价格环比上涨7.7%。

12月份，扬州市参与调查的65个服务项目价格"7涨4跌54平"，服务项目价格环比上涨0.2%，合计影响CPI环比上涨0.1个百分点。

四、后期预测

低温天气仍将持续一段时间，春节临近，进入传统消费旺季，生鲜食品和服务类价格存在上涨空间；国际形势错综复杂，黄金、成品油价格可能进一步走高，预计短期内CPI有所上涨，但仍处于较低水平。

资料来源：国家统计局扬州调查队官网。

9.1 统计指数概述

统计指数是一种特殊的相对数,指数的编制最早起源于物价指数,是在研究社会经济现象数量关系,分析社会经济现象在不同时间、空间、条件下数量变动情况,测定有关因素影响的方向、程度的过程中产生的,主要反映商品、工资或其他经济变量在不同时期的价格变动情况。此后指数的编制不仅仅局限于物价指数,将反映所有经济现象动态变化的相对数都称为指数,从内容上看,指数由单纯反映一种现象的相对变动,到反映多种现象的综合变动;从对比的场合上看,指数由单纯的不同时间的对比分析,到不同空间的对比分析等。其应用逐步扩大到工业生产、进出口贸易、工资、生活费用、成本、劳动生产率、股票证券等各个领域。指数的应用不仅突破了动态对比范畴,而且应用于经济现象的不同地区、不同部门和不同国家之间的比较,一般认为凡是反映经济现象时间、空间对比的相对数都称为指数。统计指数已成为社会经济统计中历史最悠久、应用最广泛,同社会经济生活关系最密切的一个组成部分。随着统计指数应用的发展,统计指数的理论在发展,统计指数的概念也在发展。

9.1.1 统计指数的概念

指数作为经济分析的重要工具,统计指数有广义和狭义之分。广义的统计指数,是指所有说明社会经济现象数量对比关系或差异程度的相对数。它包括简单现象数量变动的相对数和复杂现象数量变动的相对数。简单现象数量指的是有共同的计量单位,其标志值可以直接加总计算的数量。如某一产品的价格、产量、成本等。复杂现象数量指的是没有共同计量单位,其标志值不能直接加总计算的数量。如某一企业所有不同产品的价格、产量、成本等。因此,前面讲过的动态相对数、比较相对数、计划完成程度相对数都可以称为统计指数。例如,2018 年我国人口数为 139 538 万人,2019 年为 140 005 万人,则 2019 年的人口数是 2018 年 100.33%,这个动态相对数就是指数。

狭义的统计指数,是指综合反映由多种不能直接加总或不能直接对比的因素组成的复杂现象在不同时间或空间条件下平均变动程度的相对数。从指数理论和方法上看,指数所研究的主要是狭义的指数,本章主要讨论狭义指数的编制方法及其在统计分析中的运用。例如:零售物价指数,是说明全部零售商品价格总变动的相对数;股票价格指数,是指某一交易所内某个类别的所有股票价格总变动的相对数;工业产品产量指数,是说明一定范围内全部工业产品实物量总变动的相对数,等等。

9.1.2 统计指数的性质

统计指数是一种特殊的相对数,它具有以下性质:

1. 综合性

统计指数是反映一组变量在不同场合下的综合变动水平。在一组变量内,各变量的变化方向可能一致,也可能不一致,即使是同一变化方向的也有变化快慢之分。总指数就是将这一组变量进行有机结合,反映其总体的综合变动状况。

2. 相对性

统计指数是反映一组变量在不同场合下对比形成的相对数,它可以用于一组变量在不同时间上的动态对比,也可用于反映一组变量在不同空间上的静态比较。

3. 平均性

统计指数是反映一组变量相对变动的代表性水平。这种平均性是以综合性为基础、与相对性相结合的,依据各变量的变动及其影响进行加权平均,用以揭示现象相对变动的一般水平。

扩展阅读 9-1
2021 年 2 月中国采购经理指数运行情况

9.1.3 统计指数的作用

1. 统计指数能综合反映复杂现象总体变动方向和变动程度,是总指数的主要作用

研究社会经济现象变动时,不仅要反映个别现象变动情况,还要反映由多种个别现象组成的总体的数量总变动情况。而这组成总体的各个个体之间是不能直接相加或不能直接对比,通过编制统计指数可以将其过渡到可以相加、可以对比,从而综合反映现象总体的变动方向和变动程度。

利用综合指数或综合指数变形形式从它的分子与分母指标的比较中,分析由于指数的变动而产生的实际效果。例如,市场上商品种类繁多,为反映全国商品零售价格变动情况,需要编制总指数,总指数的计算结果如果大于 100%,说明现象的数量报告期比基期增加;小于 100%,则说明现象的数量报告期比基期减少。例如,2019 年与 2018 年相比,全国居民消费价格指数为 102.9%,说明全国居民 2019 年所消费商品价格总水平比 2018 年上涨了 2.9%;又如,与 2018 年相比,2019 年全国商品零售价格指数为 102%,说明虽然社会商品零售价格有涨有落,但综合来看上涨了 2%。

2. 统计指数能分析和测定复杂现象总体中各因素对总量变动的影响方向和影响程度

利用指数体系理论可以测定复杂社会经济现象总变动中,各构成因素的变动对现象总变动的影响情况,并对经济现象变化作综合评价。

复杂社会经济现象的总体数量变动一般是由很多因素共同影响的结果,现象的总量指标是若干因素的乘积。例如,商品销售额的变动取决于销售量和价格的变动,商品销售额=销售量×价格;统计指数是利用各因素之间的联系编制的,各个因素指数又相互构成指数体系。因此,可以利用指数体系来分析现象总变动中各个因素变动的影响。运用指数法编制商品零售价格指数和零售量指数,可以分析它们的变动对商品零售额变动的影响。

3. 统计指数能用来研究复杂现象总体的长期变动趋势

运用编制的动态指数所形成的连续指数数列,可以反映事物的发展变化趋势。这种方法特别适合于对比分析有联系而性质又不同的动态数列之间的变动关系,因为编制一系列反映同类现象变动情况的指数形成指数数列,可以反映被研究现象的变动趋势,可以解决不同性质数列之间不能对比的困难。例如,根据2010—2020年共11年的零售商品价格资料,编制10个环比指数,从而构成价格指数数列。这样,就可以揭示价格的变动趋势,研究物价变动对经济建设和人民生活水平的影响程度。

4. 统计指数能对社会经济现象进行综合评价和测定

统计指数在实际应用中范围不断扩大,可以运用统计指数对某种经济现象水平做出综合的数量判断。例如,可以用综合经济指数法对某地区或单位经济效益情况进行综合评价,可以运用平均数指数法对技术进步的程度及其在经济增长中的作用进行综合评价。

5. 在金融产品创新中发挥重要作用

这是统计指数在其基本作用的基础上,与金融领域相结合而派生出来的功能。20世纪以来,随着金融领域的不断发展,金融创新工具层出不穷。由于指数能够反映经济现象的综合变动,因此,许多国家和金融机构纷纷围绕指数推出金融衍生产品,如联邦通货膨胀保护债券(TIPS)用通货膨胀指数(依据消费价格指数)对本金进行调整;指数期货(Index futures)、指数联动债券(index-linked bond)等以股票价格指数为标的物。

9.1.4 统计指数的分类

1. 按指数性质不同分为数量指标指数和质量指标指数

数量指标指数是用来反映社会经济现象的总体数量或总体规模变动方向程度的指数。例如,产品产量指数、商品销售量指数、职工人数指数等。

质量指标指数是用来反映社会经济现象的总体质量或总体内涵变动情况的指数。例如,单位成本指数、价格指数、工资水平指数等。

数量指标指数×质量指标指数＝价值指标指数

2. 按照采用基期的不同分为定基指数和环比指数

定基指数是反映社会经济现象的报告期数量与某一固定时期的数量进行对比的相对数。

环比指数是反映社会经济现象的报告期数量与其前一期的数量进行对比的相对数。

3. 按反映的时间状况不同分为动态指数和静态指数

动态指数又称为时间指数,是表明同类现象数量在不同时间上发展变化情况的统计指数。例如,股票价格指数、社会商品零售价格指数、农副产品产量指数等。根据所选择基期的不同,动态指数又分为定基指数和环比指数。

静态指数是反映社会经济现象在同一时期不同空间对比情况的指数。例如,地区经济综合评价指数、批零价格指数、计划完成情况指数等。

4. 按研究范围不同分为个体指数和总指数

个体指数是表明复杂经济总体中个别要素变动情况的相对数,也叫单项指数。个体指数通常记为 K。例如,说明一种商品价格动态的个体价格指数,说明一种产品产量动态的个体产量指数,以及个体销售量指数、个体成本指数等等。

数量指标个体指数:

$$K_q = \frac{q_1}{q_0}$$

质量指标个体指数:

$$K_p = \frac{p_1}{p_0}$$

式中:q_1——报告期某种商品销售量,q_0——基期某种商品销售量,p_1——报告期某种商品价格,p_0——基期某种商品价格。

总指数是表明复杂经济总体中多种要素综合变动情况的相对数,说明多种事物综合动态比较指标。总指数通常记为 $\bar{K}$。例如,说明多种商品价格综合变动的商品零售价格指数、居民消费价格指数,说明多种产品产量综合变动的工业产品产量指数、社会商品零售量指数等。

数量指标指数:

$$\bar{K}_q = \frac{\sum q_1}{\sum q_0}$$

质量指标指数:

$$\bar{K}_p = \frac{\sum p_1}{\sum p_0}$$

式中:$\bar{K}$——总指数,p_1——报告期价格,q_1——报告期数量,p_0——基期价格,q_0——基期数量。

在个体指数与总指数之间还有组指数或类指数,就是反映总体内部各组现象的数量总变动的相对数或平均数。它是位于总指数与个体指数之间的一种指数,其编制方法与总指数一样。例如,商品零售物价指数中的百货类零售价格指数、工业产品产量指数中的橡胶制品类产量指数等,它表明复杂总体中某一类(组)现象的数量变动的相对数。

5. 按编制方法的不同分为综合指数和平均数指数

总指数编制的基本方法可分为两类:一是综合指数法,二是平均数指数法。

综合指数是总指数编制的基本形式。综合指数是通过同度量因素,将两个时期不能同度量的现象指标过渡到能够同度量的指标,然后再计算出的指数。

平均数指数是从个体指数出发通过对个体指数加权平均计算而编制的指数,分为算术平均数指数和调和平均数指数。

9.2 综合指数

由于统计研究的对象是总体,且个体指数编制比较简单,可以视为总体指数的特例,因此,下面介绍的是总指数的编制。综合指数有两种,即数量指标综合指数和质量指标综合指数。两种综合指数在计算形式上基本道理是一样的,但是在处理方法上有联系也有区别。

很多事物由于计量单位不同,其数据不能直接加总,为了反映它们的总变动情况,就要把不能直接相加的总体过渡到能相加的总体。综合指数是将两个同类不能同度量的复杂现象数量转化为可同度量的数量,然后再对比计算所说明的复杂现象中数量变动的相对数。

综合指数的编制特点是先综合后对比,即先计算复杂现象总体的总量,解决不能相加的问题,然后进行不同时期的对比。先综合就是对不同度量不能直接加总,没有共同度量单位的各种不同事物的数量,过渡到能够度量、有共同度量单位、可以直接加总计算的过程。后对比就是将综合后的两个同类现象数量的总量进行比较计算的过程。

综合指数分为简单综合指数和加权综合指数。

9.2.1 简单综合指数的编制

简单综合指数是直接综合各研究对象的报告期与基期的数值进行对比而形成的指数。计算形式为

简单综合数量指标指数:

$$\bar{k}_q = \frac{\sum q_1}{\sum q_0} \tag{9-1}$$

简单综合质量指标指数:

$$\bar{k}_p = \frac{\sum p_1}{\sum p_0} \tag{9-2}$$

【例 9-1】 某公司三种商品基期和报告期商品销售量和销售价格资料如表 9-1 所示。计算简单综合物量指数和简单综合价格指数。

表 9-1 商品销售量和销售价格资料

商品名称	计量单位	销售量		价格/元	
		基期 q_0	报告期 q_1	基期 p_0	报告期 p_1
甲	件	420	504	80	92
乙	台	160	136	50	45
丙	千克	240	264	40	40
合计	—	820	904	170	177

简单综合物量指数：

$$\bar{k}_q = \frac{\sum q_1}{\sum q_0} = \frac{904}{820} = 110.24\%$$

简单综合价格指数：

$$\bar{k}_p = \frac{\sum p_1}{\sum p_0} = \frac{177}{170} = 104.12\%$$

简单综合指数计算简单，但不符合实际经济意义。加权综合指数是实际常用的综合指数，也是通常所说的综合指数。

9.2.2 加权综合指数的编制

编制综合指数首先要明确两个概念：一是指数化指标，二是同度量因素。所谓指数化指标就是综合指数所要测定的因素，如果商品销售量是所要测定的因素，那么，它就是指数化指标。所谓同度量因素，是指在编制综合指数时，为了解决不能直接加总而引入使用的一个中介因素，将不能直接相加的指标乘上另一个因素，使之可以相加，那么，乘上的这个因素就是同度量因素，也可称为媒介因素，相当于权数作用。

如何设计综合指数的形式，关键是在经济联系中寻找同度量因素，而后再把它固定不变，以反映所要研究总体的某种因素的变化情况。归纳起来要解决以下两个问题：一是寻找同度量因素；二是同度量因素固定在哪一期（基期还是报告期）恰当。所以编制综合指数的步骤如下：

第一步，明确同度量因素。同度量因素的作用是把不能直接相加总的指标过渡为可以相加总的因素。假如要编制商品销售量综合指数，从资料上看，该公司三种商品的性质、用途、计量单位不同，甲的是"件"、乙的是"台"、丙的是"千克"，不同单位的商品不能直接相加；三种商品的价格是不同的，有的高，有的低，现在把它们的销售量简单相加，无异于把它们的价格同等看待，如此计算得出的销售量综合指数，显然与事实不符，因此，不能将三种商品销售量直接加总。

假如要编制商品价格综合指数，从资料上看，该公司三种商品的性质、用途、计量单位不同，甲的是"元/件"，乙的是"元/台"，丙的是"元/千克"；三种商品的销售量是不同的，有的大，有的小，现在把它们的价格简单相加，无异于把它们的销售量同等看待，如此计算得出的价格综合指数，显然与事实不符，因而是不科学的；商品的计量单位是人为规定的，如果把甲的计量单位改为"万件"，乙的改为"万台"，丙的改为"万千克"，用简单总和法得出的价格综合指数前后不同，这样，价格综合指数便没有确定的数值了，这显然不符合事实，所以不能将三种商品销售价格直接加总，直接加总其结果没有经济意义。

同度量因素不是随意选定的，而是从它们的经济联系考虑，根据社会经济现象的内在联系，商品价值量指标即商品销售额可以直接加总，由于有经济关系式：

商品销售额＝商品销售量×商品销售单价，在计算商品销售量综合指数中，商品销售量是指数化因素，这时引进商品销售单价作为同度量因素，把不能直接加总的商品销售量过渡为可以加总的商品销售额指标。即用同度量因素（单价）把销售量过渡为销售额就可以相加了。在计算商品销售价格综合指数中,商品销售价格是指数化因素,这时引进商品销售量作为同度量因素,把不能直接加总的商品销售价格过渡为可以加总的商品销售额指标。即用同度量因素(销售量)把单价过渡为销售额就可以相加了。

综上所述,编制商品销售量综合指数(数量指标综合指数)时,以商品价格(质量指标)为同度量因素;编制商品价格综合指数(质量指标综合指数)时,以商品销售量(数量指标)为同度量因素。

第二步,同度量因素时期选择。明确了哪个指标作为同度量因素以后,还要将同度量因素固定下来消除其变动对总量的影响。计算商品销售量综合指数只能突出商品销售量的变动影响,就得将商品销售价格这一同度量因素固定下来,其计算公式是

$$\bar{K}_q = \frac{\sum q_1 p}{\sum q_0 p}$$

公式中 $\bar{K}_q$ 代表商品销售量综合指数,p 代表商品销售价格。作为运算中的同度量因素,p 应固定在同一时期。但价格有基期价格 p_0 和报告期价格 p_1,采用不同时期的价格计算出的商品销售量指数会有不同的结果,且有不同的经济内容。

计算商品销售价格综合指数只能突出商品销售价格的变动影响,就得将商品销售量这一同度量因素固定下来,其计算公式是

$$\bar{K}_p = \frac{\sum p_1 q}{\sum p_0 q}$$

公式中 $\bar{K}_p$ 代表商品销售价格综合指数,q 代表商品销售量,作为运算中的同度量因素 q 应固定在同一时期。但销售量有基期销售量 q_0 和报告期销售量 q_1,采用不同时期的销售量计算出的商品销售价格指数会有不同的结果,且有不同的经济内容。

如果用基期作为同度量因素,其计算公式为:

销售量(数量指标)综合指数:

$$\bar{K}_q = \frac{\sum q_1 p_0}{\sum q_0 p_0} \tag{9-3}$$

价格(质量指标)综合指数:

$$\bar{K}_p = \frac{\sum p_1 q_0}{\sum p_0 q_0} \tag{9-4}$$

此公式是德国经济学家拉斯贝尔(Laspeyre)于1864年首次提出的,故称之为"拉氏公式"。无论是编制商品销售量综合指数(数量指标综合指数),还是编制商品价格综合指数(质量指标综合指数)时,都应当将同度量因素固定在基期。

如果用报告期作为同度量因素,其计算公式为

销售量(数量指标)综合指数:

$$\bar{K}_q = \frac{\sum q_1 p_1}{\sum q_0 p_1} \tag{9-5}$$

价格(质量指标)综合指数:

$$\bar{K}_p = \frac{\sum p_1 q_1}{\sum p_0 q_1} \tag{9-6}$$

此式是德国经济学家派许(Herman Paasche)于1874年首先提出的,故称之为"派氏公式"。无论是编制商品销售量综合指数(数量指标综合指数),还是编制商品价格综合指数(质量指标综合指数)时,都应当将同度量因素固定在报告期。

1. 数量指标综合指数的编制

当编制综合指数的指数化因素是数量指标时,这就是数量指标综合指数(简称数量指数)。常见的有:商品销售量指数、工业产品产量指数、农副产品产量指数等,反映产量或销量变动的一般程度。

【例 9-2】 某公司三种商品基期和报告期商品销售量和销售价格资料如表9-1所示,根据此资料编制商品销售量综合指数。

根据表9-1中的数据编制的商品销售量综合指数计算表见表9-2所示。

表 9-2 商品销售量综合指数计算表

商品名称	计量单位	销售量 q			价格 p/元		销售额 pq/元			
		基期 q_0	报告期 q_1	个体指数 k_q/%	基期 p_0	报告期 p_1	$p_0 q_0$	$p_1 q_1$	$p_0 q_1$	$p_1 q_0$
甲	件	420	504	120%	80	92	33 600	46 368	40 320	38 640
乙	台	160	136	85%	50	45	8000	6120	6800	7200
丙	千克	240	264	110%	40	40	9600	10 560	10 560	9600
合计	—	—	—	—	—	—	51 200	63 048	57 680	55 440

数量指标个体指数:

$$K_{q甲} = \frac{q_1}{q_0} = \frac{504}{420} = 120\%$$

$$K_{q乙} = \frac{q_1}{q_0} = \frac{136}{160} = 85\%$$

$$K_{q丙} = \frac{q_1}{q_0} = \frac{264}{240} = 110\%$$

从表9-2可以看出,甲商品的销售量指数为120%,增长了20%;乙商品销售量指数为85%,下降了15%;丙商品销售量指数为110%,增长了10%,三种商品的销售量有升有降。但是要综合说明该公司三种商品销售量总的变动情况,就需要编制销售量总指数。

拉氏销售量指数:

$$\bar{K}_q = \frac{\sum q_1 p_0}{\sum q_0 p_0} = \frac{57\ 680}{51\ 200} = 112.66\%$$

$$\sum q_1 p_0 - \sum q_0 p_0 = 57\ 680 - 51\ 200 = 6\ 480(元)$$

计算结果表明,当商品销售价格固定在基期时,三种商品销售量指数为112.66%,即在三种商品基期销售价格不变的情况下,该公司三种商品销售量报告期比基期增长了

12.66%;由于销售量上升而使得销售额相应增加了 6480 元。

派氏销售量指数:

$$\overline{K}_q = \frac{\sum q_1 p_1}{\sum q_0 p_1} = \frac{63\,048}{55\,440} = 113.72\%$$

$$\sum q_1 p_1 - \sum q_0 p_1 = 63\,048 - 55\,440 = 7\,608 (元)$$

计算结果表明,当商品销售价格固定在报告期时,三种商品销售量指数为 113.72%,即三种商品两个时期均按报告期价格销售的话,销售量报告期比基期上升了 13.72%;由于销售量而上升使得销售额相应增加了 7 608 元。

用两个指数公式计算,所得的结果不同,是因为拉氏指数用基期价格作为同度量因素,而派氏指数用报告期价格作为同度量因素。拉氏指数是说明假定价格为基期水平不变时销售量的变动情况。派氏指数是说明假定价格为报告期水平不变时销售量的变动情况。

由此可见,拉氏指数和派氏指数的经济内容不同。那么实践中究竟采用哪一个公式呢?这是由实际资料和分析研究目的来确定的。由于销售量指数在于测定各种商品销售量的总变动,应该只反映其单纯变动。如果用派氏指数计算,即同度量因素固定在报告期,虽然价格被固定在报告期不变,但销售额指标却是按报告期价格计算的,其中已包含了价格的变动因素在内。因此用这个公式计算的销售量指数就达不到测定销售量变动的目的。所以在计算时必须排除价格变动的影响,采用拉氏公式即将同度量因素固定在基期,按原有价格水平测定销售量的变动,从而符合销售量指数计算的真正要求。实际上,就是在编制数量指标指数时,国内外统计学界较为一致的看法是采用拉氏物量指数公式,即用基期的质量指标作为同度量因素。

2. 质量指标综合指数的编制

当编制的综合指数的指数化因素是质量指标时,这就是质量指标综合指数(简称质量指数)。常见的有:商品价格指数、工业产品出厂价格指数、产品成本指数等。

【例 9-3】 某公司三种商品基期和报告期商品销售量和销售价格资料如表 9-1 所示,试据此资料编制商品价格综合指数。

下面根据表 9-1 中的数据编制的商品价格综合指数计算表见表 9-3 所示。

表 9-3 商品价格综合指数计算表

商品名称	计量单位	销售量 q		价格 p/元			销售额 pq/元			
		基期 q_0	报告期 q_1	基期/元 p_0	报告期/元 p_1	个体指数 k_p/%	$p_0 q_0$	$p_1 q_1$	$p_0 q_1$	$p_1 q_0$
甲	件	420	504	80	92	115%	33 600	46 368	40 320	38 640
乙	台	160	136	50	45	90%	8 000	6 120	6 800	7 200
丙	千克	240	264	40	40	100%	9 600	10 560	10 560	9 600
合计	—	—	—	—	—	—	51 200	63 048	57 680	55 440

质量指标个体指数:

$$K_{p甲} = \frac{p_1}{p_0} = \frac{92}{80} = 115\%$$

$$K_{p乙} = \frac{p_1}{p_0} = \frac{45}{50} = 90\%$$

$$K_{p丙} = \frac{p_1}{p_0} = \frac{40}{40} = 100\%$$

从表 9-3 可以看出,甲商品的销售价格指数为 115%,上升了 15%;乙商品销售价格指数为 90%,下降了 10%;丙商品销售价格指数为 100%,不升不降。三种商品的价格有升有降。但是要综合说明该公司三种商品销售价格总的变动情况,就需要编制价格总指数。

拉氏销售价格指数为

$$\bar{K}_p = \frac{\sum p_1 q_0}{\sum p_0 q_0} = \frac{55\ 440}{51\ 200} = 108.28\%$$

$$\sum p_1 q_0 - \sum p_0 q_0 = 55\ 440 - 51\ 200 = 4\ 240(元)$$

计算结果表明,当商品销售量固定在基期时,三种商品销售价格指数为 108.28%,即在三种商品基期销售量不变的情况下,该公司三种商品销售价格报告期比基期上升了 8.28%;由于销售价格上升而使得销售额相应增加了 4240 元。

派氏销售价格指数为

$$\bar{K}_p = \frac{\sum p_1 q_1}{\sum p_0 q_1} = \frac{63\ 048}{57\ 680} = 109.31\%$$

$$\sum p_1 q_1 - \sum p_0 q_1 = 63\ 048 - 57\ 680 = 5\ 368(元)$$

计算结果表明,当商品销售量固定在报告期时,三种商品销售价格指数为 109.31%,即在三种商品报告期销售量不变的情况下,该公司三种商品销售价格报告期比基期上升了 9.31%;由于销售价格上升而使得销售额相应增加了 5368 元。

用两个指数公式计算,所得的结果不同,是因为拉氏指数用基期销售量作为同度量因素,而派氏指数用报告期销售量作为同度量因素。拉氏指数是说明假定销售量为基期水平不变时价格的变动情况。派氏指数是说明假定销售量为报告期水平不变时价格的变动情况。换言之,拉氏指数反映的是在基期销售量结构条件下的物价变化,而派氏指数反映的是在当前(报告期)销售量结构条件下的物价变化。

由此可见,拉氏指数和派氏指数的经济内容不同。那么实践中究竟采用哪一个公式呢?这是由实际资料和分析研究目的来确定的。如果由拉氏公式计算,即同度量因素固定在基期,它说明按过去的销售量计算商品价格的变动趋势。公式的绝对数差额说明由于物价变动,消费者按过去购买量购买商品多支或少支付的总金额,没有什么现实意义。而采用派氏公式,即同度量因素固定在报告期,这就说明按现在销售量的商品价格变动状况。公式的绝对数差额说明由于物价涨跌,消费者实际购买商品多支或少支付的总金额。按照派氏公式计算物价指数,符合价格指数计算的要求,具有现实的意义。所以,许多人主张用派氏公式编制质量指标指数,即用报告期的数量指标作为同度量因素。

综上所述,在通常情况下,编制销售量(数量指标)综合指数时,同度量因素固定在基期,采用拉式公式;在编制销售价格(质量指标)综合指数时,同度量因素固定在报告期,采用派式公式。即:

销售量(数量指标)综合指数:

$$\bar{K}_q = \frac{\sum q_1 p_0}{\sum q_0 p_0}$$

价格(质量指标)综合指数:

$$\bar{K}_p = \frac{\sum p_1 q_1}{\sum p_0 q_1}$$

如遇特殊情况,则需要特殊处理,比如可以用固定权数当同度量因素;或编制销售量(数量指标)综合指数时,同度量因素固定在报告期;而在编制销售价格(质量指标)综合指数时,同度量因素固定在基期。

关于综合指数的编制需要说明的是:上例中所列举的销售额指标是由销售价格和销售量两个因素构成的,要计算其中一个因素的报告期相对于基期的变动程度,需要将另一个因素固定起来。同理,若一个总量指标是由三个或三个以上因素构成时,在运用加权综合指数法计算其中一个因素的指数时,需要将其他因素都作为同度量因素固定起来,以便反映要考察的那个因素报告期相对于基期的变动情况。

9.2.3 综合指数的其他类型

1. 马-埃指数

英国学者马歇尔(A.Marshall)和埃奇沃思(F.Y.Edgenorth)共同设计了选择基期和报告期同度量因素平均值来计算指数,被称为"马埃指数"。目的是避免拉氏指数和派氏指数的偏误,其公式分别为

数量指标指数:

$$\frac{\sum q_1 \left(\frac{q_0 + q_1}{2}\right)}{\sum q_0 \left(\frac{q_0 + q_1}{2}\right)} \tag{9-7}$$

质量指标指数:

$$\frac{\sum p_1 \left(\frac{q_0 + q_1}{2}\right)}{\sum p_0 \left(\frac{q_0 + q_1}{2}\right)} \tag{9-8}$$

马-埃公式的计算结果介于拉氏公式与派许公式的计算结果之间。

2. 费舍理想指数

理想指数(Idealindex)是美国的统计学家费舍(Fisher)于1922年提出的,它是基期

加权综合指数（即拉式指数）与现期加权综合指数（即派氏指数）加以几何平均得出的一种指数。

公式如下：

理想物量指数：

$$F_q = \sqrt{L_q \cdot P_q} = \sqrt{\frac{\sum p_0 q_1}{\sum p_0 q_0} \times \frac{\sum p_1 q_1}{\sum p_1 q_0}} \tag{9-9}$$

理想价格指数：

$$F_p = \sqrt{L_p \cdot P_p} = \sqrt{\frac{\sum p_1 q_0}{\sum p_0 q_0} \times \frac{\sum p_1 q_1}{\sum p_0 q_1}} \tag{9-10}$$

式中：F_q——理想物量指数；

F_p——理想价格指数；

L_q——拉氏物量指数；

L_p——拉氏价格指数；

P_q——派氏物量指数；

P_p——派氏价格指数。

理想指数的优点在于它用几何平均的方法,把拉氏指数和派氏指数或者是把基期加权指数和现期加权指数所具有的相反方向的偏误加以矫正,既纠正了用基期加权往往会使计算结果偏低,又纠正了用现期加权往往会使计算结果偏高的倾向,从而使其偏误相互抵销而得出比较准确、理想的指数。

3. 杨格指数

杨格指数是由英国经济学家杨格(A.Young)提出,也称固定权数综合指数。其观点是在固定加权综合指数中,同度量因素所属时期既不固定在报告期也不固定在基期,而是固定在一个特定的水平上,以便于观察现象长期发展变化的趋势。

9.3 平均数指数

综合指数是编制总指数的基本形式,但是,这种指数编制方法必须计算出一个假定期的价值量指标 $q_1 p_0$,即在编制综合指数时,必须具有商品销售量和价格的基期及报告期的全面资料。但在实际情况中,很多时候很难取得这种全面的资料。这样,综合指数公式在实际应用上就受到了一定的限制,平均数指数是编制总指数的另一种重要形式,它是从指数化因素的个体指数出发,对个体指数进行加权平均来计算总指数的一种方法。平均指标指数实际上是综合指数公式的变形,平均数指数是在不具备复杂经济现象数量的全部原始资料,而只能提供某一指标的个体指数和报告期或基期的总值时编制的指数。平均数指数克服了必须资料齐全和运算工作量大的特点,计算比较简便。考虑平均时是否加权,分为简单平均数指数和加权平均数指数。

9.3.1 简单平均数指数的编制

简单平均数指数主要形式有简单算术平均指数、简单调和平均指数、简单几何平均指数。

1. 简单算术平均指数

直接以各个体指数求简单算术平均而形成的指数,计算形式为

数量指标指数:

$$\bar{k}_q = \frac{\sum \frac{q_1}{q_0}}{n} \tag{9-11}$$

质量指标指数:

$$\bar{k}_p = \frac{\sum \frac{p_1}{p_0}}{n} \tag{9-12}$$

2. 简单调和平均指数

直接对各个体指数求简单调和平均而形成的指数,计算形式为

数量指标指数:

$$\bar{k}_q = \frac{n}{\sum \frac{1}{k_q}} \tag{9-13}$$

质量指标指数:

$$\bar{k}_p = \frac{n}{\sum \frac{1}{k_p}} \tag{9-14}$$

3. 简单几何平均指数

直接对各个体指数求简单几何平均而形成的指数,计算形式为

数量指标指数:

$$\bar{k}_q = \sqrt[n]{\prod \frac{q_1}{q_0}} \tag{9-15}$$

质量指标指数:

$$\bar{k}_p = \sqrt[n]{\prod \frac{p_1}{p_0}} \tag{9-16}$$

这几种简单指数中,相对而言更具适用价值的是几何平均指数。

【例 9-4】 某公司三种商品基期和报告期商品销售量和销售价格资料如表 9-4 所示。计算简单平均数指数。

简单算术平均指数:

$$\bar{k}_q = \frac{\sum \frac{q_1}{q_0}}{n} = \frac{120\% + 85\% + 110\%}{3} = \frac{315\%}{3} = 105\%$$

表 9-4 商品销售量和销售价格资料

商品名称	计量单位	销售量			价格		
		基期 q_0	报告期 q_1	个体指数 k_q /%	基期/元 p_0	报告期/元 p_1	个体指数 k_p /%
甲	件	420	504	120%	80	92	115%
乙	台	160	136	85%	50	45	90%
丙	千克	240	264	110%	40	40	100%
合计	—	820	904	315%	170	177	305%

$$\bar{k}_p = \frac{\sum \frac{p_1}{p_0}}{n} = \frac{115\% + 90\% + 100\%}{3} = \frac{305\%}{3} = 101.67\%$$

简单调和平均指数：

$$\bar{k}_q = \frac{n}{\sum \frac{1}{k_q}} = \frac{3}{\frac{1}{120\%} + \frac{1}{85\%} + \frac{1}{110\%}} = 102.78\%$$

$$\bar{k}_p = \frac{n}{\sum \frac{1}{k_p}} = \frac{3}{\frac{1}{115\%} + \frac{1}{90\%} + \frac{1}{100\%}} = 100.65\%$$

简单几何平均指数：

$$\bar{k}_q = \sqrt[n]{\prod \frac{q_1}{q_0}} = \sqrt[3]{120\% \times 85\% \times 110\%} = 103.91\%$$

$$\bar{k}_p = \sqrt[n]{\prod \frac{p_1}{p_0}} = \sqrt[3]{115\% \times 90\% \times 100\%} = 101.15\%$$

9.3.2 加权平均数指数的编制

加权平均数指数的基本形式有两种：一是加权算术平均数指数，二是加权调和平均数指数。

1. 加权算术平均数指数

加权算术平均数指数，是以个体指数为变量值，以一定时期的总值指标为权数，对个体指数加权算术平均以计算总指数的一种方法。加权算术平均数指数多用于数量指标指数的编制，权数多为基期总值指标。

编制销售量总指数，一般采用拉氏物量指数公式 $\bar{K}_q = \frac{\sum q_1 p_0}{\sum q_0 p_0}$，但公式中的分母已知，而分子未知，无法直接运用该公式计算销售量总指数，需将公式变形使用。

公式中 k_q 为各种商品的销售量个体指数，即

$$k_q = \frac{q_1}{q_0} \Rightarrow q_1 = k_q \cdot q_0$$

则有

$$\bar{K}_q = \frac{\sum q_1 p_0}{\sum q_0 p_0} = \frac{\sum k_q q_0 p_0}{\sum q_0 p_0} \qquad (9\text{-}17)$$

同理,拉氏价格指数公式：

$$\bar{K}_p = \frac{\sum p_1 q_0}{\sum p_0 q_0}$$

$$k_p = \frac{p_1}{p_0} \Rightarrow p_1 = k_p \cdot p_0 \Rightarrow \bar{K}_p = \frac{\sum p_1 q_0}{\sum p_0 q_0} = \frac{\sum k_p p_0 q_0}{\sum p_0 q_0} \qquad (9\text{-}18)$$

编制数量指标综合指数时,如果将 $q_0 p_0$ 等同于权数 f,将 k_q 等同于变量值 x,那么,$\frac{\sum k_q q_0 p_0}{\sum q_0 p_0}$ 实际上与加权算术平均数 $\frac{\sum xf}{\sum f}$ 形式相似,同理,编制质量指标综合指数时,如果将 $p_0 q_0$ 等同于 f,将 k_p 等同于 x,那么,$\frac{\sum k_p p_0 q_0}{\sum p_0 q_0}$ 实际上就是加权算术平均数 $\frac{\sum xf}{\sum f}$ 形式相似,这是一种加权算术平均数形式的指数。个体指数 k_q 或 k_p 是变量值,$q_0 p_0$ 是权数,所以用该公式计算总指数的方式称为加权算术平均法。由此可知,在权数为 $q_0 p_0$ 的情况下,加权算术平均数指数是拉氏综合指数的变形。

编制价格总指数,一般采用派氏物价指数公式 $\bar{K}_p = \frac{\sum p_1 q_1}{\sum p_0 q_1}$,但公式中的分子已知,分母未知,无法直接用该公式计算价格总指数,需将公式变形使用。

公式中 k_p 为各种商品的个体指数,即：

$$k_p = \frac{p_1}{p_0} \Rightarrow p_0 = \frac{p_1}{k_p}$$

则有：

$$\bar{K}_p = \frac{\sum p_1 q_1}{\sum p_0 q_1} = \frac{\sum p_1 q_1}{\sum \frac{p_1 q_1}{k_p}} \qquad (9\text{-}19)$$

同理,派氏数量指数公式 $\bar{K}_q = \frac{\sum q_1 p_1}{\sum q_0 p_1}$

$$k_q = \frac{q_1}{q_0} \Rightarrow q_0 = \frac{q_1}{k_q} \Rightarrow \bar{K}_q = \frac{\sum q_1 p_1}{\sum q_0 p_1} = \frac{\sum p_1 q_1}{\sum \frac{p_1 q_1}{k_q}} \qquad (9\text{-}20)$$

编制质量指标综合指数时,如果将 $p_1 q_1$ 等同于权数 m,将 k_p 等同于变量值 x,那么,$\frac{\sum p_1 q_1}{\sum \frac{p_1 q_1}{k_p}}$ 实际上与加权调和平均数 $\frac{\sum m}{\sum \frac{m}{x}}$ 形式相似,同理,编制数量指标综合指数时,如

果将 p_1q_1 等同于权数 m，将 k_q 等同于变量值 x，那么，$\dfrac{\sum p_1q_1}{\sum \dfrac{p_1q_1}{k_q}}$ 实际上与加权调和平均数 $\dfrac{\sum m}{\sum \dfrac{m}{x}}$ 形式相似，这是一种加权调和平均数形式的指数。个体指数 k_p 或 k_q 是变量值，p_1q_1 是权数，所以称这种方法为加权调和平均法。由此可知，在权数为 p_1q_1 的情况下，加权调和平均数指数是派氏综合指数的变形。

【例 9-5】 某公司三种商品基期和报告期商品销售量和销售价格资料如表 9-5 所示，试计算三种商品销售量总指数。

表 9-5 某公司三种商品销售情况及销售量指数计算表

商品名称	计量单位	销售量 q			基期销售额 p_0q_0	$k_q \cdot q_0 p_0$
		基期 q_0	报告期 q_1	个体指数 k_q /%		
甲	件	420	504	120%	33 600	40 320
乙	台	160	136	85%	8 000	6 800
丙	千克	240	264	110%	9 600	10 560
合计	—	—	—	—	51 200	57 680

根据上表资料，三种商品销售量总指数为

$$\bar{K}_q = \frac{\sum k_q q_0 p_0}{\sum q_0 p_0} = \frac{57\ 680}{51\ 200} = 112.66\%$$

$$\sum k_q q_0 p_0 - \sum q_0 p_0 = 57\ 680 - 51\ 200 = 6\ 480(元)$$

计算结果与前面的拉氏综合指数结果完全一致，经济内容也完全一致，只是采用的公式及利用资料不同。从上例可知，当已知商品个体指数及特定权数为基期总值指标 q_0p_0 时，可用综合指数的变形形式加权算术平均数指数计算总指数，其结果的实际意义与综合指数的相同。加权算术平均数指数即可以使用全面资料，也可以使用非全面资料。

2. 加权调和平均数指数

加权调和平均数指数，是以个体指数为变量值，以一定时期的总值指标为权数，对个体指数加权调和平均以计算总指数的一种方法。加权调和平均数指数多用于质量指标指数的编制，权数多为计算期总值指标。

【例 9-6】 某公司三种商品基期和报告期商品销售量和销售价格资料如表 9-6 所示，试计算三种商品价格总指数。

根据上表的资料，三种商品价格总指数为

$$\bar{K}_p = \frac{\sum p_1 q_1}{\sum \dfrac{p_1 q_1}{k_p}} = \frac{63\ 048}{57\ 680} = 109.31\%$$

$$\sum p_1q_1 - \sum \frac{p_1q_1}{k_p} = 63\,048 - 57\,680 = 5\,368(元)$$

表 9-6　某公司三种商品销售情况及价格指数计算表

商品名称	计量单位	价格 p			报告期销售额 p_1q_1	$\dfrac{p_1q_1}{k_p}$
		基期/元 p_0	报告期/元 p_1	个体指数 $k_p/\%$		
甲	件	80	92	115%	46 368	40 320
乙	台	50	45	90%	6 120	6 800
丙	千克	40	40	100%	10 560	10 560
合计	—	—	—	—	63 048	57 680

计算结果与前面的派氏综合指数结果是完全一样,经济内容也完全一致,只是采用的公式及利用的资料不同。从上例中可知,当已知商品个体指数及特定权数为报告期总值指标 p_1q_1 时,可用综合指数的变形形式加权调和平均法计算总指数,其结果的实际意义与综合指数的相同。加权调和平均数指数即可以使用全面资料,也可以使用非全面资料。

但在实际应用中,综合指数和平均数指数二者条件不一致,综合指数一般用全面资料,平均数指数一般用非全面资料。

3. 固定权数加权算术平均数指数

固定权数平均数指数是以指数化因素的个体指数为基础,使用固定权数对个体指数或类指数进行加权平均计算的一种总指数。所谓固定权数是指加权平均法计算中的权数用比重的形式固定下来,一段时间内不作变动,固定使用的权数。

从理论上讲,固定权数加权平均数指数也应有固定权数加权算术平均数指数和固定权数加权调和平均数指数之分,但在实际应用中极少采用固定权数加权调和平均数指数,故在这里仅介绍固定权数加权算术平均数指数。其计算公式为

$$\bar{K} = \frac{\sum k\omega}{\sum \omega} \tag{9-21}$$

式中:k——个体(类)指数;

　　　ω——固定权数。

在我国统计实际业务中,各种物价指数常用固定权数加权算术平均数指数编制。现以我国零售物价指数为例,说明固定权数加权算术平均数指数的应用。

我国商品零售物价指数是在商品分类的基础上编制的。其一般做法是:首先,将全部零售商品分成若干个大类,在每个大类下分若干中类,中类下分为若干个小类,再在各小类下选出若干代表规格品。其次,根据家计调查(居民家庭抽样调查)或统计报表资料结合社会商品零售额统计资料,计算各类商品零售额在社会商品零售总额中所占比重 $\omega\left(\omega = \dfrac{p_0q_0}{\sum p_0q_0}\right)$ 作权数并将其固定下来,若干年不变。再次,根据调查取得选出的代表

规格品价格资料,计算不同层次的价格个体(类)指数。最后,用固定权数加权算术平均数指数计算全部商品零售物价总指数。

【例 9-7】 某年某市各类商品的价格个体指数及固定权数资料如表 9-7 所示,求综合指数。

表 9-7　某年某市居民消费价格指数计算表

商品类型	个体指数 k_p/%	固定权数 ω/%	$k_p\omega$/‰
一、食品烟酒	107.0	29.72	3 180.040
二、衣着	101.6	8.45	858.520
三、居住	101.4	20.00	2 028.000
四、生活用品及服务	100.9	4.73	477.257
五、交通和通信	98.3	10.48	1 030.184
六、教育文化和娱乐	102.2	14.07	1 437.954
七、医疗保健	102.4	10.34	1 058.816
药品及医疗器具	103.6	40.00	4 144.000
医疗服务	101.6	60.00	6 096.000
八、其他用品和服务	103.4	2.21	228.514
合计	—	100.00	10 299.285

医疗保健类个体指数:

$$\bar{K}_p = \frac{\sum k_p \omega}{\sum \omega} = \frac{4\ 144 + 6\ 096}{10\ 000} = 102.4\%$$

该市居民消费价格指数:

$$\bar{K}_p = \frac{\sum k_p \omega}{\sum \omega} = \frac{10\ 299.285}{10\ 000} = 102.99\%$$

9.3.3　综合指数与平均数指数的关系

1. 综合指数与平均数指数的区别

(1) 出发点不同。综合指数是从总量的因素分解出发,先确定同度量因素,把不同度量的总体过渡成为同度量的总体,然后固定同度量因素不变,以测定另一个因素的变动情况。而平均数指数则是从个体指数出发,对个体指数进行不同加权平均,避开了总体内各要素的量不能直接加总对比的问题。综合指数法的关键问题是同度量因素及时期选择问题,而平均法指数的主要问题是权数的选择及加权公式的确定问题。

(2) 对资料的要求及经济内容不同。综合指数要求一一对应的全面原始资料,其结果的经济意义十分明显,即可说明现象变动的方向和程度,也可说明现象变动所产生的实际效果。平均数指数可使用代表性资料、抽查资料等非全面资料,权数可用现成资料或比重权数资料等计算总指数,灵活简便,但其结果一般只能说明现象变动的方向和程度,而不能说明现象变动所产生的实际效果。

2. 综合指数与平均数指数的联系

（1）在理论上有变形（依存）关系。从纯数学理论出发,平均数指数恒等于综合指数,是从综合指数变形而来的。在实际应用中采用何种公式主要依据编制指数的目的和占有的原始资料而定,总指数的常用计算公式如表 9-8 所示。

表 9-8 总指数的常用计算公式

总指数		数量指数	质量指数
综合指数	拉式指数	$\bar{K}_q = \dfrac{\sum q_1 p_0}{\sum q_0 p_0}$	$\bar{K}_p = \dfrac{\sum p_1 q_0}{\sum p_0 q_0}$
	派氏指数	$\bar{K}_q = \dfrac{\sum q_1 p_1}{\sum q_0 p_1}$	$\bar{K}_p = \dfrac{\sum p_1 q_1}{\sum p_0 q_1}$
平均数指数	加权算术平均数指数	$\bar{K}_q = \dfrac{\sum k_q q_0 p_0}{\sum q_0 p_0}$	$\bar{K}_p = \dfrac{\sum k_p q_0 p_0}{\sum q_0 p_0}$
	加权调和平均数指数	$\bar{K}_q = \dfrac{\sum p_1 q_1}{\sum \dfrac{p_1 q_1}{k_q}}$	$\bar{K}_p = \dfrac{\sum p_1 q_1}{\sum \dfrac{p_1 q_1}{k_p}}$

（2）在资料口径完全一致时,二者的计算结果及经济内容完全相同。

9.3.4 统计指数编制时应注意的基本问题

从统计指数编制的基本方法来看,编制统计指数需要考虑代表项目选择、基期的选择、权数确定及计算公式四个要素,这四个要素确定是否科学与合理,将直接影响到统计指数功能的发挥。

1. 代表性规格品的选择

指数主要是用于反应现象的综合变化程度,因而应以总体的全面数据资料作为计算依据。实际应用中,将总体包含的全部项目都计算在内往往是不可能或是不必要的,统计指数编制所依据的几乎均为样本数据。例如,在编制物价指数时,由于市场上的商品成千上万,等级、规格、品牌、花色、样式纷繁复杂,若要将全部商品价格都包含在内显然是不可能的,因此,要科学地选择部分具有代表性的商品,据此来编制物价指数,以反映价格的实际变动情况。这样,代表性规格品的选择是否科学与合理,是决定指数准确性的一个重要前提。一般而言,除数据本身的准确性外,由选择的代表性项目构成的样本还应具备以下要求：第一,充分性,即样本容量应足够大。第二,代表性,即要求样本能充分反映总体的性质。第三,可比性,即要求在不同时间或空间上,用于对比的各样本项目在定义、计算口径、计算方法、计量单位等方面保持一致。

2. 基期的选择

指数是反映研究对象某一属性变动的相对数,计算时就存在着作为比较基础时期(也即基期)的选择问题。指数基期的选择通常由计算指数的预期目的和用途决定的,应使编制的指数具有现实的经济意义。为此,选择基期时应注意以下要求:

(1)要服从指数编制的具体目的和要求。如为观测研究对象的连续变化,基期可以选择为计算期的前一期,计算环比指数;如为表明研究对象变动的长期趋势,则可选择固定基期,计算定基指数;如为了某一特定研究的需要,可选择特定基期作为对比的基础;如为消除对比中的季节变动影响,可以以往年同期作为基期。

(2)报告期距基期的时间间隔长短应适当。报告期距基期的时间间隔应根据所研究现象的特点和研究目的而定。通常,研究对象波动性较大,发展变化较快时,基期选择的时距要相对短些;若研究对象的波动相对稳定,基期选择的时距就可以相对长些;有时还可以选择某一时段作为基期,取该时段的平均值作为基期取值。

(3)在观测研究对象的长期变动趋势和规律时,应选择研究对象比较稳定的正常时期或典型时期作为基期。这样能代表研究对象发展的正常状态或典型状态。为保持对比结果的现实意义,应力求按适当的时间间隔,定期更换基期。

3. 权数的确定

权数是衡量各项目指数化因素的变动对总指数变动影响作用的统计指标,关系到指数的代表性和准确性问题。在综合指数法中,权数和同度量因素是统一的。同度量因素一方面起着权衡各项指数化因素变动重要性的作用,另一方面起着将不能直接相加的代表项目的指数化因素过渡到可相加的指数化因素的媒介作用。在平均数指数中,权数仅起着权衡轻重的作用。在指数编制的实践中,选择权数应注意以下问题:

(1)权数应根据现象之间的内在联系来确定。例如,为了反映多种产品数量的综合变动情况,需要将它们综合后再对比,但由于不同的产品其使用价值和计量单位不同,不能直接进行加总,这就需要借助于同度量因素将不能直接加总的产品转化为可以直接加总的量,同时也对所计算的产品项目起到加权作用。

(2)权数形式的选择要取决于客观具备的资料条件。权数的形式主要有相对数和绝对数,如我国早期在编制农村零售物价指数时,在当时的条件下,根据农村住户调查,取得消费支出资料,从而权数是相对数消费支出结构;而在编制股票价格指数时,由于市场资料易于取得,因此可用绝对数发行量或流通量作为权数。

(3)权数时期的选择要考虑到计算结果的实际经济意义。权数时期选择是报告期还是固定时期,取决于计算指数的预期目的和所研究现象的特点。权数时期选择不同,会产生不同的计算结果,则指数的实际意义也会不同。

4. 公式的选择

统计指数编制方法主要有简单指数法、综合指数法和平均数指数法三种。每种指数编制方法又包括若干计算公式。因此,具体选择哪一种编制方法,选择哪个计算公式,使编制的统计指数保持最理想的质量,是统计指数理论研究的基本问题。

选择编制指数的公式,就涉及选择公式的依据问题。根据国内外统计指数编制实践,

下列要求可以作为选择编制公式的参考和借鉴:

(1) 应以加权指数公式为基本形式。在统计指数的编制中,如果不同代表项目的指数化因素变化对研究对象整体变化影响力不同,则应尽量创造条件,采用加权指数法。目前,国内外物价总指数编制中,简单指数法已基本被排除,但是在类指数编制中,有时限于客观条件,不能采用加权指数法计算,就仍保留简单指数计算方法。

(2) 在选择指数编制公式时,应考虑指数具体占有资料的情况。例如,在计算股票价格指数时,由于股票交易完全通过电子系统进行,每一笔交易的价格、数量都有详细的记录,因此其编制公式的选择范围就比较广,从国际上的实践情况来看,有简单算术平均指数法、简单几何平均指数法、派氏指数法、拉氏指数法等。

(3) 在具有同一资料的条件下,选择的指数编制公式,应力求使计算的结果具有充分的经济意义;在具有不同资料的条件下,要正确和合理地使用所选择的公式,以保证计算结果的最佳效果。

9.4 指数体系及因素分析

在现实生活中,不仅需要确定个体指数的计算方法,更重要的是要确定几个指数组成的指数体系,利用指数体系可以分析社会经济现象各种因素的变动,以及它们对总体发生作用的影响程度。

9.4.1 指数体系的概念和作用

1. 指数体系的概念

社会经济现象之间的相互联系、相互影响的关系是客观存在的,有些社会经济现象总体是受两个或两个以上的因素影响,这三个(或三个以上)因素在经济意义和数量上都存在着广泛的联系。例如:

$$销售额=销售量\times 销售价格$$
$$总成本=产量\times 单位成本$$
$$工资总额=职工人数\times 平均工资$$

如果将这些数量关系的报告期水平除以基期水平,即将这些静态联系推广到动态上,即有如下指数体系:

$$销售额指数=销售量指数\times 销售价格指数$$
$$总成本指数=产量指数\times 单位成本指数$$
$$工资总额指数=职工人数指数\times 平均工资指数$$

这种数量对等关系也表现在绝对数之间。即:

销售额实际增减额=销售量变动的影响额+价格变动的影响额
总成本实际增减额=产量变动的影响额+单位成本变动的影响额
工资总额实际增减额=职工人数变动的影响额+平均工资变动的影响额

这种由三个或三个以上有联系的指数所组成的数学关系式就是指数体系。

在统计分析中,将三个或三个以上具有内在联系即经济上有联系、数量上保持一定对等关系的统计指数所构成的整体称为指数体系。指数体系一般保持两个对等关系,一是各影响因素指数的连乘积等于总变动指数;二是各因素对总额变动影响差额的总和等于实际发生的总差额。

2. 指数体系的作用

统计指数体系具有科学的依据、客观的联系、简便的等式,在统计工作和经济活动中起着重要的作用。

(1) 可以作因素分解。指数体系是经济量分解成几个因素构成的等式,从等式可以看出受哪些因素影响,还可以依据指数体系进一步计算、测定各因素影响的方向和程度。

(2) 可进行指数间的相互推算。指数体系表现为一个数量对等的关系式,根据已经掌握的若干个指数,可以依据其组成的体系等式,推算出体系中的某一个未知指数。

(3) 用综合指数编制总指数时,指数体系也是确定同度量因素时期的根据之一。因为指数体系是进行因素分析的根据,要求各指数之间在数量上保持一定的联系。因此,编制产品产量指数时,如用基期价格作同度量因素,则编制产品价格指数时就必须用报告期的产品产量作为同度量因素;如果编制产品产量指数用报告期价格作为同度量因素,则编制产品价格指数时就必须用基期的产品产量作为同度量因素。

9.4.2 指数体系因素分析

1. 因素分析法概念和分类

因素分析是指利用指数体系从数量上分析复杂经济现象总变动中各个因素变动的影响方向、影响程度和绝对额的一种统计分析方法。例如,用指数体系来分析价格、销售量的变动对销售额的影响;分析工资水平、工人结构、工人总数的变动对工资总额的影响等。

(1) 按分析对象包含的因素多少可分为两因素分析和多因素分析。两因素分析是指研究对象仅包含两个因素的变动分析,它是因素分析的基本方法。如销售额受销售价格和销售量的影响分析。多因素分析是指研究对象包含有三个以上因素变动的分析。如原材料费用总额受生产量、单位产品原材料消耗量、单位原材料价格的影响。

(2) 按分析的指标种类不同可分为总量指标因素分析和平均指标因素分析。总量指标因素分析是指对总量指标变动中各影响因素的影响方向和影响程度的分析。如对产值变动中产量、出厂价格变动影响的分析。平均指标因素分析就是对平均指标变动中各影响因素、影响方向和影响程度的分析。如同一单位不同时期职工平均工资受各类职工工资水平和职工人数构成因素影响的分析。

2. 经济关系式确定

在进行因素分析的时候,必须列出正确的经济关系式。要合理地安排各因素的顺序。

(1) 一般按先数量指标后质量指标的顺序,同时把具有双重身份的指标放在中间进行排序,并使相邻两个因素的乘积具有现实的经济意义。

(2) 要相对地确定数量指标与质量指标。在多因素的场合中,判断数量指标和质量指标要相对地看,要把有关指标放到一定的经济联系中去比较鉴别。

（3）要相对地固定同度量因素。因素分析最关键的是确定同度量因素的时期。在观察和分析质量指标变动影响时,应把相关的数量指标固定在报告期,而在观察和分析数量指标变动影响时,应把相关的质量指标固定在基期。

上述指数体系,按编制综合指数的一般原理,可以形成：

$$\frac{\sum p_1 q_1}{\sum p_0 q_0} = \frac{\sum p_0 q_1}{\sum p_0 q_0} \times \frac{\sum p_1 q_1}{\sum p_0 q_1} \tag{9-22}$$

$$\left(\sum p_1 q_1 - \sum p_0 q_0\right) = \left(\sum p_0 q_1 - \sum p_0 q_0\right) + \left(\sum p_1 q_1 - \sum p_0 q_1\right) \tag{9-23}$$

3. 总量指标因素分析

（1）总量指标的两因素分析。现以实例说明总量指标两因素分析的方法。

【例 9-8】 某企业三种产品的资料如表 9-9 所示,要求据此分析产品产量、单位产品成本的变动对总成本的影响。

表 9-9 某企业总成本因素分析资料及计算表

产品名称	计量单位	产量 q		单位成本 z/元		总成本 zq/元		
		基期 q_0	报告期 q_1	基期 z_0	报告期 z_1	$q_0 z_0$	$q_1 z_1$	$q_1 z_0$
甲	台	3 260	4 180	200	230	652 000	961 400	836 000
乙	件	5 320	6 970	100	90	532 000	627 300	697 000
丙	千克	1 510	1 790	500	550	755 000	984 500	895 000
合计	—					1 939 000	2 573 200	2 428 000

第一,进行因素分解：总成本＝产量×单位成本

第二,写出各因素的指数：

$$总成本指数 = \frac{\sum q_1 z_1}{\sum q_0 z_0}$$

$$产量指数 = \frac{\sum q_1 z_0}{\sum q_0 z_0}$$

$$单位成本指数 = \frac{\sum q_1 z_1}{\sum q_1 z_0}$$

第三,建立指数体系：总成本指数＝产量指数×单位成本指数

$$\frac{\sum q_1 z_1}{\sum q_0 z_0} = \frac{\sum q_1 z_0}{\sum q_0 z_0} \cdot \frac{\sum q_1 z_1}{\sum q_1 z_0}$$

第四,进行绝对量分解

$$\left(\sum q_1 z_1 - \sum q_0 z_0\right) = \left(\sum q_1 z_0 - \sum q_0 z_0\right) + \left(\sum q_1 z_1 - \sum q_1 z_0\right)$$

具体分析如下：
三种产品总成本变动为

$$总成本指数 = \frac{\sum q_1 z_1}{\sum q_0 z_0}$$

$$= \frac{2\,573\,200}{1\,939\,000}$$

$$= 132.71\%$$

$$总成本变动额 = \sum q_1 z_1 - \sum q_0 z_0$$

$$= 2\,573\,200 - 1\,939\,000$$

$$= 634\,200(元)$$

计算结果表明三种产品的总成本报告期比基期增长 32.71%，在绝对数上增加 634 200 元。

各因素的影响情况：
三种产品产量变动及影响程度为

$$产量总指数 = \frac{\sum q_1 z_0}{\sum q_0 z_0}$$

$$= \frac{2\,428\,000}{1\,939\,000}$$

$$= 125.22\%$$

$$产量变动对总成本的影响额 = \sum q_1 z_0 - \sum q_0 z_0$$

$$= 2\,428\,000 - 1\,939\,000$$

$$= 489\,000(元)$$

计算结果表明三种产品的产量报告期比基期增长 25.22%，由此导致总成本增加 489 000 元。

三种产品出厂价格变动及影响程度为

$$单位成本总指数 = \frac{\sum q_1 z_1}{\sum q_1 z_0}$$

$$= \frac{2\,573\,200}{2\,428\,000}$$

$$= 105.98\%$$

$$单位成本变动对总成本的影响额 = \sum q_1 z_1 - \sum q_1 z_0$$

$$= 2\,573\,200 - 2\,428\,000$$

$$= 145\,200(元)$$

计算结果表明三种产品的单位成本报告期比基期增长 5.98%，由此导致总成本增加 145 200 元。

用指数体系反映：

在相对数上：132.71％＝125.22％×105.98％

在绝对数上：(2 573 200－1 939 000)＝(2 573 200－2 428 000)＋(2 428 000－1 939 000)

$\qquad$ 634 200＝145 200＋489 000

由此可见，由于三种产品产量报告期比基期上升25.22％，使总成本增加489 000元；又由于三种产品单位成本报告期比基期上升5.98％，使总成本增加145 200元。两者共同作用的结果，三种产品的总成本报告期比基期上升32.71％，总成本增加634 200元。

(2) 总量指标的多因素分析步骤：

第一，进行因素分解：

$$原材料费用总额＝生产量×单位产品原材料消耗量×单位原材料价格$$
$$＝q\times m\times p$$

第二，相对数分析

原材料费用总额指数＝产量指数×单位产品原材料消耗量指数×单位原材料价格指数

$$\frac{\sum q_1 m_1 p_1}{\sum q_0 m_0 p_0}=\frac{\sum q_1 m_0 p_0}{\sum q_0 m_0 p_0}\times\frac{\sum q_1 m_1 p_0}{\sum q_1 m_0 p_0}\times\frac{\sum q_1 m_1 p_1}{\sum q_1 m_1 p_0} \qquad (9-24)$$

第三，绝对数分析

$$\left(\sum q_1 m_1 p_1-\sum q_0 m_0 p_0\right)=\left(\sum q_1 m_0 p_0-\sum q_0 m_0 p_0\right)+$$
$$\left(\sum q_1 m_1 p_0-\sum q_1 m_0 p_0\right)+ \qquad (9-25)$$
$$\left(\sum q_1 m_1 p_1-\sum q_1 m_1 p_0\right)$$

4. 平均指标的因素分析

加权算术平均数 $\bar{x}=\dfrac{\sum xf}{\sum f}=\sum x\left(\dfrac{f}{\sum f}\right)$ 受两个因素的影响：一是各组水平 x，二是各组结构 $\dfrac{f}{\sum f}$。如果平均指标发生变化 $\left(\dfrac{\bar{x}_1}{\bar{x}_0}\right)$，显然是 x 和 $\dfrac{f}{\sum f}$ 变动的结果。因此，可以采用类似前面总量指标两因素分析的方法对平均指标的变动作因素分析，即利用指数体系从各组水平 x 和各组结构 $\dfrac{f}{\sum f}$ 的变动对平均指标变动的影响情况进行分析。

平均指标的变动也就是平均指标指数，又称为可变构成指数，它反映平均指标的实际变动方向和程度。记为

$$可变构成指数=\frac{\sum x_1 f_1}{\sum f_1}\bigg/\frac{\sum x_0 f_0}{\sum f_0} \qquad (9-26)$$

$\left(\dfrac{\sum x_1 f_1}{\sum f_1}-\dfrac{\sum x_0 f_0}{\sum f_0}\right)$ 表示平均指标增加或减少的数额。

为了分析各组水平 x 和各组结构 $\dfrac{f}{\sum f}$ 两因素的变动对平均指标变动的影响情况，

每次分别固定一个因素,考虑另一个因素的变化。

首先,分析各组水平 x 的变动对平均指标变动的影响,这时将各组结构 $\dfrac{f}{\sum f}$ 固定在报告期,由此得到的指数称为固定构成指数,它反映了各组水平 x 的变动方向和程度。记为

$$\text{固定构成指数} = \dfrac{\sum x_1 f_1}{\sum f_1} \Big/ \dfrac{\sum x_0 f_1}{\sum f_1}, \tag{9-27}$$

$\left(\dfrac{\sum x_1 f_1}{\sum f_1} - \dfrac{\sum x_0 f_1}{\sum f_1}\right)$ 表示由于各组水平变动而使平均指标变化的数额。

其次,分析各组结构 $\dfrac{f}{\sum f}$ 的变动对平均指标变动的影响,这时将各组水平固定在基期,由此得到的指数称为结构影响指数。记为

$$\text{结构影响指数} = \dfrac{\sum x_0 f_1}{\sum f_1} \Big/ \dfrac{\sum x_0 f_0}{\sum f_0} \tag{9-28}$$

$\left(\dfrac{\sum x_0 f_1}{\sum f_1} - \dfrac{\sum x_0 f_0}{\sum f_0}\right)$ 表示由于各组结构变动而使平均指标变化的数额。

上述三个指数在相对数上构成下列等式:

可变构成指数＝固定构成指数×结构影响指数。即:

$$\dfrac{\dfrac{\sum x_1 f_1}{\sum f_1}}{\dfrac{\sum x_0 f_0}{\sum f_0}} = \dfrac{\dfrac{\sum x_1 f_1}{\sum f_1}}{\dfrac{\sum x_0 f_1}{\sum f_1}} \cdot \dfrac{\dfrac{\sum x_0 f_1}{\sum f_1}}{\dfrac{\sum x_0 f_0}{\sum f_0}} \tag{9-29}$$

绝对量上存在如下等式:

$$\dfrac{\sum x_1 f_1}{\sum f_1} - \dfrac{\sum x_0 f_0}{\sum f_0} = \left(\dfrac{\sum x_1 f_1}{\sum f_1} - \dfrac{\sum x_0 f_1}{\sum f_1}\right) + \left(\dfrac{\sum x_0 f_1}{\sum f_1} - \dfrac{\sum x_0 f_0}{\sum f_0}\right) \tag{9-30}$$

由此可知,可变构成指数、固定构成指数与结构影响指数组成一个指数体系。称之为平均指标指数体系。

【例 9-9】 某公司三个车间员工工资情况如表 9-10 所示。要求:分析员工工资水平和员工结构的变动对总平均工资的影响。

(1) 总平均工资的变动如下:

$$\text{可变构成指数} = \dfrac{\dfrac{\sum x_1 f_1}{\sum f_1}}{\dfrac{\sum x_0 f_0}{\sum f_0}} = \dfrac{\dfrac{4\,923\,000}{1\,110}}{\dfrac{4\,700\,000}{1\,150}} = \dfrac{4\,435.14}{4\,086.96} = 108.52\%$$

表 9-10 某公司员工工资情况表

名称	人数/人		月平均工资/元		工资总额/元		
	基期 f_0	报告期 f_1	基期 x_0	报告期 x_1	$x_0 f_0$	$x_1 f_1$	$x_0 f_1$
一车间	400	480	3 500	3 900	1 400 000	1 872 000	1 680 000
二车间	450	450	4 000	4 500	1 800 000	2 025 000	1 800 000
三车间	300	180	5 000	5 700	1 500 000	1 026 000	900 000
合计	1 150	1 110	—	—	4 700 000	4 923 000	4 380 000

$$\frac{\sum x_1 f_1}{\sum f_1} - \frac{\sum x_0 f_0}{\sum f_0} = 4\ 435.14 - 4\ 086.96 = 348.18(元)$$

计算结果表明该企业全体职工的月平均工资报告期比基期上升 8.52%，人均增加 348.18 元。

(2) 总平均工资受各因素影响的情况如下：

$$固定构成指数 = \frac{\dfrac{\sum x_1 f_1}{\sum f_1}}{\dfrac{\sum x_0 f_1}{\sum f_1}} = \frac{\dfrac{4\ 923\ 000}{1\ 110}}{\dfrac{4\ 380\ 000}{1\ 110}} = \frac{4\ 435.14}{3\ 945.95} = 112.40\%$$

$$\frac{\sum x_1 f_1}{\sum f_1} - \frac{\sum x_0 f_1}{\sum f_1} = 4\ 435.14 - 3\ 945.95 = 489.19(元)$$

计算结果表明由于各组工资上涨 12.40%，而使工资人均增加 489.19 元。

$$结构影响指数 = \frac{\dfrac{\sum x_0 f_1}{\sum f_1}}{\dfrac{\sum x_0 f_0}{\sum f_0}} = \frac{\dfrac{4\ 380\ 000}{1\ 110}}{\dfrac{4\ 700\ 000}{1\ 150}} = \frac{3\ 945.95}{4\ 086.96} = 96.55\%$$

$$\frac{\sum x_0 f_1}{\sum f_1} - \frac{\sum x_0 f_0}{\sum f_0} = 3\ 945.95 - 4\ 086.96 = -141.01(元)$$

计算结果表明由于职工人数结构变动使工资下降 3.45%，而使工资人均减少 141.01 元。

(3) 用指数体系反映：

在相对数上：108.52% = 112.40% × 96.55%

在绝对数上：(4 435.14 − 4 086.96) = (4 435.14 − 3 945.95) + (3 945.95 − 4 086.96)

348.18 = 489.19 + (−141.01)

上式表明公司员工的总平均工资提高 8.52%，增加 348.18 元。这是由于各车间员工工资水平发生变化，使平均工资上调 12.40%，使员工的工资水平平均增加了 489.19 元；由于各车间员工人数结构发生变化，使平均工资下降了 3.45%，使员工的工资水平平均下降了 141.01 元。

5. 指数体系中的因素推算

因素推算是根据已知因素推算未知因素。

【例 9-10】 某地区商品零售总额比上年增长 20%，商品零售价格上涨 11%，则可推断该地区销售量指数是多少？

$$商品销售额指数 = 商品销售量指数 \times 价格指数$$
$$(1+20\%) = 销售量指数 \times (1+11\%)$$
$$销售量指数 = \frac{120\%}{111\%} \times 100\% = 108.1\%$$

9.5 几种常用的价格指数

9.5.1 商品零售价格指数

商品零售价格指数(retail price index，RPI)是反映一定时期内城乡商品零售价格变动趋势和程度的相对数。商品零售价格的变动与国家的财政收入、市场供需的平衡、消费与积累的比例关系有关。因此，该指数可以从一个侧面对上述经济活动进行观察和分析。

我国商品零售价格指数具体编制过程如下：

1. 确定代表商品和代表规格品

国家统计局按照统一性和普遍性原则根据全国商品零售量大小，确定代表商品和代表规格品。按现行分类有食品、饮料烟酒、服装鞋帽、纺织品、中西药品、化妆品、书报杂志、文化体育用品、日用品、家用电器、首饰、燃料、建筑装潢材料、机电产品等十四个大类，国家规定 304 种必报商品。需要予以特别说明的是，从 1994 年起，国家、各省(区)和县编制的商品零售价格指数不再包括农业生产资料。各地可根据当地实际情况适当增加一些调查品种，但增选商品不得超过 45 种。代表规格品由各地根据实际情况确定，但选定的代表规格品必须具备以下特征：①零售量较大；②生产和销售前景较好；③价格变动趋势有代表性。各地必须根据市场商品供求变化情况，及时对代表规格品进行适当调整；调查采集中上档次代表规格品的价格。

2. 确定调查市、县和调查点

(1) 调查市、县的选择。采用抽样方法，按照经济区域和地区分布合理等原则，在全国抽选出具有代表性的大、中、小城市和县作为国家的调查市、县。目前在全国共抽选出 226 个市县作为国家的价格调查点，其中城市 146 个，县 80 个。为增强各地区价格指数的代表性，部分省(自治区、直辖市)如果需要增加调查市县，可参照抽样调查原则，结合当地实际情况，适当增选一定数量的中小城市和县进行调查，所需调查人员的编制和经费由当地政府负责解决。

(2) 调查点的选择。各市县调查队在对当地零售企业、农贸市场的经营品种、零售额等基本情况摸底调查的基础上，选择经营品种齐全、零售额大的中心市场、农贸市场作为价格调查点。对于同一规格品,大城市应选择3~4个价格调查点,小城市和县应选择2~3个价格调查点。每个大城市应选择3~5个农贸市场作为价格调查点,小城市和县应选择1~2个农贸市场作为价格调查点。

3. 价格调查方法

价格调查方法采用定人、定点、定时直接调查。代表规格品的调查日平均价格根据同日各调查点的价格简单平均计算;代表规格品的月度平均价格根据月内各调查日的平均价格简单平均计算;代表规格品的年度平均价格根据年内各月的平均价格简单平均计算。价格调查时如果商品的挂牌价格与实际成交价格不符,应采集实际成交价格;对于与居民生活密切相关、价格变动较频繁的商品,至少每5天调查一次价格;一般性商品每月调查采集2—3次价格;由国家控制价格的一些主要商品或价格相对稳定的商品,可视情况每月或每季调查采集一次价格;对规格等级复杂多变的商品,如果固定价格调查点无货,可以不受所选价格调查点的限制,采用辅助价格调查点的价格代替,如果辅助价格调查点也无货,可用其他商店或农贸市场同种代表规格品的价格替代或用近似规格品的价格上涨率推算。

4. 确定权数

商品零售价格指数的大类权数根据批发零售贸易统计中的相关资料计算,具体商品的权数根据典型调查资料推算,并参考居民消费价格指数中的相关权数进行调整。商品零售价格指数的权数每3年调整一次,其中鲜菜、鲜果品种间的权数每月调整一次。全省(自治区、直辖市)城市权数根据样本市相应类别及商品的权数按各样本市相应类别及商品的零售额加权计算。全省(自治区、直辖市)农村权数根据抽中县相应类别及商品的权数简单平均计算。全省(自治区、直辖市)权数根据全省(自治区、直辖市)城乡相应类别及商品的权数按城乡相应类别及商品的零售额加权计算。全国城市权数根据各省(自治区、直辖市)城市相应类别及商品的权数按各自相应类别及商品的零售额加权计算。全国农村权数根据各省(自治区、直辖市)农村相应类别及商品的权数按各自相应类别及商品的零售额加权计算。全国权数根据全国城乡相应类别及商品的权数按城乡相应类别及商品的零售额加权计算。

5. 确定计算公式

我国目前商品零售价格指数的编制,是以实际调查的综合平均价格,按加权算术平均公式,经过加权逐级计算出来的。其计算公式为

$$\bar{K} = \frac{\sum k\omega}{\sum \omega}$$

式中:k——商品价格个体指数或各层的类指数;

ω——权数。

权数是根据社会商品零售总额中各类商品所占的比重确定的,具体来说是代表商品在小类、小类在大类、大类在零售总额中的比重来确定的。一种商品的综合平均价格是该商品在一定时期内的牌价、议价、市价的加权平均数。

9.5.2 居民消费价格指数

消费价格指数(consumer price index,CPI),是世界各国普遍编制的一种指数,我国称之为居民消费价格指数。它是度量消费商品及服务项目价格水平随着时间而变动的相对数,反映一定时期内居民所消费商品及服务项目价格水平的变动趋势和变动程度。

扩展阅读 9-2
您身边的统计指标:居民消费价格指数

$$CPI = \frac{一组固定商品按当期价格计算的价值}{一组固定商品按基期价格计算的价值} \times 100$$

采用的是固定权数,按加权算术平均指数公式计算,即:

$$\bar{K}_p = \frac{\sum k_p \omega}{\sum \omega}$$

式中:k_p——各种销售量的个体指数;

ω——固定权数。

我国居民消费价格指数中的权数,主要是根据全国城乡居民家庭各类商品和服务的消费支出的详细比重确定的,即根据居民家庭用于各种商品或服务的开支在所有消费商品或服务总开支中所占的比重来确定的。居民消费价格指数汇总计算方法采用链式拉式公式,编制月环比、月同比以及定基价格指数。所谓链式拉式公式则是在拉氏公式基础上采用定期更新权数和低层次分类指数几何平均的方法,克服了原来拉氏公式的不足,计算结果更为准确。

我国居民消费价格指数月度数据由国家统计局通过新闻发布的形式统一公布,公布形式包括国务院统一安排的新闻发布会和国家统计局官方网站的传播。

1. 我国居民消费价格指数的具体编制过程

(1)国家统计局和地方统计部门分级确定用于计算居民消费价格指数的商品和服务项目以及调查网点。国家统计局根据全国城乡居民家庭消费支出的抽样调查资料统一商品和服务项目类别,设置了食品、烟酒及用品、衣着、家庭设备用品及维修服务费、医疗保健及个人用品、交通和通信、娱乐教育文化用品及服务、居住等共八大类262个基本分类。2016年1月起,国家统计局根据五年一次基期轮换的规则,对居民消费价格指数构成分类及相应权重进行了调整,一是构成分类发生变化,改为食品烟酒、衣着、居住、生活用品及服务、交通和通信、教育文化和娱乐、医疗保健、其他用品和服务等八大类,二是各分类的权重有了变化。本轮基期的居民消费价格指数调查目录与上一轮基期相比,调查目录中仅有衣着、居住、交通和通信三个大类的商品和服务项目名称没有发生变化,其余五个大类的商品和服务项目名称与上一轮基期相比均有所不同。居民消费价格指数调查目录的变化主要有以下几个特点。一是调查目录中商品和服务项目合并。本轮基期根据《居民消费支出分类(2013)》调查目录中的"食品烟酒",取代了上一轮基期的"食品"、"烟酒及用品"。其中"食品"的内涵发生了一些变化,本轮基期分类中的"食品"除了成为"食品烟酒"大类下的中类外,"在外餐饮"和"茶及饮料"不再归类在"食品"中类中。二是调查目录三类商品和服务项目被分解,并产生新的商品和服务类别。国家统计局对上一轮基期的

"医疗保健和个人用品"、"娱乐教育文化用品及服务"和"家庭设备用品及维修服务"进行分解。其中"娱乐教育文化用品及服务"、"医疗保健和个人用品"的内涵与上一轮基期相比有所减少;"家庭设备用品及维修服务"虽然被分解了部分内容,但同时又增加了上一轮基期中的"医疗保健和个人用品"的部分内容。三是上述三大类商品和服务项目经过分解,产生了新的商品和服务项目大类,即"其他用品和服务"。四是部分商品和服务项目大类的内涵有所增加。为了能充分适应城乡居民消费支出结构的变化,一些城乡居民消费支出增长较快的商品和服务项目被纳入调查目录,如增加了"宠物及用品"、"养老服务"和"金融服务"等。

(2) 各省(自治区、直辖市)调查总队在当地抽选调查市县和价格调查点。目前我国抽选约 500 个市县,确定采集价格的调查网点,包括食杂店、百货店、超市、便利店、专业市场、专卖店、购物中心、农贸市场、服务消费单位等共 6.3 万个。价格调查点由调查市县自主选定,确定方法如下:首先,将所有调查网点分别以零售额和经营规模为标志,从高到低排队;然后,依据所需调查点数量进行等距抽样,并结合大小兼顾及分布合理的原则抽选。

(3) 按"定人、定点、定时"的方式,各省(自治区、直辖市)统计部门派调查员到调查网点现场采集价格。目前,分布全国 500 个调查市县的价格调查员共 4 000 人左右。价格采集频率因商品而异,对于居民消费价格指数中的粮食、猪牛羊肉、蔬菜等与居民生活密切相关、价格变动相对比较频繁的食品,每 5 天调查一次价格;对于服装鞋帽、耐用消费品、交通通信工具等大部分工业产品,每月调查 2~3 次价格;对水、电等政府定价项目,每月调查核实一次价格。

(4) 调查市县每月将调查的价格资料通过网络上报给省(自治区、直辖市)调查总队,经过审核后由调查总队在规定的时间内将数据上报到国家统计局。国家统计局和地方统计部门根据审核后的原始价格资料,计算单个商品或服务项目以及 262 个基本分类的价格指数。然后根据各类别相应的权数,再计算类别价格指数以及居民消费价格指数。

为更好地适应我国经济社会发展和城乡居民消费结构变化,切实保障居民消费价格指数计算的科学性和准确性,需要定期对居民消费价格指数调查方案进行例行调整,涉及对比基期、权数构成、调查网点和代表规格品。我国每五年进行一次居民消费价格指数基期轮换,将逢"5""0"的年份作为基期,在基期年选择"一篮子"商品和服务,五年保持不变。基期轮换时,需根据最新的居民消费结构调整调查目录、更新权数等。2021—2025 年,国家统计局编制的居民消费价格指数以 2020 年为基期,是参考联合国制定的《按目的划分的个人消费分类(COICOP)》与我国的《居民消费支出分类》,结合最新的实际情况确定调查目录,并根据住户收支与生活状况调查中居民消费支出最新数据和专项调查等资料确定权数。调整基期,是为了更容易比较。因为对比基期越久,价格规格品变化就越大,可比性就会下降。

2. 居民消费价格指数的应用

(1) 测定通货膨胀率。测定通货膨胀率最常见的方法是用价格指数的增长率来表示,其计算公式为

$$通货膨胀率 = \frac{报告期居民消费价格指数 - 基期居民消费价格指数}{基期居民消费价格指数}$$

2000年1月之前,我国价格指数的公布以商品零售价格指数为主,所以通货膨胀率的计算公式中使用的价格指数主要是商品零售价格指数。

(2) 反映货币购买力。所谓货币购买力,是指单位货币所能购买商品和服务的数量。货币购买力的变化,直接反映币值的变化。根据货币流通的规律,如果货币发行量过多,货币就会贬值,货币购买力就会下降。对人民生活来说,货币购买力的变化,直接影响生活水平的变化。货币购买力的大小同商品和服务价格变化成反比。统计根据这种关系,通过编制居民消费价格指数,来反映货币购买力的变化。其公式为

$$货币购买力指数 = \frac{100\%}{居民消费价格指数}$$

(3) 居民消费价格指数及其分类指数还是计算国内生产总值以及资产、负债、消费、收入等实际价值的重要参考依据。由于物价的变动影响货币购买力,因此,不同时期等量的货币收入,其实际收入就存在着差异。所以,在观察国内生产总值以及资产、负债、消费、收入等实际价值变化时,必须考虑到物价变动或货币购买力的变化。它们之间存在如下的关系:

$$实际收入指数 = 货币收入指数 \times 货币购买力指数$$

对职工而言,有

$$实际工资指数 = 货币工资指数 \times 货币购买力指数$$

9.5.3 股票价格指数

股票价格变动是股票市场(或称证券市场)最重要的经济现象之一,它既可以为投资者带来利益,也可以使投资者遭受损失。股票价格指数是用来表示多种股票价格一般变化趋势的相对数,一般由证券交易所、金融服务机构、咨询研究机构或者新闻单位编制和发布。目前,国际上许多著名的证券指数都是由专业的指数公司编制和发布,其中最为知名的四家全球性指数公司为:道琼斯(Dow Jones)公司、标准普尔(Standard & Poor's)公司、摩根士丹利资本国际(MSCI)公司和富时(FTSE)公司,它们的核心指数广泛发布于全球各大媒体,人们耳熟能详。我国的上海和深圳两个证券交易所也编制了自己的股票价格指数,如上交所的综合指数和上证180指数、深交所的成分股指数及沪深300等。

1. 股票价格指数编制的步骤

(1) 根据上市公司的行业分布、经济实力、资信等级等因素,选择适当数量的有代表性的股票,作为编制指数的样本股票。样本股票可以随时更换或作数量上的增减,以保持良好的代表性。

(2) 按期到股票市场上采集样本股票,简称采样。

(3) 利用科学的方法和先进的手段计算出指数值。

(4) 通过新闻媒体向社会公众公开发布。

为保持股价指数的连续性,使各个时期计算出来的股价指数相互可比,有时还需要对指数作相应的调整。

编制股票价格指数的主要方法是加权综合法。即以样本股票的发行量或交易量为同

度量因素(或称权数)计算的股价指数。其计算公式按同度量因素所属时期不同分为两种。

$$基期加权综合股票价格指数 = \frac{\sum p_1 q_0}{\sum p_0 q_0}$$

$$报告期加权综合股票价格指数 = \frac{\sum p_1 q_1}{\sum p_0 q_1}$$

式中：p_0——基期的股价；

p_1——报告期的股价；

q_0——基期的发行量或成交量；

q_1——报告期的发行量或成交量。

其中，以发行量加权的综合股价指数，称市价总额指数；以交易量加权的综合股价指数，称为成交总额指数。

2．我国的股票价格指数

(1) 中证指数有限公司及其指数。中证指数有限公司自2005年成立以来推出了一系列的指数，其中有我国首张股指期货合约标的物指数——沪深300指数，还有中证流通指数、中证规模指数等。

为反映中国证券市场股票价格变动的概貌和运行状况，并能够作为投资业绩的评价标准，为指数化投资及指数衍生产品创新提供基础条件，中证指数有限公司编制并发布了沪深300指数。

2006年2月27日中证指数有限公司正式发布中证流通指数。中证流通指数以2005年12月30日为基日，以该日所有样本股票的调整市值为基期，基点为1 000点。

中证规模指数包括中证100指数、中证200指数、中证500指数、中证700指数、中证800指数。中证指数有限公司于2006年5月29日发布中证100指数。指数以沪深300指数样本股作为样本空间，样本数量100只，选样方法是根据总市值对样本空间内股票进行排名，原则上挑选排名前100名的股票组成样本，但经专家委员会认定不宜作为样本的股票除外。指数以2005年12月30日为基日，基点为1 000点。

(2) 上海证券交易所的股票价格指数。由上海证券交易所编制并发布的上证指数系列，主要包括上证综合指数、上证180指数、A股指数、B股指数和分类指数。其中最早编制的是上证综合指数。上证指数系列从总体上和各个不同侧面反映了上海证券交易所上市证券品种价格的变动情况，可以反映不同行业的景气状况及其价格整体变动状况，从而为投资者提供不同的投资组合分析参照系。随着证券市场在国民经济中的地位日渐重要，上证指数也在逐步成为观察中国经济运行的"晴雨表"。

上海证券交易所的股价指数，简称上证综合指数，该指数自1991年7月15日起正式发布，以1990年12月19日为基日(基期为100点)，以现有所有上市的股票(包括A股和B股)为样本，以报告期股票发行量为权数进行编制。

其计算公式为

$$本日股价指数 = \frac{本日市价总值}{基日市价总值} \times 100$$

具体计算方法是,以基期和计算日的全部股票的收盘价(如当日未成交,则沿用上一日收盘价)分别乘以发行股数,但如遇上市股增资扩股或新增(删除)时,则需进行修正。其计算公式调整为

$$新基准市价总值 = \frac{修正前市价总值 + 市价总值变动额总值}{修正前市价总值} \times 修正前基准市价总值$$

$$本日股价指数 = \frac{本日市价总值}{新基准市价总值} \times 100$$

上证180指数是在所有A股股票中抽取最具市场代表性的180种样本股票,以成份股的调整股本数为权数进行加权计算,2002年7月1日正式发布。作为上证30指数的延续,基点为2002年6月28日上证30指数的收盘指数3 299.05点。其计算公式为

$$报告期指数 = \frac{报告期成份股的调整市值}{基日成份股的调整市值} \times 100$$

$$调整市值 = \sum (市价 \times 调整股本数)$$

当样本股名单发生变化或样本股的股本结构发生变化抑或股价出现非交易因素的变动时,采用除数修正法修正原固定除数,以维护指数的连续性。

扩展阅读 9-3
上证综合指数
修订内容

(3) 深圳证券交易所的股票价格指数。深证综合指数是以发行量作为权数来计算的,以所有在深圳证券交易所上市的股票为采样股。它以1991年4月3日为基日,基期指数定为100。当有新股上市时,在其上市后第二天纳入采样股计算,若某一采样股暂停买卖,则将其剔除于指数的计算之外。若其在交易时间内突然停牌,则取其最近成交价格计算即时指数,直至收市后,再进行必要的调整,将其剔除。其计算公式为

$$报告期指数 = \frac{报告期市价总值}{基日市价总值} \times 100$$

若采样股的股本结构或股票名单有所变动,则变动之日为新基日,并以新基数计算,同时用连锁方法将计算所得的指数溯源于原有基日,以维持指数的连续性。

每日连锁方法之环比公式为

$$今日即时指数 = 上日收市股价指数 \times \frac{今日现时总市值}{上日收市总市值} \times 100$$

$$今日现时总市值 = 各采样股的市价 \times 已发行股数$$

上日收市总市值是根据上日采样股的股本或采样股变动而做调整后的总市值。

9.6 统计指数分析实训项目及 Excel 应用

9.6.1 实训项目:指数体系因素分析——马钢股份

【实训目的】 通过统计指数的学习,帮助学生通过实际资料分析,掌握编制总指数的

思想和方法,理解指数体系的特点并能正确运用它分析事物之间的数量关系,培养学生对统计指数综合分析的能力。

【实训要求】 通过项目学习,通过阅读《马钢股份2019年年度报告》,报告期为2019年,基期为2018年。根据年度报告中钢铁行业经营性信息分析,按成品形态分类的钢材制造和销售情况得知各种产品的销售量、基期销售额和报告期销售额,编制销售量个体指数,并计算销售价格个体指数,建立销售额综合指数体系,通过对指数体系的因素分析,分析销售量、价格对销售额变动的影响方向及程度,为公司销售部门制定销售计划提供一定的依据。

【项目背景介绍】 2019年,钢铁行业受产能增加、产量增长等因素影响,钢材价格窄幅波动,同比有所下降。如图9-3所示,中国钢材综合价格指数从上年末的107.12点小幅波动上行,4月末升至年内高点112.67点,随后波动下行,于12月末降至106.10点。全年中国钢材综合价格平均指数为107.98点,同比下降5.9%。市场仍呈现"长强板弱"的特点。

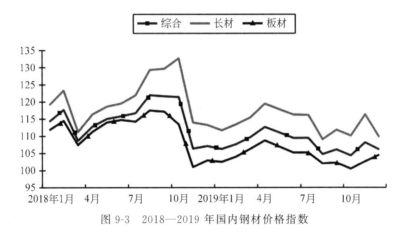

图9-3 2018—2019年国内钢材价格指数

原燃料方面,2019年铁矿石价格年初受巴西淡水河谷溃坝事故影响快速上涨,7月末升至115.96美元/吨,之后逐步回落,12月末降至90.52美元/吨,波动幅度较上年大幅增加。2019年全国进口铁矿石平均到岸价为94.92美元/吨,同比上涨36.65%。废钢、煤炭等原燃料受环保政策及相关行业供给侧改革等因素的影响,价格高位波动。受成本因素影响,报告期内钢铁企业盈利空间受到严重挤压。

根据钢铁行业经营性信息分析,按成品形态分类的钢材制造和销售情况资料如表9-11所示。

表9-11 钢材制造和销售情况及销售量指数计算表

按成品形态区分的种类	计量单位	销售量 q			基期销售额 p_0q_0 /万元	报告期销售额 p_1q_1 /万元	$k_q \cdot p_0q_0$
		基期 q_0	报告期 q_1	个体指数 k_q/%			
长材	吨	9 098 502	9 338 795	102.64%	3 364 400	3 271 200	3 453 220
板材	吨	9 406 717	9 158 537	97.36%	3 791 900	3 359 000	3 691 794

续表

按成品形态区分的种类	计量单位	销售量 q			基期销售额 $p_0 q_0$ /万元	报告期销售额 $p_1 q_1$ /万元	$k_q \cdot p_0 q_0$
		基期 q_0	报告期 q_1	个体指数 k_q/%			
轮轴	吨	220 352	224 914	102.07%	203 300	286 700	207 508
合计	—	—	—	—	7 359 600	6 916 900	7 352 522

销售价格个体指数分别为

$$k_{长材} = \frac{\dfrac{p_1 q_1}{k_q}}{p_0 q_0} = \frac{\dfrac{3\ 271\ 200}{102.64\%}}{3\ 364\ 400} = 94.73\%$$

$$k_{板材} = \frac{\dfrac{p_1 q_1}{k_q}}{p_0 q_0} = \frac{\dfrac{3\ 359\ 000}{97.36\%}}{3\ 791\ 900} = 90.99\%$$

$$k_{轮轴} = \frac{\dfrac{p_1 q_1}{k_q}}{p_0 q_0} = \frac{\dfrac{286\ 700}{102.07\%}}{203\ 300} = 138.16\%$$

销售量(数量指标)综合指数为

$$\bar{K}_q = \frac{\sum k_q \cdot p_0 q_0}{\sum p_0 q_0}$$

$$= \frac{102.64\% \times 3\ 364\ 400 + 97.36\% \times 3\ 791\ 900 + 102.07\% \times 203\ 300}{3\ 364\ 400 + 3\ 791\ 900 + 203\ 300}$$

$$= \frac{7\ 352\ 522}{7\ 359\ 600}$$

$$= 99.90\%$$

销售价格(质量指标)综合指数为

$$\bar{K}_p = \frac{\sum p_1 q_1}{\sum k_q \cdot p_0 q_0}$$

$$= \frac{3\ 271\ 200 + 3\ 359\ 000 + 286\ 700}{102.64\% \times 3\ 364\ 400 + 97.36\% \times 3\ 791\ 900 + 102.07\% \times 203\ 300}$$

$$= \frac{6\ 916\ 900}{7\ 352\ 522} = 94.08\%$$

销售额(价值量指标)综合指数为

$$\bar{K}_{pq} = \frac{\sum p_1 q_1}{\sum p_0 q_0}$$

$$= \frac{3\ 271\ 200 + 3\ 359\ 000 + 286\ 700}{3\ 364\ 400 + 3\ 791\ 900 + 203\ 300} = \frac{6\ 916\ 900}{7\ 359\ 600}$$

$$= 93.98\%$$

因素分析：

相对数分析：

$$\frac{\sum p_1 q_1}{\sum p_0 q_0} = \frac{\sum k_q \cdot p_0 q_0}{\sum p_0 q_0} \times \frac{\sum q_1 q_1}{\sum k_q \cdot p_0 q_0}$$

$$\frac{6\,916\,900}{7\,359\,600} = \frac{7\,352\,522}{7\,359\,600} \times \frac{6\,916\,900}{7\,352\,522}$$

$$93.98\% = 99.90\% \times 94.08\%$$

绝对数分析：

$$(\sum p_1 q_1 - \sum p_0 q_0) = (\sum k_q \cdot p_0 q_0 - \sum p_0 q_0) + (\sum p_1 q_1 - \sum k_q \cdot p_0 q_0)$$

$$(6\,916\,900 - 7\,359\,600) = (7\,352\,522 - 7\,359\,600) + (6\,916\,900 - 7\,352\,522)$$

$$(-442\,700) = (-7\,078) + (-435\,622)$$

计算结果表明，报告期与基期相比，销售额下降了 6.02%，是由于销售量下降了 0.1%，销售价格下降了 5.92% 共同作用的结果。销售额减少了 442 700 万元，是由于销售量的变动影响销售额下降 7078 万元；由于销售价格的变动影响销售额减少 435 622 万元共同作用的结果。

9.6.2 Excel 实现统计指数因素分析

某企业销售情况统计资料如表 9-12 所示，利用 Excel 计算个体指数、销售额指数、销售量指数和销售价格指数，并进行因素分析。

表 9-12 Excel 指数分析计算表

商品名称	计量单位	销售量 q		价格 p/元		销售额 pq/元				
		基期 q_0	报告期 q_1	基期 p_0	报告期 p_1	$p_0 q_0$	$p_1 q_1$	$p_0 q_1$	k_q	k_p
甲	件	1 983	1 819	3 670	3 970					
乙	台	2 056	2 080	4 160	4 450					
丙	吨	242	260	3 810	3 730					
合计	—									

【操作步骤】

第一步：录入数据。将表 9-12 销售情况统计资料输入 Excel 工作表格中，如图 9-4 所示。

第二步：计算个体指数：如图 9-5 所示。

首先，计算各种商品基期销售额 $p_0 q_0$ 和基期销售总额 $\sum p_0 q_0$：在 G5 中输入"=C5*E5"，然后利用填充柄填充计算所有商品基期销售额 $p_0 q_0$。选定 G5：G7 区域，单击工具栏上的"Σ"按钮，在 G8 出现该列的求和值。

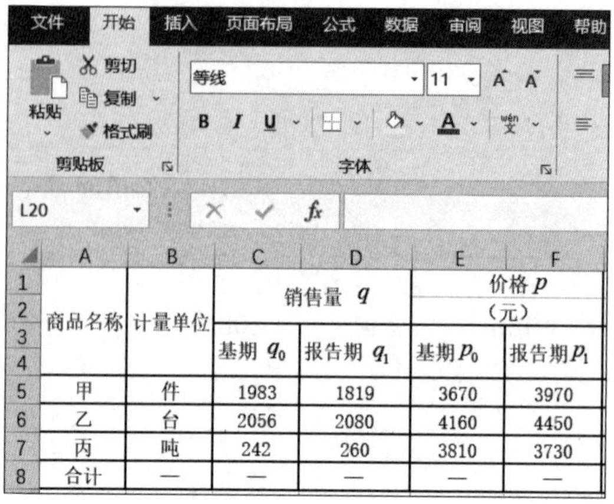

图 9-4 录入数据

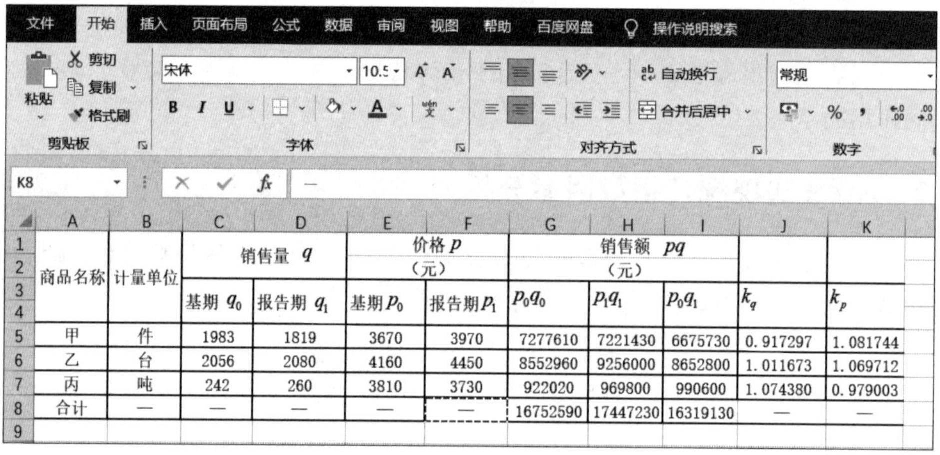

图 9-5 计算销售额和个体指数

其次,计算各种商品报告期销售额 p_1q_1 和报告期销售总额 $\sum p_1q_1$:在 H5 中输入"=D5*F5",利用填充柄填充计算所有商品报告期销售额 p_1q_1。选定 H5:H7 区域,单击工具栏上的"$\sum$"按钮,在 H8 出现该列的求和值。

再次,计算各种商品的 p_0q_1 和 $\sum p_0q_1$:在 I5 中输入"=E5*D5",利用填充柄填充计算所有商品的 p_0q_1。选定 I5:I7 区域,单击工具栏上的"$\sum$"按钮,在 I8 出现该列的求和值。

最后,在 J5 中输入"=D5/C5",利用填充柄填充计算所有商品的 k_q,在 K5 中输入"=F5/E5",利用填充柄填充计算所有商品的 k_p。

第二步:计算销售额指数、销售量指数和销售价格指数。如图 9-6 所示。

首先,计算销售额指数:在 C10 中输入"=H8/G8",即求得销售额总指数。在 E10 中输入"=H8-G8"为绝对量。

其次,计算销售量指数:在 C11 中输入"=I8/G8",即得销售量指数。在 E11 中输入

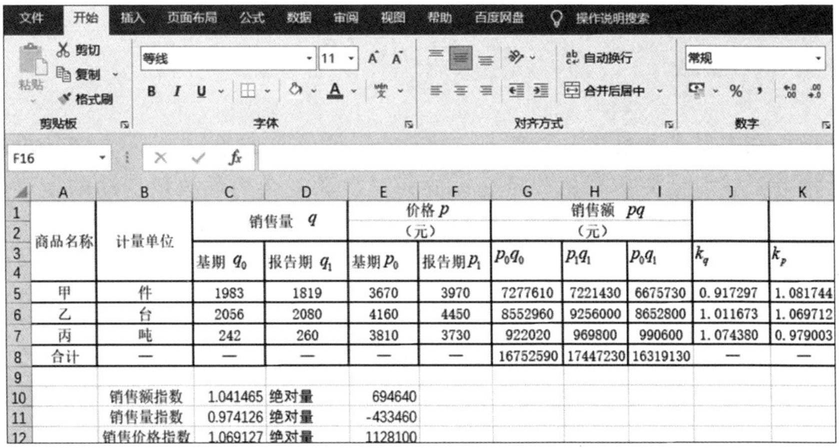

	A	B	C	D	E	F	G	H	I	J	K
1-2	商品名称	计量单位	销售量 q		价格 p（元）		销售额 pq（元）				
3-4			基期 q_0	报告期 q_1	基期 p_0	报告期 p_1	p_0q_0	p_1q_1	p_0q_1	k_q	k_p
5	甲	件	1983	1819	3670	3970	7277610	7221430	6675730	0.917297	1.081744
6	乙	台	2056	2080	4160	4450	8552960	9256000	8652800	1.011673	1.069712
7	丙	吨	242	260	3810	3730	922020	969800	990600	1.074380	0.979003
8	合计	—	—	—	—	—	16752590	17447230	16319130	—	—
9											
10		销售额指数	1.041465	绝对量	694640						
11		销售量指数	0.974126	绝对量	-433460						
12		销售价格指数	1.069127	绝对量	1128100						

图 9-6 计算销售额指数、销售量指数和销售价格指数

“＝I8-G8”为绝对量。

再次，计算销售价格指数：在 C12 中输入“＝H8/I8”即求得销售价格指数。在 E12 中输入“＝H8-I8”为绝对量。

第三步：因素分析：Excel 因素分析计算表见图 9-7。

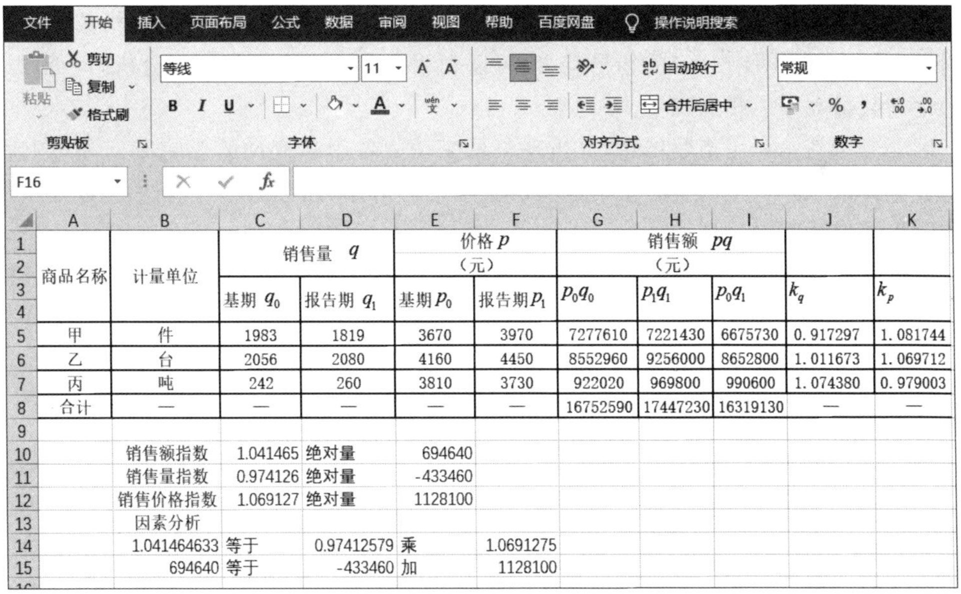

	A	B	C	D	E	F	G	H	I	J	K
1-2	商品名称	计量单位	销售量 q		价格 p（元）		销售额 pq（元）				
3-4			基期 q_0	报告期 q_1	基期 p_0	报告期 p_1	p_0q_0	p_1q_1	p_0q_1	k_q	k_p
5	甲	件	1983	1819	3670	3970	7277610	7221430	6675730	0.917297	1.081744
6	乙	台	2056	2080	4160	4450	8552960	9256000	8652800	1.011673	1.069712
7	丙	吨	242	260	3810	3730	922020	969800	990600	1.074380	0.979003
8	合计	—	—	—	—	—	16752590	17447230	16319130	—	—
9											
10		销售额指数	1.041465	绝对量	694640						
11		销售量指数	0.974126	绝对量	-433460						
12		销售价格指数	1.069127	绝对量	1128100						
13		因素分析									
14		1.041464633	等于	0.97412579	乘	1.0691275					
15		694640	等于	-433460	加	1128100					

图 9-7 因素分析计算表

在 B14 中输入“＝C10”，在 C14 中输入“等于”，在 D14 中输入“＝C11”，在 E14 中输入“乘”，在 F14 中输入“＝C12”。

在 B15 中输入“＝E10”，在 C15 中输入“等于”，在 D15 中输入“＝E11”，在 E15 中输入“加”，在 F15 中输入“＝E12”。

本 章 小 结

统计指数有广义和狭义之分。广义上来讲，凡是说明现象数量变动情况的相对数都称为统计指数。它包括简单现象数量变动的相对数和复杂现象数量变动的相对数。狭义概念的指数，是综合反映由多种不能直接加总或不能直接对比的因素组成的经济现象在不同时间或空间条件下平均变动程度的相对数。从指数理论和方法上看，指数所研究的主要是狭义的指数。

统计指数的作用主要体现在以下五个方面：第一，统计指数能综合反映复杂现象总体变动方向和变动程度。第二，统计指数能分析和测定复杂现象总体中各因素对总量变动的影响方向和影响程度。第三，统计指数能用来研究复杂现象总体的长期变动趋势。第四，统计指数能对社会经济现象进行综合评价和测定。第五，统计指数在金融产品创新中发挥重要作用。

总指数编制的基本方法大致上可分为两类：综合指数法和平均指数法。综合指数有数量指标指数和质量指标指数；平均指数有算术平均数指数和调和平均数指数。

综合指数是总指数的基本形式，它是通过引入一个同度量因素，将不能相加的变量转化为可相加的总量指标，而后对比所得到的相对数。

指数体系是指经济上具有一定联系，在数量上存在对等关系的若干个指数。指数体系对编制综合指数具有一定的指导意义，可以利用指数体系去进行因素分析，也可以进行现象之间数量关系的相互推算。

因素分析就是利用指数体系，分析现象总变动中各因素变动的影响方向和影响程度的统计分析方法。常用的有总量指标的因素和平均指标的因素分析。利用指数体系可以对实际问题进行因素分析。

能够解读商品零售价格指数、居民消费价格指数、工业生产者价格指数、股票价格指数等常用的经济指数。

实训思考题

1. 简述统计指数的概念。其用途是什么？
2. 简述同度量因素的作用。
3. 简述编制指数和体系确定同度量因素的原则。
4. 简述综合指数和与平均数指数的区别和联系。
5. 简述简单指数的主要缺陷和不足。

技 能 训 练

调查某市场上三种粮食（例如面粉、大米、食用油）的销售价格、销售量、销售额、个体价格指数等资料填制表 9-13。

表 9-13 某市场三种粮食的销售量和销售价格资料

商品名称	计量单位	销售量			价格/元			基期销售额/元	报告期销售额/元
		基期 q_0	报告期 q_1	个体指数 $k_q/\%$	基期 p_0	报告期 p_1	个体指数 $k_p/\%$	p_0q_0	p_1q_1
甲									
乙									
丙									
合计	—								

请你根据要求制定统计指数分析报告。

1. 分别用简单综合指数法与简单平均数指数法编制上述粮食价格总指数,试比较它们的异同。并说明简单指数的主要缺陷和不足。
2. 分别用拉氏公式和派氏公式编制上述食品的价格总指数。
3. 运用平均数指数法编制上述食品的价格总指数。
4. 运用指数体系分析方法,对粮食销售额的综合变动进行因素分析,并说明在价格变动和销售量变动两者中,哪个是影响销售额变动的主要因素。

即 测 即 练

第 9 章 即测即练

第 10 章

相关与回归分析

◆ 本章学习目标

通过本章学习,学员应该能够:
1. 明确现象相关的主要形式以及相关分析的基本内容;
2. 掌握相关系数设计原理;
3. 理解回归与相关的联系与区别,掌握回归方程式建立的方法和原理;
4. 理解估计标准误差的概念及计算方法;
5. 能够学会利用相关系数来判断现象相关的方向和密切程度;
6. 能够学会利用回归分析方法研究现象之间的数量关系,并进行预测。

◆ 引导案例

加密货币量价关系研究——
基于去趋势交叉相关分析和分位数回归的方法

近期,全球加密货币仍呈现不断增长的趋势,截至 2020 年 4 月 14 日,全球加密货币达到了 2 506 种,席卷 57 个交易所、21 249 个交易市场,总市值达 1.37 亿元,单日成交额超过 100 亿元。其中,比特币市值排名第一,占加密货币总市值的 64.1%。加密货币市场也表现出暴涨暴跌的波动现象,这种现象说明加密货币的量价关系可能受到市场波动和流动性的影响。因此,考察市场波动和流动性对量价关系的影响,对于深入理解加密货币市场的微观结构和价格波动的传导机制同样具有重要的实践意义,同时对于加密货币投资组合具有一定的参考价值。

案例分析了加密货币的量价关系及市场波动和流动性对量价关系的影响。相关关系是如何测定的?如何分析市场波动和流动性对量价关系会产生的影响?

资料来源:曹广喜、谢文浩.加密货币量价关系研究—基于去趋势交叉相关分析和分位数回归的方法[J].经济与管理研究.2021(4)。

10.1 变量之间的关系

在自然界和社会现象中,客观现象之间普遍存在依存关系、相互制约关系,孤立的现象是不存在的。例如,居民消费价格与经济社会发展之间联系密切,居民消费价格指数

(CPI)变动对社会经济影响程度,已引起经济学家、政策制定者和社会公众的高度关注;粮食、肉类、蔬菜等重要农产品是居民日常生活的必需品,其价格波动对全产业链收益分配和终端消费者具有重要影响,并最终影响整个社会经济秩序的稳定。再如,居民收入与其消费之间;国内生产总值与财政收入之间;粮食产量与种子、肥料、气候之间;消费、积累与国民总收入之间等现象之间,都存在一定联系。人们在实践中发现,现象之间的依存关系一般都可以通过一定的数量关系反映出来。相关与回归分析就是研究现象之间的数量关系的。从数量上研究现象之间的依存关系,对于加强经济的科学管理,发挥统计工作职能有着重大的现实意义。

10.1.1 函数关系与相关关系

客观现象之间依存关系的数量表现有两种类型:一种是确定性的关系,也称函数关系;一种是不确定性的关系,也称相关关系。

1. 函数关系

函数关系指现象之间存在着严格的、确定性的依存关系。在这种关系中,当一个变量或几个变量取一定的值时,另一个变量有确定的值与之对应,并且这种关系可以用一个确定的函数式表示,其一般表达式为 $y = px$ 等。例如,在某商品价格 p 一定的条件下,该商品销售额 y 与其销售量 x 之间的关系可以用函数式表示为 $y = px$。

当该商品的销售量 x 给定时,其销售额 y 就是唯一确定的。在函数关系中,一般将作为影响因素的变量称为自变量,也可称为解释变量;随着自变量的变化而变化的量称为因变量,也可称为被解释变量。在上例中,销售量 x 是自变量,销售额 y 是因变量。

2. 相关关系

相关关系是指现象之间存在密切,但不是严格的依存关系。在这种关系中,当一个或几个相互联系变量取一定值时,与之对应的变量会出现多个不同数值,表现出不确定性,但它仍按某种规律在一定的范围内变化,现象之间在数量上的对应关系不能用一个确定的函数式表达。例如,商品的需求量和商品的价格之间存在着相关关系。对一般商品而言,商品需求量与其价格之间呈反向变动关系,商品价格上升,该种商品的需求量一般会下降;反之,该种商品的需求量会上升。但是商品价格变动引起该商品需求量的变化值是不确定的。因为商品的需求量不仅受价格因素的影响,还受消费者收入、其他相关商品价格、消费者对未来的预期等因素的影响。

在自然界和社会经济生活中,有众多现象之间存在相关关系,如人们的身高与体重,农作物的单位产量与单位面积施肥量,一个人的收入水平与其受教育程度,子女身高与父母身高等等。

在相关关系中,现象之间的联系可分为两种情况。一种是现象之间存在因果关系,即一种现象的变化会引起另一种现象的变化。其中,起影响作用的变量是"因",为自变量,常用 x 表示;而由自变量变动影响而发生变动的变量是"果",为因变量,常用 y 表示。另一种是两个变量之间存在联系,但不存在明显因果关系。这时应根据研究目的,将其中一个变量确定为自变量,另一个相应变化的变量确定为因变量。

3. 函数关系与相关关系

相关关系和函数关系是两种不同类型的关系,但二者之间也有非常密切的联系。而当充分了解和掌握现象之间内在联系和规律性后,现象之间的相关关系又可能转化为函数关系。以一定的函数关系式来反映相关关系的数量联系。

相关关系和函数关系之间既有区别,又有联系。他们之间的主要区别是:相关关系是现象之间数量上的不严格的相互依存关系;而函数关系是现象之间数量上的严格的相互依存关系。但也应看到,相关关系和函数关系尽管是两种不同类型的关系,但二者之间实际上并不存在严格的界限。在实践中,由于观察误差、测量误差以及各种随机因素的干扰等原因,函数关系有时也通过相关关系反映出来;具有相关关系的变量之间尽管没有确定的关系,但在一定条件下,相关关系常常需借助函数关系形式近似地将它表现出来。

10.1.2 相关关系的类型

现象之间的相关关系按不同的标志划分,有不同的种类,如图10-1所示。

1. 按相关关系涉及的因素多少可分为单相关、复相关和偏相关

单相关(simple correlation)也叫简单相关,是指两个变量之间的相关关系,即研究时只涉及一个自变量和一个因变量。如,某商品销售量与该商品价格之间的相关关系。

复相关(multiple correlation)是指三个或三个以上的变量之间的相关关系,即研究时涉及两个或两个以上自变量和一个因变量。如,农作物的产量与施肥量、浇水量、投入的劳动力人数、投入的资本等因素之间的相关关系。

偏相关(partial correlation)是指在一个变量与多个变量相关的情况下,假定其他变量不变时,只研究其中两个变量之间的相关关系。例如,在假定影响需求量的其他因素不变时,需求量和价格之间的关系就是偏相关。

2. 按相关形式可分为线性相关和非线性相关

当一个变量的值发生变动时,另一个变量大致沿着一个方向发生均等变动,在直角坐标系中近似地表现为一条直线,则这种相关关系称为线性相关或直线相关(linear correlation)。例如,人均消费水平与人均收入水平之间通常呈线性相关关系。

当一个变量发生变动,另一个变量也随之变动,但两变量之间并不表现为直线关系,而是近似于某种曲线关系,则这种相关关系称非线性相关或曲线相关(curvilinear correlation)。例如,产品平均成本与产品总产量之间的相关关系就是一种曲线相关。

3. 按相关关系程度可分为完全相关、完全不相关和不完全相关

完全相关是指一个变量的数量完全由另一个变量的数量变化所确定,即函数关系。因此也可以说函数关系是相关关系的一个特例。例如,在价格不变的条件下,销售额与销售量之间相关关系即为完全相关。

完全不相关又称零相关,指两个变量的数值之间不存在任何依存关系,彼此独立,互不影响,例如,照相机的销售量与衣服的销售量没有任何关系。

不完全相关是指两个变量的关系介于完全相关和完全不相关之间。在统计学中,相

关关系通常指的就是这种不完全相关关系。例如,广告和销售额有一定的相关关系,但销售额不完全受广告因素的影响。

4. 按相关变量变化方向为正相关和负相关

正相关(direct correlation)是指一个变量的值增加或减少,另一个变量的值也随之增加或减少,即相关的两个变量之间呈同方向变化。例如,产品产量随着工人劳动生产率提高而增加;居民的消费水平随着个人所支配收入的增加而增加。

负相关(Inverse correlation)是指当一个变量的值增加或减少时,另一变量的值反而减少或增加,即相关的两个变量之间呈反方向变化。例如产品成本随着劳动生产率提高而降低。

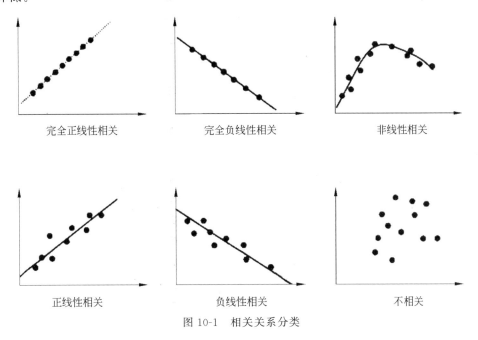

图 10-1 相关关系分类

10.1.3 相关分析的主要内容

相关分析(correlation analysis)是研究两个或两个以上变量之间相关程度以及用一定函数关系来表达现象相互关系的方法。在相关分析中,不必确定变量中哪个是自变量,哪个是因变量,其所涉及的都是随机变量,变量之间是对等关系,可以相互置换的。相关分析的主要内容有:

1. 判断变量之间有无相关关系存在以及相关关系呈现的形态

判断现象之间是否存在相关关系,是相关分析的基础环节,属于定性认识问题。这主要取决于研究者的理论知识、实际工作经验和分析研究的能力。可以通过定性分析及绘制相关图和相关表,粗略地反映相关关系的形态和相关程度。

2. 测定变量之间相关关系的密切程度

绘制相关图和相关表只是粗略地直观认识变量之间的相关关系的密切程度。若要定量地判断变量之间相关关系的密切程度主要是通过计算相关系数来反映，相关系数可以从数量上反映变量之间相关的方向和密切程度。

3. 建立合适的数学模型

在确定了变量之间确实有相关关系及密切程度后，就要根据相关关系呈现的形态建立变量之间数量变化关系的近似表达式，即拟合合适的数学模型，对变量之间的联系给予定量的描述。如变量之间的关系表现为直线相关，则采用直线方程拟合；如果变量之间的关系表现为各种曲线，则采用曲线方程拟合。由此来表现变量之间相互依存关系数量上的规律性，从而为推算、预测提供依据。

4. 测定因变量估计值的误差程度

通过拟合直线或曲线方程式反映变量间数值变动关系的数学表达式是近似的，因此，用该数学表达式估计因变量数值时，估计值与实际值一般存在着一定的误差，误差的大小反映了估计的精确程度。实际工作中，估计值与实际值误差的大小可通过计算估计标准误差来确定。估计标准误差越小，说明估计或预测值准确度越高，可靠性越大；反之则准确度越低，可靠性越差。

10.2 相关关系的测定

判别现象之间有无相关关系的方法，一是定性分析，二是定量分析。定性分析是相关分析的基础环节，主要依据研究者的理论知识、专业知识和实践经验，对客观现象之间是否存在相关关系以及有何种相关关系做出粗略判断。然后在定性分析的基础上，可进一步编制相关表、绘制相关图，计算相关系数，通过定量分析直观地判断现象之间相关的方向、形态及密切程度。

10.2.1 相关表与相关图

相关表（correlation table）是一种用表格形式反映变量之间相关关系的统计表。根据数据资料是否进行分组，可分为简单相关表和分组相关表。

相关图（correlogram）又称散点图，在直角坐标系中用 x 轴代表自变量，y 轴代表因变量，将两个变量间相对应的变量值用坐标点的形式描绘出来，用以表明相关点分布状况的图形。与相关表相比，相关图可以更明显、更直观地表明变量之间的相关关系。

1. 简单相关表与相关图

简单相关表是资料未经分组，而根据现象之间的原始资料，将一变量的若干变量值按从小到大的顺序排列，并将另一变量的值与之对应排列形成的统计表。

【例10-1】某调查公司为考察2020年广告投入对公司销售额的影响，随机选择10家公司进行了广告宣传投入费用与销售额数据资料的搜集，将搜集到年广告投入费和年销售额数据,编制成相关表,见表10-1。

表10-1 2020年10家广告投入费和年销售额的相关表

年广告投入费/万元	年销售额/百万元
15	18
20	25
30	45
40	60
42	62
53	75
60	88
65	92
70	99
78	98

从表10-1中可以直观地看出,随着年广告投入费的增加,企业年销售额有同步增长趋势,两者之间存在着明显的正相关关系。

相关图(correlogram)又称散点图,在直角坐标系中用 x 轴代表自变量,y 轴代表因变量,将两个变量间相对应的变量值用坐标点的形式描绘出来,用以表明相关点分布状况的图形。根据表10-1的资料绘制散点图,如图10-2所示。从相关图可以直观地看出,年广告投入费与年销售额之间相关密切,且有线性正相关关系。

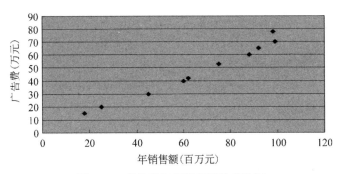

图10-2 广告费与年销售额的相关图

2. 分组相关表与相关图

分组相关表是在简单相关表的基础上,将原始数据进行分组而制成的表格。根据分组情况不同,分组相关表可分为单变量分组和双变量分组两种。

3. 单变量分组相关表

单变量分组相关表是只根据一个变量进行分组,并计算各组次数,而对应的另一个变量不分组,只计算其平均值而编制的表格。其编制程序是:首先,将有相关关系的两个变量中的一个变量分为若干组(资料情况可以是单项式,也可以是组距式);其次,计算各组次数;最后,计算各组对应的另一变量的平均值。

【例 10-2】 为研究分析耕作深度和每亩收获率的关系,通过调查取得 30 个田块耕作深度与收获率的对应资料,以耕作深度为自变量,每亩收获率为因变量,编制为简单相关表如表 10-2 所示。

表 10-2 简单相关表

序号	耕作深度/厘米	每亩收获率/百千克	序号	耕作深度/厘米	每亩收获率/百千克
1	8	6	16	12	10
2	8	8	17	12	12
3	8	10	18	12	12
4	10	8	19	12	12
5	10	10	20	12	12
6	10	10	21	12	12
7	10	10	22	12	14
8	10	12	23	12	14
9	10	12	24	14	10
10	12	8	25	14	10
11	12	8	26	14	10
12	12	10	27	14	12
13	12	10	28	14	12
14	12	10	29	14	12
15	12	10	30	14	12

根据表 10-2 中的资料,按耕作深度分组而形成的单变量分组表如表 10-3 所示。

表 10-3 单变量分组相关表

耕作深度/厘米	田块数/块	平均收获率/(百千克/亩)
8	3	8.0
10	6	10.3
12	14	11.0
14	7	11.1

根据表 10-2 中的资料,绘制相关图如图 10-3 所示。

4. 双变量分组相关表

双变量分组相关表是将有相关关系的两个变量都进行分组而制成的相关表。这种表

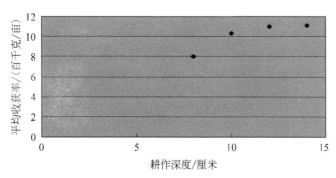

图 10-3 20 个田块耕作深度与每亩收获率相关图

的形状仿佛棋盘,故称为棋盘式表。其编制程序是:首先,分别确定两个变量的组数;其次,按两个变量的组数设计棋盘表格;最后,计算各组次数置于相对应的方格之中。根据表 10-2 中的资料,耕作深度共有 4 个变量值,即分为 4 组;收获率有 5 个变量值,即分为 5 组,制成的棋盘式相关表如表 10-4 所示。

表 10-4 双变量分组相关表

收获率 /(百千克/亩)	耕作深度/厘米				
	8	10	12	14	合计
14	—	—	2	—	2
12	—	2	5	4	11
10	1	3	5	3	12
8	1	1	2	—	4
6	1	—	—	—	1
合计	3	6	14	7	30

变量分组相关表可设置两个合计栏,分别表示各个变量分组的次数分布状况。表中交叉格内的次数表明两个变量相关观察值出现的次数。制作双变量分组相关表,通常将自变量置于横行,其变量值从小到大自左向右排列;因变量置于纵栏,其变量值从大到小自上而下排列。其目的是为了使相关表和相关图取得一致形式,能够直观地看出变量之间相关的性质。

10.2.2 相关系数

相关表和相关图可以反映出两个变量之间的相互关系及其相关方向,但无法确切地表明两个变量之间相关的程度。为了说明现象之间相关关系的密切程度,常通过计算相关系数来进行阐释。

相关系数是用以反映现象之间相关关系密切程度的统计指标。依据相关现象之间的不同特征,相关系数可分为简单相关系数、偏相关系数和复相关系数。简单相关系数是反映两个变量之间线性相关关系密切程度的统计指标,是统计学上最常使用的指标,如不作特别说明,相关系数指的就是简单相关系数。

相关系数作为测定变量之间线性相关程度和方向的指标,就参数统计而言,常用的是英国著名统计学家卡尔·皮尔逊提出的积距相关系数(又称为动差相关系数),即协方差与两变量标准差乘积的比值,是没有量纲的、标准化的协方差。

通常用 γ 表示相关系数,用积差法计算相关系数基本公式为

$$\gamma = \frac{\sigma_{xy}^2}{\sigma_x \sigma_y} \tag{10-1}$$

其中,σ_{xy} 为 x 和 y 两个变量的协方差,$\sigma_{xy}^2 = \dfrac{\sum(x-\bar{x})(y-\bar{y})}{n}$;$\sigma_x$ 为 x 变量的标准差,$\sigma_x = \sqrt{\dfrac{\sum(x-\bar{x})^2}{n}}$;$\sigma_y$ 为 y 变量的标准差,$\sigma_y = \sqrt{\dfrac{\sum(y-\bar{y})^2}{n}}$。

因此,相关系数也可以写成

$$\gamma = \frac{\sigma_{xy}^2}{\sigma_x \sigma_y} = \frac{\sum(x-\bar{x})(y-\bar{y})}{\sqrt{\sum(x-\bar{x})^2}\sqrt{\sum(y-\bar{y})^2}} \tag{10-2}$$

用公式(10-2)计算相关系数,需计算两边变量的平均值和标准差,计算工作量较大。对公式(10-2)推导变形,可得到以下几个简捷计算公式:

$$\gamma = \frac{n\sum xy - \sum x \sum y}{\sqrt{n\sum x^2 - (\sum x)^2}\sqrt{n\sum y^2 - (\sum y)^2}} \tag{10-3}$$

当已有两变量平均值时,可以使用公式:

$$\gamma = \frac{\sum xy - n\bar{x}\bar{y}}{\sqrt{\sum x^2 - n(\bar{x})^2}\sqrt{\sum y^2 - n(\bar{y})^2}} \tag{10-4}$$

当已有两变量平均值及标准差时,可以使用公式:

$$\gamma = \frac{\overline{xy} - \bar{x}\bar{y}}{\sigma_x \sigma_y} \tag{10-5}$$

其中,$\overline{xy} = \dfrac{\sum xy}{n}$。

相关系数 γ 表示两个变量 x 和 y 之间线性关系的密切程度,其值介于 -1 与 1 之间,即 $-1 \leqslant \gamma \leqslant 1$,其性质如下:

(1) 当 $\gamma > 0$ 时,表示两变量正相关;$\gamma < 0$ 时,表示两变量为负相关。

(2) 当 $\gamma = 1$ 时,表示两变量为完全线性相关,即为函数关系。

(3) 当 $\gamma = 0$ 时,表示两变量间无线性相关关系。

(4) 当 $0 < |\gamma| < 1$ 时,表示两变量存在一定程度的线性相关。且 $|\gamma|$ 越接近 1,两变量间线性关系越密切;$|\gamma|$ 越接近 0,表示两变量的线性相关程度越弱。

通常根据 $|\gamma|$ 不同取值将相关系数划分为四个等级,即:$|\gamma| < 0.3$ 为微弱相关;$0.3 \leqslant |\gamma| < 0.5$ 为低度线性相关;$0.5 \leqslant |\gamma| < 0.8$ 为显著性相关;$0.8 \leqslant |\gamma| < 1$ 为高度线性相关。

【例 10-3】 例如,某种机床使用年限与年维修费用资料如表 10-5 所示,可计算相关

系数如表 10-6。

表 10-5　机床使用年限与年维修费资料的资料

序号	机床使用年限/年	年维修费用/元
1	2	400
2	2	540
3	3	520
4	4	640
5	4	740
6	5	600
7	5	800
8	6	700
9	6	760
10	6	900
11	8	840
12	9	1080

表 10-6　相关系数计算表

序号	机床使用年限 x/年	年维修费用 y/元	x^2	y^2	xy
1	2	400	4	160 000	800
2	2	540	4	291 600	1 080
3	3	520	9	270 400	1 560
4	4	640	16	409 600	2 560
5	4	740	16	547 600	2 960
6	5	600	25	360 000	3 000
7	5	800	25	640 000	4 000
8	6	700	36	490 000	4 200
9	6	760	36	577 600	4 560
10	6	900	36	810 000	5 400
11	8	840	64	705 600	6 720
12	9	1 080	81	1 166 400	9 720
合计	60	8 520	352	6 428 800	46 560

根据表 10-6 可得

$$\gamma = \frac{n\sum xy - \sum x \sum y}{\sqrt{n\sum x^2 - (\sum x)^2}\sqrt{n\sum y^2 - (\sum y)^2}}$$

$$= \frac{10 \times 46\,560 - 60 \times 8\,250}{\sqrt{10 \times 352 - 60^2}\sqrt{10 \times 6\,428\,800 - 8\,520^2}}$$

$$= 0.8913$$

扩展阅读 10-1 "回归"一词的来源

相关系数为 0.891 3,说明机床使用年限与年维修费之间呈高度的线性正相关关系。

对于相关系数,在实际的分析研究中,用于计算相关系数的 x 和 y 一般都是现象总体中的数据,带有一定的随机性。样本容量越小,用样本相关系数估计总体相关系数的可信程度越差。只有相关系数的绝对值达到一定程度时,才认为 x 与 y 之间的线性相关关系显著,因此有必要对相关系数进行显著性检验。相关系数检验步骤如下:

(1) 计算相关系数;

(2) 根据给定的显著性水平,查相关系数检验表,得临界值;

(3) 判别:若表明 x 与 y 之间线性相关关系显著,检验通过;反之,x 与 y 之间线性相关关系不显著。

本书附表中有相关系数检验表,表中是相关系数绝对值的临界值。通常,可以把相关系数 γ 的绝对值与相关系数临界表中 $\alpha=5\%$ 和 $\alpha=1\%$ 进行比较,当 $|\gamma|$ 大于表中 $\alpha=5\%$ 相应的值,但小于表中 $\alpha=1\%$ 相应的值时,称 x 与 y 有显著的线性关系;当 $|\gamma|$ 大于表中 $\alpha=1\%$ 相应的值时,称 x 与 y 有高度的线性关系;如果 $|\gamma|$ 小于表中 $\alpha=5\%$ 相应的值时,就判定 x 与 y 没有明显的线性关系。这种检验方法通常称临界值法,即比较 $|\gamma|$ 与 $\gamma(\alpha,n-2)$ 的关系。

在此例中 $n=12$,表中 $\alpha=5\%$,$n-2=10$ 相应的值为 0.576,$\alpha=1\%$ 相应的值为 0.707 9,$\gamma=0.891\,3>0.708$。因此,机床使用年限与年维修费之间呈高度的线性正相关关系。

10.3 一元线性回归分析

回归分析(regression analysis)是在研究现象之间相关关系的基础上,将具有相关关系现象的变量转变为函数关系,通过一个变量或一些变量的变化解释另一变量的变化,即通过建立变量间的数学模型来研究变量间相关关系的一种统计分析方法。

10.3.1 回归分析的主要内容

1. 确定现象之间相关关系的数学模型——回归方程式

首先依据经济学理论并且通过对问题的分析判断,将变量分为自变量和因变量;然后对自变量和因变量的变动拟合适宜的回归方程,即用函数关系近似地表现变量间的相互关系,进而找出现象间相互依存关系在数量上的规律性,作为判断、推算、预测随机变量变化的依据。根据研究自变量的多少可分为一元回归分析和多元回归分析，一元回归是指设计一个自变量和一个因变量的回归分析，多元回归是指涉及一组自变量和一个因变量的回归分析；根据变量之间相关关系的表现形式可分为线性回归和非线性回归，线性回归是指变量之间为线性关系的回归分析；非线性回归是指变量之间为非线性关系的回归分析。

扩展阅读 10-2
相关分析与回归分析的关系

2. 对拟合的回归方程进行精确度检验

统计学上一般通过计算估计标准误差测定所拟合回归方程的精确度。估计标准误差越小，说明所建模型的适合精度越高，依此得出的统计分析结论效果越好；估计标准误差越大，说明模型的适合精度越低，统计分析结论的效果越差。当拟合的回归方程式通过精确度检验就可以据此进行推算、预测了。

10.3.2 一元线性回归模型与回归方程

一元线性回归模型是用于分析两个变量之间线性关系的数学方程，是回归分析中最简单的回归模型。

设随机变量与普通变量 x 存在线性相关关系，且假设对于 x 的每一个取值有
$$y \sim N(\beta_0 + \beta_1 x, \sigma^2) \quad E(y) = \beta_0 + \beta_1 x$$

记 $\varepsilon = y - (\beta_0 + \beta_1 x)$，则有
$$y = \beta_0 + \beta_1 x + \varepsilon \tag{10-6}$$

其中 β_0, β_1 为待定系数；ε 表示随机误差，是服从正态分布 $N(0, \sigma^2)$ 的随机变量。(10-6)式称为 y 对 x 一元线性回归理论模型，表明因变量 y 由 x 的线性函数 $\beta_0 + \beta_1 x$ 和随机误差 ε 两部分组成。

设 $(x_1, y_1), (x_2, y_2), \cdots, (x_n, y_n)$ 是取自总体 (x, y) 的一组样本观察值。则有
$$y_i = \beta_0 + \beta_1 x_i + \varepsilon_i \quad (i = 1, 2, \cdots, n) \tag{10-7}$$

其中 $y \sim N(\beta_0 + \beta_1 x, \sigma^2)$，$\varepsilon_i \sim N(0, \sigma^2)$，$\varepsilon_1, \varepsilon_2, \cdots, \varepsilon_n$ 相互独立。

对于给定 $x_i (i = 1, 2, \cdots, n)$ 值，其值 y_i 是可以精确测量和控制的。我们称(10-7)式为一元线性回归模型。

由于 y 与 x 存在线性相关关系，根据 n 对样本观察数据在直角坐标平面上的散点图，可以看出所有的散点大体分布在一条直线附近。回归分析就是根据样本观察值拟合一条直线，使该直线与所有的散点最接近，近似描述 y 与 x 之间的相关关系。由于 ε 是随机因素，通常就用 $E(y) = \beta_0 + \beta_1 x$ 作为 y 的估计值，用 $\hat{\beta}_0, \hat{\beta}_1$ 分别表示 β_0, β_1 的估计值，则有

$$\hat{y} = \hat{\beta}_0 + \hat{\beta}_1 x \tag{10-8}$$

扩展阅读 10-3
"最小平方和"是"最佳估计"的唯一标准吗？

$\hat{y}$ 表示 y 的估计值，方程式(10-8)称为 y 关于 x 的线性回归方程或经验公式，其图像称为回归直线，$\hat{\beta}_1$ 称为回归系数。

确定回归方程式就是要找出 β_0, β_1 的估计值 $\hat{\beta}_0, \hat{\beta}_1$，使直线 $\hat{y} = \hat{\beta}_0 +$

$\hat{\beta}_1 x$ 总体看来与所有的散点最接近,即确定最优的 $\hat{\beta}_0, \hat{\beta}_1$,统计学上常采用最小二乘法(ordinary least squares estimation,亦称最小平方法)。

对样本的一组观察值 $(x_1, y_1), (x_2, y_2), \cdots, (x_n, y_n)$ 给定 x_i,其回归值就可以确定为 $\hat{y}_i = \hat{\beta}_0 + \hat{\beta}_1 x_i$。样本回归值 $\hat{y}_i$ 与实际观察值 y_i 之差为 $y_i - \hat{y}_i = \hat{y}_i - \hat{\beta}_0 + \hat{\beta}_1 x_i$,反映了实际观察值 y_i 与回归直线估计值 $\hat{y}_i = \hat{\beta}_0 + \hat{\beta}_1 x_i$ 的偏离程度,若 y_i 与 $\hat{y}_i$ 的偏离程度越小,则认为回归直线与所有试验点拟合得越好。

令:

$$Q(\beta_0, \beta_1) = \sum_{i=1}^{n} \varepsilon_i^2 = \sum_{i=1}^{n} (\hat{y}_i - \hat{\beta}_0 - \hat{\beta}_1 x_i)^2$$

上式表示所有观察值 y_i 与回归直线 $\hat{y}_i$ 的偏离平方和,刻画了所有观察值与回归直线的偏离度。最小二乘法就是寻求 β_0 与 β_1 的估计值 $\hat{\beta}_0, \hat{\beta}_1$,使 $Q(\beta_0, \beta_1) = \min(\beta_0, \beta_1)$。

根据微分的极值原理,若使 Q 为最小,需满足条件:

$$\begin{cases} \dfrac{\partial Q}{\partial \beta_0} = -2\sum_{i=1}^{n}(\hat{y}_i - \hat{\beta}_0 - \hat{\beta}_1 x_i) = 0 \\ \dfrac{\partial Q}{\partial \beta_1} = -2\sum_{i=1}^{n}(\hat{y}_i - \hat{\beta}_0 - \hat{\beta}_1 x_i)x_i = 0 \end{cases}$$

整理得:

$$\begin{cases} \sum_{i=1}^{n} y_i = n\beta_0 + \beta_1 (\sum_{i=1}^{n} x_i) \\ \sum_{i=1}^{n} x_i y_i = \beta_0 (\sum_{i=1}^{n} x_i) + \beta_1 (\sum_{i=1}^{n} x_i^2) \end{cases}$$

解方程组得:

$$\begin{cases} \hat{\beta}_1 = \dfrac{n\sum_{i=1}^{n} x_i y_i - (\sum_{i=1}^{n} x_i)(\sum_{i=1}^{n} y_i)}{n\sum_{i=1}^{n} x_i^2 - (\sum_{i=1}^{n} x_i)^2} = \dfrac{\sum_{i=1}^{n}(x_i - \bar{x})(y_i - \bar{y})}{\sum_{i=1}^{n}(x_i - \bar{x})^2} = \dfrac{n\sum_{i=1}^{n} xy - \sum_{i=1}^{n} x \sum_{i=1}^{n} y}{n\sum_{i=1}^{n} x^2 - (\sum_{i=1}^{n} x)^2} \\ \hat{\beta}_0 = \dfrac{1}{n}\sum_{i=1}^{n} y_i - \dfrac{\hat{\beta}_1}{n}\sum_{i=1}^{n} x_i = \bar{y} - \hat{\beta}_1 \bar{x} \end{cases}$$

(10-9)

其中 $\bar{x} = \dfrac{1}{n}\sum_{i=1}^{n} x_i, \bar{y} = \dfrac{1}{n}\sum_{i=1}^{n} y_i$,$\hat{\beta}_0$ 和 $\hat{\beta}_1$ 为未知参数 β_0 和 β_1 的最小二乘估计值。回归方程也可写成 $\hat{y} = \bar{y} + \hat{\beta}_1(x - \bar{x})$,这表明关于样本观察值 $(x_1, y_1), (x_2, y_2), \cdots, (x_n, y_n)$ 的回归直线通过散点图的几何中心 $(\bar{x}, \bar{y})$。

【例 10-4】 某企业 2012 年 1—10 月份产量与制造费用情况见表 10-7,根据表 10-7 资料建立该企业制造费用 y 对产量 x 的回归方程。

表 10-7 制造费用回归分析计算表

月份	产量/万件 x	费用/万元 y	x^2	y^2	xy	$\hat{y}$	$y-\hat{y}$	$(y-\hat{y})^2$
1	3.60	5.25	12.96	27.56	18.90	5.19	0.056 4	0.003 2
2	4.05	5.43	16.40	29.48	21.99	5.53	−0.102 9	0.010 6
3	4.27	5.64	18.23	31.81	24.08	5.70	−0.058 8	0.003 5
4	4.58	6.15	20.98	37.82	28.17	5.93	0.217 4	0.047 3
5	4.60	5.85	21.16	34.22	26.91	5.95	−0.0977	0.009 5
6	4.85	6.13	23.52	37.58	29.73	6.14	−0.006 2	0.000 0
7	5.23	6.38	27.35	40.70	33.37	6.42	−0.042 7	0.001 8
8	5.40	6.60	29.16	43.56	35.64	6.55	0.049 1	0.002 4
9	5.58	6.71	31.14	45.56	37.67	6.69	0.023 3	0.000 5
10	5.90	6.89	34.81	47.47	40.65	6.93	−0.038 0	0.001 4
合计	48.06	61.03	235.71	375.24	296.88	61.03	0.000 0	0.080 3

解：

（1）绘制相关图。设制造费用为 y，产量为 x，建立直角坐标，绘制相关图（图略）。由散点图形看出两者的线性关系，可以配合简单直线回归方程。

（2）建立直线回归方程：
$$y=\beta_0+\beta_1 x$$

（3）估计参数。列表计算有关数据（见表 10-6），计算结果得：

$$\hat{\beta}_1=\frac{n\sum_{i=1}^{n}xy-\sum_{i=1}^{n}x\sum_{i=1}^{n}y}{n\sum_{i=1}^{n}x^2-(\sum_{i=1}^{n}x)^2}=\frac{10\times 296.88-48.06\times 61.03}{10\times 235.71-(48.06)^2}=0.7541$$

$$\hat{\beta}_0=\frac{1}{n}\sum_{i=1}^{n}y_i-\frac{\hat{\beta}_1}{n}\sum_{i=1}^{n}x_i=\bar{y}-\hat{\beta}_1\bar{x}=6.103-0.7541\times 4.806=2.4788$$

所求简单直线回归方程为
$$y=2.4788+0.7541x$$

计算结果表明：产品每增加 1 万件，制造费用平均增加 0.7541 万元，两者为正相关关系。

10.3.3 回归估计标准误差

在确定变量之间存在相关关系及相关形态后，通过拟合相应的回归方程，根据自变量的已知值对因变量的理论值（估计值）进行估计。而估计理论值 $\hat{y}$ 与实际值 y 存在着一定的差异,这就产生了推算结果的准确性问题。如果差异小,表明拟合回归方程的精确度较高;反之则较低。为了度量 y 的实际值和估计值离差的一般水平,可计算估计标准误差。估计标准误差是衡量回归直线代表性大小的统计分析指标,它说明观察值围绕着回归直线的变化程度或分散程度。

通常用 S_e 代表估计标准误差,其计算公式为:

$$S_e = \sqrt{\frac{\sum(y-\hat{y})^2}{n-2}} \tag{10-10}$$

【例 10-5】 根据表 10-6 的资料计算估计平均误差。

已知,将数据代入公式(10-10)得:

$$S_e = \sqrt{\frac{\sum(y-\hat{y})^2}{n-2}} = \sqrt{\frac{0.080\ 3}{8}} = 0.100\ 2$$

结果表明估计标准差是 0.1002 万元。

回归估计标准误差与标准差的计算原理是一致的,两者都是反映平均差异程度和代表性的指标。一般标准差反映的是各变量值与其平均数的平均差异程度,表明其平均数对各变量值的代表性强弱;回归标准误差反映的是因变量各实际值与其估计值之间的平均差异程度,表明其估计值对各实际值的代表性强弱,其值越小,估计值 $\hat{y}$(或回归方程)的代表性越强,用回归方程估计或预测的结果越准确。上述的计算结果 0.100 2 万元表明实际成本总额与估计的成本总额之间平均相差 0.100 2 万元。

10.3.4 回归方程式的显著性检验

当我们得到一个实际问题的经验线性回归方程 $\hat{y}=\hat{\beta}_0+\hat{\beta}_1 x$ 后,还不能用它去进行经济分析和预测,因为回归方程 $\hat{y}=\hat{\beta}_0+\hat{\beta}_1 x$ 是在线性假设 $y=\beta_0+\beta_1 x+\varepsilon, \varepsilon \sim N(0, \sigma^2)$ 下建立的,是依据样本数据估计的,这个线性回归方程是否真正描述变量之间的统计规律,是否有实用价值,还需运用统计方法对其进行检验。回归分析中的显著性检验包括两方面的内容:一是对整个回归方程的显著性检验;二是对各回归系数的显著性检验。对于前者,通常在方差分析的基础上采用检验;而对于后者则是对各回归系数进行检验。在一元线性回归模型中,由于只有一个自变量,对整个方程的显著性检验和对回归系数的检验结果是一致的。但对于多元线性回归模型来说,检验与检验的结果可能相同也可能不同。

1. 离差平方和的分解

由线性回归模型 $y=\beta_0+\beta_1 x+\varepsilon, \varepsilon \sim N(0, \sigma^2)$ 可知,若线性假设成立,$\beta_1 \neq 0$,否则 y 与 x 之间就不存在线性关系了,故需检验如下假设:

$H_0: \beta_1=0, H_1: \beta_1 \neq 0$

为了检验假设 H_0,先分析对样本观察值 $y_1, y_2, \cdots, y_n$ 之间的差异,它可以用观测值 y_i 与其平均值 $\bar{y}$ 的偏差平方和表示,称为总离差平方和,记为 $S_总$ 或 SST。

$$S_总 = \sum_{i=1}^{n}(y_i-\bar{y})^2 \tag{10-11}$$

$S_总$可以分解成以下形式：

$$S_总 = \sum_{i=1}^{n}(y_i - \hat{y}_i + \hat{y}_i - \bar{y})^2$$

$$= \sum_{i=1}^{n}(y_i - \hat{y})^2 + 2\sum_{i=1}^{n}(y_i - \hat{y}_i)(\hat{y}_i - \bar{y}) + \sum_{i=1}^{n}(\hat{y}_i - \bar{y})^2$$

$$= \sum_{i=1}^{n}(y_i - \hat{y}_i)^2 + \sum_{i=1}^{n}(\hat{y}_i - \bar{y})^2 \tag{10-12}$$

令 $S_回 = \sum_{i=1}^{n}(\hat{y}_i - \bar{y})^2$，$S_剩 = \sum_{i=1}^{n}(y_i - \hat{y}_i)^2$，则有：

$$S_总 = S_剩 + S_回 \tag{10-13}$$

(10-12)式称为总偏差平方和分解公式。其中 $S_回$（或 SSR）称为回归平方和，它反映了自变量 x 的变化所引起的对 y 的波动，它的大小反映了自变量 x 的重要程度；$S_剩$（或 SSE）称为剩余平方和或残差平方和，它是由试验误差以及其他未加控制因素引起的，它的大小反映了试验误差及其他因素对试验结果的影响。通过对总的离差平方和的分解，解释了影响 y 的各项主要因素及其影响程度。

每个平方和都有一个自由度同它相联系。正如总离差平方和可以分解成剩余平方和与回归平方和两部分一样，总离差平方和的自由度 $f_总$ 也等于剩余平方和的自由度 $f_剩$ 与回归平方和的自由度 $f_回$ 之和，即

$$f_总 = f_剩 + f_回 \tag{10-14}$$

其中：$f_总 = n-1$，$f_剩 = n-2$，$f_回 = 1$

关于 $S_回$ 和 $S_剩$ 有下面的性质：

定理：在线性模型假设下，当 H_0 成立时，$\hat{\beta}_1$ 与 $S_剩$ 相互独立，且 $S_剩/\sigma^2 \sim \chi^2(n-2)$，$S_回/\sigma^2 \sim \chi^2(1)$.

剩余平方和除以它的自由度为剩余方差，回归平方和除以它的自由度为回归方差，上述可以用方差分析表来表示，如表 10-8 所示。

扩展阅读 10-4
应用回归分析
应注意问题

表 10-8 一元线性回归方差分析表

离差来源	离差平方和	自由度	方差
回归	$\sum(\hat{y}-\bar{y})^2$	1	$\sum(\hat{y}-\bar{y})^2$
剩余	$\sum(y-\hat{y})^2$	$n-2$	$\sum\dfrac{(y-\hat{y})^2}{n-2}$
总	$\sum(y-\bar{y})^2$	$n-1$	—

2. 样本决定系数（R^2）

由回归平方和与剩余平方和的意义我们知道，在总的离差平方和中，回归平方和所占的比重越大，则线性回归效果越好；如果残差平方和所占的比重大，则回归直线与样本观测值拟合的就不理想。这里把回归平方和与总离差平方和之比定义为样本决定系数，记作 R^2，计算公式为

$$R^2 = \frac{\sum (\hat{y} - \bar{y})^2}{\sum (y - \bar{y})^2} \tag{10-15}$$

而 $R^2 = \dfrac{\sum (\hat{y} - \bar{y})^2}{\sum (y - \bar{y})^2}$ 是相关系数 r 的平方(证明略)。决定系数 R^2 用来表示因变量受自变量影响的程度,即度量回归方程对观察值的拟合优度。R^2 的值介于 0—1 之间。如果一个线性回归模型充分利用了 x 的信息,则 R^2 越大,拟合优度就越好,当所有观察值都在回归直线上,则 $R^2 = 1$,拟合是完全的;反之,如 R^2 越小,说明模型中给出的 x 对 y 的信息还不够充分,应进行修改,使 x 对 y 的信息得到充分利用,当回归直线的拟合不好,即自变量和因变量完全无关时,$R^2 = 0$。

一般而言,回归方程的显著性检验结论与样本决定系数 R^2 的大小所反映的方向是一致的,即检验和检验越显著(值越大),R^2 就越大。但是这种关系并不是完全确定的,在样本容量很大时,对高度显著的检验结果仍然可能得到一个较小的 R^2。导致 R^2 较小的可能原因有两个:一是 y 与 x 之间线性回归不成立;二是 y 与 x 之间的确符合线性回归模型,但误差项方差偏大,导致 R^2 偏小,此时检验结果仍然可能得出线性回归显著的结论。

3. 回归方程显著性检验-F 检验

F 检验的目的是检验已建立的回归方程是否具有显著性,即检验 $H_0: \beta_1 = 0$ 是否成立。

通常将回归方程与剩余方程进行比较,其比值为统计量。

由 $S_{回}$ 和 $S_{剩}$ 的性质知,当 $H_0: \beta_1 = 0$,为真时,取统计量:

$$F = \frac{S_{回}}{S_{剩}(n-2)} \sim F(1, n-2) \tag{10-16}$$

若给定显著性水平 α,根据试验数据 $(x_1, y_1), (x_2, y_2), \cdots, (x_n, y_n)$ 计算 F 值,与查 F 分布表得到的 $F_\alpha(1, n-2)$ 值比较(α 一般取 0.05,0.01 等,$1 - \alpha$ 表示检验的可靠度)。如果 $F \leqslant F_\alpha(1, n-2)$,则称变量 x 与 y 没有明显的线性关系,接受 H_0,说明回归方程不显著;如果 $F > F_\alpha(1, n-2)$,则拒绝 H_0,说明 x 与 y 有显著的线性关系。

4. 回归系数显著性检验-t 检验

t 检验在回归分析中,主要是用于检验回归系数的显著性。在小样本($n < 30$)时,可运用 t 检验。如果原假设 $H_0: \beta_0 = 0$ 成立,则表明因变量 y 的取值不依赖于自变量 x,x 与 y 之间并没有真正的线性关系。构造统计量:

$$t = \frac{\hat{\beta}_1}{S_{\hat{\beta}_1}} \sim t(n-2) \tag{10-17}$$

式中 $S_{\hat{\beta}_1} - \hat{\beta}_1$ 的标准差,

$$S_{\hat{\beta}_1} = \sqrt{\frac{\sum (y - \hat{y})^2 / n - 2}{\sum (x - \bar{x})^2}} \tag{10-18}$$

给定显著性水平 α,双侧检验的临界值为 $t_{\frac{\alpha}{2}}$。当 $|t| \geqslant t_{\frac{\alpha}{2}}$ 时,拒绝原假设 $H_0:\beta_1=0$,认为 β_1 显著不为零,因变量 y 对自变量 x 的一元线性回归成立;当 $|t|<t_{\frac{\alpha}{2}}$ 时,接受原假设,认为 β_1 为零,因变量 y 对自变量 x 的一元线性回归不成立。

10.4 曲线回归分析

用回归分析方法研究具体问题时,常常会遇到变量之间并不存在线性关系,而是呈曲线相关的情况,这时就需要选择适当的曲线进行曲线回归分析。在进行曲线回归分析时,应首先通过散点图判断、选择合适的回归曲线类型,然后用变量代换将曲线模型化为一元或多元线性模型,最后用最小平方法计算回归模型的参数并进行相关性检验。下面介绍几种常用的曲线回归方程分析模型。

10.4.1 双曲线回归模型

双曲线回归模型的表达式为

$$\frac{1}{\hat{y}} = \beta_0 + \beta_1 \frac{1}{x} \tag{10-19}$$

若令:$\hat{y}' = \frac{1}{\hat{y}}$,$x' = \frac{1}{x}$,则可得以下直线式:$\hat{y}' = \beta_0 + \beta_1 x'$

10.4.2 幂函数回归模型

$$\hat{y} = \beta_0 x^{\beta_1} \tag{10-20}$$

对幂函数回归模型取对数,得下列对数直线形式:

$$\lg \hat{y} = \lg \hat{\beta}_0 + \hat{\beta}_1 \lg x \tag{10-21}$$

若令 $\hat{y} = \lg \hat{y}$,$\hat{\beta}_0' = \lg \hat{\beta}_0$,$x' = \lg x$,则幂函数回归模型可化为直线回归模型:

$$\hat{y}' = \beta_0' + \beta_1 x'$$

10.4.3 对数曲线回归模型

对数曲线回归模型的表达式为

$$\hat{y} = \beta_0 + \beta_1 \lg x \tag{10-22}$$

若另 $x' = \lg x$,则对数曲线回归模型可化为直线回归模型:

$$\hat{y} = \beta_0 + \beta_1 x'$$

10.4.4 指数曲线回归模型

当自变量 x 作等差的增加或减少时,因变量 y 随之而作等比的增加或减少,则建立指数曲线模型比较合适。其表达式为:

$$\hat{y} = \beta_0 e^{\beta_1 x} \tag{10-23}$$

将指数曲线模型取对数,可得以下对数直线式:

$$\ln \hat{y} = \ln \beta_0 + \beta_1 x$$

设 $\ln \hat{y} = \hat{y}'$, $\ln \beta_0 = \beta_0'$,则指数曲线模型可化为直线回归模型:

$$\hat{y}' = \beta_0' + \beta_1 x$$

上述四种曲线回归方程式均可以直接或间接地化为线性回归方程式,又称为可线化的曲线回归方程式。从上述方程我们可以看出:双曲线回归方程式、对数回归方程式都可通过简单的变量换元直接化为线性回归方程式,并且由于这类方程的因变量不用变形,所以可直接采用最小平方法估计其待定参数;而对于指数曲线回归方程式,幂函数回归模型需通过对数代换间接地转化为线性回归方程式,由于这类方程式在对数变换后形似线性回归方程式,故可利用这一对数形式,间接采用最小平方法估计其待定的参数。

10.5 相关分析和回归分析实训项目

【实训目的】 使学生能够借助 Excel 数据分析工具,能较熟练运用相关与回归的基本理论和方法研究实际问题。

【实训要求】 通过实训使学生能够熟练通过散点图判断变量之间的相互关系;掌握线性相关系数的计算方法并对相关系数做检验;能够运用回归分析基本原理,建立回归方程式,并对回归方程式进行检验;能够运用经检验的回归方程式进行预测。

【实训背景介绍】 某地区居民的收入与社会商品零售总额近 10 年的统计资料如下表,分析社会商品零售总额与居民收入之间的关系,并拟合回归方程式。

表 10-9 某地区居民收入与社会商品零售总额资料　　　　　　　　　单位:亿元

年份序号	1	2	3	4	5	6	7	8	9	10
居民收入 x	64	70	77	82	92	107	125	143	165	189
社会商品零售额 y	56	60	66	70	78	88	102	118	136	155

10.5.1 实训项目:相关分析

在 Excel 中,有两种方式可以表达简单相关:一种是绘制数据的 xy 散点图,另一种是计算相关系数。下面分别予以介绍。

1. 绘制 xy 散点图

散点图是用来显示当 x 轴数据变动时,y 轴数据的相应变化程度。x 轴数据表示自变量,y 轴数据表示因变量。通过散点图可以比较直观地观察到两个数值变量的相关程度。

绘制步骤：选定要用于创建图表的表格数据区域,点击功能区插入→图表→散点图,见表10-4。

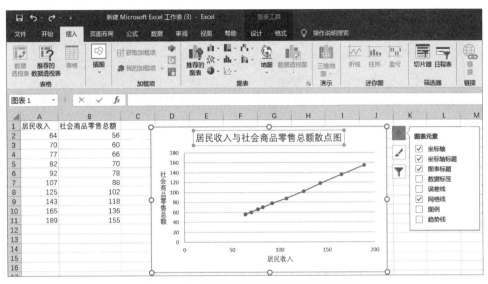

图 10-4　居民收入与社会商品零售额散点图

在 Excel 2019 中给图表加横纵坐标方法：在图表元素中勾选坐标轴、坐标轴标题、图表标题,然后在图表中填写横纵坐标和图表标题。通过散点图判断,居民收入与社会商品零售总额呈现正线性相关。

2. 计算相关系数

操作步骤：点击功能区数据→数据分析→相关系数,见图 10-5。

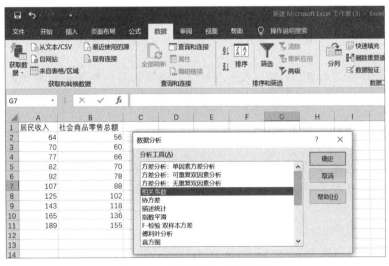

图 10-5　数据分析—相关系数

点击"确定",在弹出的选项框进行如下设置,见图 10-6。

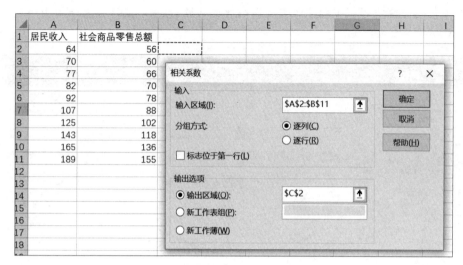

图 10-6　相关系数选项框

点击“确定”,在相应输出区域生成了一个 2×2 的矩阵,数据项目的交叉处就是其相关系数,见图 10-7。

	A	B	C	D	E
1	居民收入	社会商品零售总额			
2	64	56		列 1	列 2
3	70	60	列 1	1	
4	77	66	列 2	0.999685	1
5	82	70			
6	92	78			
7	107	88			
8	125	102			
9	143	118			
10	165	136			
11	189	155			

图 10-7　居民收入与社会商品零售额相关系数

相关系数计算结果显示:居民收入与社会商品零售总额相关系数为 0.999 685,高度相关。

10.5.2　实训项目:回归分析

1. 点击功能区域数据—数据分析—回归,见图 10-8。点击确定。

2. 在弹出的选项卡中,设置输入和输出选项。本例中 Y 为社会商品零售额,X 为居民收入。见图 10-9。

3. 输出结果见图 10-10。

得到的回归方程式为:$y=0.795\ 295x+4.215\ 549$。

从输出的结果看,$R^2=0.999\ 33$,说明模型拟合很好。

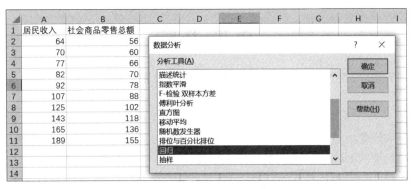

图 10-8　数据分析—回归

图 10-9　输入、输出选项设置

SUMMARY OUTPUT								
回归统计								
Multiple R	0.999665							
R Square	0.99933							
Adjusted R	0.999234							
标准误差	0.920437							
观测值	9							
方差分析								
	df	SS	MS	F	ignificance F			
回归分析	1	8846.07	8846.07	10441.48	2.27E-12			
残差	7	5.93043	0.847204					
总计	8	8852						
	Coefficients	标准误差	t Stat	P-value	Lower 95%	Upper 95%	下限 95.0%	上限 95.0%
Intercept	4.215549	0.958451	4.398291	0.003163	1.949171	6.481926	1.949171	6.481926
64	0.795295	0.007783	102.1836	2.27E-12	0.776891	0.813699	0.776891	0.813699

图 10-10　输出结果

本 章 小 结

1. 客观现象之间的依存关系有两种类型：函数关系和相关关系，二者之间既有区别又有联系。

2. 相关分析是研究两个或两个以上变量之间相关程度大小以及用一定函数来表达变量之间相互依存关系的方法。相关表和相关图可以直观地表现现象之间的数量关系，也是计算相关指标的基础。相关系数是测定变量之间相关密切程度和相关方向的代表性指标，其取值处于$-1 \sim 1$。

3. 回归分析是在研究现象之间相关关系的基础上，将具有相关关系现象的变量转变为函数关系，通过一个变量或一些变量的变化解释另一变量的变化，即通过建立变量间的数学模型来研究变量间相关关系的一种统计分析方法。根据研究自变量的多少可分为一元回归分析和多元回归分析；根据变量之间相关关系的表现形式可分为线性回归和非线性回归。

4. 当我们得到一个实际问题的经验线性回归方程$\hat{y}=\hat{\beta}_0+\hat{\beta}_1 x$后，因为回归方程是依据样本数据估计的，这个线性回归方程是否真正描述变量之间的统计规律，是否有实用价值，还需运用统计方法对其进行检验。回归分析中的显著性检验包括两方面的内容：一是对整个回归方程的显著性检验；二是对各回归系数的显著性检验。对于前者，通常在方差分析的基础上采用检验；而对于后者则是对各回归系数进行检验。

实训思考题

1. 什么是相关关系？它的种类有哪些？
2. 相关系数是如何计算的？
3. 什么是回归分析？如何进行直线回归方程的拟合？

技 能 训 练

1. 某地区近五年职工生活费收入和商品销售额的资料如下表10-10所示。

表10-10　近五年职工生活费收入和商品销售额

年份	职工生活费收入 x/百元	商品销售额 y/万元
1	15.5	87
2	16.0	93
3	16.5	100
4	17.0	106
5	17.5	114
合计	82.5	500

要求：用积差法公式求相关系数

2.某公司生产一种零件,每月根据市场需求批量生产一次,在相似的生产条件下,最近10次生产的批量与耗用的工时数如表10-11所示。

表10-11 某零件最近10次生产的批量与耗用的工时数

序号	1	2	3	4	5	6	7	8	9	10
生产批量/件	30	20	60	80	40	50	60	30	70	60
耗用工时/小时	73	50	128	170	87	108	135	69	148	132

要求：(1)计算相关系数。(2)建立回归模型(3)当下一次批量为65件时,预测其需要耗用的工时。

3.某地区居民的收入与社会商品零售总额近10年的统计资料如下表10-12所示。

表10-12 某地区居民的收入与社会商品零售总额

年份	1	2	3	4	5	6	7	8	9	10
居民收入 x/亿元	64	70	77	82	92	107	125	143	165	189
社会商品零售额 y/亿元	56	60	66	70	78	88	102	118	136	155

要求：试讨论社会商品零售总额与居民收入的关系。并以此预测下一年居民收入达到213亿元时的社会商品零售总额。

即 测 即 练

第10章 即测即练

第 11 章

统 计 预 测

◆ **本章学习目标**

通过本章学习,学员应该能够:
1. 了解统计预测的概念和种类;
2. 熟悉统计预测的原则和步骤;
3. 掌握统计预测精度的衡量指标;
4. 掌握统计预测的方法,并能灵活应用 Excel 进行项目预测。

◆ **引导案例**

中国人口未来发展趋势预测

2019 年年末,中国人口总量突破 14 亿,位居世界第一,人口自然增长率为 3.34‰,低于世界平均水平。从表 11-1 可以看出,近 9 年来全国人口出生总量变化较大。自 2017 年起,我国人口出生总量连续四年下降。与 2016 年相比,2017 年全国出生人口总量下降 62 万,2018 年中国出生人口总量较 2017 年下降 199 万,2019 年出生人口与 2018 年相比下降了 59 万,降至 1 465 万。从人口自然增长率数据来看,受住房、教育、医疗等因素的影响,我国适龄人口生育意愿偏低,自 2017 年以来逐步下降,总和生育率已跌破警戒线,人口发展进入关键转折期。

表 11-1　2011—2019 年全国人口出生总量及自然增长率

年 份	2011	2012	2013	2014	2015	2016	2017	2018	2019
数量(万人)	1 604	1 634	1 640	1 688	1 655	1 785	1 723	1 524	1 465
自然增长率‰	4.79	4.95	4.92	5.21	4.96	5.86	5.32	3.81	3.34

在公安部公布的 2020 年户籍登记的新生儿数据中显示,截至 2020 年 12 月 31 日,新生儿登记人数只有 1 003.5 万人,这个统计数据与 2020 年实际人口出生总量存在差距,因为有些已经出生的孩子还没有进行户籍登记。但是就这个指标看来,2020 年出生人口总量也不容乐观。从长期趋势看,由于生育堆积效应逐渐消失、育龄妇女规模持续下滑,当前出生人口总量仍处于快速增长期。有专家预测,到 2030 年人口出生总量可能进一步降至 1 100 万以下。国家"十四五规划"中关于人口方面的政策是促进人口长期均衡发展,

这意味着我国应逐步加大鼓励生育的力度,最终将生育率提升到更替水平,有效地维护中国的长期稳定和繁荣。

科学的统计预测从宏观方面来讲,能够为国家制定方针政策提供依据;从微观角度来看,它也会为各类组织运营决策提供数据支持。因此,在统计分析中具有重要的作用。

11.1 统计预测的基本内容

扩展阅读 11-1
预测的产生与发展

预测是指根据社会经济现象过去发展变化的客观过程和发展规律,依据目前变化的状态,运用各种定性和定量分析方法,对社会经济现象未来可能出现的趋势和可能达到的水平所进行的科学推测。

预测研究的范围极为广泛,涉及人类社会的各个领域,其中的一项内容就是统计预测。由于互联网和信息技术的快速发展,为各种信息资料的存储、整理和分析都提供了有利的工具,为复杂计算工作提供了便利条件,这些为统计预测的发展创造了有利条件。

11.1.1 统计预测的概念

统计预测是指以社会经济研究对象的统计资料为依据,根据经济现象的内在联系及其发展规律,运用一定的统计方法,研究社会经济现象在未来的某一特定时间内可能达到的规模水平的过程。统计预测是一种具有通用性的方法,主要由预测依据、预测基础和预测方式三要素构成。预测依据是统计整理后的统计资料,预测基础是哲学、经济学及有关理论,预测的方式主要是定性预测和数学模型预测。

在统计学工作过程中,统计预测和统计调查关系紧密,他们之间既有联系,又有区别。统计调查是根据统计研究的目的及任务,收集统计数据的工作过程,统计预测则是根据统计调查收集整理得到数据资料,对统计经济现象在未来一段时期内的发展趋势做出的估计和预判。统计调查为统计预测提供了原始数据,同时也为修正预测值、判断预测精度提供了数据支持。统计预测是在统计调查的基础上,应用一定的数学方法对收集的数据进行科学分析,将调查中取得的数据资料用于对未来趋势的预测。

统计预测在应用过程中,其预测准确性与预测方法、预测技巧、预测者的能力、经验和逻辑思维方式等因素有关。同一项预测工作,由于预测者的经验、能力和经历不同,得到的预测结果也可能大相径庭。统计预测能够认识社会经济现象的发展规律,通过对客观事物和现象的过去经验和资料进行定性和定量分析,经过一番"去伪存真,去粗取精,由此及彼,由表及里"的分析、总结并提炼出来的,一般用数学模型加以描述。

在市场经济条件下,统计预测能够为政府部门和企业制定发展规划和行动方案提供信息支持,减少决策中面临的一些不确定因素,降低决策风险,提高决策的科学性和质量水平。

11.1.2 统计预测的种类

统计预测从不同角度出发,可作多种分类。

1. 按预测方法的不同,可将统计预测分为定性预测和定量预测

(1)定性预测。定性预测是根据所掌握的历史与现实资料,凭借预测者个人的工作经验和分析能力,对事物未来发展方向和趋势作出判断与推测。它是一种直观预测,是以逻辑判断为主的预测方法,主要用于研究社会经济现象在未来所表现的性质、状态、现象发展的总体趋势、各种可能性及其造成的影响,以及确定将要执行的决策是否会达到制定决策的目的等情况。如对经济发展趋势的预测、对消费者需求变化的预测等。

(2)定量预测。定量预测主要是指预测者根据所掌握的历史和现实的数据资料,通过建立相应的数学模型或者使用相关的统计方法,根据所给数据运用公式推导出结果的一种数学计算方法。如对中国未来五年的GDP总量的预测,可以根据最近十年的GDP经济总量发展趋势建立数学预测模型,计算模型的待估参数,带入到数学模型中,进行GDP总量预测。

2. 按预测范围的不同,可将统计预测分为宏观预测和微观预测

(1)宏观预测。宏观预测是以整个国家或地区、部门、行业等发展的总体情况作为研究对象,对整个国民经济总量和整个社会经济活动发展前景与趋势进行的预测。例如,对世界经济发展趋势的预测、对我国国民经济发展水平和发展速度的预测都属于宏观预测。

(2)微观预测。微观预测是指对某一具体预测目标的发展前景所作的预测。例如,某企业某项产品市场占有率预测、蔬菜和瓜果旺季需求量预测等都属于微观预测。

3. 按预测内容不同,可将统计预测分为经济预测、科技预测

(1)经济预测。经济预测是根据经济发展过程的历史和现状,运用科学的预测方法,揭示经济现象的发展规律及各类经济现象之间的相互联系,指出经济现象未来发展趋势和可能达到的水平。例如,价格变化趋势、财政收支变化、国际经济波动情况等方面的预测都属于经济预测。

(2)科技预测。科技预测是指对未来科学技术发展的可能结果、途径、所需的资源和组织措施所作的有科学依据的预测。进行科学技术预测要考虑世界科学技术的发展情况,跨部门综合技术课题的应用情况,各工业部门的发展情况等。

4. 按预测时期长短不同,可将统计预测分为短期预测、中期预测、长期预测

(1)短期预测。短期预测是指对预测对象一年以内的发展趋势进行的预测。短期预测的对象一般都有大量的数据作为预测的依据。例如,产品销售额预测。短期预测由于时间短,涉及的不确定性因素较少,因此,准确性较高。

(2)中期预测。中期预测是指对预测对象未来一年到五年间的预测,如社会需求预测、物质生产条件预测等。中期预测由于时间较长,面临的不确定因素较多,准确性比短期预测要差一些。

(3)长期预测。长期预测是指对预测对象五年以上的发展趋势进行的推断和估计。

这种预测着重于社会经济研究对象的长期发展趋势,为各部门长期发展方向提供决策依据。长期趋势由于预测周期长,很多未知因素无法掌控,因此,准确性相对较低。

11.1.3 统计预测的程序

统计预测的程序包括以下五个步骤(见图11-1)。

1. 确定统计预测目的

统计预测的目的是整个预测过程的核心,在统计预测工作开始之前,首先要明确为什么要进行统计预测,要达到什么样的目标。只有准确界定统计预测的目的,才能有针对性地收集统计预测所需资料,选用科学有效的统计预测方法,为统计决策提供信息和数据支持。

2. 收集、整理统计资料

在明确预测目标后,根据预测目标的要求,可以综合采用原始资料收集法和二手资料收集法,广泛收集相关统计资料。并对收集的统计资料进行整理、审核,去粗取精,去伪存真,保障统计调查资料的真实性、准确性和可靠性,提高统计预测的精度,为统计决策奠定良好的基础。

3. 选择统计预测模型和方法

统计预测模型和方法的选择主要是根据统计预测对象的性质、特点和统计预测精度要求决定的。在进行统计预测时,首先要根据预测对象的性质、发展特征及数据呈现出来的发展趋势确定预测模型;其次是根据掌握资料情况和统计预测要求,选择求解待估参数的方法。在进行统计预测时,可以同时采用多种方法进行预测,对比预测精度,从中选择预测精度最高的预测方法,提高统计预测结果的可靠性。

4. 对统计预测结果进行检验和评价

统计预测方法计算出预测结果后,需要对该结果进行检验和评价,分析该结果的代表性。统计预测结果受获取资料方式、统计预测工作人员的能力、统计预测方法本身的局限性等诸多种因素的影响,未必能准确反映未来事物现象的真实状态。与此同时,由于预测是对未来市场状态进行的估计和测算,存在很多不确定性因素,致使统计预测的准确度有待考量。因此,对预测结果的检验和评价就显得尤为重要。

5. 提交统计预测报告

将最终通过统计检验的预测结果编制成文件或报告,以适当的形式向有关部门呈报,供有关部门和企业在决策时应用或参考。统计预测报告内容主要有:统计预测活动的主要过程,具体包含预测目标的确定、预测对象及有关因素分析、收集整理相关统计资料和数据、预测方法的选择和应用、预测结果的分析和评价等。

11.1.4 统计预测的原则

在进行统计预测工作时,应遵循四个原则:连贯性原则、类推性原则、相关性原则和概率推断性原则,保障统计预测的工作质量。

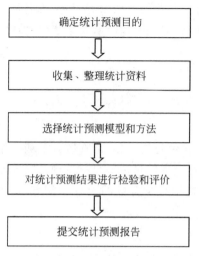

图 11-1 统计预测的程序

1. 连贯性原则

连贯性原则是指事物内在规律在发展过程中始终如一,未来发展趋势与过去、现在无本质差异。统计预测是根据统计预测对象的连续发展变化规律所进行的推断和估计。因此,进行统计预测时,必须选择那些具有某种连续发展变化规律的统计对象。否则,缺少历史数据呈现的发展规律,统计预测的可信度和准确性无法保障。

2. 类推性原则

类推性原则是指在统计预测时,根据已知社会经济现象的发展变化特征,推断具有近似特征的统计预测对象的未来状态。例如,一些创新项目的发展前景没有历史数据支持进行统计模型预测,可以根据已有类似的项目发展现状和趋势来推断创新项目的发展前景。

3. 相关性原则

相关性原则是指事物彼此之间存在一定的相互依存关系,通过研究因素关系的变化,就能分析统计预测结果变量的变化,主要表现形式为因果关系。在进行统计预测时,要分析相关影响因素的现有状况、与统计预测对象的依存关系和影响程度,以此对研究统计对象未来的发展状态进行预测。

4. 概率推断原则

概率推断原则是指根据事件发生的概率对统计对象未来发展状态进行推断。统计预测对象未来状态存在不确定性,进行预测时,应用一定的预测方法,按照概率大小,根据经验和历史情况,对统计预测对象发展趋势进行科学推断。

11.1.5 统计预测精度的影响因素

统计预测精度是指统计预测结果与实际情况的吻合程度,它是衡量统计预测方法适用性的重要依据。统计预测精度的影响因素主要有四个：统计预测方法的适用性、统计资料的准确性、统计资料的完整性及预测人员的工作能力。

1. 统计预测方法的适用性

统计预测可选择的方法有很多，各种方法的使用条件和适用范围不同，在选择统计预测方法时，要根据统计预测对象过去和现在的数据呈现的发展趋势选择拟合度好的预测模型或定性预测方法，提高统计预测的精度。统计预测方法选用不当，即使在预测工作过程中一丝不苟，也无法得到理想的结果。

2. 统计预测资料的准确性

统计预测资料准确性是影响统计预测质量的关键因素之一。如果统计预测的资料不真实，即使预测方法选择适当，建立在虚假信息基础上的预测结果会给统计决策提供错误的数据支持，给统计决策形成一定的风险。因此，在统计预测工作中要提高资料的准确性，保障统计预测的精度达到可信水平。

3. 统计预测资料的完整性

在统计预测过程中，尤其是利用预测模型进行推断时，统计数据必须是完整的。一旦数据不完整，定量预测中预测模型就无法有效运转，统计预测工作无法完成。因此，为保障统计预测工作的质量和精度，需要收集全面完整的统计资料，确保统计预测工作顺利进行。

4. 统计预测人员的工作能力

统计预测人员的工作能力对统计预测精度有极大影响作用。作为一个统计预测人员，应具较强的逻辑判断能力、多种统计预测方法的综合应用能力、统计资料的收集、整理和技术分析能力等基本工作素质。

11.2 定性预测法

定性预测法是一种不依托或很少依托数学模型的预测方法，该种方法适用于统计预测的资料不完整，或者主要预测因素难以采用数学模型进行分析等情况。预测者可以凭借自己的专业知识、经验和综合分析能力，根据现有的历史资料和现实情况，对预测的社会经济现象发展趋势、方向和重大转折点做出估计与推测。

定性预测方法有很多，但从应用的广泛性、实用性和有效性来看，主要有综合意见法、头脑风暴预测法、德尔菲预测法、类推预测法等。定性预测法注重于事物发展性质方面的预测，灵活性高，方法操作简单且易于掌握，预测时间短，成本低，便于普及推广。

11.2.1 综合意见预测法

1. 综合意见预测法概念

综合意见预测法又称为集合判断预测法，它是指对某一统计预测问题先由专业人员和行业专家分别给出预测意见，再综合所有人员给出的预测意见得出最终的预测结论的方法。

在进行统计预测时，如果仅凭预测人员个人的知识和经验进行预测，会存在一定的局限性。综合意见预测法通过集思广益，解决了个人预测的局限性，有助提高统计预测的质量。采用综合意见预测法进行统计预测时，首先要向统计专业人员和行业专家征询预测意见，再根据他们在预测中的重要性给予不同的权重，计算预测结果。这种统计预测方法常在进行市场需求预测、销售规模预测及投资方向预测等重要问题时采用。在预测过程中应注意两点，一是防止过分依赖某位专家的主观判断；二是注意预测意见和结果是否有充足的事实根据。

扩展阅读 11-2
需求预测的演变

2. 综合意见预测法的程序

（1）统计预测工作人员根据统计研究的目的和任务，邀请专业人员和行业资深专家参与到统计预测工作中。统计预测工作人员向行业专家及参与工作的专业人员提出具体的预测内容和预测要求，并向他们提供相应的预测资料，帮助其进行有效预测。

（2）参与统计预测的工作人员需要综合分析给出的统计资料，根据自身掌握的知识、经验对统计预测内容进行分析判断，提出预测意见。

（3）统计预测的组织者根据行业专家和专业人员提供的预测意见计算他们的预测期望值，再根据其权重计算综合预测期望值，最后得出统计预测现象的综合预测结果。

【例 11-1】 2021 年上半年某饲料公司对 2021 年下半年的营业额进行预测。参与统计预测工作的人员主要销售员、业务经理和职能部门领导各 3 名。通过分析 2021 年下半年饲料行业的市场环境、该公司所占市场份额及一些不确定性因素，参与预测的成员分别给出了他们的预测意见。根据各类预测人员在预测中的作用给予他们不同的权重。具体资料如表 11-2 所示，试用综合意见法预测该公司 2021 年下半年市场营业额。

表 11-2 综合意见法预测意见统计及计算表

预测人员	编号	估计值				期望值/万元	权重	总权重
		最高		最低				
		营业额/万元	概率	营业额/万元	概率			
销售人员	销售员 1	650	0.70	380	0.30	569	0.25	0.2
	销售员 2	700	0.65	400	0.35	595	0.45	
	销售员 3	820	0.72	620	0.28	764	0.30	
业务经理	经理 1	780	0.65	640	0.35	731	0.35	0.5
	经理 2	850	0.75	750	0.25	825	0.35	
	经理 3	890	0.60	730	0.4	826	0.30	
职能部门管理者	管理者 1	1 000	0.75	850	0.25	962.5	0.5	0.3
	管理者 2	1 200	0.60	900	0.40	1 080	0.3	
	管理者 3	900	0.80	800	0.20	880	0.2	

销售人员期望预测值：
569×0.25＋595×0.45＋764×0.30＝639.2(万元)
业务经理期望预测值：
731×0.35＋825×0.35＋826×0.30＝792.4(万元)
职能部门期望预测值：
962.5×0.50＋1 080×0.30＋880×0.20＝981.3(万元)
2021年下年度销售额综合意见预测值：
639.2×0.2＋792.4×0.5＋981.3×0.3＝818.4(万元)

11.2.2 头脑风暴预测法

1. 头脑风暴预测法的概念

头脑风暴预测法是通过组织一组专家共同开会讨论，进行信息交流和互相启发，从而激发出专家们的创造性思维，以达到互相补充，并产生"组合效应"的统计预测方法。

扩展阅读 11-3
头脑风暴法的来源

头脑风暴预测法鼓励创新思维，提倡相互启迪，鼓励参与预测的专家不断补充和完善自己已有的预测意见，以量求质。参与预测的专家提出预测意见越多，他们可选择参考的空间就越大，获取有价值的预测信息可能性就越大。头脑风暴法进行统计预测具有较强的实用性和可行性，通常能够获取到具有使用价值的预测方案。

2. 头脑风暴预测法的优缺点分析

(1) 头脑风暴预测法的优点。头脑风暴预测法在应用过程中优势很明显。在头脑风暴开始时，会议主持人对预测问题进行简短介绍，由专家们进行集体讨论，阐述自己的观点，准确表达自己的预测意见。会议组织者在专家讨论过程中开始收集数据，获取信息，并使用录音录像设备将会议实况记录下来，用于后续的分析和预测。这种预测方法将专家集合起来，针对某一社会经济现象进行预测，专家集思广益，充分讨论，激发创新思想，能够产生头脑风暴的效果。相比较而言，头脑风暴预测法的时间较短，收集的信息较为全面。

(2) 头脑风暴预测法的缺点。头脑风暴预测法的缺点也比较突出，主要体现在参加预测的人员数量受限。头脑风暴预测法不可能请太多的专家进行讨论，一般情况下，参与的人数在5—6人为宜，人数最多应限定在10人以内，保证每位预测专家能够有充足的发言时间。如果头脑风暴预测法的参与者中有行业权威人士，则他们的意见容易影响预测者，可能会形成意见一面倒的现象。头脑风暴预测法能够取得成功在很大程度上还取决于主持人的主持技巧和能力。如果主持人的亲和能力和调动现场气氛能力较差，无法调动预测专家发言和讨论的积极性，头脑风暴预测法也达不到理想的效果。

3. 头脑风暴预测法应遵循的原则

在统计预测中采用头脑风暴法应遵守如下原则：

(1) 延迟评判原则。对各种预测意见及预测方案的评判放到最后预测意见整理阶段，在头脑风暴预测法进行过程中预测专家不对其他人预测意见进行评价。预测组织者根据预测意见整理的资料评判哪些预测意见可以为统计决策提供信息支持。

(2) 自由畅想原则。头脑风暴预测法要形成思想碰撞,产生一些具有创新性预测意见。在执行过程中鼓励预测专家各抒己见,创造一种自由、活跃的预测气氛,激发专家提出各种可行性预测方案。

(3) 以量求质原则。头脑风暴预测法在预测过程中追求预测意见数量,预测意见越多,优质预测方案存在的可能性就越大,这是获得高质量创造性预测方案的基础。

(4) 综合改善原则。头脑风暴预测法尽管要求不对其他预测者的意见进行评判,但是可以根据其他预测者发表的预测意见修改和完善自己已有的预测方案。在预测过程中通过相互启发、相互补充和相互完善,使预测意见在统计决策时提供有益的帮助。

(5) 限时限人原则。头脑风暴预测法的参加人数不宜过多,控制在 6~10 人为宜,既能产生思想的碰撞,也不至于人数太多,而导致有些预测人员没有足够的发言机会。预测会议的持续时间也不能太长,应控制在 3 小时以内,时间过长会使预测者感到疲惫,预测意见的质量会受影响。

4. 头脑风暴预测法的程序

头脑风暴预测法的操作程序主要分为三个步骤:准备工作、组织和实施过程及后续整理工作。

(1) 准备工作。在开始头脑风暴预测工作之前,需要做相应的准备工作。确定头脑风暴预测法的方式,线上会议还是线下会议。如果是线上,提前通知各预测专家登录在线工作平台,准时参加预测会议。如果是线下会议,要布置好会场,做好预测专家的接待工作,保障预测会议能够如期、保质保量地完成。编制访问提纲,会议的主题应简明、确保预测专家们在预测时不会偏离主题。确定头脑风暴预测法的主持人,主持人在一定程度上决定了该预测法的成果。头脑风暴法对主持人的要求比较高,应具有丰富的主持经验,掌握相关专业知识与技能,能够鼓励预测人员积极发表个人意见等。确定参加会议的专家。选择参加会议专家时应注意两个问题:一是专家选择的质量,二是专家的数量。专家选得是否合适直接关系到头脑风暴法的预测质量,专家的选择应与预测问题的性质相关,专家人数应该根据实际情况来确定。在头脑风暴预测法准备阶段还需要准备会议的辅助工具,如录音设备、录像设备,必要时可以通过反复观看,来推断预测结果的准确度。

(2) 组织和实施过程。准备工作完成以后,进入预测会议的组织和实施阶段。头脑风暴预测法在组织和实施过程中需要注意几点:第一,预测会议的主持人准确把握会议的主题,避免发生偏离主题的现象。一旦发现预测主题偏离原有方向,需要有技巧地把预测主题拉回来,使预测会议的要点始终围绕原有的方案进行。第二,鼓励预测人员尽可能多提预测意见。在预测会议进行时,主持人首先提出预测题目及相关材料,要求预测专家发表意见,提出自己的看法。在这一过程中,主持人不需要提出自己的看法或意见,以免影响各位专家的思路。对于专家们提出的各种方案或意见,不发表看法,保持中立的态度,鼓励预测专家们多发表预测意见。在预测会议进行时,不评判其他专家提出的预测意见,以免打消专家发表意见的积极性,这一点要在会议开始前作为要求提出来。第三,做好会议记录工作。会议记录是预测工作总结的一个必备材料,必须认真做好。会议记录可以采用多种形式,例如,主持人可以在一边提问一边记录,也可以由助手对会议从始至终进行记录,也可以采用相应的录音录像设备进行全过程记录。

(3)预测意见整理、分析工作。头脑风暴预测会议结束以后,要针对预测会议中各位专家提出的预测方案进行数据的整理和分析,撰写预测报告,供统计决策者使用。统计整理和分析工作包括四项内容:第一,对预测资料进行整理。预测组织者在会议结束后对得到的预测意见进行整理、分类,并对其进行系统分析,分析各类预测意见的可行性。第二,回顾整个会议过程,查缺补漏。查看录音录像和整体会议记录,检查整个预测会议上反映的情况与现实情况是否相符,分析预测人员提出的预测意见的可行性、适用性和代表性等。预测组织者要对预测意见进行科学评价,找出预测意见中存在的问题。第三,做补充预测。如果只进行一次头脑风暴预测会议,预测组织者可能认为结果准确性和可靠性不足。预测组织者可以根据第一次预测会议存在的问题再进行一次补充预测。补充预测会议主要是针对关键性问题和一些重要数据进行论证与核实,并解决第一次预测会议的问题,同时也可以使一些预测专家进一步补充和完善自己对一些问题的看法和见解。第四,分析并解释预测结果。所有的补充预测会议结束以后,需要对所获预测意见进行再次整理和分析,对专家们提出的各种预测意见进行比较、分析、评价和归类,再形成具体的书面材料,提供给相关决策者使用。

11.2.3 德尔菲预测法

1. 德尔菲预测法概念

德尔菲预测法是指由企业或组织部门组成的一个包含预测组织者和若干个预测专家的预测机构,以匿名信函或电子邮件的方式向专家小组成员征询预测意见,各专家针对所预测事项未来发展趋势提出自己的预测意见,并把预测意见再以信函或电子邮件的方式发给预测组织者。预测组织者对反馈回来的预测意见进行整理、分类,将各位专家预测意见大体一致的内容提炼出来,将不一致的预测意见整理成匿名的参考资料,再次发送给各位预测专家,请他们根据参考资料修改自己的预测意见,再把修改后的预测意见发回给预测组织者。预测组织者再对收回来的预测意见进行整理,分类,再将不一致的预测意见进行下一轮征询活动。它是如此反复3～5轮,直到最终得出较为一致的专家预测意见的一种经验判断预测法。德尔菲预测法是1946年由美国兰德公司创始实行的,其本质是一种匿名反馈的意见征询方法,该方法因有效避免群体讨论存在的屈从权威及盲目服从多数的缺陷而被广泛应用。

2. 德尔菲预测法优缺点分析

(1)德尔菲预测法的优点。德尔菲预测法的优点在于给预测专家充足时间去思考预测内容,专家可以独立思考,在回答问题方面比头脑风暴法层次要深。针对不同预测意见进行反复征询,避免单个专家的主观性。通过多轮反馈形成较为一致的预测意见,预测结果的准确性较高,预测结果的质量也较好。

(2)德尔菲预测法的缺点。与头脑风暴预测法相比,德尔菲预测法的缺点在于无法产生语言思想的交锋。德尔菲预测法鼓励预测专家独立思考,无法像头脑风暴预测法那样通过语言的刺激产生思想的碰撞,激发更多的想法。虽然在反馈意见征询中也可以看到匿名的不同意见,但文字和语言的力量是不一样的,书面性的文字在激发思想创造性方面的能力要比语言弱。在应用德尔菲预测法时,需要归纳整理专家的不同预测意见,并将其归并、分类,受工作人员思想的影响,资料的整理和分类有时会存在一定的倾向性,主观性较强。例如,在进行未来经济发展趋势判断时,个别专家的预测意见与大多数专家的意见相差较大,或预测意见较为极端,预测组织者就可能不采用其预测意见。德尔菲预测法的应用原理是使各专家的预测意见趋于一致,这样就会忽略个别专家较为独特的预测意见,但有时真理往往掌握在少数人手中。在预测过程中,在整理分析预测意见时,什么样的预测意见应该忽视,什么样的预测意见应该列入下一次的征询意见中,都是由预测组织者自行决定的,预测意见的取舍及新资料提供的数量和质量都可能会影响专家预测的结果。

一般情况下,德尔菲预测法的适用范围包括缺乏历史数据资料的预测和创新性成果预测,同时也适用于探索性预测和战略性预测。

3. 德尔菲预测法的程序

德尔菲预测法在操作过程中主要分为五个步骤。

(1) 确定预测目标、拟定预测意见征询表、准备预测相关材料。预测目标的确定根据企业决策面临的问题来制定的,预测目标要具体、明确,能够为企业解决实际问题提供帮助和借鉴作用。确定预测目标时要注意,不要过于笼统或模糊,会影响预测结果的适用性。

德尔菲预测法是通过匿名信函的方式向专家征询意见,因此,预测意见征询表的质量直接影响预测结果的准确性和适用性。预测组织者首先应明确预测目标,再根据预测的目的和任务制定预测意见的征询表。在拟定预测意见征询表时要注意三个问题:第一,表中每个问题需要经过集体讨论,有存在的价值和意义,能够为统计决策提供有效信息;第二,表中问题的设置应简单明确,一目了然,易于回答;第三,表中问题应根据预测任务确定,数量不宜过多。

预测相关资料要准备充分,保证预测专家能够获取足够的资料进行科学预测。同时,当预测专家提出需要补充资料时,预测组织者应积极配合,完善预测资料,确保专家在预测时能够获取到所需信息,保证预测的科学性和准确性。

(2) 选择预测专家。德尔菲法预测在选择预测专家时应选择与预测项目相关领域的专家和行业资深人士,人数不宜过多,10~20人为宜。预测专家应具有丰富的预测工作经验,精通预测项目所涉及的业务或内容、具有一定的预见性和分析能力。必要时可以邀请一些不同领域的相关专业人士,从不同视角对预测项目提出参考预测意见,保证预测的全面性。

(3) 实施预测工作。在进行德尔菲法预测时,预测组织者将拟定好的预测意见征询函及与预测项目相关的信息材料,以纸质信函或电子邮件的形式交给各位专家,给出预测意见反馈的时间期限,进行第一轮预测意见征集。各预测专家根据预测项目的问题和配备的相关资料,根据个人经验、知识和能力给出具体的预测意见,将其回邮给预测组织者。随着网络技术的发展,预测意见回邮多以电子邮件或在线文件传输的方式,快捷方便、节省时间,可以实时进行在线互动,加快预测意见回邮的速度。

预测组织者在对第一轮反馈的预测意见进行整理分析后,对专家给定的各种答案进行分类汇总,把相同或类似的意见整理出来,列在一旁。把答案差别极大的意见整理出来,用准确的术语进行统一描述,再制定第二轮意见征询表,辅以相关补充材料,发送给各预测专家,进行第二轮预测意见征询。如果专家对自己之前的预测意见进行修改,应进行补充说明。第二轮预测意见征询表完成后,再回邮给预测组织者。预测组织者对第二轮反馈意见,整理分析后,如果预测意见仍存在较大差异,再拟定意见征询表,附上相关说明材料,发送给各专家。如此反复,直到各专家的预测意见接近一致为止。德尔菲法预测一般经过 3~5 轮的循环,才能得到较为一致的预测结果。

(4)整理分析预测意见。经过三到五轮的预测意见征询后,预测组织者将所有得到的预测意见进行整理分析。对于数据类预测可以采用数理统计的方法,对于发展趋势类的文字性预测意见,采用归纳汇总的整理方法,使分散的预测意见具有条理性,得出预测结果,为撰写预测报告提供有效的依据。

(5)撰写并提交预测报告。预测组织者在对预测意见进行整理分析并得到预测结果后,撰写预测报告,并将其提交给预测组织者,为企业管理决策提供依据。预测报告应包含预测目标、预测方法、预测参与人员、预测的准备和实施过程、资料的统计整理过程、预测结论中存在的不足之处以及附录。如有需要,还应附上一些原始数据。

11.2.4 类推预测法

1. 类推预测法的概念

类推预测法是指利用相似性原理和类比方法,由一已知先导事物推测另一事物发展趋势的一种预测方法,也被称为类比预测法或类比广延预测法。这种方法的适用基础是客观事物之间存在着共同之处,只要发现两种不同事物之间存在着相似之处,就可利用前者的变化特征和发展过程来类推后者的发展趋势。例如,根据某些产品之间在功能、结果、档次以及生命周期等方面的相似性,由一种产品的市场销售状况,判断推测另一种产品的市场销售发展趋势;或者根据发达国家的产品市场发展趋势来推测相对落后国家的产品市场发展趋势。

2. 类推预测法的应用形式

类推预测法的应用形式主要有两种:由点到面的类推预测、相近现象之间的类推预测。该预测法主要应用于由点到面、由局部到整体的预测,也用于商品生命周期的分析预测、新产品的分析预测、中长期产品的市场预测。

(1)由点到面的类推预测。由点到面的类推预测主要是指以小范围内得到的社会经济现象统计结果来推断更大范围内同类社会经济现象发展情况。例如,通过进行典型调查或抽样调查得到某市洗衣机年销售率为 6%,即每百户居民家庭中仅有 6 户购买,由此推断与该市规模、收入水平和消费水平相似的其他城市销售率情况。这种类推方式适用于短期预测和近期预测。

(2)相近现象之间的类推预测。相近现象之间的类推预测是指根据一种经济现象发展变化趋势来推断另一种相似经济现象的发展变化趋势。例如,牙膏的销售与糖果销售有相似之处,可以根据糖果口味的受欢迎程度来类推牙膏口味的受欢迎程度。这种类推预测适用于新产品开发预测,根据相近产品的发展变化情况,来类比预测新产品的发展方向和变化趋势。

11.3 定量预测法

定量预测是根据以往比较完整的历史统计资料,运用各种数学模型对市场未来发展趋势作出定量的计算,得出预测结果的一种预测方法。这类方法有助于在定性分析的基础上,掌握事物量的界限,帮助企业更正确地进行决策。常用的定量预测方法主要有移动平均预测法、指数平滑预测法、线性趋势预测法、指数曲线趋势预测法、修正指数曲线趋势预测法等。

11.3.1 移动平均预测法

移动平均预测法是通过对观察期数据的移动平均,消除随机因素影响,建立数学模型进行预测的一种统计预测方法。该方法主要包括一次移动平均、加权移动平均和二次移动平均预测法,适用于短期统计预测。当预测的经济现象发展趋势既不快速增长,也不快速下降,且不存在季节性因素影响时,该预测方法能有效消除统计预测中的随机波动,具有普遍适用性。移动平均预测法的预测精度主要取决于移动步长。一般情况下,可以多设置几个移动步长,计算预测误差,最终选择预测误差最小的那个移动步长作为移动平均预测法的移动步长。

1. 一次移动平均预测法

一次移动平均预测法指当统计数据呈水平发展趋势波动时,将各期统计数据按时间序列依次排序,按给定的移动步长进行移动平均,将最后一期移动平均值作为下一期预测值的一种预测方法,它只能预测一期数据。计算公式为

$$M_t^1 = \frac{y_t + y_{t-1} + \cdots + y_{t-n+1}}{n} \quad (t \geqslant n) \tag{11-1}$$

式中:M_t^1——第 t 期的一次移动平均值;

y_t——第 t 期的实际观察值;

n——移动的步长(或者称为项数)。

预测公式:

$$\hat{y}_{t+1} = M_t^1 \tag{11-2}$$

式中:$\hat{y}_{t+1}$——第 $t+1$ 期的预测值。

一次移动平均预测法进行统计预测时,算出预测结果的同时还需要计算已有观察值的追溯预测值,即利用预测公式向前追溯,计算各期观察值相应时期的预测值,以此来判断预测误差的大小。预测误差一般采用均方差来表示,即实际观察值与追溯预测值之间的差额平方和的平均值,用 MSE 来表示。计算公式为

$$\text{MSE} = \frac{1}{n}\sum_{t=1}^{n}e_t^2 = \frac{1}{n}\sum_{t=1}^{n}(y_t - \hat{y}_t)^2 \tag{11-3}$$

【例 11-2】 某公司 2020 年 1—12 月份的销售额数据如表 11-3 所示,试用移动步长为 3 和 5 的一次移动平均预测法来预测 2021 年 1 月份的销售额,并确定选用哪个移动步长更为合理。

表 11-3　某公司 2020 年 12 个月的销售额数据　　　　　　　单位:万元

时间/月	1	2	3	4	5	6	7	8	9	10	11	12
销售额	42	40	41	43	39	42	40	44	42	38	41	45

解:根据统计的历史数据,编制时间序列。

从数据资料可以看出,统计的历史数据长期发展呈水平趋势波动,围绕销售额 40 万元上下波动,且波动浮动不大。根据定量预测法的相关原理,当时间序列呈水平趋势上下波动,且浮动幅度不大,不受线性趋势、季节变动和循环变动的影响时,可采用一次移动平均预测法进行预测。首先选择步长 $n=3$ 时的一次移动平均预测法进行预测。

根据计算公式:$M_t^1 = \dfrac{y_t + y_{t-1} + y_{t-2}}{3}$ 可推出一次移动平均值从第三期开始计算。

根据预测公式:$\hat{y}_{t+1} = M_t^1$,据此计算各期的一次移动平均预测值,详情见表 11-4。

计算当 $n=3$ 时:预测值为 $\hat{y}_{13} = M_{12}^1 = \dfrac{y_{12} + y_{11} + y_{10}}{3} = \dfrac{45+41+38}{3} = 41.3$(万元)

均方差 $\text{MSE} = \dfrac{1}{9}\sum_{t=4}^{12}e_t^2 = \dfrac{1}{9} \times 63.6 = 7.1$(万元)

当 $n=5$ 时:

预测值 $\hat{y}_{13} = M_{12}^1 = \dfrac{y_{12} + y_{11} + y_{10} + y_9 + y_8}{5} = \dfrac{45+41+38+42+44}{5} = 42$(万元)

均方差 $\text{MSE} = \dfrac{1}{7}\sum_{t=6}^{12}e_t^2 = \dfrac{1}{7} \times 38.8 = 5.5$(万元)

根据预测公式 $\hat{y}_{t+1} = M_t^1$,可推出第 12 期数据的一次移动平均值为第 13 期的统计预测值。当移动步长为 3 时,2021 年 1 月份的销售额预测值为 41.3 万元,均方差为 7.1 万元。当移动步长为 5 时,2021 年 1 月份的销售额预测值为 42 万元,均方差为 5.5 万元。由此可以判定,移动步长为 5 时,预测结果精确度更好。因此,选应选择移动步长为 5 的一次移动平均值进行统计预测,2021 年 1 月份销售额预测值为 42 万元。追溯预测值和预测误差具体见表 11-4。

2. 加权移动平均预测法

加权移动平均预测法是对统计的历史数据分别给予不同的权数,按不同权数求得移动平均值,并以最后的移动平均值为基础,确定预测值的一种统计预测方法。采用加权移动平均预测法进行预测时,由于近期的统计数据对预测值有较大影响,它更能反映近期统计现象的变化趋势。所以,对于接近预测期的历史数据给予较大权重,对于距离预测期较

表 11-4　$n=3$ 和 $n=5$ 时一次移动平均预测法计算的对比数据　　　　单位：万元

t	y_t	$n=3, M_t^1$	$\hat{y}_t$	e_t^2	$n=5, M_t^1$	$\hat{y}_t$	e_t^2
1	42	—	—	—	—	—	—
2	40	—	—	—	—	—	—
3	41	41.0	—	—	—	—	—
4	43	41.3	41.0	4.0	—	—	—
5	39	41.0	41.3	5.4	41.0	—	—
6	42	41.3	41.0	1.0	41.0	41.0	1.0
7	40	40.3	41.3	1.8	41.0	41.0	1.0
8	44	42.0	40.3	13.4	41.6	41.0	9.0
9	42	42.0	42.0	0.0	41.4	41.6	0.2
10	38	41.3	42.0	16.0	41.2	41.4	11.6
11	41	40.3	41.3	0.1	41.0	41.2	0.0
12	45	41.3	40.3	21.8	42.0	41.0	16.0
13	—	—	41.3	—	—	42.0	—

远的历史数据给予较小的权重,以此来调节各期历史数据对预测值所起的作用,使预测值能够更准确地反映统计对象的发展趋势。加权移动平均预测法与一次加权移动平均预测法一样,只能预测一期数据。

加权移动平均预测法的计算公式：

$$M_{tw}=\frac{w_1 y_t + w_2 y_{t-1} + \cdots + w_n y_{t-n+1}}{w_1 + w_2 + \cdots + w_n} \quad (t \geqslant n) \tag{11-4}$$

式中：M_{tw}——第 t 期的加权移动平均值；

w_t——第 t 期观察值的加权系数。

公式中 $w_1 \geqslant w_2 \geqslant \cdots \geqslant w_n, \sum w_t = 1 (t=1,2,\cdots,n)$。

加权移动平均预测法的预测公式：

$$\hat{y}_{t+1} = M_{tw} \tag{11-5}$$

式中：$\hat{y}_{t+1}$——第 $t+1$ 期的预测值；

M_{tw}——第 t 期的加权移动平均值。

【例 11-3】根据例 11-2 的所给资料,已知移动步长为 3,权重系数分别为 $w_1=0.5$, $w_2=0.3, w_3=0.2$,试用加权移动平均预测法来预测 2021 年 1 月份的销售额。

解：根据加权移动平均法的计算公式：

$$M_{tw}=\frac{w_1 y_t + w_2 y_{t-1} + \cdots + w_n y_{t-n+1}}{w_1 + w_2 + \cdots + w_n} \quad (t \geqslant n)$$

$$M_{12w}=\frac{w_1 y_{12} + w_2 y_{11} + w_3 y_{10}}{w_1 + w_2 + w_3} = \frac{0.5 \times 45 + 0.3 \times 41 + 0.2 \times 38}{0.5 + 0.3 + 0.2} = 42.4(万元)$$

$$\hat{y}_{12+1} = M_{12w} = 42.4(万元)$$

通过上述结果可知,2021 年 1 月份销售额的预测值为 42.4 万元。根据追溯预测值和

预测误差判定预测的精确度,通过计算可知,均方差:

$\text{MSE} = \frac{1}{9} \sum_{t=4}^{12} e_t^2 = \frac{1}{9} \times 69.11 = 7.67$(万元),计算详情见表11-5。

表 11-5 某企业 2020 年销售额加权移动平均法的计算数据

T	y_t	M_{tw}	$\hat{y}_t$	e_t^2
1	42	—	—	—
2	40	—	—	—
3	41	40.9	—	—
4	43	41.8	40.9	4.4
5	39	40.6	41.8	7.8
6	42	41.3	40.6	2.0
7	40	40.4	41.3	1.7
8	44	42.4	40.4	13.0
9	42	42.2	42.4	0.2
10	38	40.4	42.2	17.6
11	41	40.3	40.4	0.4
12	45	42.4	40.3	22.1
13	—	—	42.4	—

3. 二次移动平均预测法

运用一次移动平均预测法和加权移动平均预测法求得的统计预测值,在时间上明显存在滞后偏差。特别是在时间序列数据呈现线性趋势时,移动平均预测值总是落后于历史数据的变化。因此,需要采用二次移动平均预测法进行统计预测。

二次移动平均预测法是对历史数据计算一次移动平均的基础上进行第二次移动平均,再以一次移动平均值和二次移动平均值为基础建立预测模型,计算待估参数,求解预测值的一种统计预测方法。二次移动平均预测法可以通过线性关系式,计算多期预测数据。

二次移动平均值的计算公式:

$$M_t^2 = \frac{M_t^1 + M_{t-1}^1 + \cdots + M_{t-n+1}^1}{n} \quad (t \geqslant n) \tag{11-6}$$

式中:M_t^2——第 t 期的二次移动平均值;

n——移动步长;

M_t^1——第 t 期的一次移动平均值。

预测模型公式:

$$\hat{y}_{t+\tau} = a_t + b_t \times \tau \tag{11-7}$$

式中:$\hat{y}_{t+\tau}$——第 $t+\tau$ 期的预测值

τ——预测超前期;

a_t——二次移动平均的截距估计值;

b_t——二次移动平均的斜率估计值。

待估参数计算公式：

$$a_t = 2M_t^1 - M_t^2 \qquad (11\text{-}8)$$

$$b_t = \frac{2}{n-1}(M_t^1 - M_t^2) \qquad (11\text{-}9)$$

平均绝对百分误差公式：

$$\text{MAPE} = \sum \frac{|y_t - \hat{y}_t|}{y_t} \times 100\% \Big/ n \qquad (11\text{-}10)$$

从公式(11.6)可以看出，二次移动平均预测法是在一次移动平均预测法的基础上进行再一次移动平均，它和一次移动平均预测法的主要区别在于一次移动平均法的计算是在历史数据的基础上进行的，只能预测一期数据，而二次移动平均预测法是在一次移动平均的基础上进行的再一次移动平均，可以构建数学模型，通过参数计算多期数据，并根据平均绝对百分误差来分析预测精度。

【例 11-4】某公司 2018 年至 2020 年各季度销售量如表 11-6 所示，试用二次移动平均预测法预测该公司 2021 年各季度的销售量（已知移动步长为 3）。

表 11-6 某公司 2018—2020 年 12 个季度的销售量数据表　　单位：万吨

时间	2018 年第 1 季度	2018 年第 2 季度	2018 年第 3 季度	2018 年第 4 季度	2019 年第 1 季度	2019 年第 2 季度
销售量	25	28	32	36	40	45
时间	2019 年第 3 季度	2019 年第 4 季度	2020 年第 1 季度	2020 年第 2 季度	2020 年第 3 季度	2020 年第 4 季度
销售量	50	54	57	61	66	70

解：首先分析统计历史数据的发展趋势，能够判断数据呈线性发展趋势变动，可以利用二次移动平均预测法进行计算。首先根据资料编制时间序列，根据一次移动平均和二次移动平均的公式计算一次移动平均值、二次移动平均值、追溯预测值和预测误差详情见表 11-7。计算待估参数 a_t 和 b_t，构建预测模型，求解预测超前期数据。

$$a_{12} = 2M_{12}^1 - M_{12}^2 = 2 \times 65.7 - 61.4 = 70$$

$$b_{12} = \frac{2}{3-1}(M_t^1 - M_t^2) = 65.7 - 61.4 = 4.3$$

预测模型为：

$$\hat{y}_{12+t} = a_{12} + b_{12} \times \tau = 70 + 4.3 \times \tau$$

则 2021 年四个季度的预测值如下：

$$\hat{y}_{12+1} = a_{12} + b_{12} \times 1 = 70 + 4.3 \times 1 = 74.3(\text{万吨})$$

$$\hat{y}_{12+2} = a_{12} + b_{12} \times 2 = 70 + 4.3 \times 2 = 78.6(\text{万吨})$$

$$\hat{y}_{12+3} = a_{12} + b_{12} \times 3 = 70 + 4.3 \times 3 = 82.9(\text{万吨})$$

$$\hat{y}_{12+4} = a_{12} + b_{12} \times 4 = 70 + 4.3 \times 4 = 87.2(\text{万吨})$$

计算平均绝对百分误差：
$$\text{MAPE} = \sum \frac{|y_t - \hat{y}_t|}{y_t} \times 100\% \bigg/ n = 7.91\%$$

根据二次移动平均预测法预测 2021 年第一季度销售量为 74.3 万吨,第二季度销售量为 78.6 万吨,第三季度销售量为 82.9 万吨,第四季度销售量为 87.2 万吨,追溯预测值的平均绝对百分误差为 7.91%。

表 11-7　一次移动平均值、二次移动平均值、预测值及预测误差计算

t	y_t	M_t^1	M_t^2	$\hat{y}_t$	$\dfrac{|y_t - \hat{y}_t|}{y_t} \times 100\%$
1	25	—	—	—	—
2	28	—	—	—	—
3	32	28.3	—	—	—
4	36	32.0	—	—	—
5	40	36.0	32.1	—	—
6	45	40.3	36.1	43.8	9.44%
7	50	45.0	40.4	48.8	8.40%
8	54	49.7	45.0	54.1	8.22%
9	57	53.7	49.4	59.0	9.26%
10	61	57.3	53.6	62.1	8.97%
11	66	61.3	57.4	64.9	6.38%
12	70	65.7	61.4	69.1	4.71%

11.3.2　指数平滑预测法

指数平滑预测法是将统计得到的历史数据进行加权平均,计算预测结果的一种定量统计预测方法。在指数平滑预测法应用中,一般通过平滑系数来调节预测精确程度。指数平滑系数用 α 来表示,它的取值范围在 0～1 之间,呈几何级数衰减,时间期数越近的数据,系数越大。

1. 一次指数平滑预测法

(1) 一次指数平滑值计算公式：
$$S_t^1 = \alpha y_t + (1-\alpha) S_{t-1}^1 \tag{11-11}$$

式中：S_t^1——第 t 期的一次指数平滑值

α——指数平滑系数,$0 < \alpha < 1$

y_t——第 t 期的历史数据

(2) 一次指数平滑法预测公式：
$$\hat{y}_{t+1} = S_t^1 = \alpha y_t + (1-\alpha) S_{t-1}^1 = \hat{y}_t + \alpha(y_t - \hat{y}_t) \tag{11-12}$$

式中：$\hat{y}_{t+1}$——第 $t+1$ 期的一次指数平滑预测值。

将计算公式展开,指数平滑预测法的计算公式还可以表示为

$$\hat{y}_{t+1}=S_t^1=\alpha y_t+(1-\alpha)S_{t-1}^1=\alpha y_t+(1-\alpha)\hat{y}_t=\hat{y}_t+\alpha(y_t-\hat{y}_t) \quad (11\text{-}13)$$

在指数平滑预测法中,第一期的指数平滑值为 $S_1^1=\alpha y_1+(1-\alpha)S_0^1$,涉及初始值 S_0^1 的选取问题。一般情况下,当样本容量 $n\geq 20$ 时,初始值对预测值的影响不大,可以选取第一期历史数据作为样本的初始值;当样本容量 $n<20$ 时,可以选取前几期历史数据的算术平均值作为样本的初始值,具体选择多少期历史数据要根据实际情况而定。

指数平滑系数 α 实际上是对预测误差的一个修正系数,预测误差的修正程度和 α 值的大小成正比。因此,α 值的选取尤为重要,它影响预测方法的预测效果。指数平滑系数的选取应遵循如下两个原则:第一,当时间序列的历史数据波动较为平稳时,可选择较小的指数平滑系数,一般 α 值介于 0.05~0.3 之间,减小误差的修正程度,以便预测值受更多期历史数据的影响。第二,当时间序列的历史数据波动较为剧烈且具有明显的变动趋势时,可选择较大的指数平滑系数,一般 α 值介于 0.3~0.7 之间,保持历史数据的敏感性,提高预测的灵敏程度。在实际预测过程中,应多选几个平滑系数 α 值进行试算,最终选择预测误差最小的 α 值作为指数平滑系数,进行统计预测。

【例 11-5】 某食品销售公司 2020 年 12 个月的销售额资料如表 11-8 所示,如果指数平滑系数 α 值取 0.3,初始值 S_0^1 取前三期历史数据的算术平均值,试用一次指数平滑预测法预测该公司 2021 年 1 月份的销售额。

表 11-8 某食品销售公司 2020 年 12 个月的销售额数据 单位:万元

月 份	1	2	3	4	5	6	7	8	9	10	11	12
销售额	280	300	296	312	320	306	285	321	298	308	286	304

解:通过表 11-8 可看出,各期历史数据呈水平波动趋势,且波动幅度不大,可以应用一次指数平滑预测法进行预测。根据已知条件,指数平滑系数 $\alpha=0.3$,初始值 S_0^1 取前三期历史数据的算术平均值计算 $S_0^1=\dfrac{280+300+296}{3}=292$。

首先根据已知条件编制时间序列 t,按照时间顺序排列从 1—12,把对应的各期历史数据输入到观察值 y_t;根据一次指数平滑的计算公式 $S_t^1=0.3y_t+(1-0.3)S_{t-1}^1$ 计算各期一次指数平滑值。再根据一次指数平滑预测公式 $\hat{y}_{t+1}=S_t^1$ 计算各期预测值,最后计算预测误差,以此来评价预测准确值。

表 11-9 该公司一次指数平滑预测法各项数值计算表 单位:万元

t	y_t	S_t^1	$\hat{y}_t$	MAPE
1	280	288.4	292.0	4.29%
2	300	291.9	288.4	3.87%
3	296	293.1	291.9	1.39%
4	312	298.8	293.1	6.05%
5	320	305.1	298.8	6.63%
6	306	305.4	305.1	0.28%
7	285	299.3	305.4	7.16%

续表

t	y_t	S_t^1	$\hat{y}_t$	MAPE
8	321	305.8	299.3	6.77%
9	298	303.5	305.8	2.62%
10	308	304.8	303.5	1.47%
11	286	299.2	304.8	6.58%
12	304	300.6	299.2	1.59%
13	—	—	300.6	—

通过表 11-9 可知,该公司 2021 年 1 月份的销售额预测值为:
$$\hat{y}_{12+1} = S_{12}^1 = \alpha y_{12} + (1-\alpha)S_{11}^1 = 0.3 \times 304 + 0.7 \times 299.2 = 300.6 (万元)$$

预测的平均绝对百分误差 $\text{MAPE} = \sum \frac{|y_t - \hat{y}_t|}{y_t} \times 100\% \Big/ n = 4.06\%$。

2. 二次指数平滑预测法

一次指数平滑预测法和一次移动平均预测法一样,当数据呈现线性变动时,会存在滞后效应,且只能预测一期数据。当统计的历史数据呈线性波动时,需要采用二次指数平滑预测法进行统计预测。

二次指数平滑预测法是在一次指数平滑预测法的基础上进行再一次指数平滑。与一次指数平滑预测法相比,二次指数平滑可以对线性发展趋势进行统计预测,且可预测多期数据。

(1) 二次指数平滑预测法的计算公式:
$$S_t^2 = \alpha S_t^1 + (1-\alpha)S_t^2 \tag{11-14}$$

式中: S_t^2 ——第 t 期的二次指数平滑值。

(2) 二次指数平滑预测法的预测公式:
$$\hat{y}_{t+\tau} = a_t + b_t \times \tau \tag{11-15}$$

式中: $\hat{y}_{t+\tau}$ ——第 $t+\tau$ 期的预测值

a_t ——二次指数平滑法截距的待估参数

b_t ——二次指数平滑法斜率的待估参数

τ ——预测超前期

(3) 截距的待估参数:
$$a_t = 2S_t^1 - S_t^2 \tag{11-16}$$

(4) 斜率的待估参数:
$$b_t = \frac{\alpha}{1-\alpha}(S_t^1 - S_t^2) \tag{11-17}$$

(5) 二次指数平滑预测法的预测步骤:

① 确定指数平滑系数 α 和初始值 S_0^1, S_0^2。

二次指数平滑预测法中的指数平滑系数和初始值的选取原则和一次指数平滑预测法一样,此处不再重复讲解。

② 编制时间序列,并计算一次指数平滑值 S_t^1 和二次指数平滑值 S_t^2。

③ 根据公式计算待估参数 a_t 和 b_t。

④ 建立线性趋势预测模型,进行预测。当待估参数 a_t 和 b_t 求解出来以后,把它带入预测模型里,建立二次指数平滑法的预测模型,$\hat{y}_{t+\tau}=a_t+b_t \cdot \tau$,并进行预测值求解。

⑤ 计算预测误差。预测值求解出来后,根据预测计算追溯预测值,求解预测误差。在这过程中要选取多个指数平滑值进行试算,选择预测误差最小的指数平滑系数作为最终的平滑系数,应用在指数平滑预测法中。

【例 11-6】 某工厂 2009 年到 2020 年 12 年间的销售额表 11-10 所示,若指数平滑系数 α 值取 0.7,初始值 S_0^1、S_0^2 取前三期历史数据的算术平均值,试用二次指数平滑法预测 2021 年至 2023 年的销售额。

表 11-10　某公司 12 年销售额数据　　　　　　　　单位:百万元

年　份	2009	2010	2011	2012	2013	2014	2015	2016	2017	2018	2019	2020
销售额	31	34	37	40	44	49	52	56	60	64	67	71

根据所给数据可以看出,该公司 12 年间销售额数据呈线性上升趋势,且需要预测未来 3 年销售额数据,可以采用二次指数平滑预测法进行统计预测。

在例题中考虑到数据的变化情况及时效性问题,离预测期越近的数据越能反映未来的发展趋势,因此,为了保持数据的敏感性,指数平滑系数应取较大值。根据例题要求,$\alpha=0.7$,初始值 S_0^1,S_0^2 取前三期历史数据的算术平均值。即:

$$S_0^1=S_0^2=\frac{y_1+y_2+y_3}{3}=\frac{31+34+37}{3}=34(百万元)$$

根据例题所给数据编制时间序列,再根据指数平滑法的计算公式求解一次指数平滑值和二次指数平滑值。

$$S_t^1=0.7y_t+(1-0.7)S_{t-1}^1, \quad S_t^2=0.7S_t^1+(1-0.7)S_{t-1}^2$$

计算待估参数 a_t 和 b_t。在这里由于所给的是 12 期数据,所以应计算第 12 期待估参数 a_t 和 b_t 作为预测模型的参数。

$$a_{12}=2S_{12}^1-S_{12}^2=2\times 69.4-67.8=71,$$

$$b_{12}=\frac{\alpha}{1-\alpha}(S_{12}^1-S_{12}^2)=\frac{0.7}{1-0.7}\times(69.4-67.8)=3.7$$

将待估参数带入二次指数平滑预测公式,可得出预测模型,并根据预测模型计算预测超前期的数据。

二次指数平滑预测法应用中需要计算预测误差来确定预测精度。预测误差的计算可以采用均方差或平均绝对百分误差,一般情况下,相对指标比绝对指标更能够说明预测的精度,所以这里用平均绝对百分误差代表预测误差。计算预测误差要先计算追溯预测值,将二次指数平滑预测法稍加改变,就可以转化成追溯预测值计算公式:

$$\hat{y}_{t+\tau}=a_t+b_t\times\tau$$

$$\hat{y}_{t+1}=a_t+b_t\times 1$$

$$\hat{y}_{t+1} = a_t + b_t \tag{11-18}$$

该公式的表达含义是第 $t+1$ 期的追溯预测值等于第 t 期的待估参数 a_t 和 b_t 的和。由于此次预测涉及的金额以百万元为单位,所以在计算预测误差时,采用的是相对数度量指标:平均绝对百分误差 $\text{MAPE} = \frac{1}{n}\sum_{t=1}^{n}\frac{|y_t - \hat{y}_t|}{y_t} \times 100$,首先计算出绝对百分误差,再对其求平均值。通过计算求得 MAPE=3.20%,精确度较高,可以应用二次指数平滑系数进行预测。

则根据时间序列排序,2021 年是第 13 期数据,预测超前 1 期;2022 年是第 14 期数据,预测超前 2 期;2023 年是第 15 期数据,预测超前 3 期。将数据带入到模型中可得:

$$\hat{y}_{t+\tau} = a_t + b_t \cdot \tau$$
$$\hat{y}_{12+\tau} = a_{12} + b_{12} \cdot \tau$$
$$\hat{y}_{12+\tau} = 71 + 3.7 \cdot \tau$$
$$\hat{y}_{12+1} = 71 + 3.7 \times 1 = 74.7 (百万元)$$
$$\hat{y}_{12+2} = 71 + 3.7 \times 2 = 78.4 (百万元)$$
$$\hat{y}_{12+3} = 71 + 3.7 \times 3 = 82.1 (百万元)$$

即 2021 年的销售预测额为 7 470 万元,2022 年的销售预测额为 7 840 万元,2023 年的销售预测额为 8 210 万元,详细数据见表 11-11。

表 11-11 某公司二次指数平滑各项数值计算表   单位:百万元

年 份	t	y_t	S_t^1	S_t^2	a_t	b_t	$\hat{y}_t$	$\frac{\|y_t - \hat{y}_t\|}{y_t}$
2009	1	31	31.9	32.5	31.3	−1.5	—	—
2010	2	34	33.4	33.1	33.6	0.6	29.8	12.35%
2011	3	37	35.9	35.1	36.7	2.0	34.2	7.54%
2012	4	40	38.8	37.7	39.9	2.6	38.7	3.24%
2013	5	44	42.4	41.0	43.9	3.3	42.5	3.47%
2014	6	49	47.0	45.2	48.8	4.2	47.2	3.67%
2015	7	52	50.5	48.9	52.1	3.7	53.1	2.03%
2016	8	56	54.4	52.7	56.0	3.8	55.8	0.36%
2017	9	60	58.3	56.6	60.0	3.9	59.8	0.36%
2018	10	64	62.3	60.6	64.0	4.0	63.9	0.18%
2019	11	67	65.6	64.1	67.1	3.5	68.0	1.42%
2020	12	71	69.4	67.8	71.0	3.7	70.6	0.59%

11.3.3 线性趋势预测法

1. 直线趋势预测预测法

当某现象时间序列的数值呈等差形式变动时,现象的发展趋势是直线型的,可应用直线趋势预测法进行统计预测。

进行直线趋势预测时,首先要建立直线趋势方程 $\hat{y}_t = a + bt$。求解该方程参数的方法有最小平方法、二次移动平均法和二次指数平滑法等。其中,最理想、最常用的方法是最小平方法,在第六章动态数列分析的时间序列趋势分析中已介绍,二次移动平均和二次指数平滑在移动平均预测法和指数平滑预测法中已经介绍,这里不再赘述。

2. 多项式曲线趋势预测法

(1) 多项式曲线趋势预测模型

$$\hat{y}_t = b_0 + b_1 t + b_2 t^2 + \cdots + b_p t^p \quad (b_i \neq 0, i = 1, 2, \cdots, p) \quad (11\text{-}19)$$

式中:$b_0, b_1, \cdots, b_p$ 均为待估参数。

在实际预测中,常用的多项式曲线趋势预测主要是二次曲线,这里只介绍二次曲线趋势模型预测法。在统计分析中是否采用二项式曲线趋势进行预测,可以通过两种方式进行判定:一是通过数据呈现出来的图形进行判定,二是根据时间序列的二阶差分进行判定。当一组时间序列数据的二阶差分近似或接近于一个固定常数,就可采用二项式曲线进行趋势预测。

(2) 二项式曲线趋势预测模型

$$\hat{y}_t = b_0 + b_1 t + b_2 t^2 \quad (11\text{-}20)$$

式中:b_0, b_1, b_2 为待估参数。

二项式曲线趋势预测模型需要计算待估参数 b_0, b_1, b_2。采用最小平方法分别对每一个待估参数求偏导数,令其一阶偏导为 0,求出每一个待估参数。令 $t_1 = t, t_2 = t^2$ 则原有的二项曲线趋势预测模型 $\hat{y}_t = b_0 + b_1 t + b_2 t^2$ 可转化为 $\hat{y}_t = b_0 + b_1 t_1 + b_2 t_2$

根据最小平方法的极值原理,令:

$$\begin{cases} \dfrac{\partial Q}{\partial b_0} = \left(\sum_{i=1}^{n}(y_t - \hat{y}_t)^2\right)'_{b_0} = \left(\sum_{i=1}^{n}(y_t - b_0 - b_1 t_1 - b_2 t_2)^2\right)'_{b_0} = 0 \\ \dfrac{\partial Q}{\partial b_1} = \left(\sum_{i=1}^{n}(y_t - \hat{y}_t)^2\right)'_{b_1} = \left(\sum_{i=1}^{n}(y_t - b_0 - b_1 t_1 - b_2 t_2)^2\right)'_{b_1} = 0 \\ \dfrac{\partial Q}{\partial b_2} = \left(\sum_{i=1}^{n}(y_t - \hat{y}_t)^2\right)'_{b_2} = \left(\sum_{i=1}^{n}(y_t - b_0 - b_1 t_1 - b_2 t_2)^2\right)'_{b_2} = 0 \end{cases}$$

可以求得正规方程组:

$$\begin{cases} \sum y_t = n b_0 + b_1 \sum t_1 + b_2 \sum t_2 \\ \sum t_1 y_t = b_0 \sum t_1 + b_1 \sum t_1^2 + b_2 \sum t_1 t_2 \\ \sum t_2 y_t = b_0 \sum t_2 + b_1 \sum t_1 t_2 + b_2 \sum t_2^2 \end{cases}$$

把 $t_1 = t, t_2 = t^2$ 代入方程组

$$\begin{cases} \sum y_t = n b_0 + b_1 \sum t + b_2 \sum t^2 \\ \sum t y_t = b_0 \sum t + b_1 \sum t^2 + b_2 \sum t^3 \\ \sum t^2 y_t = b_0 \sum t^2 + b_1 \sum t^3 + b_2 \sum t^4 \end{cases}$$

简化计算过程,将时间序列选取的方法设为对称取值,可以令 $\sum t = 0, \sum t^3 = 0$,原有的线性方程组变为

$$\begin{cases} \sum y_t = nb_0 + b_2 \sum t^2 \\ \sum ty_t = b_1 \sum t^2 \\ \sum t^2 y_t = b_0 \sum t^2 + b_2 \sum t^4 \end{cases}$$

【例 11-7】 某企业 2013—2020 年的销售额如表 11-12 所示,试预测 2021 年和 2022 年该企业的销售总额。

表 11-12　某企业 2013—2020 年的销售额　　　　　　　　单位:万元

年 份	2013	2014	2015	2016	2017	2018	2019	2020
销售额	44 756	54 320	63 897	74 806	91 245	117 986	142 956	179 600

为了简化计算过程,时间序列应该取对称选点的方法。如果时间序列是奇数项时,时间序列首项为 $n/2$ 取负整数,再依次选取。如果选取由于时间序列是偶数项时,时间序列的首项为 $n-1$ 的负数,再间隔选取。由于例题中的时间序列项数为 8 项,偶数项,所以时间序列 t 的取值分别为 $-7,-5,-3,-1,1,3,5,7$,根据简化线性方程组,计算相关数据。详情见表 11-13。

表 11-13　二项式曲线趋势模型相关数据计算表

年 份	t	y_t	t^2	t^4	ty_t	$t^2 y_t$
2013	-7	44 756	49	2 401	$-313\ 292$	2 193 044
2014	-5	54 320	25	625	$-271\ 600$	1 358 000
2015	-3	63 897	9	81	$-191\ 691$	575 073
2016	-1	74 806	1	1	$-74\ 806$	74 806
2017	1	91 245	1	1	91 245	91 245
2018	3	117 986	9	81	353 958	1 061 874
2019	5	142 956	25	625	714 780	3 573 900
2020	7	179 600	49	2 401	1 257 200	8 800 400
合 计	—	769 566	168	6 216	1 565 794	17 728 342

将各组数据代入三元一次方程,将待估参数求解出来:

$$b_0 = 9\ 335.7$$
$$b_1 = 9\ 320.202$$
$$b_2 = 135.144$$

把待估参数代入原有方程,则二次曲线趋势预测模型为

$$\hat{y}_t = 9\ 335.7 + 9\ 320.202t + 135.144t^2$$

预测值:

$$\hat{y}_9 = 9\,335.7 + 9\,320.202 \times 9 + 135.144 \times 81 = 104\,164.2(万元)$$

$$\hat{y}_{11} = 9\,335.7 + 9\,320.202 \times 11 + 135.144 \times 121 = 128\,210.3(万元)$$

答：2021 年的预测值为 104 164.2 万元，2022 年的预测值为 128 210.3 万元。

3. 指数曲线趋势预测

指数曲线预测法是指对符合指数增长规律的时间序列建立指数曲线方程，并据此作为预测数学模型来推测预测事件状态与未来发展趋势的方法。在社会、经济和自然环境中，有大量特性参数（如社会总人口，生态、环境中的用水总量、污染物总量，国民经济总产值等）随时间的变化趋势呈指数规律，可以采用指数曲线模型进行预测。

（1）指数曲线模型预测公式

$$y_t = ab^t \tag{11-21}$$

式中：a——待估参数；

b——待估参数；

t——时间变量。

当时间序列的曲线模型的环比发展速度近似或接近于一个固定常数时，可以选择指数曲线进行预测。在指数曲线趋势预测中，待估参数的计算程序较为复杂，需要对曲线趋势预测模型转化成直线趋势预测模型，再根据最小平方法求解。具体过程如下所示：

① 对曲线模型两边同时取对数

$$\hat{y}_t = ab^t$$

$$\lg \hat{y}_t = \lg a + t \lg b$$

② 令 $\lg = y'_t, \lg a = A, \lg b = B$

则原有公式转化成

$$y'_t = A + Bt$$

③ 根据最小二乘法计算待估参数

$$B = \frac{n \sum_{t=1}^{n} t y'_t - \sum_{t=1}^{n} t \sum_{t=1}^{n} y'_t}{n \sum_{t=1}^{n} t^2 - \left(\sum t\right)^2}$$

$$B = \frac{n \sum t \lg y_t - \sum t \sum \lg y_t}{n \sum t^2 - \left(\sum t\right)^2}$$

$$b = 10^B$$

$$A = \frac{\sum y'_t}{n} - B \frac{\sum t}{n}$$

$$A = \frac{\sum \lg y_t}{n} - B \frac{\sum t}{n}$$

$$a = 10^A$$

【**例 11-8**】 仍以例 11-7 的资料为例，试用指数曲线趋势预测法预测 2021 和 2022 年该企业的销售额。

表 11-14　某企业 2013—2020 年的销售额　　　　　　　　　　单位：万元

年份	2013	2014	2015	2016	2017	2018	2019	2020
销售额	44 756	54 320	63 897	74 806	91 245	117 986	142 956	179 600

根据所给资料，列出曲线趋势预测模型的计算表，详情见表 11-15。

表 11-15　指数曲线趋势预测计算表

年 份	t	y_t	t^2	$\lg y_t$	$t\lg y_t$
2013	1	44 756	1	4.650 851 265	4.650 851 265
2014	2	54 320	4	4.734 959 761	9.469 919 523
2015	3	63 897	9	4.805 480 468	14.416 441 4
2016	4	74 806	16	4.873 936 433	19.495 745 73
2017	5	91 245	25	4.960 209 076	24.801 045 38
2018	6	117 986	36	5.071 830 478	30.430 982 87
2019	7	142 956	49	5.155 202 388	36.086 416 71
2020	8	179 600	64	5.254 306 332	42.034 450 66

根据计算表的数据计算待估参数：

$$B=\frac{n\sum_{t=1}^{n}t\lg y_t-\sum_{t=1}^{n}t\sum_{t=1}^{n}\lg y_t}{n\sum_{t=1}^{n}t^2-\left(\sum_{t=1}^{n}t\right)^2}=\frac{8\times 181.385\ 9-36\times 39.506\ 8}{8\times 204-36^2}=0.085\ 9$$

$$b=10^B=10^{0.085\ 9}=1.218\ 5$$

$$A=\frac{\sum y'_t}{n}-B\frac{\sum t}{n}\Rightarrow A=\frac{\sum \lg y_t}{n}-B\frac{\sum t}{n}$$

$$a=10^A=10^{\frac{\lg y_t}{n}-B\frac{\sum t}{n}}=10^{4.938\ 3-0.085\ 8\times 4.5}=35\ 649.905\ 7$$

把待估参数带入原有方程：

$$y_t=ab^t=35\ 649.905\ 7\times 1.218\ 5^t$$

计算预测值：

2021 年的预测值：$y_9=ab^t=35\ 649.905\ 7\times 1.218\ 5^9=211\ 099.98$（万元）

2022 年的预测值：$y_{10}=ab^t=35\ 649.905\ 7\times 1.218\ 5^{10}=257\ 322.39$（万元）

答：用指数曲线趋势进行预测 2021 年和 2022 年的预测值分别为 211 099.98 万元和 257 322.39 万元。

4. 修正指数曲线模型趋势预测法

利用指数曲线外推来进行统计预测时，存在预测值随着时间的推移会无限增大的情况,但这不符合事物客观发展规律。因为任何事物的发展都是有一定限度的。例如某种畅销产品,在其占有市场的初期是呈指数曲线增长的,但随着产品销售量的增加,产品总量接近于社会饱和量时,这时指数曲线预测模型应改用修正指数曲线。

(1) 修正指数曲线模型预测公式:

$$\hat{y}_t = K + ab^t \tag{11-22}$$

式中:$\hat{y}_t$——为第 t 期的预测值。

K、a、b 均为待估参数。

根据预测公式可知,修正指数曲线模型可以分为两种类型:K 为增长上限的曲线模型预测模型和 K 为增长下限的曲线模型预测模型,这里主要介绍的是 K 为增长上限的曲线预测模型。

根据修正指数曲线模型公式 $\hat{y}_t = K + ab^t$,可以判定,当时间序列一阶差分的环比发展速度近似或接近于一个固定常数,就可以选择修正指数曲线模型进行预测。

$$\Delta y_t = y_t - y_{t-1} = K + ab^t - (K + ab^{t-1}) = ab^{t-1}(b-1)$$

一阶差分的环比发展速度:$\dfrac{\Delta y_t}{\Delta y_{t-1}} = \dfrac{ab^{t-1}(b-1)}{ab^{(t-1)-1}(b-1)} = b$

(2) 修正指数曲线模型的待估参数求解

修正指数曲线模型待估参数求解分两种情况:

① 增长上限 K 已知。

当修正指数曲线增长上限 K 已知,且 K 为最高增长上限,则可以对公式进行转化,将其转换成可以求解的直线趋势预测法,再求解待估参数。

修正指数曲线模型 $\hat{y}_t = K + ab^t$ ($K > 0, a < 0, 0 < b < 1$),对公式进行转化:

$K - \hat{y}_t = -ab^t$,两边同时取对数,$\lg(K - \hat{y}_t) = \lg(-a) + t \lg b$

令 $\lg(K - \hat{y}_t) = \hat{y}$,$\lg(-a) = A$,$\lg b = B$,原有的预测公式变为

$$\hat{y} = A + Bt$$

根据最小二乘法的极值原理:

$$B = \dfrac{n\sum\limits_{t=1}^{n} t y'_t - \sum\limits_{t=1}^{n} t \sum\limits_{t=1}^{n} y'_t}{n\sum\limits_{t=1}^{n} t^2 - \left(\sum\limits_{t=1}^{n} t\right)^2} = \dfrac{n\sum t \lg(K - y_t) - \sum t \sum \lg y_t}{n\sum t^2 - (\sum t)^2}$$

$$b = 10^B = 10^{\frac{n\sum t \lg(K - y_t) - \sum t \sum \lg y_t}{n\sum t^2 - (\sum t)^2}}$$

$$A = \dfrac{\sum\limits_{t=1}^{n} y'_t}{n} - B \dfrac{\sum\limits_{t=1}^{n} t}{n} = \dfrac{\sum \lg(K - y_t)}{n} - \dfrac{n\sum t \lg(K - y_t) - \sum t \sum \lg y_t}{n\sum t^2 - (\sum t)^2} \cdot \dfrac{\sum t}{n}$$

$$a = -10^A = -10^{\frac{\sum \lg(K - y_t)}{n} - \frac{n\sum t \lg(K - y_t) - \sum t \sum \lg y_t}{n\sum t^2 - (\sum t)^2} \cdot \frac{\sum t}{n}}$$

② 增长上限 K 未知。

一般情况下,增长上限 K 是未知的。当增长上限 K 未知时,原有指数曲线趋势模型

就无法线性化,需要采用三合法求解待估参数。

三合法简单来说就是把统计得到的历史数据分成三段,如果观察期不是 3 的倍数,则从后往前推,去掉前期的历史数据,使其构成 3 的倍数。

设时间序列 y_t 有 $3n$ 个数据,如表 11-16 所示:

表 11-16 增长上限 k 未知时三合法的分段

t	1	2	$\cdots$	n	$n+1$	$\cdots$	$2n$	$2n+1$	$\cdots$	$3n$
y_t	y_1	y_2	$\cdots$	y_n	y_{n+1}	$\cdots$	y_{2n}	y_{2n+1}	$\cdots$	y_{3n}

第一段的算术和:

$$\sum_{t=1}^{n}{}_1 y_t = y_1 + y_2 + \cdots + y_{n-1} + y_n$$
$$= (K + ab^1) + (K + ab^2) + \cdots + (K + ab^{n-1}) + (K + ab^n)$$
$$= nK + ab(b^0 + b^1 + \cdots + b^{n-2} + b^{n-1})$$
$$= nK + ab\frac{b^n - 1}{b - 1}$$

第二段的算术和:

$$\sum_{t=n+1}^{2n}{}_2 y_t = y_{n+1} + y_{n+2} + \cdots + y_{2n-1} + y_{2n}$$
$$= (K + ab^{n+1}) + (K + ab^{n+2}) + \cdots + (K + ab^{2n-1}) + (K + ab^{2n})$$
$$= nK + ab^{n+1}(b^0 + b^1 + \cdots + b^{n-2} + b^{n-1})$$
$$= nK + ab^{n+1}\frac{b^n - 1}{b - 1}$$

第三段的算术和:

$$\sum_{t=2n+1}^{3n}{}_3 y_t = y_{2n+1} + y_{2n+2} + \cdots + y_{3n-1} + y_{3n}$$
$$= (K + ab^{2n+1}) + (K + ab^{2n+2}) + \cdots + (K + ab^{3n-1}) + (K + ab^{3n})$$
$$= nK + ab^{2n+1}(b^0 + b^1 + \cdots + b^{n-2} + b^{n-1})$$
$$= nK + ab^{2n+1}\frac{b^n - 1}{b - 1}$$

$$\sum{}_2 y_t - \sum{}_1 y_t = \left[nK + ab^{n+1}\left(\frac{b^n - 1}{b - 1}\right)\right] - \left[nK + ab\left(\frac{b^n - 1}{b - 1}\right)\right] = ab\frac{(b^n - 1)^2}{b - 1}$$

$$\sum{}_3 y_t - \sum{}_2 y_t = \left[nK + ab^{2n+1}\left(\frac{b^n - 1}{b - 1}\right)\right] - \left[nK + ab^{n+1}\left(\frac{b^n - 1}{b - 1}\right)\right] = ab^{n+1}\frac{(b^n - 1)^2}{b - 1}$$

$$b = \sqrt[n]{\frac{\sum{}_3 y_t - \sum{}_2 y_t}{\sum{}_2 y_t - \sum{}_1 y_t}}$$

$$a = \left(\sum{}_2 y_t - \sum{}_1 y_t\right)\frac{b - 1}{b(b^n - 1)^2}$$

$$K = \frac{1}{n}\left(\sum_1 y_t - ab\frac{b^n - 1}{b - 1}\right)$$

将计算得到的待估参数带入到原有的预测模型中 t 得到预测公式,带入时间序列,即可得到预测模型。

【例 11-9】 某地区医疗部门职工人数如表 11-17 所示,请预测未来三年该地区医疗行业的职工人数情况。

表 11-17　某地区医疗行业职工人数　　　　　　　　　　单位:千人

年份	医疗部门的人数	年份	医疗部门的人数
2006	432	2014	530
2007	445	2015	537
2008	467	2016	541
2009	478	2017	551
2010	490	2018	553
2011	502	2019	557
2012	514	2020	559
2013	521		

通过数据波动可知,医疗部门由于单位有限,需要的工作人员也有限,这种情况可采用有增长上限的曲线模型进行趋势预测。

通过表 11-18 的数据计算一阶差分的环比发展速度可以确定,环比发展速度大致围绕"1"上下波动,据此判断可以采用修正指数曲线模型进行预测。

表 11-18　某地区医疗部门职工数量统计一阶差分的环比发展速度计算表

年份	医疗部门的人数/千人	Δy_t	$\Delta y_t / \Delta y_{t-1}$
2006	432	—	—
2007	445	13	—
2008	460	15	1.15
2009	478	18	1.20
2010	490	12	0.67
2011	502	12	1.00
2012	514	12	1.00
2013	528	14	1.17
2014	543	15	1.07
2015	559	16	1.07
2016	572	13	0.81
2017	580	8	0.62
2018	586	6	0.75

续表

年份	医疗部门的人数/千人	Δy_t	$\Delta y_t / \Delta y_{t-1}$
2019	591	5	0.83
2020	595	4	0.80

3. 求解待估参数 K, a 和 b 估计值

在这里由于增长上限 K 未知,应采用第二种方式"三和法"进行求解。首先根据时间序列和三和法列一个计算表,具体情况如表 11-19 所示。

表 11-19 三和法计算表

t	医疗部门的人数/百人	$\sum y_t$
1	432	
2	445	
3	460	$\sum_1 y_t = 2\ 305$
4	478	
5	490	
6	502	
7	514	
8	528	$\sum_2 y_t = 2\ 646$
9	543	
10	559	
11	572	
12	580	
13	586	$\sum_3 y_t = 2\ 924$
14	591	
15	595	

根据三和法的计算公式:

$$b = \sqrt[n]{\frac{\sum_3 y_t - \sum_2 y_t}{\sum_2 y_t - \sum_1 y_t}} = \sqrt[5]{\frac{2\ 646 - 2\ 305}{2\ 924 - 2\ 646}} = 0.902\ 9$$

$$a = \left(\sum_2 y_t - \sum_1 y_t\right) \frac{b-1}{b(b^n-1)^2} = 341 \times \frac{0.902\ 9 - 1}{0.902\ 9 \times (0.902\ 9^5 - 1)^2} = -229.287\ 9$$

$$K = \frac{1}{n}\left(\sum_1 y_t - ab\frac{b^n - 1}{b - 1}\right)$$

$$= \frac{1}{5} \times \left[2\ 305 - \left(-229.287\ 9 \times 0.902\ 9 \times \frac{0.902\ 9^5 - 1}{0.902\ 9 - 1}\right)\right] = 631.544$$

4. 把待估参数带入预测模型:

$$\hat{y}_t = K + ab^t = 631.544 + (-229.287\ 9) \times 0.902\ 9^t$$

5. 求解预测值:

2021 年预测值 $\hat{y}_{16} = 631.544 + (-229.287\ 9) \times 0.902\ 9^{16} \approx 586.80$(百人)

2022 年预测值 $\hat{y}_{17} = 631.544 + (-229.287\ 9) \times 0.902\ 9^{17} \approx 591.15$(百人)

2023 年预测值 $\hat{y}_{18} = 631.544 + (-229.287\ 9) \times 0.902\ 9^{18} \approx 595.07$(百人)

答:采用修正指数曲线模型行进预测,则该地区医疗部门就职人数 2021 年为 58 680 人,2022 年为 59 115 人,2023 年为 59 507 人。

11.4 统计预测实训项目与 Excel 应用

11.4.1 实训项目:T 公司 2021 年销售量的定性预测

【实训目的】 通过定性预测实训项目的学习,帮助学生掌握定性预测需要注意的事项和操作程序,培养学生定性预测的能力。

【实训要求】 通过项目学习,能够根据项目要求独立组织、进行定性预测操作。

【项目背景介绍】 T 公司是一家新成立的童装生产企业,生产的童装主要在线上销售。目前该公司已经着手与一些网络电商平台进行沟通,预计 2021 年末可实现产品全面上线。公司总经理想要了解,产品全面上线后 2022 年可能实现的销售量情况。现邀请公司一线营销人员、业务主管、职能部门主管分别对本公司童装的销售量进行预测,综合各类人员的预测数据,给予一线营销人员 0.3 的权重、业务主管 0.4 的权重、职能部门 0.3 的权重,统计 2022 年 T 公司可能实现的销售量。统计表见表 11-20。

表 11-20 2022 年 T 公司产品销售量预测统计表

预测人员	姓名	预测值				权重	总权重
		最高		最低			
		销售量(万件)	概率	销售量(万件)	概率		
营销人员	陈阳	24.85	0.80	18.50	0.20	0.3	0.3
	田力	26.47	0.70	20.56	0.30	0.4	
	王宇	27.96	0.75	19.85	0.25	0.3	
职能主管	张之廉	34.58	0.75	30.40	0.35	0.6	0.3
	胡铖	35.66	0.70	19.50	0.30	0.4	
业务主管	程一斌	32.72	0.75	26.50	0.25	0.3	0.4
	韩楠	31.54	0.70	25.45	0.30	0.3	
	简为	33.60	0.80	27.56	0.20	0.4	

【定性预测实训项目操作】

1. 会议前准备工作

明确定性预测会议的工作目标和工作任务,了解 2020 年的市场销售量情况,以帮助企业制定生产计划和宣传方案。确定参与会议的相关人员,三位销售主干、三位业务主管、两位职能部门的工作人员。准备定性预测相关资料,准备会议的录音、录像设备、纸笔等相关设备。

2. 召开预测会议

向参与会议的预测人员介绍预测的任务、市场销售情况现状及企业的工作目标,发放预测意见表及预测相关材料,请预测人员根据自己经验判断 2022 年企业可能实现的市场销量,并将预测结果提交给组织者。

3. 整理预测意见

组织者将预测意见表收回,整理预测意见,详情见表 11-21。

表 11-21 销售量预测意见统计表及计算表

预测人员	姓名	预测值				期望值/万件	权重	总权重
		最高		最低				
		销售量/万件	概率	销售量/万件	概率			
营销人员	陈阳	24.85	0.80	18.50	0.20	23.58	0.3	0.3
	田力	26.47	0.70	20.56	0.30	24.70	0.4	
	王宇	27.96	0.75	19.85	0.25	25.93	0.3	
职能主管	张之廉	34.58	0.75	30.40	0.35	36.58	0.6	0.3
	胡铖	35.66	0.70	19.50	0.30	30.81	0.4	
业务主管	程一斌	32.72	0.75	26.50	0.25	31.17	0.3	0.4
	韩楠	31.54	0.70	25.45	0.30	29.71	0.3	
	简为	33.60	0.80	27.56	0.20	32.39	0.4	

营销人员期望预测值:
$$23.58 \times 0.3 + 24.70 \times 0.4 + 25.93 \times 0.3 = 24.73(万件)$$

职能主管期望预测值:
$$36.58 \times 0.6 + 30.81 \times 0.4 = 34.27(万件)$$

业务主管期望预测值:
$$31.17 \times 0.3 + 29.71 \times 0.30 + 32.39 \times 0.4 = 31.22(万件)$$

2022 年全年销售量综合预测值:
$$24.73 \times 0.3 + 34.27 \times 0.3 + 31.22 \times 0.4 = 30.19(万件)$$

三类预测人员对 2022 年的销售量综合预测意见结果为 30.19 万件,企业可以根据这个销量预测结果安排2022年生产计划,制定营销方案。

11.4.2 实训项目:A公司的主营业务收入预测

【实训目的】 通过预测实训项目的学习,帮助学生掌握统计预测需要注意的事项和操作程序,培养学生统计预测的能力。

【实训要求】 通过项目学习,能够根据项目资料进行科学准确的统计预测。

【项目背景介绍】 A公司是一家集生产与销售为一体的机械器材公司,企业现在要进行战略规划调整,需要了解未来2年的主营业务收入情况。该企业整理了2015—2020年这6年的主营业务收入数据,希望能够有效预测公司未来2年主营业务收入的发展水平(见表11-22)。

表11-22　A公司2015—2020主营业务收入　　　　　单位:百万元

年份	主营业务收入
2015	698
2016	806
2017	940
2018	1 092
2019	1 180
2020	1 452

【定量预测项目实训操作】

根据2015—2020年统计主营业务收入编制时间序列,绘制散点图,查看6年的发展趋势。通过散点图11-2可以看出,曲线趋势可能是二项式曲线或者指数曲线趋势,添加趋势线,当添加指数曲线时,拟合程度最好,初步判断曲线服从指数曲线趋势分布。

图11-2　A公司2015—2020年主营业务收入的散点图

再根据发展速度来验证其是否服从曲线趋势分布。打开 2019 版 Excel 工作表,将编制的时间序列录入到表格内,计算环比发展速度,选择预测模型。

经过对比分析,A 企业时间序列的环比发展速度围绕 1.15 上下波动。由指数曲线预测模型的数据识别判定标准,当时间序列环比发展速度近似或接近于一个固定常数时,可以采用指数曲线趋势模型进行预测。因此,可以判定该企业主营业务收入服从指数曲线趋势分布,根据指数曲线趋势预测模型来分析该企业未来 2 年的主营业务收入情况具有可行性。

由于指数曲线中含有 $\sum t$,为简化计算,可以对称选取时间序列,令 $\sum t = 0$,原有的公式就简化成:

$$B = \frac{n\sum t \lg y_t - \sum t \sum \lg y_t}{n\sum t^2 - (\sum t)^2} = \frac{\sum t \lg y_t}{\sum t^2}$$

$$A = \frac{\sum \lg y_t}{n} - B\frac{\sum t}{n} = \frac{\sum \lg y_t}{n}$$

利用 Excel 计算各类数据。打开一个 Excel 文件,将统计得到的数据录入到文件内。计算 $\lg y_t$。在单元格"E2"输入"=log(C2)"并按回车键,计算 2015 年主营业务收入的对数。根据 Excel 的记忆功能,选中"E2"单元格,下拉至"E7"单元格,时间序列的历史数据对数计算完成。在单元格"F2"输入"=B2*E2"按"回车键",则得到 2015 年第一期主营业务收入对数与时间序列的乘积。选中单元格"F2",下拉至单元格"F7",各期数据对数值与时间序列乘积计算完成。在"G2"单元格输入"=B2^2",按"回车键",得到第一期时间序列的平方值。选中单元格"G2",下拉至单元格"G7",则各期时间序列平方值计算完成。在单元格"A8"输入"合计",在单元格"B8"输入"=SUM(B2:B7)",按回车键,得到 6 期时间序列的计算总和。选中单元格"B8",横向拉到单元格"G8",得到各列数据的算术总和。在单元格"A9"输入"平均值",在单元格"B9"输入"=AVERAGE(B2:B7)",按"回车键",得到第一期时间序列的算术平均值。选中单元格"B9",横向拉到单元格"F9",得到各列数据的算术平均值,详细情况见图 11-3。最后根据预测模型,把需要计算的数据带入预测公式里,求解出预测结果。

已知指数曲线趋势预测模型公式:$\hat{y}_t = ab^t$

计算待估参数:

$$B = \frac{n\sum t \lg y_t - \sum t \sum \lg y_t}{n\sum t^2 - (\sum t)^2} = \frac{\sum t \lg y_t}{\sum t^2}$$

$$B = \frac{2.1523}{70} = 0.0307$$

$$b = 10^{0.0307} = 1.0734$$

$$A = \frac{\sum \lg y_t}{n} - B\frac{\sum t}{n} = \frac{\sum \lg y_t}{n} = 2.9992$$

$$a = 10^{2.9992} = 998.2322$$

图 11-3　A 公司主营业务收入指数曲线计算数据

则 A 企业主营业务收入预测模型为：

$$\hat{y}_t = 998.232\ 2 \times 1.073\ 4^t$$

企业未来 2 年的主营业务收入按时间序列排序分别为 $\hat{y}_7, \hat{y}_9$，根据预测模型计算的未来 2 年的主营业务收入分别为：

$$\hat{y}_7 = 998.232\ 2 \times 1.073\ 4^7 = 1\ 638.554\ 0(百万元)$$

$$\hat{y}_9 = 998.232\ 2 \times 1.073\ 4^9 = 1\ 887.794\ 9(百万元)$$

根据预测数据，2021 年主营业务收入为 1 638.554 0 百万元，2022 年的主营业务收入为 1 887.794 9 百万元。

本 章 小 结

本章主要对统计预测概念、统计预测的原则、统计预测的程序和统计预测的方法进行了详细的介绍。

1. 统计预测是指以社会经济研究对象的统计资料为依据，根据经济现象的内在联系及其发展规律，运用一定的统计方法，预测研究的社会经济现象在未来的某一定时间上可能达到的规模水平的过程。统计预测从不同角度出发，可作多种分类。按预测方法的不同可分为定性预测和定量预测；按预测范围的不同可分为宏观预测和微观预测；按预测内容不同分为经济预测、科技预测等；按预测时期长短不同，可将统计预测分为短期预测、中期预测、长期预测。统计预测的程序包含五个步骤：确定统计预测目的；收集、整理统计资料；选择统计预测模型和方法；对统计预测结果进行检验和评价；提交统计预测报告。统计预测的原则有四个：连贯性原则、类推性原则、相关性原则和概率推断性原则。统计预测精度的影响因素主要有四个：统计预测方法的适用性、统计资料的准确性、统计资料的完整性及预测人员的工作能力。

2. 定性预测法是一种不依托或很少依托数学模型的预测方法，该种方法适用于统计预测的资料不完整,或者主要预测因素难以采用数学模型进行分析等情况。定性预测常用的方法主要有综合意见法、头脑风暴预测法、德尔菲预测法和类推预测法。综合意见预测法又称为集合判断预测法,它是指对某一统计预测问题先由专业人员和行业专家分别给出预测意见,再综合所有人员给出的预测意见得出最终的预测结论。头脑风暴预测法是通过组织一组专家共同开会讨论,进行信息交流和互相启发,从而激发出专家们的创造性思维,已达到互相补充,并产生"组合效应"的统计预测方法。德尔菲预测法是指由企业或组织部门组成的一个包含预测组织者和若干个预测专家的预测机构,以匿名信函或电子邮件的方式向专家小组成员征询预测意见,各专家针对所预测事项未来发展趋势提出自己的预测意见,并把预测意见再以信函或电子邮件的方式发给预测组织者。类推预测法是指利用相似性原理和类比方法,由一已知先导事物推测另一事物发展趋势的一种预测方法。

3. 定量预测法是根据以往比较完整的历史统计资料,运用各种数学模型对市场未来发展趋势作出定量的计算,得出预测结果的一种预测方法。常用的定量预测方法主要有移动平均预测法、指数平滑预测法、线性趋势预测法、指数曲线趋势预测法、修正指数曲线趋势预测法等。当数据呈水平趋势波动时,可以采用一次移动平均和一次指数平滑进行预测,但是只能预测一期数据。当数据成线性波动时,应采取直线趋势模型进行预测,可预测多期数据。当数据呈曲线趋势波动时,可以采取多项式曲线、指数曲线、修正指数曲线模型进行预测。

实训练习题

1. 简述统计预测原则与程序。
2. 简述统计预测精度的影响因素。
3. 简述头脑风暴法的程序。
4. 简述德尔菲法的工作程序。
5. 简述指数平滑法中平滑系数和初始值的选取原则。

技 能 训 练

1. 已知某商品最近12个月的销量如表11-23所示。

表11-23 某商品12个月销售情况　　　　　　　　　　单位:万件

月份	1	2	3	4	5	6	7	8	9	10	11	12
销量	30	32	29	31	30	28	32	33	29	31	31	30

试用一次移动平均法($n=3$和$n=5$)预测下个月销售量情况。

2. 某企业2009—2020年营业收入如表11-24所示。

表 11-24　某企业 2009—2020 年营业收入　　　　　　　　单位：万元

年份	收入	年份	收入	年份	收入
2009	69	2013	130	2017	198
2010	83	2014	148	2018	219
2011	98	2015	160	2019	240
2012	114	2016	177	2020	259

（1）试用二次移动平均预测法（$n=3$）建立线性趋势预测模型，预测 2021 年和 2022 年的营业收入情况。

（2）试用二次指数平滑预测法，平滑系数取 α 取值 0.6，初始值 S_0^1, S_0^2 取前三期数据的平均值，建立线性趋势预测模型，预测 2021 年和 2022 年的营业收入情况。

即 测 即 练

第 11 章　即测即练

第 12 章

统 计 决 策

本章学习目标

通过本章学习,学员应该能够:
1. 掌握统计决策的基本内容;
2. 掌握确定型决策、风险型决策和不确定型决策的基本原理和常用方法;
3. 熟练运用确定型决策、风险型决策和不确定型决策的常用计算分析方法。

引导案例

红枫家具厂生产决策

某市红枫家具厂自 2000 年以来一直生产销售实木风格家具产品,虽然家具风格单一,但长期以来销量很好。自 2015 年初开始,市场上装修风格快速变化,从实木风格转向北欧风格、极简风格,导致实木家具持续滞销,严重影响了企业效益与职工工资,员工怨声载道,工作积极性受到极大的影响。

王大海作为新任厂长,上任后决心在一年内改善工厂效益。经调研发现,工厂与独立家具设计师合作的原创环保系列产品销量较好,于是决定停止生产实木家具,整体改生产环保产品。一年后工厂没有继续亏损,但效益一般。

2019 年,家装市场形势发生了巨大的变化,开始流行日式原木风格。原来的实木家具在市场脱销,消费者不断致电家具厂,希望能够恢复实木家具的生产。与此同时,环保产品材料更新换代,新型环保材料的推出导致销量下降。在这种情况下,王厂长又开始抓实木家具生产,但由于时间紧张产量跟不上,质量也大不如前。为此,集团公司领导对王厂长表示十分不满,甚至认为改产是错误的决策,王厂长感到十分委屈。

王厂长的决定属于统计决策,你认为他的决策是否有错误?如果你是红枫家具厂厂长,在决策过程中应当如何去做?

12.1 统计决策基本内容

"决策"一词英语表达为 decision making,直译为"作出决定"。决策自古以来就是人类发展的基本活动之一。决策的科学化是在 20 世纪初左右开始形成,二战之后,决策研究在概率论、运筹学、行为科学等多学科基础上结合决策实践,发展成为研究人类如何作出正确决策并发现决策规律的科学——决策论,着重研究与探索决策的概念、原则、构成要素、决策环境、决策方法、决策过程等相关内容。伴随着决策论研究的深入与发展,决策逐步渗透到生活、经济、社会等各个领域,尤其在企业经营决策中有广泛的应用。

拓展阅读 12-1
决策应当遵循满意原则

12.1.1 统计决策概述

决策是指组织或个人为了实现某种目标而对未来一定时期内有关活动的方向、内容及方式的选择或调整过程。

统计决策广义上是指运用统计学相关原理、统计信息与统计方法进行科学决策的过程;狭义上是指将未来情况的发生视为随机事件,依据概率统计相关理论和方法进行决策的过程。一般情况下认为统计决策是定量的、非对抗型决策。这类决策具有如下特点:

1. 统计决策的特点

(1) 统计决策是非对抗型决策。非对抗型决策是指只有一个决策主体,进行决策时,只要考虑可能出现的不同状态,而不必考虑对方可能采取的策略的决策。如近年来,越来越多的年轻人喜爱并购买"盲盒"手办、文具等,企业可根据未来市场需求作出产品优化设计、生产产量多少的决策。统计决策主要研究的就是非对抗型决策,一般会针对决策对象,在综合相关统计资料后,利用统计方法进行定量分析与预测。因此,统计决策具有非对抗性特点。

拓展阅读 12-2
成年人的玩具有多好玩?

(2) 统计决策是定量决策。在统计决策过程中,决策方案的最终确定是通过对决策目标及自然状态进行数量分析,经过一系列数量比较和研究实现的。统计决策过程始终贯穿定量研究,所以说统计决策是定量决策。

(3) 统计决策方案易于选择。统计决策是依据统计数据进行的,各个决策方案均可量化表达,不同方案之间存在明显的差异,便于决策者进行鉴别、比较和选择。

2. 统计决策的要素

决策包括四个最基本要素,即决策目标、自然状态、决策方案和损益值。

(1) 决策目标是在一定条件下决策者期望实现的目的,是统计决策的起点。如成本最小、收益最大、耗时最短等。

(2) 自然状态是能够影响决策结果的客观条件和外部环境,决策者不可能依靠主观意志使其发生改变。

(3) 决策方案是在决策过程中一组供决策者选择的方案,通常情况下有两个或两个以上方案可选。如房地产公司新开发楼盘时,选择建筑更多的小户型、中户型或大户型等。

(4) 损益值是指在每个自然状态下各个方案所能获得的收益,可能获得利润也可能导致损失。如获利 100 万元或损失 20 万元等。

12.1.2 统计决策的基本条件及过程

1. 统计决策的基本条件

统计决策问题的形成,必须具备以下几个基本条件:

(1) 可量化的决策目标。统计决策是定量决策,其决策目标应当能够通过一定方式化为可测的、能直接或间接数量化的指标。如最大利润、最小费用等。

(2) 存在两种或两种以上可供选择的决策方案。决策问题其特点就在于"选优"作用,提出两种或两种以上决策方案才有选择余地,从而形成决策问题。

(3) 存在两种或两种以上的自然状态。

(4) 掌握或可计算各种自然状态发生的概率。

(5) 可计算各种决策方案在每一个自然状态下的损益值或效用值。在企业经营决策中,一般是表现为某种经济的损益,如销售收入、利润或利润率等。

只有在上述基本条件成立时,才能进行决策。

2. 统计决策的过程

统计决策是一个复杂的过程,主要包括五个步骤,即确定决策目标、确定自然状态、提出决策方案、评价并选择方案和实施方案。

(1) 确定决策目标。确定决策目标是统计决策的首要问题,没有决策目标也就没有决策。决策者应依据个人经验、知识技能储备正确识别问题,确定决策目标。同时,决策目标应尽可能简单明确,利用数量指标体现其内容和含义。

(2) 确定自然状态。自然状态是客观存在且不以人的意志为转移的,为提高决策的科学性,在明确决策目标的前提下,根据相关信息对未来可能发生的情况进行统计和预测,确定自然状态及其发生的概率。

(3) 提出决策方案。拟定备选方案就是寻找实现目标的所有可能途径。为提高决策的科学性,一般需要提出多个备选决策方案,同时决策者需要从经济、技术等方面对提出的方案进行可行性分析。

(4) 评价并选择方案。在提出决策方案后,利用统计方法计算并分析各个备选方案在各种状态下的收益值,决策者在对各个方案可能产生的结果进行比较的基础上,按照一定的标准(或称准则),选出最优方案。

(5) 实施方案。确定好最优方案后,需要组织人力、物力和财力等将决策方案付诸实践,明确执行决策的部门和人员,确保高效地实施决策方案。由于决策是根据对未来的预计作出的,决策方案需要实践检验。因此,应当建立信息反馈机制,根据客观情况的变化对决策的执行情况进行有效的监督和调整。

12.1.3 统计决策的分类

统计决策从不同的角度观察,有很多不同的类型。

1. 按决策目标多少,可分为单目标决策和多目标决策

单目标决策相对简单,决策目标单一并且要求直接、明确,是指在一定的时间、环境等条件下,决策所要实现的目标或解决的问题有且只有一个。如,汽车 4S 店的车辆销售决策一般只考虑实现利润最大这一个目标。

当决策所要实现的目标或解决的问题有两个或两个以上时,称为多目标决策。如,BRT 快速公交系统建设的规划决策,不同城市要根据自身特点考虑城市地形、气候条件、运输效率、经济效益等多方面的问题,最优决策方案应当在一定程度上使上述相关目标均得到满足。

2. 按决策是否重复,可分为程序化决策和非程序化决策

程序性决策是指决策问题通常是重复出现的问题,针对这类问题已经具备丰富的处理经验,具有确定的决策原则和程序。如,对于我国每年都会举行的法律职业资格、注册会计师等职业资格考试,如何安排考生报名、安排考试地点等问题均属于程序化决策。

非程序化决策是指决策的问题是不常出现的、偶发性的决策,没有固定的模式和经验去解决,需要决策者做出新的决策才能解决问题的一种决策类型。如,企业想要在海外开辟新的销售市场,选择产品种类、确定产品价格、调整销售渠道等属于非程序化决策。

3. 按决策过程信息完备程度,可分为确定型决策、风险型决策和不确定型决策

确定型决策是一种肯定状态下的决策。在决策过程中,决策者对信息了解充分,所提出的备选方案在已知的自然状态下只有一种结果,按照既定目标及评价标准选定决策方案即可。这类问题一般是将全部决策方案列出来,每种方案只有一种选择,决策只是从全部可能的方案中挑出最优方案。

风险型决策是指决策者对信息掌握比较充分,在决策过程中提出各个备选方案,虽然自然状态不能肯定,但其发生的概率可以预测,不管选择哪个行动都要承担一定的风险,这类决策就是风险型决策。如,某小区新开业一家果蔬超市,消费需求可能出现市场需求大、一般、小三种情况,决策者不能确定哪种情况一定发生,但每种情况发生的概率可以预测,在这种情况下作出的决策,就是风险型决策。

不确定型决策是指决策者对所处环境了解较少,能够确定未来会有几种自然状态,但没有足够的信息去判断其发生的概率。因此,在确定决策方案时,必须列出一切可能发生的备选方案,先确定决策准则,再去选择最优方案。

12.2 确定型决策

12.2.1 确定型决策条件

为了在肯定状态下作出决策,确定型决策问题一般需具备以下几个条件:
第一,存在决策者希望达到的一个明确目标;
第二,只存在一个确定的自然状态;
第三,有两个或两个以上的决策方案可供决策者作出选择;
第四,不同决策方案在确定自然状态下的损益值均可计算。

确定型决策方法主要是单纯选优决策法和模型选优决策法。单纯选优决策法是利用已知统计数据,采用对比的方式确定最优方案;模型选优决策法则是在确定条件下利用数学模型进行运算再选择最优方案,模型选优的工具主要包括微分极值法、盈亏平衡分析法和线性规划法。

12.2.2 微分极值决策法

微分极值决策法就是根据决策目标和已知条件,利用决策变量之间的经济关系建立数学模型,通过求极大值或极小值的方法作出最优决策。多应用于最优经济批量决策、新产品定价决策。

1. 最优经济批量决策

库存是企业在生产经营中的一项主要投资和昂贵资产,而维持库存的费用往往超过产品价值的25%。企业必须设立并维持库存来满足生产或销售过程的需求,有效库存控制依赖于经济批量模型的应用,本节中只讨论经济订货批量决策问题。

拓展阅读 12-3
经济订货批量

随着企业生产的进行库存物品不断消耗,当库存量下降到订货点 R 时必须对库存进行补充,每次对库存补充的数量为订货批量 Q。因此,库存管理的基本决策是控制订货点和订货批量,即什么时候补充库存(订货点)以及补充多少(订货批量)。

【例 12-1】 已知某汽车生产企业根据经营需要每年应采购发动机 10 000 台,多次分批购买。由财务部门提供的数据可知,平均每次采购费用为 1 000 元,平均每件商品年存储费用为 5 元。试计算,该车企每次应采购发动机多少台,使得采购、储存总费用最低?

解:设年采购量为 Q,每批采购费用为 C_1,单位商品年平均储存费用为 C_2,采购储存总费用为 C,最优采购批量为 q。

当供应商发动机价格稳定、无数量折扣优惠、无缺货的情况下:

年采购储存总费用=年采购费用+年储存费用

即:

$$C = \frac{Q}{q}C_1 + \frac{q}{2}C_2 \tag{12-1}$$

根据微分极值原理,把 q 当作自变量求导,并令其导数等零,可求得使采购储存总费用最小的采购批量,即经济订购批量:

$$\frac{dC_1}{dq} = \left(\frac{Q}{q}C_1 + \frac{q}{2}C_2\right)' = -\frac{QC_1}{q^2} + \frac{C_2}{2}$$

令 $-\frac{QC_1}{q^2} + \frac{C_2}{2} = 0$,得 $q = \pm\sqrt{\frac{2QC_1}{C_2}}$

由于采购批量不可能为负,故有

$$q = \sqrt{\frac{2QC_1}{C_2}} \tag{12-2}$$

把 $q = \sqrt{\frac{2QC_1}{C_2}}$ 代入采购储存总费用公式得

$$C = \sqrt{2QC_1C_2} \qquad (12-3)$$

根据题中已知条件,$Q=10\ 000$、$C_1=1\ 000$、$C_2=5$,代入公式可得,经济订购批量为

$$q = \sqrt{\frac{2QC_1}{C_2}} = \sqrt{\frac{2\times10\ 000\times1\ 000}{5}} = 2\ 000(台)$$

年采购储存总费用为

$$C = \sqrt{2QC_1C_2} = \sqrt{2\times10\ 000\times1\ 000\times5} = 10\ 000(元)$$

2. 新产品定价决策

一般情况下,企业产品的销售价格直接影响产品销售量、单位销售成本和销售利润。在销售量一定的情况下,产品定价越高,企业利润越高,但可能导致产品销量减少、销售成本提高;反之,定价过低又无法保证企业目标利润的实现。因此,企业管理者必须作出合理的定价决策,保证企业的长远利益和最佳经济效益的实现。

【例 12-2】 金牛成衣厂 2020 年第四季度成功试制德绒产品,其单位产品变动成本 20 元,固定成本 10 万元。经市场试销与合理预测,得到产品价格与销售量的关系如表 12-1 所示。现决定正式投入市场销售,试计算为实现企业利润最大化,产品应定价多少?

表 12-1 德绒产品价格与销售量变动资料表

销售价格(元)	10	15	20	25	30	35	40
销售量(万件)	60	50	40	30	20	10	0

解:由表中数据可知,产品价格与销售量之间存在线性关系。据表中资料进行回归分析,可得到回归方程式参数 $a=80$、$b=-2$,回归方程式为:$Y=80-2X$。

设销售价格为 X,销售量为 Y,单位产品变动成本为 V,固定成本为 F,总成本为 C,销售收入为 R,销售利润为 P,因此有:

销售量:$Y=a+bX$

总成本:$C=V(a+bX)+F=VbX+Va+F$

销售收入:$R=XY=X(a+bX)=aX+bX^2$

销售利润:$P=R-C=aX+bX^2-VbX-Va-F$
$\qquad\qquad\quad =bX^2+(a-Vb)X-(Va+F)$

根据微分极值原理可得

$$\frac{dP}{dX}=[bX^2+(a-Vb)X-(Va+F)]'=2bX+a-Vb$$

令 $2bX+a-Vb=0$

得使利润最大的销售价格为

$$X=\frac{Vb-a}{2b} \qquad (12-4)$$

将表中数据代入可得

$$X=\frac{Vb-a}{2b}=\frac{20\times(-2)-80}{2\times(-2)}=30(元)$$

最优销售量为：$Y=80-2X=80-2\times30=20$（万件）

最大利润为：$P=YX-YV-F=20\times30-20\times20-10=190$（万元）

12.2.3 盈亏平衡分析决策法

盈亏平衡分析是指通过分析产量—成本—利润之间的关系，用来在一定时期内控制成本、预测利润或判断企业生产经营状况的一种定量分析方法。又称保本点分析或量本利分析法。盈亏平衡分析根据盈利与亏损的平衡点来确定经济合理的产量，其含义是：当产量达到盈亏平衡点时，不亏不盈；当产量小于盈亏平衡点时，只有亏损而无盈利；当产量大于盈亏平衡点时，企业获得盈利。现阶段，企业管理者往往借助产量、成本、利润三要素之间的关系，分析相关决策措施对企业经营目标的影响。盈亏平衡分析作为决策分析的有力工具，日益为企业经营管理者所重视。

盈亏平衡点的计算：

单位售价(P)×产销量(Q)＝固定成本(F)＋单位变动成本(V)×产销量(Q)

$F \cdot Q = F + V \cdot Q$

因此，

$$Q = \frac{F}{P-V} \tag{12-5}$$

即

$$盈亏平衡产销量 = \frac{固定成本总额}{单位售价-单位变动成本}$$

企业的经营目的是实现利润最大化，在盈亏平衡的基础上，应当加上目标利润指标，可得到目标利润产销量计算公式：

$$Q = \frac{F+M}{P-V} \tag{12-6}$$

即

$$目标标利润产销 = \frac{固定成本总额+目标利润}{单位售价-单位变动成本}$$

【例 12-3】 某工厂生产并销售 A 产品，已知固定成本总额为 10 万元，每件产品售价 15 元，每件变动费用 7 元。经市场试销得知，A 产品在市场上需求较大，因此决定扩大生产，实现盈利 50 万元。试计算，该厂的盈亏平衡产销量和目标利润产销量。

解： 已知：固定成本 F 为 10 万元、单位售价 P 为 15 元、单位变动成本 V 为 7 元、目标利润 M 为 50 万元，由此，可计算得出

盈亏平衡产销量为：$Q = \dfrac{F}{P-V} = \dfrac{50}{15-7} = 6.25$（万件）

目标利润产销量为：$Q = \dfrac{F+M}{P-V} = \dfrac{15+50}{15-7} = 8.125$（万件）

12.2.4 线性规划决策法

线性规划是运筹学中研究较早、发展较快、应用广泛、方法较成熟的一个重要分支，是

研究线性约束条件下线性目标函数的极值问题的数学理论和方法,主要用于辅助人们对生产经营活动进行科学管理。在各类社会经济活动中,人们追求经济效果的不断提高,一般来说主要通过以下两种途径:技术改进和生产组织与计划改进。在技术改进方面,包括开发新型材料、引进新设备、改善生产工艺等;在生产组织与计划改进方面,包括合理安排并使用人力、物力、财力等相关稀缺资源。利用线性规划,可以研究在一定条件下合理安排人力物力等资源,获得最优经济效果。

线性规划决策法是将决策问题转化成线性函数问题,寻找决策目标达到最大(或最小)并能满足一组约束条件的一组决策变量值,并根据结果选择最优方案。在此利用图解法解线性规划问题。

图解法是指求解仅含两个变量的线性规划问题的一种方法。该方法简单直观,易于施行且便于理解。只含两个变量的线性规划问题,由约束条件确定的可行域可以在二维平面上表示出来,按照一定规则在可行域上移动目标函数的等值线,从而得到线性规划问题的最优解。用图解法求解线性规划一般步骤是:第一步,建立线性规划数学模型,根据已知条件得出目标函数和约束条件数学方程式;第二步,建立平面直角坐标系,图示约束条件找出可行域;第三步,图示目标函数寻找最优解。求极大值时,使目标函数达到最大的顶点坐标作为最优解;求极小值时,使目标函数达到最小的顶点坐标作为最优解。

【例 12-4】 某工厂生产甲、乙两种产品,耗用原料为 A、B,单位利润值及库存原料如表 12-2 所示,试计算甲、乙两种产品各生产多少件,才能使该厂获得最大利润?

表 12-2 某厂原料消耗标准及利润水平表　　　　　　　　单位:千克

原料类型	单件产品耗用原材料		库存原料总数
	甲产品	乙产品	
A 原料	5	10	60
B 原料	4	4	40
单件利润值	6	8	—

解:设生产甲产品 X_1 件,乙产品 X_2 件,建立线性规划的数学模型如下:

目标函数:$\max Z = 6X_1 + 8X_2$

约束条件:

$$\begin{cases} 5X_1 + 10X_2 \leq 60 \\ 4X_1 + 4X_2 \leq 40 \\ X_1, X_2 \geq 0 \end{cases}$$

利用图解法求解:

在直角坐标系中,作直线 $5X_1 + 10X_2 = 60$,$4X_1 + 4X_2 = 40$,由约束条件 $5X_1 + 10X_2 \leq 60$,$4X_1 + 4X_2 \leq 40$,$X_1, X_2 \geq 0$ 构成的可行域是阴影部分 $OABC$(见图 12-1)。

在图中的可行域上有 A、B、C 三个顶点,其中,A 点的坐标为 $(10,0)$,C 点的坐标为 $(0,6)$,B 点的坐标可根据 $5X_1 + 10X_2 = 60$ 和 $4X_1 + 4X_2 = 40$ 求得其值为 $(8,2)$。把三个顶点的坐标值代入目标函数方程得到各顶点目标函数值为 A 点 60、B 点 64、C 点 48。

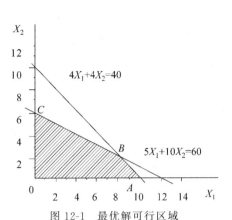

图 12-1 最优解可行区域

由此可知，B 点目标函数值最大，故 B 点的坐标值为最优解。

生产决策为生产甲产品 8 件、乙产品 2 件，可获得最大利润为 64 万元。

12.3 风险型决策

12.3.1 风险型决策内涵

风险型决策是指一个决策问题可能会遇到两个或两个以上的自然状态，根据自然状态可能发生的概率作出的决策，但是无论决策者选择哪个方案都要承担一定的风险。风险型决策问题在实际决策问题中被广泛应用。

12.3.2 风险型决策的条件

(1) 具备决策者明确希望达到的目标(收益最大或损失最小)；
(2) 具备两个或两个以上的行动方案可供选择；
(3) 具备两个或两个以上不以决策者主观意志为转移的自然状态；
(4) 不同自然状态发生的概率可以预测；
(5) 可以计算出不同方案在不同自然状态下的损益值；

拓展阅读 12-4
"风险"的由来

常用的风险型决策方法很多，下文中主要介绍最大可能法、期望值损益分析法和决策树法。

12.3.3 最大可能法

一个事件的概率越大，其发生的可能性就越大。在进行风险型决策时，选择一个发生概率最大的自然状态，通过比较各行动方案在该自然状态下的益损值进行决策，而忽略其他的自然状态的决策方法就是最大可能法。通过最大可能法，可以将风险型决策问题转化为确定型决策问题，方便决策者做出最有利决策。

但是必须满足下述条件时才能应用最大可能法：某一自然状态出现的概率比其它自然状态出现的概率大很多且各自然状态下益损值差异不大。

【例12-5】 某工厂经市场调查后发现,开发并生产 A、B、C 三种产品能获得较高收益。市场部调查显示,市场销售情况可能会出现畅销、平销、滞销三种可能,而发生的概率分别是 0.3、0.6 和 0.1。三种产品获利情况如表 12-3 所示。该工厂应当如何决策?

表 12-3　某厂 A、B、C 产品收益表　　　　　　　　单位:万元

产品	畅销(0.3)	平销(0.6)	滞销(0.1)
A	20	40	30
B	20	50	40
C	30	60	20

解:该厂家的决策目的是获取最大利润。

三种市场销售情况中,平销的概率是 0.6,远高于畅销的概率 0.3 和滞销的概率 0.1,应用最大可能法进行决策,应该选择平销这一自然状态作为考虑生产何种产品的出发点。

在平销自然状态下,由上表可知,生产 A 产品获利 40 万元、B 产品获利 50 万元、C 产品获利 60 万元,为获得最大利润厂家应选择生产 C 产品。

12.3.4　期望值损益分析法

期望值损益分析法是以最大期望值准则为依据,将每个决策方案的期望值(EV,expected value)计算出来,进一步比较,选择期望值最优的决策方案。如果决策目标为收益最大,就选择期望值最大的作为行动方案;反之,则选择期望值最小的行动方案。

期望值计算公式为

$$\mathrm{EV} = \sum_{i=1}^{n} p(x_i) x_i \tag{12-7}$$

其中,x_i 表示方案在第 i 种自然状态下的收益,$p(x_i)$ 表示第 i 种自然状态发生的概率。

1. 期望收益分析决策法

应用期望收益分析决策时,应当先根据相关数据计算各个方案的期望收益值,然后选择期望值收益最大的方案作为最优决策方案。

【例12-6】 天津安顺食品厂计划安排 2021 年第一季度的碎碎冰棒生产任务,每支碎碎冰棒成本为 0.3 元,售价是 0.5 元。如能在生产当天售出,每支盈利 0.2 元;如果生产当天不能出售,库存保管费用需消耗 0.1 元,即每支亏损 0.1 元。根据过去三年同期销售统计资料显示,第一季度一、二、三月的日销售量概率分布如表 12-4 所示,试问该食品厂应当如何安排第一季度的生产计划?

表 12-4　安顺食品厂碎碎冰棒日销售量概率分布

日销售量/万支	完成日销售量的天数/天	日销售量概率
12	27	0.1
13	108	0.4
14	81	0.3

续表

日销售量/万支	完成日销售量的天数/天	日销售量概率
15	54	0.2
合计	270	1.0

解：由题可知，

每天生产 12 万支碎碎冰棒且当日全部售出，可获利：12 万支×0.20=2.4(万元)

每天生产 13 万支碎碎冰棒但仅售出 12 万支时，可获利：

$$[(12万支×0.20)-(13万支-12万支)×0.10]=2.3(万元)$$

在产量一定的情况下，每日销售状态可能存在多种情况，因此将日产量、可能的日销量及其发生的概率综合计算，可得出如表 12-5 所示的各种日产量下的期望收益值。

表 12-5 碎碎冰棒产销收益期望计算表

日生产量/万支	不同日销售量下收益/万元				期望收益值/万元
	12 万支（概率为 0.1）	13 万支（概率为 0.4）	14 万支（概率为 0.3）	15 万支（概率为 0.2）	
12	2.4	2.4	2.4	2.4	2.40
13	2.3	2.6	2.6	2.6	2.57
14	2.2	2.5	2.8	2.8	2.62
15	2.1	2.4	2.7	3.0	2.58

由表中数据显示可知，当日生产 14 万支碎碎冰棒时期望收益值最大，可获利 2.62 万元。因此，该食品厂应作出日生产 14 万支碎碎冰棒的生产计划决策。

2. 期望损失分析决策法

应用期望损失分析决策时，应当先根据相关数据计算各个方案的期望损失值，然后选择期望值损失最小的方案作为最优决策方案。

【例 12-7】 某商业企业 A 商品每日的不同存货方案在不同的市场条件下的条件利润资料如表 12-6 所示，同时可知各种可能销售量的概率分别是 0.15，0.2，0.4 和 0.25。试问该商业企业损失最小的存货方案是什么？

表 12-6 某企业 A 商品条件利润表   单位：万元

日销量	存货方案			
	10 箱	11 箱	12 箱	13 箱
10 箱	30	28	26	24
11 箱	30	33	31	29
12 箱	30	33	36	34
13 箱	30	33	36	39

解：由表中可知,该企业如果每日存货量与需求量相同,可获得的利润为：

存货量与销售量均为 10 箱可获利 30 万元；

存货量与销售量均为 11 箱可获利 33 万元；

存货量与销售量均为 12 箱可获利 36 万元；

存货量与销售量均为 13 箱可获利 39 万元；

若每日存货量与销售量不一致时,必然造成盈利损失。

当存货量为 11 箱而销售量为 10 箱时,利润只有 28 万元,因积压一箱存货而造成损失 30－28＝2 万元；如果存货量为 10 箱,但市场需求量为 11 箱时,利润只有 30 万元,由于失掉销售机会而损失 33－30＝3 万元。

综上所述,可得到如下表 12-7 所示的条件损失表。

表 12-7　某企业 A 商品条件损失表　　　　　　　　单位：万元

日销量	存货方案			
	10 箱	11 箱	12 箱	13 箱
10 箱	0	2	4	6
11 箱	3	0	2	4
12 箱	6	3	0	2
13 箱	9	6	3	0

依据条件损失表中的相关数据和已知销售概率计算可得出各个方案的期望损失值,如下表 12-8 所示。

表 12-8　某企业某种商品期望损失表

可能销量/箱	销售概率	备选方案：每日存货量/箱							
		10		11		12		13	
		条件损失/万元	期望损失/万元	条件损失/万元	期望损失/万元	条件损失/万元	期望损失/万元	条件损失/万元	期望损失/万元
10	0.15	0	0	2	0.30	4	0.60	6	0.90
11	0.20	3	0.60	0	0	2	0.40	4	0.80
12	0.40	6	2.40	3	1.20	0	0	2	0.80
13	0.25	9	2.25	6	1.50	3	0.75	0	0
合计	1.00	—	5.25	—	3.00	—	1.75	—	2.50

其中,期望损失值最小的是当每日存货量为 12 箱时,期望损失值为 1.75 万元。因此,该商业企业的最优决策方案是每日存货 12 箱。

12.3.5　决策树法

期望值决策法对于离散型随机变量决策而言具有较为方便的分析和表达,但在面对较复杂的决策问题时就显得力不从心。需逐级分析的多层级决策问题可选择使用决策树法,决策树形象直观、层级明确。

1. 决策树法的含义

决策树(decision tree)是一种常见的决策方法。在各自然状态发生概率已知的基础上,利用树形图表示决策过程,直观运用概率分析评价决策方案风险、判断其可行性的决策分析方法。可以系统且清晰地描述决策过程中的各种行动方案、各方案的自然状态及发生概率、和进行决策的程序,是一种辅助决策的高效工具。

其优点是:便于决策者按顺序分级分析决策过程;明确决策依据,若发生变化可及时调整、修改或补充,更好实现决策目标。决策树法对那些缺乏所需数学知识从而不能胜任运算的管理人员来说更是便利。

决策树是按层级与逻辑关系画出的树形图,如图 12-2 所示。

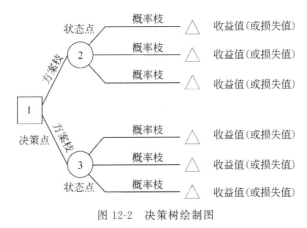

图 12-2 决策树绘制图

2. 决策树的结构

(1) 决策点:以矩形框表示的结点,表示最后选择的最佳方案。
(2) 方案枝:由决策点起自左而右画出的若干条直线,每条直线表示一个备选方案。
(3) 状态节点:各方案枝末端用圆圈表示并标注代号的节点。
(4) 概率枝:从状态节点自左而右画出的若干条直线称为概率枝,每条直线表示一种自然状态及其可能发生的概率,每条分枝上应当注明该自然状态及其概率。
(5) 收益节点:在概率枝的末端用三角形节点表示,需要将每个决策方案在各种自然状态下取得的损益值标注于收益节点的右端。

3. 决策树分析法的步骤

用决策树进行决策时步骤如下:

(1) 分析决策问题,确定可供选择的决策方案,确定自然状态及其发生概率,自左而右画出树形图。
(2) 将已知的方案序号、自然状态及其发生概率、损益值分别标注在状态节点、概率分枝和收益节点上。
(3) 计算损益期望值,进行剪枝决策。凡是状态节点上的损益期望值小于决策点上数值的方案分枝剪掉,最后剩下的方案分枝就是要选择的决策方案。

【例 12-8】 大风机电厂为更好适应技术发展与市场需要,决定对现有厂房、设备进行技术改造,经专家组讨论后有两种备选改进方案:引进国外全套的先进技术、设备,需投资 200 万元;引进国外部分关键技术,需投资 140 万元。两种引进方案的有效使用期限均为 8 年。经调查可知依靠新技术生产的产品其未来市场需求情况及收益值如下表 12-9 所示。

求:(1)用决策树法选择改进方案;

(2)若可以将使用期限延长至 10 年,又应如何选择?

表 12-9　大风厂技术改造方案及其产品市场效益　　　　单位:万元

方案	市场销路好	市场销路一般	市场销路差
引进国外全套技术设备	120	70	20
引进国外部分关键技术	90	65	45
各种状态发生的概率	0.3	0.5	0.2

解:(1)首先绘制决策树(见图 12-3)。

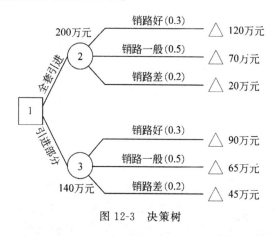

图 12-3　决策树

方案一:引进国外全套先进技术、设备

　　　　1 年的期望收益值为 120×0.3+70×0.5+20×0.2=75(万元)

　　　　8 年的期望收益值为 75×8－200=400(万元)

方案二:引进国外部分关键技术

　　　　1 年的期望收益值为 90×0.3+65×0.5+45×0.2=68.5(万元)

　　　　8 年的期望收益值为 68.5×8－140=408(万元)

综上所述,方案一 8 年的收益值是 400 万元,而方案二 8 年的收益值是 408 万元。因此应当选择方案二,引进国外部分关键技术。

(2)如果有效期限延长至 10 年,则方案一的期望收益值增至 75×10－200=550(万);方案二的期望收益值增至 68.5×10－140=545(万元),因此应当选择方案一,引进国外全套先进技术、设备。

12.4　不确定型决策

对于不确定型决策问题,决策者不能确定发生的自然状态,也不能确定每种自然状态发生的概率。这类决策问题主要有以下几点:

第一,具有一个明确的决策目标;
第二,各决策方案具备两种以上的自然状态;
第三,存在两个或两个以上的决策方案可供决策者作出选择;
第四,可预测或估计不同决策方案在不同自然状态下的损益值。

由于缺少对自然状态等相关信息的了解,决策者往往会根据自己的经验、能力等主观倾向进行决策。因此,在决策前需确定决策准则,几种常用的分析和处理不确定型决策问题的方法有乐观决策法、悲观决策法、折中决策法、等可能决策法和后悔值法。

12.4.1　乐观决策法

乐观决策法又称大中取大准则或冒险法,其特点是决策者对未来发展持乐观态度,决策目标是在最好自然状态下确保获得最大利润,决策时不会放弃任何可能获得最大利益的机会。采用乐观决策法进行决策时,首先计算各方案在不同自然状态下的最大收益值,然后在这些最大收益值中选取最大值,所对应的决策方案即为最优决策。

12.4.2　悲观决策法

悲观决策法又称小中取大准则或保守法,其特点是决策者对未来发展持悲观态度,认为未来会出现最差的情况,决策目标是基于出现最不利的情况来选择最优方案,避免最坏决策发生以确保风险最小。采用悲观决策法进行决策时,首先计算各方案在不同自然状态下的最小收益值,然后在这些最小收益值中选取最大值,所对应的决策方案即为最优决策。

12.4.3　折中决策法

折中决策法又称赫威斯准则或乐观系数法,是介于乐观法与悲观法之间的一种决策方法。乐观决策法和悲观决策法选择相对极端,决策结果具有一定的主观片面性,折中决策法要求决策者在过分乐观与过分悲观之间利用乐观系数确定一个适当的值作为决策依据。

通常,以 α 表示乐观系数,$0<\alpha<1$,则 $1-\alpha$ 为悲观系数。以 α 和 $1-\alpha$ 为权数对各决策方案的最大收益值与最小收益值进行加权,从而得出各方案折中收益值,然后在这些收益值中选取最大值,所对应的决策方案即为最优决策。

$$折中收益值 = \alpha \times (最大收益值) + (1-\alpha) \times (最小收益值)$$

12.4.4 等可能决策法

等可能决策法又称等概率标准或拉普拉斯方法,其基本思想是决策者假定所有自然状态发生的概率是相同的。采用等可能决策法进行决策时,首先确定未来自然状态的数量,如果未来有 n 种自然状态,那么就认为每种自然状态发生的概率都 $1/n$,将不确定型决策转化为风险型决策,然后计算各决策方案的最大期望值,从而选择最优决策方案。

12.4.5 后悔值法

后悔值法又称萨维奇决策准则或最大最小后悔值法。当决策者作出决策之后,若实际情况未能达到理想预期,往往会产生遗憾或惋惜的情绪,因决策时选择失误感到后悔。其后悔程度,可用后悔值来反映。

采用后悔值法进行决策时,首先计算各决策方案在各个自然状态下的后悔值(各方案的最高收益值与其他收益值之差);其次,通过比较找出各决策方案的最大后悔值;最后,比较得出各方案的最大后悔值中的最小值,其所对应的决策方案即为最优决策。

【例 12-9】 某工厂市场部经调查研究结果显示,在未来五年内,本厂生产的产品其工艺、技术水平应有较大提升,市场对产品的需求有大、中、小三种情况,但不知道哪种情况会发生,而且发生的概率也无法确定。厂领导组织各方面专家开会研讨,为适应市场发展与科技进步,决定对工作车间进行改造,制定了新建生产车间、扩建生产车间和车间技术改造三种行动方案。财务部门估计各方案损益值如表 12-10 所示,试分析:根据现有数据资料,在乐观决策法、悲观决策法、折中决策法($\alpha=0.6$)、等可能决策法和后悔值法下应当选择哪种决策方案?(保留小数点后两位数)

表 12-10 某厂产品损益值计算表   单位:万元

可行方案	市场需求状态		
	大	中	小
新建生产车间	−30	80	120
扩建生产车间	70	110	90
车间技术改造	100	50	40

解:

(1) 乐观决策法。新建生产车间、扩建生产车间和车间技术改造三种行动方案所能获得的最大收益值分别是 120 万元、110 万元和 100 万元。所以,应当新建生产车间,预期收益值是 120 万元。

(2) 悲观决策法。新建生产车间、扩建生产车间和车间技术改造三种行动方案所能获得的最小收益值分别是-30 万元、70 万元和 40 万元。所以,应当扩建生产车间,预期收益值是 70 万元。

(3) 折中决策准则($\alpha=0.6$)。当 $\alpha=0.6$ 时,$1-\alpha=0.4$。因此,

新建生产车间收益值$=0.6\times120+0.4\times(-30)=60$(万元)

扩建生产车间收益值=0.6×110+0.4×70=94(万元)
车间技术改造收益值=0.6×100+0.4×40=76(万元)

所以,应当扩建生产车间,预期收益值是94万元。

(4) 等可能决策法。市场对产品的需求有大、中、小三种情况,每种情况发生的概率为1/3。因此,

新建生产车间收益值=(-30+80+120)×1/3=56.67(万元)
扩建生产车间收益值=(70+110+90)×1/3=90(万元)
车间技术改造收益值=(100+50+40)×1/3=63.33(万元)

所以,应当扩建生产车间,预期收益值是90万元。

(5) 后悔值法。三种方案的收益值与后悔值如下表12-11所示。

表 12-11　各方案收益值与后悔值表　　　　　　　　　　单位:万元

可行方案	市场需求状态					
	大		中		小	
	收益值	后悔值	收益值	后悔值	收益值	后悔值
新建生产车间	-30	130	80	30	120	0
扩建生产车间	70	30	110	0	90	30
车间技术改造	100	0	50	60	40	80

从表中可以看出,新建生产车间、扩建生产车间和车间技术改造三种方案的最大后悔值分别是130万元、30万元和80万元。在三者中选取数值最小的,即30万元。所以,应当扩建生产车间,预期后悔值是30万元。

12.5　统计决策实训项目及 Excel 应用

12.5.1　统计决策实训项目:POP MART 泡泡玛特盲盒营销与统计决策

【实训目的】　通过对泡泡玛特案例的学习,使学生理解统计决策的基本内容,具体统计决策方法和决策准则的运用,培养收集资料、分析和解决问题的能力,激发学习与研究兴趣。

【实训要求】　要求学生根据案例所提供的背景与资料,利用有关的统计思想与决策方法,科学运用统计决策。

【项目实训背景】　北京泡泡玛特文化创意有限公司成立于2010年,是中国领先的潮流文化娱乐公司。发展近十年来,围绕艺术家挖掘、IP孵化运营、消费者触达以及潮玩文化推广与培育四个领域,用"创造潮流,传递美好"的品牌文化构建了覆盖潮流玩具全产业链的综合运营平台。

【项目实训操作】
为了让更多喜爱潮玩的年轻人与"创造潮流,传递美好"的品牌理念深入交流,泡泡玛特已在北京和上海成功举办了五届亚洲最大规模的国际潮流玩具展,每届展会可吸引超

10万观众,弥补了国内潮玩行业空白。POP MART(泡泡玛特)通过展会的形式让更多国外潮玩品牌关注国内市场,也为更多中国优秀设计师拓宽渠道展示自己的原创艺术,进而为中国潮流玩具文化的蓬勃发展增添动力。

泡泡玛特(POP MART)的线下直营门店已经突破了114家,拥有超825台机器人商店,深度覆盖了全国57个城市,并入驻韩国、日本、新加坡及美国等21个海外国家及地区,全球布局不断扩展。针对线上销售渠道,POP MART(泡泡玛特)天猫旗舰店强势崛起,通过小游戏、小程序等方式增强粉丝的购物趣味性,2019年天猫"双十一"期间销售额突破8212万,同比增长295%,成为天猫玩具类目第一名。

盲盒热的持续性问题一直是外界关注的焦点,2020年2月26日,"盲盒第一股"泡泡玛特发布2020年业绩财报,全年实现总营收25.13亿元,同比增长49.3%。非国际财务报告准则经调整纯利为5.9亿元,同比增长25.9%。值得注意的是,营收净利创历史新高的同时,泡泡玛特整体业绩增速放缓。数据显示,2017-2020年,泡泡玛特总营收分别为1.58亿元、5.15亿元、16.83亿元、25.13亿元,同比增幅为不适用、225.49%、227.19%、49.31%。净利润分别为0.02亿元、1亿元、4.51亿元、5.23亿元,同比增幅为不适用、490%、351%、15.96%。销售毛利率分别为47.61%、57.92%、64.77%、63.42%,虽略有下滑,但超过60%的销售毛利率已赶超国际竞争对手"HelloKitty"形象开发商Sanrio(三丽鸥)的60.93%、美国潮玩公司Funko(凡可)的38.18%。超强吸金能力的背后,究竟蕴藏着哪些营销财富密码?

1. 超强的原创设计能力是品牌发展的基石

成立近10年的泡泡玛特早些年依靠代理IP(知识产权,下同)为主,随着市场用户的更迭从2015年开始泡泡玛特经营模式的重心开始转变为自主开发,并于2016年买断设计师王信明的茉莉(Molly)开始了从设计到营销再到零售渠道和方式的系列布局,促使潮玩市场发展趋势的变化,泡泡玛特也从原来的跟随者演变成市场的引导者。

随着品牌影响力的逐渐扩大,泡泡玛特的市场渠道和品牌效应彰显,为品牌凝聚了越来越多具有原创能力的设计师,为泡泡玛特积累了核心IP储备。目前,在泡泡玛特运营的85个IP中,有12个自有IP和22个独家IP。其中,泡泡玛特自主开发产品的营收能力遥遥领先,超强业务覆盖能力组成了泡泡玛特的产业帝国,让它在营销上更有底气和市场号召力。

2. 蕴藏在产品底层的商业逻辑是泡泡玛特产品的魅力所在

存在即合理,产品本身能够在市场中流通并取得不俗的成绩其自身是拥有一定的逻辑的。泡泡玛特凭什么让年轻消费者如此上瘾?

(1)产品自身的商业逻辑。基本上每一个产品都给用户提供了购买的理由,而泡泡玛特提供了两个理由,一是迎合用户投资者的心理,二是为拥有收藏爱好的用户提供藏品。

① 投资理财。近年,兴起了囤货投资炒作的人群,如炒鞋、炒裙子等,因"炒鞋"、"炒盲盒"等创造了卖高价的神话,让更多的人想要加入到投机炒作中来。那些投机客们将品牌压箱底的限量款收入囊中,依靠囤积奇货大赚一笔,而近年兴起的"炒盲盒"本身就有着

投资赚钱的逻辑存在。如热门 IP Labubu（拉布布）森林音乐会系列的隐藏款，二手市场买卖价格在 1 800 元左右。

② 个人喜好收藏。泡泡玛特的收藏玩法与用户小时候吃方便面收集卡片一样，种类繁多的盲盒刺激着用户的购买欲望，而商家则抓住了用户喜欢收藏的癖好进行营销，同时采用更为低廉的价格吸引更多的用户关注以至于入坑。品牌通过低廉的价格引导用户入门，而一旦用户深入之后，就很容易被品牌打造的"陷阱"套牢，让人们在充满惊喜和新鲜感的过程中，不断去搜集并从中获得满足感，这也是泡泡玛特打造的"让人上瘾的营销机制"。伴随着市场发展，小巧的盲盒已不能满足高端玩家需求，泡泡玛特与 Molly（茉莉）、Dimoo（迪莫）、Labubu（拉布布）、Yuki（于奇）等热门 IP 合作推出限量"大娃"，通过限量款或限时不限量款等多种销售方式，一般商品价格在 599—1099 元不等，引发购买热潮。

（2）让人上瘾的营销机制。上瘾的营销机制，一定具有超强的吸引力。泡泡玛特打造的盲盒之所以能够风靡市场，还是因为其充满未知的刺激与打开盲盒之后的惊喜，占领了消费者的心智，让购买更为有趣。在泡泡玛特盲盒营销机制中，具有四层惊喜。

① 盲盒本身充满了未知的惊喜。因用户对盲盒里装的产品毫不知情，盲盒的不确定性，让用户在交易过程中产生了某种预期，一旦拆开盲盒答案揭晓，就伴随着满足、惊喜或者失落的情绪，这种情绪牵引着用户，有点类似于赌博的心理让人对盲盒这种未知的惊喜更加期待。

② "固定款＋隐藏款"的模式，制造超越预期的惊喜。盲盒之所以风靡，还是因为"隐藏款"带来的超出预期的惊喜，一旦让用户找到盲盒中具有溢价能力的"隐藏款"，那种惊喜产生的效应是群体性的。获得"隐藏款"盲盒的爱好者，一是炫耀的人性弱点会驱使其分享，二是去吸引更多盲盒爱好者抱着"赌博"的心态加入其中，以便谋求超高溢价的收益。

③ 购买低价入门款，成了用户悦己的方式。想要将用户带入到盲盒制造的这种惊喜营销中，品牌还是选择了低价的策略。在泡泡玛特的系列产品中，产品单价为 59 元，不贵的入门款，因其萌趣炫酷的外表充满了吸引力。在自我表达和个性张扬的今天，购买盲盒也成了当代人犒劳自己的方式之一。本着小花费怡情的基础，不少人购买了 59 元的单品，可殊不知一旦有了一个小手办，就有着想要集齐全套手办的欲望，从而将 59 元的消费变成了 $59×12=708$ 元，如果手办太多，或者单价更高，可能入门款带来的是更高的用户消费，这也便是商家与用户建立起的一种情感联系。悦己经济盛行的今天，那些有趣个性张扬而不贵的产品，成了当代用户的首选单品。

④ 花式 IP 赋能，给人新鲜感。产品原创的速度，大多数时候是赶不上用户新鲜感冷却的速度的。为了保持品牌特有的新鲜感，泡泡玛特采用 IP 赋能的模式，给人营造出惊喜和满足，以便维系用户与品牌之间的新鲜感，让用户对品牌的好奇心有增无减。如与米奇、哈利波特等合作，创造出了以动画人物形象为代表的手办。此外，具有中国文化内涵的原创 IP，也发挥无与伦比的功效。西游记、宫廷瑞兽等具有文化元素的手办，在泡泡玛特的系列产品中也格外的亮眼。

3. 有效的营销方式是助力品牌卖出 5.23 亿的关键

酒香也怕巷子深，如何才能吸引用户并实现广告信息的精准触达，助力产品成交，这也是所有品牌想要延长生命周期的焦点。

（1）精准的用户定位是泡泡玛特快速发展的原动力。伴随着 ACG 成长起来的"Z 世代"，由泛二次元市场衍生的盲盒是"Z 世代"人群消费的代表之一。根据天猫《"95 后"玩家剁手力榜单》显示，潮玩手办以 187% 的增长速度，位于"95 后"最烧钱的五大爱好之首。其中，有近 20 万的消费者一年花 2 万元去集盲盒，甚至有人在买盲盒上耗资 100 万元，成了最强购买力消费者。让人预想不到的是打着"小众"爱好标签的盲盒、手办，竟然聚集了海量玩家。泡泡玛特也通过兴趣文化聚集的方式，成了品牌与年轻人交流的媒介，实现文化"破圈"，这是"万物皆可泡泡玛特"的根源所在。

（2）萌文化传递出产品的价值。如果说精准的用户定位是泡泡玛特发展的原动力，那高度的文化认同便是产品成交的重要因素之一。萌文化是拥有一定的魔力的，品牌通过打造具有治愈性的产品去发挥奇效，从而影响用户的购买决策。

① 传递快乐。在更多人看来，人们对萌事物的喜欢是一种本能，像萌娃、喵星人等，这些拥有"幼体滞留"的载体，他们本身拥有得天独厚的条件，能够让人放下防备，激发快感，从而让萌态的手办成为输出的载体，去传递最简单的快乐。

② 催生萌经济。在萌宠、二次元等文化迅速崛起的情况下，催生了萌经济的发展。那些呆萌、傻等个性鲜明的形象成了品牌吸引用户的点，初音未来、魔道祖师等的出圈，让更多人看见了其中的红利。而对于圈层有着归属感和参与感的世代来说，因圈层文化带来的消费潜力在不断释放，萌系正在由高颜值和治愈性像萌系盲盒转变。因世代用户的需求，催生着萌经济的发展，这也就不难解释为什么星巴克的猫爪杯能够被疯抢，皮卡丘如此受欢迎，泡泡玛特的手办盲盒备受瞩目了。

（3）利用超强打造产品的社交属性

① 原本就是市场营销的工具之一，泡泡玛特通过自身的萌态属性与授权合作，推出定制款的产品，并运用"隐藏款"的方式去吸引盲盒爱好者，在实现品牌粉丝导流之余，还能借助授权的市场影响力去扩大产品认知和提升产品销量的目的，同时充分利用捆绑的优势，去打造具有品牌特色的社交属性。

② 一旦品牌拥有了社交属性，那传播就演变成了自然而然的效果。有社交属性的产品，他们有着自传播的能力，能够帮助品牌实现营销裂变，让联名产品去打破消费圈层，提高品牌的知名度和曝光率，形成新一轮的传播热度。

（4）饥饿营销营造的稀缺感助力产品实现成交

① 授权合作有利于聚焦用户的注意力，而懂得玩饥饿营销营造产品稀缺感的品牌，总能够给人一种不买就没有了的错觉。那些"限量限时"明面上的饥饿营销很容易被人识破，可沉没成本总能在潜移默化中影响着人们自掏腰包。

② 泡泡玛特的饥饿营销则采用一直稀缺的营销策略，通过"固定款＋隐藏款"的模式去影响用户消费决策，促使用户一次性购买以便赢得隐藏款抽奖的权利。正如泡泡玛特西游系列中，除了 12 款常规款还推出了如来隐藏款，哈利·波特系列中的隐藏款是骑着火驽箭的哈利·波特等，总有一款隐藏款会打动你。一直稀缺的产品，相对那些因市场购买缺乏的产品更具吸引力。

除此之外，因手办自带人设和情感属性，让那些在城中打拼的人面临孤独的时候，拥有了"倾诉"的对象,同时萌系玩偶本身就拥有治愈的特质,让泡泡玛特在聚焦孤独经济的同时,其治愈性的品牌形象彰显,让品牌自身也更有温度。

资料来源:泡泡玛特官网、新浪财经、营销兵法

12.5.2 Excel 在统计决策中的应用

为提高学生运用统计方法分析和解决问题能力,利用 Excel 的数据分析功能,通过实例学习如何应用 Excel 进行统计决策分析。

1. 利用 Excel 实现盈亏平衡分析

(1) 应用案例

大风机电厂生产销售 A 产品,该产品的固定成本为 12 000 元,单位可变成本为 100 元,售价为 210 元,试计算 A 产品的盈亏平衡点(用盈亏平衡图表示)。

(2) 盈亏平衡分析

① 盈亏平衡点的销量公式。如图 12-4 所示,盈亏平衡点销量为

$$Q = \frac{F}{P-V} \tag{12-5}$$

即

$$盈亏平衡产销量 = \frac{固定成本总额}{单位售价 - 单位变动成本}$$

因此,在单元格 D3 中输入计算公式"= A3 /(C3 - B3)"(见图 12-4),可知盈亏平衡点销量为 109。

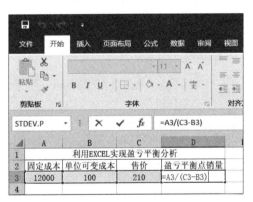

图 12-4 盈亏平衡点销量计算

② 制作盈亏平衡表。假设 A 产品的销售量为 0、20、40、…、180,依次输入单元格 B7、B8、…、B16,C7 中输入公式"= 12000 + 100 * B7",D7 中输入公式"= 210 * B7"。将 C7、D7 中的公式分别复制到 C8:C16、D8:D16,得到盈亏平衡表数据如图 12-5 所示。

③ 制作盈亏平衡图。选择区域 B7:D16,单击"插入-散点图-带平滑线的散点图"。得到盈亏平衡图如图 12-6 所示。

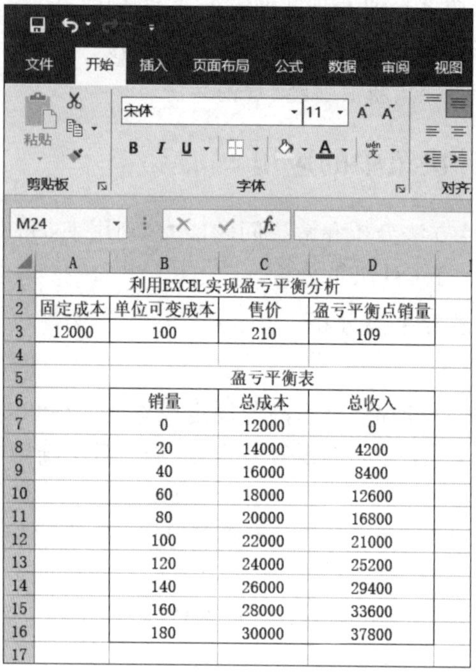

	A	B	C	D
1	利用EXCEL实现盈亏平衡分析			
2	固定成本	单位可变成本	售价	盈亏平衡点销量
3	12000	100	210	109
4				
5		盈亏平衡表		
6		销量	总成本	总收入
7		0	12000	0
8		20	14000	4200
9		40	16000	8400
10		60	18000	12600
11		80	20000	16800
12		100	22000	21000
13		120	24000	25200
14		140	26000	29400
15		160	28000	33600
16		180	30000	37800
17				

图 12-5　盈亏平衡表

	A	B	C	D
1	利用EXCEL实现盈亏平衡分析			
2	固定成本	单位可变成本	售价	盈亏平衡点销量
3	12000	100	210	109
4				
5		盈亏平衡表		
6		销量	总成本	总收入
7		0	12000	0
8		20	14000	4200
9		40	16000	8400
10		60	18000	12600
11		80	20000	16800
12		100	22000	21000
13		120	24000	25200
14		140	26000	29400
15		160	28000	33600
16		180	30000	37800

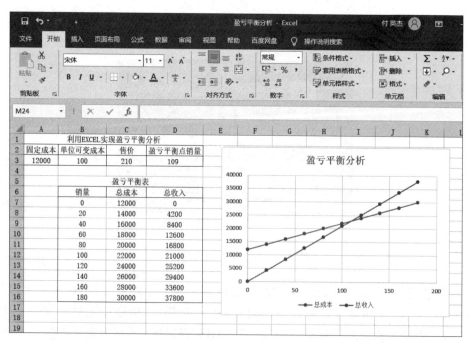

图 12-6　盈亏平衡图

由图可知，横轴表示产品销量、纵轴表示成本，两条直线中较平缓的一条为总成本线、较陡峭的一条为总收入线，交点处为盈亏平衡点，该点的横轴坐标是 109，即当产品销量为 109 时为盈亏平衡状态。因此，大风机电厂生产销售 A 产品的盈亏平衡点销量为 109。

2. 利用 Excel 实现线性规划分析

（1）实训项目。某工厂用甲、乙两种原材料以及设备丙生产 A、B 两种商品，原料甲、乙以及设备丙的限量分别为 20 千克、12 千克、9 台，已知每件商品的利润、所需设备台数以及原材料的消耗数据。如何安排生产计划可以使该工厂所获利润最大？

（2）线性规划。

① 整理数据。如图 12-7 所示，将题中已知信息与数据整理为四部分区域，包括原始数据、决策变量、目标函数和约束条件。

图 12-7　数据整理

② 设置公式。图 12-8 中所示公式均用于计算值所设定的，如：MAX（利润），为 A、B 两个商品的产量和利润的乘积之和。由于决策变量中商品 A 与商品 B 的产量尚未填入数字，因此设置插入公式后显示的结果均为 0。如下图 12-8 所示。

③ 求解。如图 12-9 所示，在"数据"中打开规划求解参数设置，将已知条件按需设置，应当注意产品 A 和产品 B 的设置条件为整数，点击"求解"即可。

图 12-8 设置公式

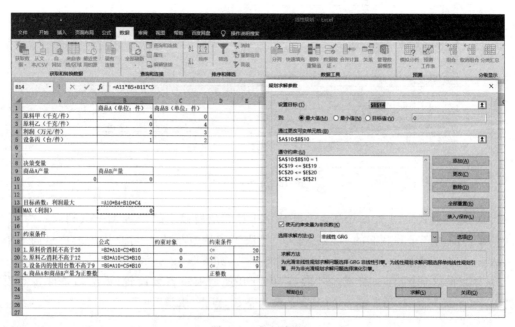

图 12-9 规划求解

④ 得出结论。在步骤三求解后，如图 12-10 所示，可以得出在 A 产品产量为 5、B 产品产量为 2 时，利润最大，最大利润为 16。同时可以在表中得出原材料甲、乙以及设备丙的使用情况。

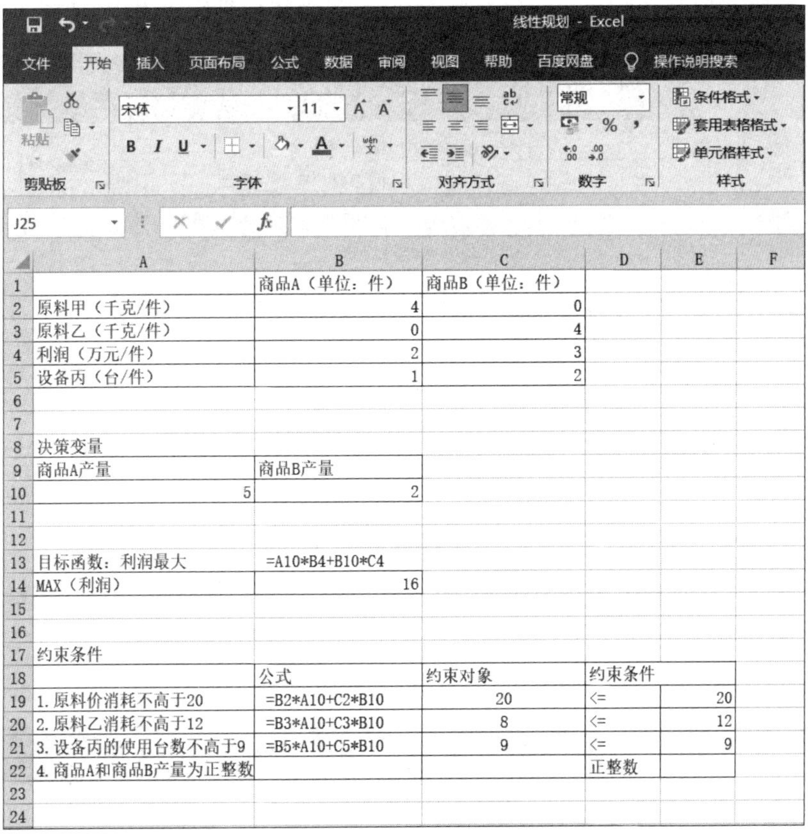

	A	B	C	D	E	F
1		商品A（单位：件）	商品B（单位：件）			
2	原料甲（千克/件）	4	0			
3	原料乙（千克/件）	0	4			
4	利润（万元/件）	2	3			
5	设备丙（台/件）	1	2			
6						
7						
8	决策变量					
9	商品A产量	商品B产量				
10	5	2				
11						
12						
13	目标函数：利润最大	=A10*B4+B10*C4				
14	MAX（利润）	16				
15						
16						
17	约束条件					
18		公式	约束对象	约束条件		
19	1. 原料价消耗不高于20	=B2*A10+C2*B10	20	<=	20	
20	2. 原料乙消耗不高于12	=B3*A10+C3*B10	8	<=	12	
21	3. 设备丙的使用台数不高于9	=B5*A10+C5*B10	9	<=	9	
22	4. 商品A和商品B产量为正整数			正整数		
23						
24						

图 12-10　线性规划结论

3. 利用 Excel 实现数学期望计算

（1）实训项目。大风机电厂为更好适应技术发展与市场需要，决定对现有厂房、设备进行技术改造。市场对产品的需求有大、中、小三种情况，概率分别是 0.2、0.5、0.3。有三种备选方案：新建生产线、扩建生产线和改建生产线。各方案损益值如表 12-12 所示，试计算扩建生产线的数学期望。

表 12-12　大风厂产品损益值计算表（单位：万元）

可行方案	市场需求状态		
	大(0.2)	中(0.5)	小(0.3)
新建生产线	−30	80	120
扩建生产线	70	110	90
改建生产线	100	50	40

(2)数学期望

① 制作扩建生产线方案的损益值表。由题可知,扩建生产线在市场需求大时,收益值是 70 万元,发生概率为 0.2;在市场需求中时,收益值是 110 万元,发生概率为 0.5;在市场需求小时,收益值是 90 万元,发生概率为 0.3。将上述信息输入表中,如图 12-11 所示。

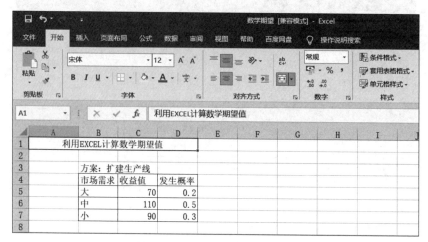

图 12-11　扩建生产线收益值表

② 利用公式计算数学期望。在 B9 单元格中输入"期望值",单击 C9,单击"公式→插入 函数→ SUMPRODUCT ",在函数参数对话框中的数组一中输入" C5：C6：C7 ";数组二中 输入" D5：D6：D7 ",单击"确认"键。如图 12-12 所示。

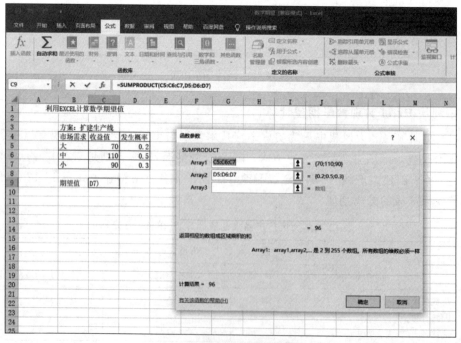

图 12-12　插入数学期望计算公式

③ 得到计算结果。利用公式可计算得出,扩建生产线的期望收益值是 96 万元,如图所示。

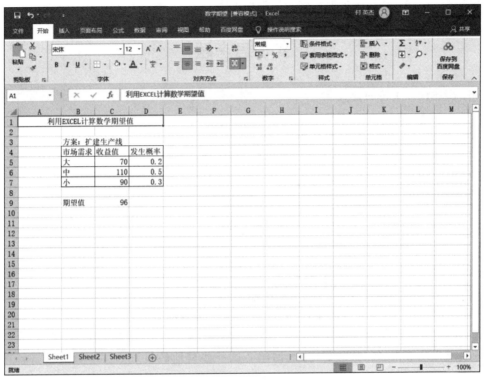

图 12-13　扩建生产线期望收益值

本 章 小 结

本章主要介绍了统计决策的基本内容、确定型决策、风险型决策、不确定型决策、统计决策实训项目和 Excel 在统计决策中的应用。

统计决策是指决策者在掌握一定信息与经验的基础上,为实现特定目标依据概率统计相关理论和方法,对提出的备选决策方案进行分析、判断,最终作出最优决策的过程。统计决策具有定量性和非对抗性的特点。统计决策主要包括五个步骤,即确定决策目标、确定自然状态、提出决策方案、评价并选择方案和实施方案。

确定型决策是指决策者对信息了解充分,所提出的备选方案在已知的自然状态下只有一种结果,按照既定目标及评价标准选定决策方案即可;风险型决策是指决策者对信息掌握比较充分,在决策过程中提出各个备选方案,虽然自然状态不能肯定,但是其发生的概率可以预测,不管选择哪个行动都要承担一定的风险;不确定型决策是指决策者对所处环境了解较少,能够确定未来会有几种自然状态,但没有足够的信息去判断其发生的概率,在确定决策方案时,必须列出一切可能发生的备选方案,先确定决策准则,再去选择最优方案。

确定型决策方法包括微分极值法、盈亏平衡分析法和线性规划法,风险型决策方法包括最大可能法、期望损益分析法和决策树法,不确定型决策的决策准则包括乐观准则、悲观准则、折中决策准则、等可能准则和后悔值准则。

实训思考题

1. 简述统计决策的含义。
2. 简述统计决策的基本要素。
3. 结合实例说明统计决策的决策过程。
4. 简述确定型决策、风险型决策、不确定型决策的区别。
5. 简述不确定型决策的决策准则。

技 能 训 练

如何选择合适的投资理财方案,使家庭资产保值增值,已经成为人们普遍关心的一个热点问题。王大海是某市红枫家具厂厂长,其妻子是某市国税局公务员,儿子目前研究生在读,女儿是美术特长生,正在准备高考。每月除日常消费、子女教育及赡养老人支出后仍有一定结余。家中存款约50万元左右,除银行存款外无其他理财投资。由于近期股票基金市场行情较好,王大海想尝试一些其他的投资方式。倾向于选择可长期持有的股票和购买国债作为主要的投资理财方式。此外,他打算顺便购买一些彩票碰碰运气。

目前,正在发行的三年期凭证式国债年利率为5.43%,五年期凭证式国债年利率为6.00%;三年期定期存款年利率为2.75%,五年期定期存款年利率为2.75%。

邻居王五向他推荐了两支可长期投资的股票。一支是长城电工,证券代码600192;另一支是比亚迪,证券代码002594。王五认为这两家公司均为新能源领域领军企业,现在国家大力支持发展新能源代替传统能源,减少环境污染并实施可持续发展,属于具有发展前景的行业。同时其经营业绩比较稳定,近年来均有分红或送股。随着国民经济的增长和资本市场的完善,两只股票的价格长期看均有上涨的空间。

工友张三向他推荐了中国福利彩票的双色球。双色球投注区分为红色球号码区和蓝色球号码区,红色球号码区由1—33共33个号码组成,蓝色球号码区由1—16共16个号码组成。投注时选择6个红色球号码和1个蓝色球号码组成一注进行单式投注,每注金额人民币2元。每组所设的奖项如下:一、二等奖单注最高限额封顶500万元;三等奖单注奖金固定为3000元;四等奖单注奖金固定为200元;五等奖单注奖金固定为10元;六等奖单注奖金固定为5元。

对于投资理财3年后要达到的目标,王长海希望获得收益期望值(平均值)为最大;其妻子希望在50万元肯定保本的基础上,获得较大的收益期望值;而王长海的儿子提出只要保证50万元保本,希望能达到500万元。

请根据上述资料和王长海及家人提出的不同理财目标,利用统计决策的思想与方法帮助他们制定具体的投资理财方案。

即 测 即 练

第 12 章　即测即练

附　　录

附录 A
正态分布概率表

附录 B
t 分布临界值表

附录 C
χ^2 分布临界值表

附录 D
F 分布临界值表

附录 E
相关系数临界值表

参 考 文 献

[1] 王剑武.统计学[M].1 版.长沙：湖南师范大学出版社,2014.
[2] 周明,张丽颖.统计学[M].1 版.上海：上海交通大学出版社,2016.
[3] 曾五一,肖红叶.统计学导论[M].1 版.北京：科学出版社,2016.
[4] 田海霞.统计学—原理与 EXCEL 应用[M].北京：机械工业出版社,2015.
[5] 贾俊平,何晓群,金勇进.统计学[M].5 版.北京：中国人民大学出版社,2012.
[6] 新中国政府统计历程.[EB/OL].[2013-10-31]http://www.stats.gov.cn/zjtj/gjtjj/201311/t20131108_457871.html
[7] 高贤强,张著.Excel 统计分析与应用教程[M].北京：清华大学出版社,2019.
[8] 黄顺泉.统计学实验教程-基于 Excel[M].北京：清华大学出版社,2020.
[9] 郭思亮,盛亦工,刘瑞娟等.统计学：方法与应用-以 Excel 为分析工具[M].成都：西南交通大学出版社,2017.
[10] 孙文生.统计学原理[M].2 版.北京：人民农业出版社,2009.
[11] 您身边的统计指标：国内生产总值.[EB/OL].[2013-10-31].http://www.stats.gov.cn/tjzs/tjbk/nsbzb/201402/P020140227487830441058.pdf
[12] 您身边的统计指标：人口.[EB/OL].[2013-10-31].http://www.stats.gov.cn/tjzs/tjbk/nsbzb/201402/P020140226567304137520.pdf
[13] 中国教育监测与评价统计指标体系（2020 年版）.[EB/OL].[2021-02-10].https://max.book118.com/html/2021/0209/8125014022003047.shtm
[14] 庞皓.统计学[M].5 版.成都：西南财经大学出版社,2009.
[15] 张兆丰.统计学[M].北京：机械工业出版社,2010.
[16] 徐建中,李瑛玫.统计学[M].哈尔滨：哈尔滨工程大学出版社,2013.
[17] 胡世强.周立.统计学原理[M].成都：西南财经大学出版社,2010.
[18] [美]戴维·M.莱文等. 商务统计学（英文版）[M].北京：中国人民大学出版社,2010.
[19] 向书坚,张学毅.统计学[M].北京：中国统计出版社,2010.
[20] 唐金华,姚世斌.社会经济统计学-原理与 Excel 应用案例分析[M].成都：西南财经大学出版社,2017.
[21] 张婷婷.Excel 2019 应用大全[M].北京：机械工业出版社,2019.
[22] 周誓达.概率论与数理统计[M].4 版.北京：中国人民大学出版社,2018.
[23] 韦俊,葛玉凤.概率论与数理统计[M].南京：南京大学出版社,2019.
[24] 刘小平,李艺等.统计学-理论、案例、实训[M].北京：电子工业出版社,2017.
[25] 袁卫,庞皓,贾俊平,杨灿.统计学[M].5 版.北京：中国统计出版社,2019.
[26] 贾俊平.统计学 基于 Excel[M].2 版.北京：中国统计出版社,2019.
[27] 刘桂荣.统计学原理[M].北京：高等教育出版社,2020.
[28] 薛亚宏.Excel 2019 统计数据处理与分析[M].北京：机械工业出版社,2020.
[29] 马立平,张玉春.统计学原理[M].北京：电子工业出版社,2018.
[30] 宫春子,刘卫东,刘宝,刘振东.统计学原理[M].3 版.北京：机械工业出版社,2018.
[31] 易晓文.统计学基础与实验指导[M].2 版.北京：高等教育出版社,2020.
[32] 马风才.运营管理[M].5 版.北京：机械工业出版社,2020.

[33] 营销兵法.泡泡玛特究竟做对了什么？品牌成长背后的营销逻辑！[EB/OL].[2020-12-14]. https://mp.weixin.qq.com/s/OX1DirPNX7g3TonikcnJgA

[34] MBA智库百科.风险[EB/OL].https://wiki.mbalib.com/wiki/%E9%A3%8E%E9%99%A9

[35] MBA智库百科.经济订货批量[EB/OL].https://wiki.mbalib.com/wiki/%E7%BB%8F%E6%B5%8E%E8%AE%A2%E8%B4%A7%E6%89%B9%E9%87%8F

[36] 郑威威.成年人的玩具有多爽？今天偷偷告诉你[EB/OL].[2021-1-20].https：//mp.weixin.qq.com/s/OwHeT6OEcW3o-UHT3G2rtg

[37] 泡泡玛特.品牌介绍[EB/OL].https://www.popmart.com/home/about

[38] Young OG.Excel 线性规划求解[EB/OL].[2020-5-3].https://mp.weixin.qq.com/s?__biz=MzIxODMzMDE1OA%3D%3D&mid=2247483701&idx=1&sn=57ab4ef9617750ffa357b4920b9d1bcd&scene=45#wechat_redirect

教师服务

感谢您选用清华大学出版社的教材！为了更好地服务教学，我们为授课教师提供本书的教学辅助资源，以及本学科重点教材信息。请您扫码获取。

≫ 教辅获取

本书教辅资源，授课教师扫码获取

≫ 样书赠送

统计学类重点教材，教师扫码获取样书

 清华大学出版社

E-mail: tupfuwu@163.com
电话：010-83470332 / 83470142
地址：北京市海淀区双清路学研大厦 B 座 509
网址：http://www.tup.com.cn/
传真：8610-83470107
邮编：100084